新编21世纪远程教育精品教材

• 经济与管理系列 •

公司财务管理

（第三版）

肖　万　编著

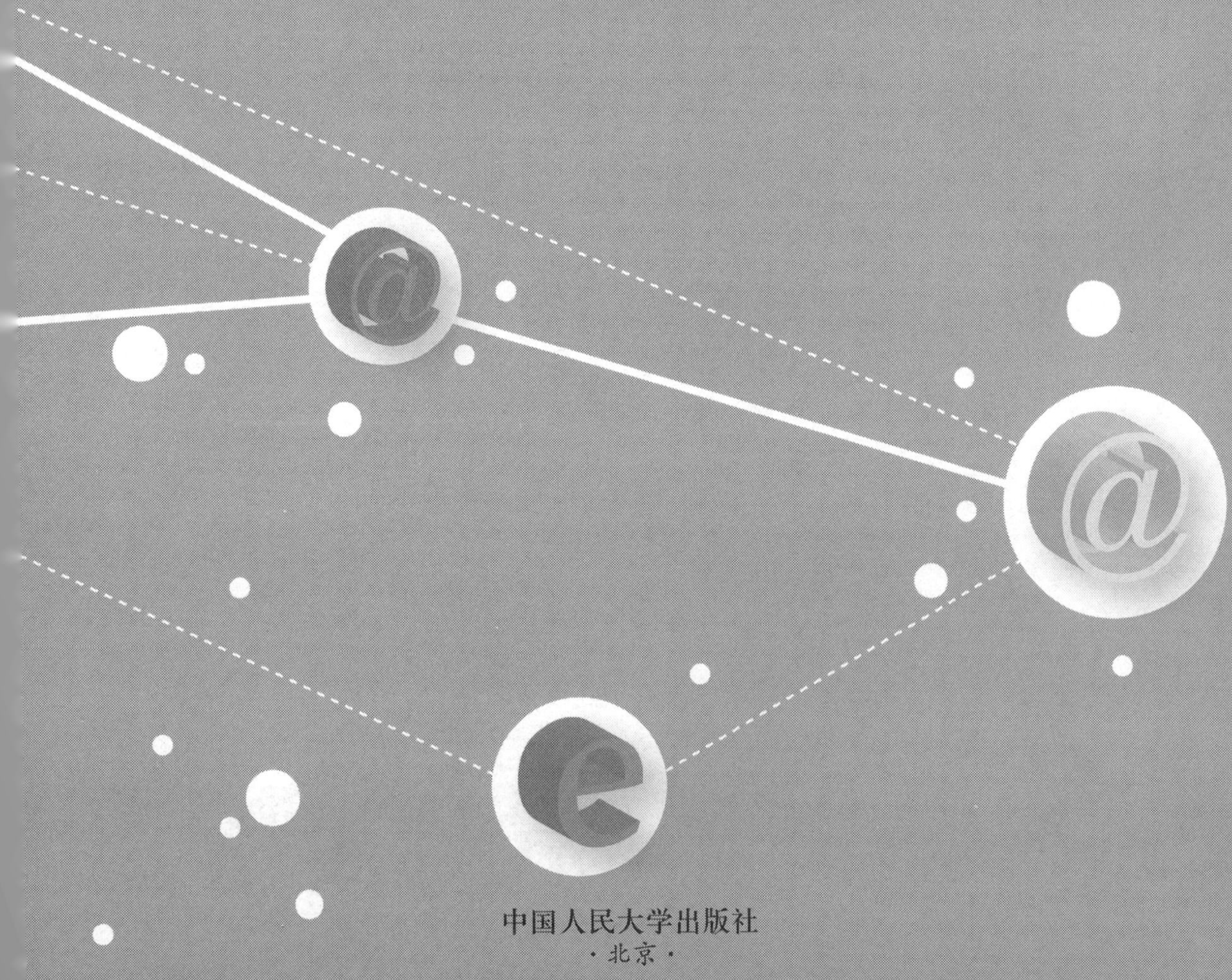

中国人民大学出版社
· 北京 ·

作者简介

肖万，管理学博士、律师，华南理工大学工商管理学院财务管理系副教授。主要研究公司财务、公司治理等。连续多年获得华南理工大学“优秀教师”称号；主持国家社科项目 1 项，教育部、广东省等省部级项目 6 项，参与国家、省部级项目多项；任多家上市公司独立董事，主持、参与企业财务诊断、并购重组等咨询课题十几项，为几十家企业授课咨询。

内容简介

本次修订，及时反映了我国企业财务管理所涉及的法律法规的新变动，及时展现了我国资本市场、企业投融资的新变化，及时吸收了国际范围内企业财务管理理论与实践的新进展。例如，本次修订更新了财务报表部分的内容，及时反映了 2018 年 6 月份财政部对财务报表的新规定；修订了资本市场的相关内容，增加了“衍生金融工具”的内容。本版修订保持了前两版教材的逻辑和结构，仍然围绕企业财务管理的三大核心内容“资本预算（或长期资本投资）”“长期融资”“短期财务（或营运资金管理、短期投融资）”展开，并引入了近几年出现的案例、阅读材料，使得本版教材更具有现实感和可读性。

总　序

我们正处在教育史尤其是高等教育史上的一个重大的转型期。在全球范围内，包括在我们中华大地，以校园课堂面授为特征的工业化社会的近代学校教育体制，正在向基于校园课堂面授的学校教育与基于信息通信技术的远程教育相互补充、相互整合的现代终身教育体制发展。一次性学校教育的理念已经被持续性终身学习的理念所替代。在高等教育领域，从 1088 年欧洲创立博洛尼亚（Bologna）大学以来，21 世纪以前的各国高等教育基本是沿着精英教育的路线发展的，这也包括自 19 世纪末创办京师大学堂以来我国高等教育短短一百多年的发展史。然而，自 20 世纪下半叶起，尤其在迈进 21 世纪时，以多媒体计算机和互联网为主要标志的电子信息通信技术正在引发教育界的一场深刻的革命。高等教育正在从精英教育走向大众化、普及化教育，学校教育体系正在向终身教育体系和学习型社会转变。在我国，党的十六大明确了全面建设小康社会的目标之一就是构建学习型社会，即要构建由国民教育体系和终身教育体系共同组成的有中国特色的现代教育体系。

教育史上的这次革命性转型绝不仅仅是科学技术进步推动的。诚然，以电子信息通信技术为主要代表的现代科学技术的进步，为实现从校园课堂面授向开放远程学习、从近代学校教育体制向现代终身教育体制和学习型社会的转型提供了物质技术基础。但是，教育形态演变的深层次原因在于人类社会经济发展和社会生活变革的需求。恰在这次世纪之交，人类社会开始进入基于知识经济的信息社会。知识创新与传播及应用、人力资源开发与人才培养已经成为各国提高经济实力、综合国力和国际竞争力的关键和基础。而这些是仅仅依靠传统学校校园面授教育体制所无法满足的。此外，国际社会面临的能源、环境与生态危机，气候异常，数字鸿沟与文明冲突，对物种多样性与文化多样性的威胁等多重全球挑战，也只有依靠世界各国进一步深化教育改革与创新，促进人与自然的和谐发展才能得到解决。正因为如此，我国党和政府提出了“科教兴国”“可持续发展”“西部大开发”“缩小数字鸿沟”等基本国策。其中，对教育作为经济建设的重要战略地位和基础性、全局性、前瞻性产业的确认，对高等教育对于知识创新与传播及应用、人力资源开发与人才培养的重大意义的关注，以及对发展现代教育技术、现代远程教育和教育信息化并进而推动国民教育体系现代化，构建终身教育体系和学习型社会的决策更得到了教育界和全社会的共识。

在上述教育转型与变革时期，中国人民大学一直走在我国大学的前列。中国人民大学是一所以人文、社会科学和经济管理为主，兼有信息科学、环境科学等的综合性、研究型大学。长期以来，中国人民大学充分利用自身的教育资源优势，在办好全日制高等教育的同时，一直积极开展远程教育和继续教育。中国人民大学在我国首创函授高等教育。1952年，校长吴玉章和成仿吾创办函授教育的报告得到了刘少奇的批复，并于1953年率先招生授课，为新建的共和国培养了一大批急需的专门人才。在20世纪90年代末，中国人民大学成立了网络教育学院，成为我国首批现代远程教育试点高校之一。经过短短几年的探索和发展，中国人民大学网络教育学院创建的“网上人大”品牌，被远程教育界、媒体和社会誉为网络远程教育的“人大模式”，即“面向在职成人，利用网络学习资源和虚拟学习社区，支持分布式学习和协作学习的现代远程教育模式”。成立于1955年的中国人民大学出版社是新中国成立后最早成立的大学出版社之一，是教育部指定的全国高等学校文科教材出版中心。在过去的几年中，中国人民大学出版社与中国人民大学网络教育学院合作创作、设计、出版了国内第一套极富特色的“新编21世纪远程教育精品教材”。这些凝聚了中国人民大学、北京大学、北京师范大学等北京知名高校学者教授、教育技术专家、软件工程师、教学设计师和编辑们广博才智的精品课程系列教材，以印刷版、光盘版和网络版立体化教材的范式探索构建全新的远程学习优质教育资源，实现先进的教育教学理念与现代信息通信技术的有效结合。这些教材已经被国内其他高校和众多网络教育学院所选用。中国人民大学出版社基于“出教材学术精品，育人文社科英才”理念的努力探索及其初步成果已经得到了我国远程教育界的广泛认同，是值得肯定的。

2005年4月，我被邀请出席《中国远程教育》杂志与中国人民大学出版社联合主办的“远程教育教材的共建共享与一体化设计开发”研讨会并做主旨发言，会后受中国人民大学出版社的委托为“新编21世纪远程教育精品教材”撰写“总序”，这是我的荣幸。近几年来，我一直关注包括中国人民大学网络教育学院在内的我国高校现代远程教育试点工程。这次更有机会全面了解和近距离接触中国人民大学出版社推出的“新编21世纪远程教育精品教材”及其编创人员。我想将我在上述研讨会上发言的主旨做进一步的发挥，并概括为若干原则作为我对包括中国人民大学出版社、中国人民大学网络教育学院在内的我国网络远程教育优质教育资源建设的期待和展望：

● 新编21世纪远程教育精品教材的教学内容要更加适应大众化高等教育面对在职成人、定位在应用型人才培养上的需要。

● 新编21世纪远程教育精品教材的教学设计要更加适应地域分散、特征多样的远程学生自主学习的需要，培养适应学习型社会的终身学习者。

● 在我国网络教学环境渐趋完善之前，印刷教材及其配套教学光盘依然是远程教材的主体，是多种媒体教材的基础和纽带，其教学设计应该给予充分的重视。要在印刷教材的显要部位对课程教学目标和要求做明确、具体、可操作的陈述，要清晰地指导远程学生如何利用多种媒体教材进行自主学习和协作学习。

● 应组织相关人员对多种媒体的远程教材进行一体化设计和开发，要注重发挥多种媒体教材各自独特的教学功能，实现优势互补。要特别注重对学生学习活动、教学交互、学习评价及其反馈的设计和实现。

● 要将对多种媒体远程教材的创作纳入对整个远程教育课程教学系统的一体化设计和开发中，以便使优质的教材资源在优化的教学系统、平台和环境中，在有效的教学模式、学习策略和学习支助服务的支撑下获得最佳的学习成效。

● 要充分发挥现代远程教育工程试点高校各自的学科资源优势，积极探索网络远程教育优质教材资源共建共享的机制和途径。

中华人民共和国教育部远程教育专家顾问
丁兴富

第三版前言

自 2010 年第一版问世以来，本教材深受广大读者好评；其合乎投融资逻辑的结构和重点突出的内容，以及深入浅出的讲解、丰富恰当的阅读材料都给读者留下了极其深刻的印象。随后，本教材于 2012 年进行了第二版的修订，完善了理论体系，降低了教材难度。

第二版修订后的六年来，一批涉及财务管理、资本市场的法律、法规相继出台或修订，影响了公司投资、融资、信息披露等各项财务管理决策的方式、方法。最近几年来，投、融资理论不断地丰富或完善，对整个企业财务管理实践也产生了新的影响。与此同时，资本市场有了新的变革、发展和进步，企业的财务管理实务也出现了一些新的做法和尝试。为此，在延续和保留第二版结构的基础上，对一些重要内容进行适当的修订势在必行。这样，既能维护教材结构和内容的稳定性，也能突出与时俱进的特点。第三版的修订，集中表现在以下几个方面：

第一，知识完善。对教材中受到我国新修订法律法规影响的内容进行了修改，如企业组织形式、财务报表等处采用了最新规定的企业设立要求和财务报表规范。对资本市场相关章节进行了重大调整，增加“衍生工具市场”这一节以完善资本市场的融资工具，顺应我国资本市场的新发展。

第二，案例更新。企业的财务管理实践，在最近几年也发生了新的变化，出现了新的情况。为体现这一点，每章的引言和阅读材料都重新选择了内容。

第三，语言调整。对个别晦涩、难懂，以及学术化比较强的表述，本版做了新的表述，力图更适合本教材的使用对象。比如，本版教材重新表述了第十二章第一节现金周期等相关的概念，调整后的语言更为直观，读者更容易理解和掌握。

第四，错漏修正。针对第二版教材中有关编辑、表述等方面的错误、遗漏进行修正。

任何一本教材的架构和写作，不仅源于作者自己的知识积累和学术观点，更源于前人的研究成果和贡献。本书在写作过程中，参阅了国内外许多财务专家、学者的最新研究成果，引用了国内外许多媒体、记者的案例与素材。为了反映这些前人的贡献，本版教材尽可能详尽地标注了这些观点、案例等材料的出处。本书编著者对他们的支持、理解再次表示诚挚的谢意！另外，在第三版修订过程中，我的研究生做了大量工作，其中陈锦璇参与了第二、三章，张锘莹参与了第五、八章，令狐梅参与了第十、十二章的修订与编写工作。

业内人士的指导、读者的批评指正成就了第三版的修订。我们希望广大读者继续关心本教材，关注我们的工作，以便本教材能够更加适应时代的发展，更好地满足读者学习和工作的需求。

编著者
2018 年 6 月

目 录

第一部分 财务基础

第二部分 资本预算

第三部分　长期融资

第四部分 短期财务

第一部分

财务基础

第一章

财务管理概述

乐视网信息技术（北京）股份有限公司（以下称乐视网）拖欠供应商货款事件持续发酵，2016 年 11 月乐视网终于爆发了前所未有的资金链断裂危机。这个曾经被称为创业板神话的企业，其持续了近半年的资金链断裂危机以贾跃亭黯然离场、孙宏斌入主董事会而告一段落。

乐视网资金链危机，是大量欠款及其引发的资金链连锁反应。这些欠款，既包括对供应商的应付款项、对金融机构的贷款，也包括关联方交易，甚至对员工的薪金等，而不断扩张的业务又进一步增加了对流动资金的需求。乐视网面临着供应商催债、子公司诉讼、金融机构收紧杠杆等多重压力。危机发生后，乐视网市值严重缩水。

乐视网资产负债表相较于同类企业表现尚属良好，但其流动资金极度短缺。资产负债表中能变现的资产有多少？即使资产能变现，能够收回足够的现金流弥补漏洞吗？这是乐视网面临的关键问题。

乐视网的财务危机给我们留下了很多启示。财务管理是企业管理极其重要的内容，渗透于企业经营活动的各个环节、方面。如何做好企业的财务管理工作，促进企业整体效益的提升，进而实现企业的整体目标，是每一个经营管理者都必须高度重视的问题。

本章内容提示

1. 财务管理的内容。主要介绍财务管理的内容，明确财务管理工作及与会计的一些区别和联系。
2. 财务管理的目标。分析了财务管理目标的几种观点，指出了现代企业制度下财务管理的目标及意义。
3. 财务管理的环境。描述了财务管理赖以生存的环境，主要介绍了经济、金融、法律环境以及企业内部组织制度的环境。

第一节　财务管理的内容

英文“Finance”，在我国常见的汉语翻译是“金融”。但是，当我们提到“金融”时，也许首先会联想到金融市场、金融机构以及金融产品。但当“Finance”和“Corporate”联系在一起组成“Corporate Finance”时，它更多地是指微观经济主体——企业的投融资决策，即企业的理财或财务管理，所以，我国所称的“财务管理”在英语国家中更多地翻译为“Corporate Finance”。从企业的角度看，财务管理就是对企业资金的筹集、运用、分配以及相关财务活动的全面管理。因此，从本质上看，财务管理是一种有关价值评估与决策的管理活动，主要包含两个方面的内容：一是组织企业资金运动；二是协调企业财务关系。其中，资金运动是财务管理产生的基础，资金运动的组织、管理是财务管理的重要内容之一。首先，我们从企业的资金运动来探讨财务管理及其内容。

一、企业的资金运动

一般认为，能以货币计量的经济活动就是企业的资金运动，也称价值运动。企业的生产和再生产活动就表现为资金运动，包括资金的筹集、投放、运用、收回及收益分配等，其中资金的投放、运用及收回可以概括为投资活动，如图 1-1 所示。而资金运动的各个环节总是与一定的财务管理活动相对应的，也就是说，资金运动形式是通过一定的财务管理活动内容来实现的。资金运动过程就是财务管理活动的作用过程。

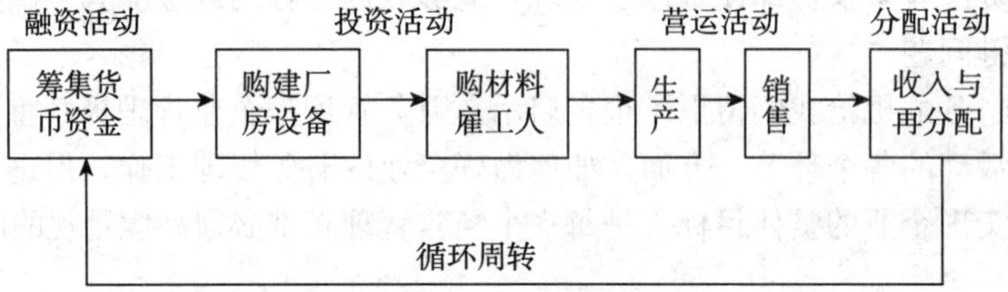

图 1-1　企业的资金运动过程

（一）融资活动

企业拥有一定数额的资金是进行生产经营活动的必要条件。企业通过各种渠道以各种方式筹集资金，是资金运动的起点。所谓融资，就是指为了满足投资和用资的需要，筹措和集中所需资金的过程。在融资过程中，企业一方面要预测融资规模，以保证投资所需的资金数量；另一方面要通过融资渠道和融资方式确定合理的融资结构，降低融资成本和风险。

企业的股权性资金，是通过吸收直接投资、发行股票等方式从投资者那里取得的，投资者包括国家、其他企业、个人、外商等；企业还可通过银行借款、发行债券、应付款项等方式来吸收债权性资金，从而形成了企业的负债。这种因资金筹集而产生的融资活动，就是企业获得资金来源的财务活动。

(二) 投资活动

企业取得资金后，就要将资金投入使用，以谋求最大的经济效益。企业投资分为广义的投资和狭义的投资两种。广义的投资，是指企业将筹集的资金投入使用的全部过程，包括企业内部使用资金如购置流动资产、固定资产、无形资产等和对外投入资金如投资购买其他企业的股票、债券或与其他企业联营等。狭义的投资仅指后者，即对外投资。

投资需要支付资金，而变卖其对内投资形成的各种资产以及收回其对外投资时，则会产生资金收入。这种因企业投资而产生的资金收付，便是由投资而引起的财务活动。企业投资不仅要考虑投资规模，还必须通过投资方向和投资方式的选择，确定合理的投资结构，以提高投资效益和降低投资风险。

(三) 资金营运活动

在日常生产经营过程中，一方面企业要采购材料或商品、雇用工人而支付各种成本和费用，另一方面企业出售商品取得收入。如果生产经营资金短缺，还可以采用短期借款来筹集所需资金。这就是因企业经营而引起的财务活动，也称资金营运活动。

企业的营运资金，主要是为了满足企业日常营业活动的需要而垫支的资金。营运资金的周转与生产经营周期具有一致性，资金周转速度越快，资金的利用效率就越高。因而，如何加速资金周转、提高资金利用效率，也是财务管理的主要内容之一。

(四) 分配活动

广义而言，分配是指对投资收入和利润进行分割及分派的过程。而狭义的分配，仅指对利润的分配。

一般而言，企业通过投资取得的收入，首先要用以弥补生产经营耗费，缴纳流转税，其余部分作为企业的营业利润。营业利润、投资收益和营业外收支净额等构成企业的利润总额。利润总额在扣除所得税后形成净利润。税后净利润还要按规定提取盈余公积金和盈余公益金，剩下的部分才作为投资收益分配给股权投资者，或以未分配利润的形式作为股权投资者的再投资。这种因分配而产生的资金收支就是分配环节中的财务活动。

另外，随着分配活动的进行，资金或退出或留存于企业，它必然会影响企业的资金运动，这不仅表现在资金运动的规模上，而且表现在资金运动的结构上。因此，企业应合理确定分配的规模与形式，而这些也都是财务管理的内容。

二、财务管理的基本内容

企业生产经营的过程，从获得资金购买生产要素到投入生产过程，生产出中间产品和最终产品，再进入销售过程，最后取得销售收入和利润。然后，进行质或量的扩张，进入下一个再生产过程。这是一个资本不断运动的过程，也是企业财务管理活动的过程。资金是企业财务活动的基本要素，资金的运动是企业财务管理活动的基础。资金运动的内容及过程，决定了企业财务管理活动的内容。

美国著名管理学家西蒙说：管理就是决策。根据企业财务活动的内容，企业财务管理的主要内容包括长期融资决策、长期投资决策以及营运资金管理决策。对于资金运动中的分配环节，即收益分配，是一个资金运动的结束，也是下一个资金运动的开始，这是因为，如果收益分配给了投资者，投资者便会将全部或部分收益进行下一轮投资，如果收益没有立即分配给投资者而以未分配利润的形式保留在了企业内部，则相当于企业获得了股权再融资，因此，收益分配可以看成是企业长期融资决策的内容之一。

（一）长期融资决策

长期融资，是指企业获取资本即长期稳定资金来源的过程。这部分长期资金，是企业进行长期投资所必需的资金，即长期资金主要用来满足企业固定资产购建和其他长期投资。

长期融资决策主要包括融资的规模——资金多少、融资的来源——从哪里来、融资的方式——怎样来、融资的结构——不同融资方式的比例、融资的成本——代价多大、融资风险——风险怎样，概括起来主要有资本成本、资本结构（Capital Structure）以及股利分配等内容。其中，财务管理领域广泛探讨的资本结构，是指企业长期资金来源中长期债务与股东权益的比例关系，而不是全部债务与股东权益的比例关系，后者可以称为资金结构或融资结构（Fund Structure）。

长期融资决策在财务决策中占有极其重要的地位。合理安排资本结构，不仅可以获得财务杠杆利益，降低企业的综合资本成本，还可以增加企业价值。

（二）长期投资决策

长期投资，是指企业进行固定资产购建和其他长期投资的过程。一般情况下，企业用长期融资获得的长期资金，进行企业长期性资产的购建或投资。

长期投资决策主要包括长期资产的投资规模预算、投资方式选择以及固定资产更新改造等。企业进行的长期投资计划与管理过程，可以统称为资本预算（Capital Budgeting），即对企业长期资金使用的规模、方式、收益及风险进行的预测与计划。在企业长期投资决策中，有两个重要方面需要考虑：一是必须牢固树立两个价值，即货币时间价值和投资风险价值的观念；二是必须始终把握两个概念，即资金成本和现金流量，前者是评估货币时间价值的依据，后者是评估货币时间价值的对象。

长期投资占用的资金规模大，使用周期长，因此，长期投资决策具有不易逆转性，是企业方向性和战略性问题的决策，其最终目的是获取和提高企业竞争能力及优势。

（三）营运资金管理决策

流动资产是企业变现能力较强的资产，如现金、库存材料与商品等，而流动负债是企业短时间内即要还本付息的债务，如短期银行贷款、应付账款等。两者形成了企业的短期资金来源与运用业务，即短期时间内的理财活动。

营运资金管理决策主要包括流动资产的持有规模、结构与变现，如现金、存货、应收账款的管理，以及流动负债的来源、规模与成本等。归纳起来，营运资金管理涉及两个方面的决策：一是确定流动资产的最佳投资水平；二是为维持这一水平而进行短期融资和长期融资的适当组合。其中，流动资产减去流动负债的差额，我们称为净营运资本（Net Working Capital）。

企业营运资金管理的一个重要目标就是要保证企业具有足够的流动性。资产的流动性，也称为变现性，是衡量资产转化为现金的能力及损益程度的重要指标，也是衡量企业动态意义上偿付能力的重要指标。营运资金管理的另一个重要目标就是要提高企业的盈利能力。在资本投资性质及效益既定的情况下，无能的、低效的营运资金管理会大大降低企业经营活动现金流量的创造能力。因此，企业应合理确定流动资产、流动负债持有的规模与结构，在保证资产流动性的基础上提高企业的盈利能力，促使企业实现价值最大化。

上述三个方面的内容，是财务管理的核心内容，也构成了本书的主要章节。另外，如前所述，财务管理的本质是对企业可用货币计量的经济活动进行价值评估与决策，因此，财务管理的内容还应该包括资产重组、企业并购等涉及企业全局性、战略性的价值管理，以及与第二货币计量的跨国经济活动有关的跨国理财。这些内容组合在一起，构成了现代企业财务管理的完整体系。

三、财务管理与会计

在我国，财务管理长期以来与会计“纠缠不清”，实务界总以为财务管理就是会计；而且在实务中往往会将很多应属财务管理的内容或工作独立出来，如很多企业就单独设立资本经营部、资产经营管理部等，这就加剧了人们对财务管理的误解。其实，学术理论界也或多或少存在这种误解，以至于有些大学将会计和财务管理分设成两个专业时遭到强烈反对。

因此，我们有必要澄清和明确财务管理与会计的区别与联系。我们首先来看看会计以及会计的基本特征。

（一）会计及其特征

会计，是一种使用专门语言或工具，对企业、行政事业单位和其他组织过去已经发生的经济业务进行完整、连续、系统的记录、整理，因此，可以认为会计是一种信息处理方法或工具。记账、算账、报账三项传统内容，虽然不足以概括现代会计的全部工作内容，但也恰到好处地向人们展示了会计工作的基本面貌。确认、计量、报告、分析解释构成了现代会计的基本工作程序，正是基于分析解释面向对象的不同，将现代会计划分为财务会计与管理会计两个分支，前者对外解释负责提供财务报告，后者对内解释提供决策的基础数据。

可见，会计具有下述基本特征：

(1) 会计是面对“过去”的。会计是对过去已经发生经济业务的记录与整理，因此，会计是面对过去的。从这个意义上看，会计本身只是一种工具与方法，并不具备管理职能，因为它不存在对于未来事项的计划、组织、领导等决策活动与功能。

虽然现代管理会计增加了预测功能，会计报表也要对或有事项进行披露，但这丝毫不妨碍过去已经发生经济业务是会计工作对象的基本要求，因为预测以及或有事项，都是基于已有经济业务的一种记录或推测，依然不会涉及“管理”。

（2）会计有自己的特定前提，即会计有自己的一套原则与方法。作为一种信息处理的方法或工具，会计有一套完整的前提、假设以及原则。其中，历史成本法和权责发生制是企业会计最具个性色彩和典型意义的两大原则。这两大原则为企业成本、费用、收入核算的有序进行提供了坚实的基础，是企业会计核算的两大支柱。

但历史成本法和权责发生制越来越受到诟病，突出表现在：历史成本法不能及时、准确地反映市场价值的变动，尤其是在资产价值剧烈波动时期；权责发生制难以准确反映企业现金流量状况，比如，会计报表上有大量利润，但企业可能一分钱现金都没有。可见，会计因为其确认和计量的固有缺陷，难以为企业内部和企业外部认识、管理企业提供信息，也就难以扮演“企业的语言”的角色。

（3）“反映”是会计的根本职能。反映、监督、控制、预测等都是经济管理活动赋予会计的职能；随着社会经济生活的丰富和会计学科本身的发展，会计的职能也将更为丰富和完善。但是，无论何时，反映职能都是众多职能中最基本的职能，这是会计的本质属性决定的。

（二）财务管理与会计的区别

（1）从存在基础看。财务管理，其存在的客观基础是财务活动，它并非自有生产活动就存在，而是人类生产活动发展到商品货币经济条件下所进行的一种经济管理活动。而会计，其原始形态可以追溯到人类社会的早期，它是为有效地组织和管理生产服务的，也就是说，只要人类社会的生产活动存在，会计就会出现和存在，因为它是一种经济活动记录工具。而财务管理是随着商品货币经济的产生而产生、发展而发展，并将随着商品货币经济的消亡而消亡。

（2）从工作对象看。财务管理的目的是根据价值运动规律，获取尽可能大的收益，所以，其管理的对象就是资金运动本身。会计作为一个经济信息系统，它的处理对象是资金运动所呈现的信息。显然，资金运动不等同于资金运动信息。最为关键的是，作为财务管理对象的资金运动，是企业尚未发生的，并因此需要财务管理人员去组织和决策；而作为会计工作对象的资金运动信息，是企业“过去”已经发生的，会计人员只需要对信息进行记录和整理。

（3）从基本职能看。会计最基本的职能是反映（Showing），即通过一系列专门的方法对资金运动所产生的信息进行如实地加工、处理。如前所述，财务管理作为管理的一个门类，履行的同样是管理职责，即对资金运动的预测、计划、组织、领导、协调和控制等。而财务管理主要是针对资金运动的一种价值管理，因此，财务管理的基本职能主要表现为价值评估，即估值或定价（Pricing）。这是财务管理和会计的一个重要区别。

（三）会计与财务管理的联系

财务管理与会计虽然是两个不同的事物、两个不同的学科，但它们之间却有着密切的联系。两者之间的密切联系突出表现就是，财务管理离不开由会计提供的信息，而会计则要密切跟踪财务活动，捕捉有关资金运动的信息。

日本学者宫臣章的《会计情报手册》在概括西方学者各种观点的基础上，生动地描述了财务管理与会计的联系：财务是以资金为对象的实体活动，会计是以财务活动及其结果为对象的信息处理活动，其机能是组织情报，不处理资金筹集与运用，即财务管理是进行有关资金筹集与运用意向的决策，而会计是为这种意向决策提供情报的。

财务部门筹集资金，运用资金，以及对盈利的分配，都会反映到会计部门。这中间是谁起了媒介作用？价值运动并没有进入会计部门，进入会计部门的不过是被接收的以凭证为载体的价值运动发出的信息。价值运动信息就这样借助于原始凭证“悄悄地”进入了会计信息系统，并按会计信息使用者的要求进行加工处理和输出。财务部门筹集的资金是否合理，资金运用是否得当，盈利分配是否科学，均要依据会计部门提供的信息（加工后的价值运动信息即会计信息）同预定的财务目标进行比较后才能做出正确的判断。所以，起媒介作用的是价值运动信息。

综上所述，财务管理与会计既有区别，又有联系。在理论上，它们是两个不同的概念和学科，在实践上，它们是两个不同的职能部门。从企业角度看，财务管理就是企业的投融资决策，即英语国家的“Corporate Finance”，其核心职能是对“未来”尚未发生的经济活动的价值预测、评估与计划，即定价。而会计是企业管理的工具之一，核心职能是采用专门语言对企业过去已经发生经济活动的记录、整理，即反映。而两者的密切联系突出表现在，会计为财务管理决策提供了大部分的信息支持和依据，而财务管理活动及其成果又是会计所赖以工作或反映的对象。

第二节　财务管理的目标

财务管理目标就是通常所说的理财目标，是企业财务活动所要达到的根本目的，决定着企业财务管理的基本方向。对于企业财务管理的目标，理论界一直争论不休，以至于先后出现了十几种观点，如产值最大化、净值最大化、经济效益最大化、资本成本最小化、相关者利益最大化、社会价值最大化等。本书着重介绍在理论和实践中具有广泛影响的三种主要观点，分别是利润最大化、股东财富最大化、企业价值最大化。

一、利润最大化

利润最大化，是经济学中根深蒂固的一个观点，在理论和实践中具有相当广泛的影响力。自亚当·斯密以来，经济学家就把人类行为界定为追求财富最大化，即假设人是具有理性的经济人，个人追求自身利益的最大化。利润最大化后来成为新古典经济学的基本假设之一，新古典经济学在分析微观个体的经济行为时，假设个人追求效用最大化，而厂商追求利润最大化。在完全竞争的市场中，当边际成本等于边际收益时，厂商就实现了利润最大化，而实现利润最大化的要素组合，就实现了资源的最优配置。因此，许多经济学家都以利润最大化来分析企业的行为和评价企业的业绩。

利润最大化曾经被认为是企业财务管理的正确目标。这种观点认为：利润代表企业新创造的财富，利润越多则企业财富增加越多。以利润最大化作为企业财务管理目标有其科学成分，企业追求利润最大化，就必须不断加强管理、降低成本、提高劳动生产率、提高资源利用效率。追求利润最大化反映了企业的本质动机，也为企业的经营管理提供了动力。同时，经营收入减去经营成本就是利润，这在实际应用中简单直观，容易理解和计算。

利润最大化观点及其在实际运用中至少存在以下缺陷：

（1）“利润”更多的是一个会计概念，因此，同样存在会计及其计量方法的内在缺陷，如会计采用历史成本法而忽略了货币的时间价值。

（2）“利润”概念所指不明。利润有许多含义，如会计利润、经济利润，或者短期利润、长期利润。

（3）利润最大化中的利润是一个绝对数，它没有反映出所获利润与投入资本之间的对比关系。

（4）如果片面强调利润的增加，有可能诱使企业产生追求利润的短期行为，而忽视企业的长期发展。这在我国国有企业的经营绩效考核中尤为突出。

另外，有些学者把每股收益最大化作为利润最大化目标的改进而提出来。然而，每股收益也不是一个完全正确的企业目标。首先，它没有确定预期回报发生的时间或时期。其次，使用传统回报率指标，如投资回报率，没有考虑风险因素。而且，每股收益指标没有考虑股利政策对股票市价的影响，假如财务管理的目标是每股收益最大化，则企业将永远不支付股利，因为将应付的股利保留在企业内部便可以实现任何回报率为正的项目投资。

二、股东财富最大化

股份企业是现代企业的主要形式，其典型特征是所有权与经营权的分离，即股东不直接参与企业日常业务，而是委托职业经理人经营，于是，现代企业就形成了一种普遍现象——委托代理。根据委托代理理论，企业经营者，即受托人应该最大限度地谋求股东或委托人的利益，而股东的利益体现在其投资的保值和增值，即股东财富上。因此，股东财富最大化这一目标就自然受到现代企业及其投资者的高度关注。

一般而言，股东是企业资产的最终所有者，其财富就是股东所持企业股票的市场价值。如果以未来一定时期归属股东权益的现金流量，如每股收益或每股红利，按所要求的最低回报率，即考虑风险报酬后的资本成本折为现值，便可得到股东投资报酬的贴现值。这一现值，在有效资本市场（Efficient Captical Market）的假设下，就体现为股东所持企业股票的市场价值，这就是股东财富。

现实中，股东财富是由持有的股票数量和股票市场价格来决定的，在股东持股数量一定的情况下，股东财富就和股票价格成严格的正比关系，所以，股东财富最大化通常演变成企业股票价格最大化。

许多财务学家主张应选择股东财富最大化作为企业财务管理的目标，理由如下：

（1）股东财富的概念非常明确。它基于预期流向股东的未来现金流量，而不是模糊的利润或收入。

（2）股东财富最大化目标一定程度上能克服企业追求利润的短期行为。因为，股票的市场价值在某种程度上反映了企业未来现金流量的现值，也就是说，不仅现在的利润会影响股票的市值或市价，未来利润的预期对股票市值也会产生重要影响。

（3）股东财富的计量考虑了时间价值和风险因素。这体现在折现方法的使用以及折现率的确定上。

（4）股东财富最大化目标有利于股东对管理者的监督和考核。如果股东对企业经营管理业绩不满意，可以“用脚投票”，大量的股票抛售势必会引起股票市场价格下跌，这样，管理者就会面临压力，就会为改进企业管理而努力，从而积极为股东创造价值与财富。

（5）股东财富比较容易观察和量化，因此，股东财富最大化的目标在实务中操作方便、简单、直观。

以股东财富最大化作为企业财务管理目标的观点，具有广泛的影响力和号召力，是目前国外财务管理教科书中提及最多的观点。虽然理论上还存有争议，但股东财富最大化的观点还是为越来越多的人所接受和认同。在实际中，也有许多大企业以股东财富最大化作为自己不懈追求的目标。美国财务学家詹姆斯·C. 范霍恩等在其《现代企业财务管理》中，展示了一些著名企业将股东财富最大化设立为企业财务管理的目标。

◈ Cocacola：我们只为一个原因而存在，那就是不断地将股东价值最大化。

◈ Campbell Soup：我们的首要目标是增加股东的长期财富，以补偿他们的风险。

◈ Equifax：为股东创造价值是我们全部的经营和财务策略的目标。

◈ Georgia Pacific：我们的任务永远是创造新的价值和增加股东财富。

◈ Transamerica：我们将继续增加企业全体股东的价值。

当然，强调股东财富最大化的目标也会面临一些问题，主要包括：

（1）股票市价或市值只适合上市企业，对非上市企业很难适用。

（2）只强调股东利益，而忽视了其他利益相关者的利益。

（3）股票价格受多种因素的影响，并非上市企业所能控制；在实行股票期权激励的企业中，可能会诱使管理层弄虚作假，千方百计抬高股价。

（4）股东或其受托人有可能通过剥夺债权人和其他利益相关者的利益而增加股东财富。

（5）可能会为社会带来大量的负外部效应，而这些效应却无法在企业财务报表中反映出来。

三、企业价值最大化

所谓企业价值，是指企业全部资产的市场价值。企业价值最大化目标，是指通过经营者的经营管理，采用最优的财务政策，在考虑货币时间价值和风险的情况下，不断增加企业的财富，使企业的总价值达到最大。

企业价值最大化，是股东财富最大化的演化和延伸。以企业价值最大化作为财务管理的目标，其优点与股东财富最大化相类似，其基本思想也趋于一致。所以，很多学者将两者等同起来，看成同一个概念。显然，企业价值有别于股东财富，股东财富仅指股东权益的市场价值。

现代企业理论认为，企业是多边契约关系的总和，股东、债权人、经理层、员工等缺一不可。这些利益相关者都有各自的利益诉求，企业价值这一指标就很好地概括了所有相关者的利益，使得利益各方在这一概念下保持利益的统一和制衡，并保证了企业战略发展的全局性和长期性。另外，企业价值是一个动态指标，它促使企业在整个生命周期内追求价值的持续增长，具有长期性、可持续性。

但是，以企业价值最大化作为财务管理的目标，也存在一些缺陷：

（1）未突出所有者的利益。主流的现代企业理论认为，企业是股权投资者的企业，股权投资者是企业的所有者，为企业及其债权人提供最后的清偿责任。所以，资金活动的管理目标，首先应该满足或保护所有者的利益。企业价值至少包括债权人和所有者的权益，是负债和所有者权益的价值之和。因而，企业价值最大化没有区分债权人与所有者对企业承担的风险、拥有的权利，而是将债权人利益与所有者利益，即企业负债价值与所有者权益价值合并起来考虑，这就极易造成对所有者利益保护的不足，最终也将造成包括债权人在内的所有相关者的利益损失。例如，为追求企业价值最大化，管理者会青睐资金成本较低的短期负债融资而非权益融资，这样，企业创造的大量价值在流向了债权人而非所有者的同时，由负债增加的财务风险却要由所有者来承担，这不仅有失公平，也不利于企业的长期发展。

（2）不能合理处理积累与分配的关系。强调企业价值最大化，就会片面强调积累，忽视分配，因为不分配利润可增加企业积累，降低风险，增加收入。试想，如果所有企业都不分配利润，则生产也就失去了意义，生产也会因缺乏动力而陷入停顿，所以，不分配利润既背离了所有者利益，也不符合社会利益。

（3）受益对象模糊。企业价值最大化这一目标，强调管理者对企业负责，而企业只是拟人化的、法律意义上的经济实体，这使得企业价值的概念模糊不清、指代不明。

（4）可能导致短期行为。企业价值最大化目标难以正确指导、评价企业的财务管理活动，可能导致短期行为，不利于企业长期发展。例如，管理者可通过转让专利技术的使用权而增加某一时间的企业价值，但这种行为却可能不利于企业的长期发展。

企业的财务管理目标，除了上述三个最大化目标外，还有不少其他观点和提法。在这些目标中，有的目标是股东财富最大化或企业价值最大化的中间目标而不是终极目标，如市场份额最大化、产量最大化、收入最大化，中间目标与终极目标，有时一致，有时不一致。而有些目标是机关、事业单位和非营利性组织的目标，如社会利益最大化、就业最大化、成本负担合理化等。这些财务管理目标不一定适合于企业，因为这些目标可能缺乏经济效益，即当稀缺的资源用于竞争性用途时，可能导致资源的错误配置。另外，我国学者根据具体国情和企业实际，也针对性地提出过一些财务管理的目标设想。

结合当前国际企业经营管理的实践，主流理论认为，现代企业财务管理的目标是实现股东财富最大化，并在此基础上兼顾利益相关者的利益。

第三节　财务管理的环境

财务管理环境，是指对企业财务活动及其管理产生影响的企业内部、外部各种条件的统称，是影响财务机制运行的各种内部与外部因素的总和。企业财务活动是在一定的环境下进行的，必然受到环境的影响。财务管理要获得成功，必须深刻认识和认真研究所面临的各种环境。不难想象，财务管理的环境错综复杂，且变幻莫测，其本身就是一个复杂多变的系统。财务管理环境，主要包括经济环境、法律环境和企业内部环境等。

一、经济环境

经济环境是指企业在进行财务管理活动时所面临的宏观经济状况，包括经济运行和经济政策。经济环境对企业财务管理有着重大影响。首先，宏观经济的运行，即宏观经济发展水平、状态，决定着企业财务管理的需求，从而决定着财务管理职能的发挥。其次，宏观经济政策影响和制约着企业的财务管理活动，如政府的银根紧缩，会造成企业融资成本上升以致融资困难。这里，我们将选择几种有代表性的宏观经济环境因素做一简单介绍。

（一）经济运行

经济发展态势好，经济产量或总量高，消费和投资需求旺，必然引起企业存货消耗快，则企业需要筹集资金扩大生产经营规模，销售的旺盛必然使得企业现金回笼快，企业利润、股东财富和公司价值都会增长。

（1）利率。银行贷款利率的波动，会影响股票与债券价格的波动。这既给企业带来挑战，也给企业带来机会。因为，利率的波动反映出资金的供求状况，进而会影响投资者的投融资行为。例如，利率上调，不仅意味着企业获取资金的成本升高，企业投资的盈利能力降低，而且，利润上调还可能发出未来经济收紧的信号。

（2）汇率。汇率的波动，会影响到企业产品或服务的进出口贸易，以及吸收和利用外资的数量。一般情况下，本币对外贬值意味出口商品或服务的外币价格下降，而企业的换汇收入增加，有利于企业扩大出口、增加收益；同时，本币贬值意味着外资流入时能兑换更多的本币，因此有利于企业吸收外资，扩大再生产。随着我国加入世界贸易组织和对外开放的进一步扩大，企业应关注汇率的变化，进行汇率变化的预期分析。

（3）物价水平。物价水平，即币值的变化，对企业财务管理将产生重要影响，尤其是物价持续的、大幅度的波动。例如，在通货紧缩的情况下，物价下降，会使实际利率上升，企业融资成本上升，利润空间缩小，严重时可能会引起企业亏损和破产。而企业经营不景气，会使企业出现大量坏账，并难以找到好的投资项目，经营会更加困难，以致最后可能会面临“金融恐慌”。

（4）经济周期。市场经济具有明显的周期性，它对企业的影响首先是销售额，其次影响到库存、人力资源、固定资产，最终影响到企业资金及其流转。

在经济繁荣时期，企业销售额增加，现金流入量上升；同时，企业需要增加存货，相应增加现金流出量；而且，企业此时会扩大再生产，增加固定资产投资。同时，为满足资产购建的需要，企业财务管理必须加大资金筹集的力度。因此，企业调度资金、保持现金流转顺畅以满足企业投资、生产、销售的需要，就需要财务人员做好资金的管理工作。

（5）市场竞争。竞争是市场经济发展的推动力。而市场结构及竞争状况，不仅影响一个企业的经营优势，而且影响一个企业的财务管理决策。例如，企业如果存在较大的市场竞争优势，则企业必然会得到市场的认可，那么，企业的融资成本低、渠道广；而且，资本市场的认同会直接带来其股票价格的上升。

（二）经济政策

不论是计划经济还是市场经济，抑或是新兴的转轨经济国家，政府都会运用政策工具调节经济运行，促使经济快速、健康发展。一个市场经济国家，政府的经济政策至少包括产业政策、财政政策、货币政策。

不论是产业政策，还是财政政策和货币政策，都将直接影响到一个企业的经营管理活动，包括企业的财务管理。例如，国家产业政策对一些产业给予鼓励和支持，给企业的投资指明了方向，同时，企业的融资难度会降低，并可能享受到税收等相关优惠。因此，企业在进行财务管理决策时，不仅要按照国家经济政策办事，还要认真研究政策可能的变化和趋势，以减少其对财务决策的不利影响。

二、金融环境

金融环境，本是经济环境的重要内容，但因其对企业财务管理具有重要的作用和意义，而且其内容广泛，所以在这里单独列出。金融环境，是企业财务管理活动非常重要的环境因素，它不仅提供了企业财务管理的外部平台，而且规范和制约着企业财务管理的水平和绩效。影响财务管理的金融环境，不仅涉及的主体众多、内容广泛，而且各方面的相互作用与机制复杂。限于篇幅，这里只介绍对企业财务管理直接作用的金融市场及其核心要素金融机构等。

（一）金融市场

顾名思义，金融市场就是资金融通的市场，是指资金供应者和资金需求者双方通过金融工具进行交易而融通资金的市场，广而言之，是实现货币借贷和资金融通、办理各种票据和有价证券交易活动的市场。金融市场是金融环境中最为核心的内容和组成部分。

金融市场涉及的领域、范围很广，涉及的内容很多，有时候也称为金融体系。一般认为，金融市场包含的要素主要有市场主体、金融工具或产品、交易价格及其形成机制、组织方式等。

金融市场虽然庞杂，但是，可以通过不同的角度对其进行分类、认识。例如，根据金融工具的有效期限，可以分为货币市场、资本市场；根据金融工具的交割时间，可以分为即期市场、远期市场。为便于对金融市场有一个概括性的认识，这里总结了多种市场分类，如表 1-1 所示，并介绍了几种主要市场类型的特征。

表 1-1　金融市场的分类及特点

分类依据	分类	特点
按金融工具有效期限划分	短期金融市场（货币市场）	交易期限短；交易目的是满足短期资金周转的需要；金融工具具有较强的货币性。
	长期金融市场（资本市场）	交易目的是满足长期性资金的需求；金融工具的收益性较高而流动性差；资金借贷量大；价格变动幅度大。

续前表

分类依据	分类	特点
按金融工具交割时间划分	即期市场（现货市场）	买卖双方签约后，当场或几天内买方付款、卖方交出资产的金融市场。
	远期市场	买卖双方签约后，在双方约定的未来某一特定的时日才交割的金融市场。
按证券交易类型划分	初级市场	又称发行市场、一级市场，即新证券发行、上市市场。
	次级市场	又称二级市场、流通市场，是现有金融资产的转手交易的市场。
按成交与定价方式划分	交易所市场、店头市场、第三市场、第四市场。	
按金融工具的属性划分	基础性金融市场、金融衍生品市场。	
按交易的直接对象划分	同业拆借市场、国债市场、企业债券市场、股票市场、期货市场、期权市场、外汇市场、黄金市场等。	
按交易的空间属性划分	地方性的、全国性的、区域性的金融市场和国际金融市场。	

（二）金融机构

金融机构是金融市场的主要组成部分，为对其深刻认识，这里单独介绍。金融机构，是指专门从事货币信用活动的中介组织，包括银行和非银行金融机构。银行金融机构又包括中央银行、商业银行及政策性银行。非银行金融机构主要包括保险、信托、证券以及各类金融租赁、财务服务企业。

（1）中央银行。中央银行是一国最高的货币金融管理机构，在各国金融体系中居于主导地位。中央银行的职能是宏观调控、保障金融安全与稳定、金融服务。中央银行所从事业务与其他金融机构所从事业务的根本区别在于，中央银行所从事的业务不是为了营利，而是为实现国家宏观经济目标服务，这是由中央银行所处的地位和性质决定的。

（2）政策性银行。政策性银行一般是指由政府设立，以贯彻国家产业政策、区域发展政策为目的，不以营利为目标的金融机构。1994 年，我国组建了三家政策性银行——国家开发银行、中国进出口银行和中国农业发展银行。

（3）商业银行。商业银行已经成为一国金融体系最重要的组成部分，是世界各国经济活动中最主要的资金集散机构，其对经济活动的影响力居于各国各类银行与非银行金融机构之首。

商业银行在现代经济活动中有信用中介、支付中介、金融服务、信用创造和调节经济等职能，并通过这些职能在国民经济活动中发挥着重要作用。商业银行的业务活动对全社会的货币供给有着重要影响，并成为国家实施宏观经济政策的重要基础。

（4）保险机构。保险是保险人通过收取保险费的形式建立保险基金用于补偿因自然灾害或意外事故所造成的经济损失或在人身事故发生时给付保险金的一种经济补偿制度。保险企业就是具体承载保险职能的商业机构，主要经营财产保险、责任保险、保证保险和人身保险。目前，我国保险企业的资金运用被严格限制在银行存款、政府债券、金融债券和投资基金范围内。此外，一国还存在对保险及其业务经营进行监督管理的机构，如我国的保险监督管理委员会。

（5）信托企业。信托企业是一种以受托人的身份代人理财的金融机构，它与银行、保险并称为现代金融业的三大支柱。一般情况下，信托业务采取委托人和受托人签订信托契约的方式进行，信托企业受托管理和运用信托资金、财产，只收取手续费。目前，国际上信托企业的投资业务大多分为两类：一是以股票和债券为对象，通过证券买卖和股利、债息获取收益；二是以投资者身份直接参与对企业的投资。信托企业的投资业务具有收益高、责任重、风险大、管理复杂等特点。

我国自 2007 年 3 月 1 日起施行《信托公司管理办法》，将原有的“信托投资公司”一律改称“信托公司”。根据该办法的规定，我国信托公司的主要业务范围限于信托、投资和其他代理业务，少数确属需要的经中国人民银行批准可以兼营租赁、证券业务和发行一年以下的专项信托受益债券，用于进行针对特定对象的贷款和投资，但不准办理银行存款业务。

（6）基金公司。投资基金，即集合不特定投资者的资金，设立投资基金公司，并委托具有专门知识和经验的投资专家经营操作，共同分享投资收益的一种信托形式，可见，投资基金即为投资信托。国际上，基金公司属于信托企业的一种类型，或者说基金公司就是公司型投资信托。而在我国，基金公司和信托公司在设立条件、经营范围上有重大区别，这里也为突显我国基金公司目前的蓬勃发展，我们单独列出介绍。

根据投资基金设立的法律基础不同，可以分为公司型投资基金和契约型投资基金。公司型投资基金是通过发行股份的方式筹集资金、具有法人资格的经济实体。基金持有人既是基金投资者又是公司股东，按照公司章程的规定，享受权利、履行义务。公司型基金成立后，通常委托特定的基金管理公司运用基金资产进行投资并管理基金资产，基金资产的保管则委托另一金融机构，二者权责分明。契约型投资基金也称信托型投资基金，是根据一定的信托契约原理，由基金发起人和基金管理人、基金托管人订立基金契约而组建的投资基金。英国、日本和我国香港、台湾地区多是契约型投资基金。

根据基金份额变现方式的不同，还可以分为封闭式基金和开放式基金。

（7）证券机构。证券机构是指从事证券经营、监督管理的机构。证券公司主要业务是推销政府和企业债券，带来买卖和自营股票，参与企业并购重组，充当企业财务顾问等。证券交易所是集中和有组织证券交易的场所和设施。此外，还有证券监督管理机构。

（三）金融市场机制

市场机制是价值规律的外在表现，价值规律各方面作用的实现都是以市场机制充分发挥其调节功能为基础的。金融市场机制也不例外，它是金融市场调节的过程和原理，也是金融市场运行的实现机制。

作为一种经济运行机制，金融市场机制通过资金或金融资产价格的波动、市场主体对利益的追求、市场供求的变化来调节金融市场的运行，它是金融市场机体内的供求、竞争、价格等要素之间的有机联系及其功能协同。因此，在内容上，金融市场机制主要表现为供求价格（包括利率、汇率等）机制、市场竞争机制两大方面，其中价格机制是核心。

根据与企业财务管理关系的紧密程度，这里只谈谈金融市场的利率机制。

在金融市场上，利率是资金商品的“价格”。利率机制主要包括这种资金价格的形成机制和作用机制，前者主要是指利率的形成及决定因素，后者是指利率在一国经济运行过程中对资金价格的调节作用，也即利率如何调节储蓄、消费和投资的流向及流量，达到以资金流引导实物流、促进资源的合理配置、带动经济增长的目的。

一般认为，利率的高低取决于社会平均利润率和资金的供求关系。但是，利率又会对资金供求和资金流向起重要的作用。当资金供不应求时，上调利率既加大了资金的供应又减少了资金的需求。当资金供过于求时，下调利率既减少了资金供应又扩大了资金需求。因此，利率是金融市场上调节资金供求，引导资金合理流动的主要杠杆。

目前我国利率管理体制较为单一，利率弹性较低，影响了利率政策效应的传导与发挥。货币政策的有效性很大程度上取决于传导机制的有效性。利率作为政策工具，它的传导一直主要依靠行政手段，而非经济手段。

第一，我国对利率目标的确定和调整具有相当程度的短期性，只重视利率调节利益分配、减轻企业负担等财政化作用，忽视了利率对优化资源配置方面的功能，市场传导作用没有得到充分发挥。

第二，中央银行制定各项法定利率，各金融机构只有遵照执行，而其自行确定利率标准的自主权很小，金融机构的经营风险与收益不成正比，很难形成市场化的利率及其政策效应。

从我国实际情况看，为适应社会主义市场经济体制改革要求，保证中央银行货币政策的有效性，使利率机制有效发挥传导作用，利率市场化将是我国金融体制改革的方向。我国利率市场化的最终目标就是形成在社会资金供求关系中，以基准利率为中心，市场利率为主体，既有国家宏观调控功能，又具有市场自我调节功能的一种利率管理系统。

三、法律环境

财务管理的法律环境是指企业发生经济关系时所应遵守的各种法律、法规和规章。随着社会主义市场经济体制的确立，越来越多的经济关系和经济活动要采用法律法规的形式规范、管理。与企业财务管理活动密切相关的法律规范主要包括企业组织法规、税收法规、财务法规等，这些法规是影响经济主体财务管理活动的重要约束条件。这里，主要讲述法律对企业组织形式的相关规定。

（一）企业组织形式

企业是以营利为目的而从事生产经营活动，向社会提供商品或服务的经济组织，是市场经济最重要的主体。企业的组织形式，决定着企业的财务结构、财务关系、财务风险和财务管理方式。

企业组织形式可按不同的类型进行分类。按出资构成和利润索取形式划分，企业可分为独资企业、合伙制企业和公司制企业三种形式。不同的企业组织形式对企业理财有重要影响。如果是独资企业，则其理财比较简单，主要依靠业主自己的资金，因为信用有限，其筹资的能力亦相当有限，银行和其他机构都不太愿意融资给独资企业。独资企业的业主要抽回资金，也比较简单，基本没有任何法律限制。合伙制企业的资金来源和信用能力比独资企业有所增加，收益分配也更加复杂，因此，合伙制企业的财务管理比独资企业复杂。公司制企业引起的财务问题最多，其不仅要争取获得最大利润，而且要争取使股东和企业价值增加，公司的资金来源也多种多样，筹资方式也很多，需要进行认真的分析和选择，投资的方式和渠道也比较广泛，盈余分配也不像独资企业和合伙制企业那样简单，必须要考虑企业内部和外部的诸多因素和风险。

这里，结合我国当前的法律法规做一简单介绍。

（二）独资企业

独资企业是指由单个自然人独自出资、独资经营的企业，又称个人业主制企业。独资企业的财产为投资者个人所有，投资者具有对企业完全的决策权和经营权，个人独自享受企业的利润、承担经营责任和风险。

独资企业具有如下主要特征：

（1）企业的所有权、经营权及利润索取权是统一的，因此，企业经营者有最大的激励。

（2）投资者以其个人的全部资产对企业债务承担无限责任，投资者个人资产与企业资产之间没有差别。

（3）企业内部结构简单，无须正式的章程，开办费用低，政府限制极少。

（4）不需要支付企业所得税，企业所得按个人所得税及其规定办理。

因为资金来源有限，所以一般情况下，独资企业规模小，发展速度缓慢，筹资相对困难，抵御财务和经营风险的能力也较低，难以投资经营一些资金密集、适合规模经营的行业，其存续期受制于企业主本人的生命期。

（三）合伙制企业

在我国，合伙制企业分为一般合伙制和有限合伙制两类。在一般合伙制中，所有的合伙人共同出资、共同经营、并共享风险与收益。每个合伙人享有的权利和承担的义务是相同的，每个人都对企业中的债务承担无限连带责任。

有限合伙制企业允许某些合伙人的责任仅限于个人在合伙企业中的出资额。有限合伙制通常要求至少有一个合伙人是一般合伙人，即负无限责任；有限合伙人一般不参与企业管理，只承担限于出资额的有限责任。

合伙制企业同独资企业相类似，具有如下特征：

（1）合伙制企业资本金要求较低，开办费用也较低。而且，合伙制企业筹集大量资金也十分困难，权益资本的规模通常受到合伙人自身能力的限制。

（2）合伙制企业的收入按合伙人个人所得征收个人所得税。

（3）由于受到其他合伙人发生变化（死亡、退出、丧失民事能力等）的影响，企业的存续期有限且不稳定。一般情况下，一般合伙制企业转让产权要求所有合伙人必须一致同意，因此在没有宣布解散的情况下转让产权是很困难的。但有限合伙人拥有出售其在企业权益的权利。

（4）由于一般合伙人对合伙企业的债务承担无限责任，在增强合伙人责任心的同时，也加大了其经营风险。

（四）公司制企业

公司制企业，简称“公司”，是现代企业的重要组织形式。它是依照企业法登记设立，由股东作为出资者，以其公司全部法人财产进行自主经营、自负盈亏的企业法人。企业享有由股东投资形成的全部法人财产权，依法享有民事权利，并承担民事责任。企业股东作为出资者，按投入企业的资本额享有所有者的资产收益、重大决策权，并以其出资额或所持股份为限，对企业承担有限责任。

实行公司制的企业，以有限责任公司和股份有限公司为典型形式，还有无限责任公司、两合公司等形式。按照《中华人民共和国公司法》（以下简称《公司法》）的规定，我国的公司只有股份有限公司和有限责任公司两种形式。

在我国，公司具有如下特征：

（1）企业产权表示为股份，产权可以随时转让，企业的存在与持股者无关，因此，企业的存续期也是无限的。

（2）公司是企业法人，有独立的法人财产，享有法人财产权。公司以其全部财产对公司的债务承担责任。有限责任公司的股东以其认缴的出资额为限对公司承担责任；股份有限公司的股东以其认购的股份为限对公司承担责任。

（3）一般情况下，企业的所有权与经营权是分离的。股东一般不直接参与企业的经营管理，企业由股东大会或股东会委托的董事会及管理层来经营管理。

（4）公司必须缴纳公司或企业所得税，剩余利润作为股利分配后股东还需要缴纳个人所得税，因此，对于公司的出资人来说，将面临双重征税。

下面结合我国的《公司法》及相关法律，着重介绍有限责任公司和股份有限公司这两种基本类型。

1. 有限责任公司

有限责任公司，是指由五十个以下股东共同出资，每个股东以其出资额为限对公司债务承担有限责任，公司以其全部资产对其债务承担责任的企业法人，通常简称为有限公司。按照我国《公司法》，国有独资公司、一人有限责任公司也是有限责任公司。

有限责任公司具有如下特征：

（1）设立程序相对股份公司简单。在我国，设立股份公司要经过国务院授权的部门（如证监会）或省级人民政府批准。而设立有限责任公司，除法律、法规另有规定外，无须任何政府部门批准，可直接向工商行政机关申请登记、注册。公司无须向公众公开披露信息。

（2）有限责任公司的资本无须划分为等额的股份，也不发行股票。股东确定出资额并交付后，由公司出具证明，作为股东在公司中应享有的权益凭证。

（3）有限责任公司的股份转让有较大限制。由于有限公司股东持有的股权证书并不是股票，这种股权证书只能在股东之间相互转让。在向股东以外的人转让股份时，必须经过全体股东过半数同意，而且老股东具有优先购买权。

（4）有限责任公司内部管理机构的设置灵活。股东人数较少和规模较小的有限公司，可以不设董事会，大股东可以亲自经营公司，使所有权与控制权的分离程度较低。还可以不设监事会，只设一至两名监事，行使监督的权利。

2. 股份有限公司

股份有限公司是指其资本划分为等额股份并通过发行股票筹集，股东以其所认购的股份对公司承担有限责任，公司以其全部资产对公司债务承担责任的企业法人。所以，股份有限公司可以看成是有限责任公司的一种特例。

股份有限公司是资本市场发达的国家最基本的企业组织形式，简称股份公司。在我国，股份公司一般具有下述基本特征：

(1) 股份公司的设立程序复杂，需经主管机关批准。

(2) 股份公司将其资本总额划分为等额股份，每股金额相等，并采用股票形式向出资人发放，作为其投资入股的凭证。同期发行的同种股票，每股的发行条件和价格相同。股东可以依法自由转让其所持有的股份，一般没有限制。

(3) 股份公司的股东人数必须达到法定人数，一般只有下限要求，没有上限要求。股东可以是自然人，也可以是法人。例如，我国《公司法》规定，设立股份有限公司应当有2人以上200人以下为发起人。

(4) 对于上市的股份公司，其大量信息必须公开披露。如企业章程、招股说明书、发行公告、股东名录、股东大会决议、董事会决议、年度和半年度的财务报告、关联交易、重大事项等，必须公开披露。

股份有限公司通过向社会发行股票，可以广泛吸收社会资本，迅速扩大公司规模，提高公司竞争力。另外，对于上市公司而言，由于股票可以在市场上自由流通，股票价格变成了公司经营好坏的“晴雨表”，可以促使管理层努力提高经营管理水平和公司绩效。

股份有限公司的股东，不仅会面临“双重纳税”，还会因为所有权与经营权分离面临代理问题，同样，有限责任公司也会面对这类问题。另外，股份公司，尤其是上市的股份公司，通常面临着严格的市场、行政和法律监管，如严格的信息披露制度，对公司的经营管理和规范运作是相当大的考验。

这里需要强调的是，本书所讲的财务管理，是指公司制企业的财务管理。这主要是因为，在绝大多数国家，只有公司制企业才是法人；法人作为法律拟制的人，才能像个体的自然人一样承担相应的社会责任，比如纳税，也才能像自然人一样推广其投融资的方式、方法等。例如，在资本结构理论中讲到的负债利息税盾效应问题，只有存在企业所得税的企业才适用，独资企业、合伙制企业一般并不适用。当然，本书的内容，绝大部分对非公司制企业也是适用的，对行政事业单位、家庭和个人的财务管理也有重要的启发意义。

四、企业内部环境

现代企业财务管理的内部环境是指存在于企业内部影响该企业财务管理的主观条件和客观因素，包括企业的法人治理结构、经营战略、目标与经营决策、长远规划以及企业文化因素等。在市场经济条件下，企业的财务决策、财务方针以及日常财务举措，都受到财务管理环境的制约。

这里，我们结合现代企业的一般组织结构特征，谈谈财务管理在企业中的地位及职责。

（一）现代企业组织结构

企业组织结构是企业财务管理内部环境中的重要内容，它制约和影响着企业财务管理的体制建立、职能发挥等。在现代公司制企业的组织结构中，由于所有权与经营权的分离，以及委托-代理关系的普遍存在，使企业治理呈现出分权、分层的治理特征，即在股东大会、董事会、经理层、监事会之间的分权与分层治理。现代公司制企业的治理模式在不同的国家存在或多或少的差异，图 1-2 反映的是我国当前公司制企业的治理模式。

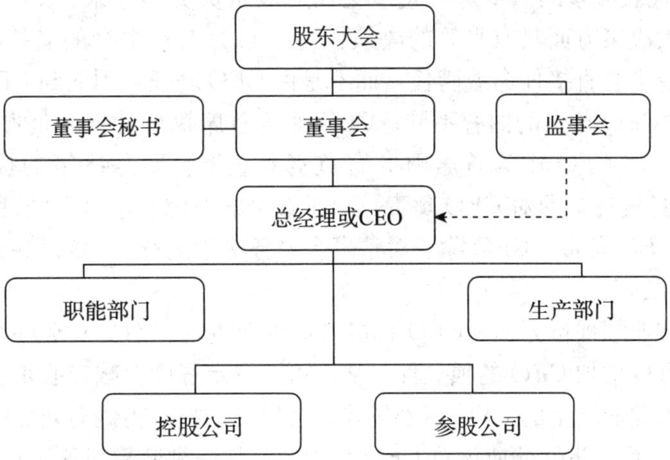

图 1-2　现代公司制企业的一般组织构架

现代公司制企业广泛存在信息不对称的情况，容易产生“逆向选择”“道德风险”及“内部人控制”等问题。为了降低代理成本，股东就要寻求一种符合自身利益和成本收益原则的财务控制与治理机制，以加大对企业资金及其管理活动的监督和控制。为此，股东就需要在董事会和经理层中设置一个能代表其利益、能对管理层实行监控的职位，财务总监制度就这样诞生了。

（二）CFO 及其地位

CFO（Chief Financial Officer），通常称为首席财务官或财务总监，是现代企业管理中重要的高级管理职位，是掌握着企业神经系统——财务信息和血液系统——现金资源的灵魂人物。CFO 处于股东和经营管理者之间，是企业重要战略决策的制定者和执行者之一，在现代企业治理中具有重要的地位和作用。

第一，CFO 独立行使职权。CFO 受股东或董事会委派，在企业治理中与首席执行官（Chief Executive Officer，CEO）是平行的地位。CFO 是企业财务资源的第一位把关人，对企业现金和中长期投资拥有集中的控制与监督权，同时主导企业的会计及其组织系统，其工作是独立的。行使监督职能的前提是独立性，因此 CFO 在人事上必须独立于包括 CEO 在内的管理层其他人员，由董事会直接任命，对董事会和股东负责。

第二，CFO 既可以是董事成员又可以同时是经理层成员。在现代企业中，董事会在企业治理中的重要作用就是决策和监督。因为无论是股东委派，还是董事会任命，CFO

在企业治理中所特有的监督功能和参与决策功能，在客观上都要求 CFO 进入董事会。在企业治理中，董事会对企业的财务监督至少应该有两个层次：一是以财务独立董事和董事会专门委员会——审计委员会为核心的外部财务监督；二是以财务执行董事——CFO 为核心的内部财务监督。代表董事会对企业实施内部财务监督，首先要求 CFO 本身是董事。同时，作为经理层成员在 CEO 的统一领导下进行日常决策和企业管理经营。

第三，CFO 应该肩负着三方面的受托责任：（1）对股东的受托责任。在很多企业，CFO 首先是作为代表股东的董事进入董事会而对股东负责，意味着 CFO 与 CEO 都作为执行董事，在重大决策方面具有平等的决策权力。（2）对董事会的受托责任。CFO 的一个重要特征是由董事会直接任命或聘任，而不是由 CEO 聘任，因而与 CEO 共同对董事会负责。但 CFO 与 CEO 负责的内容不同。CEO 作为首席执行官统一负责对董事会战略和经营决策的执行，而 CFO 作为首席财务官负责对董事会财务决策的执行和财务监督。（3）对CEO 的受托责任，即对 CEO 负责。出于效率的考虑，董事会经营决策的执行须统一领导，统一由 CEO 负责。CFO 除了对董事会财务决策的统一执行和财务监督外，其他方面必须对 CEO 负责。

在财务监督和业绩评价方面，CFO 直接对董事会负责，不受 CEO 的制约，这是一种监督制约机制，可以增加 CFO 的独立性，从而可在一定程度上减轻股东和 CEO 之间的信息不对称，以及由此而产生的 CEO 道德风险，使股东的权益得到有效保护。

在资产经营方面，CFO 就应该对 CEO 负责，这是一种效率机制，可以提高执行董事会决策的效率，避免机会的错失。因此，CEO 统一负责对董事会经营决策的执行，可以降低机会成本；而 CFO 统一负责对董事会财务决策的执行和财务监督，可以降低代理成本。

图 1－3 描述了 CFO 在我国现代企业治理模式中的地位。

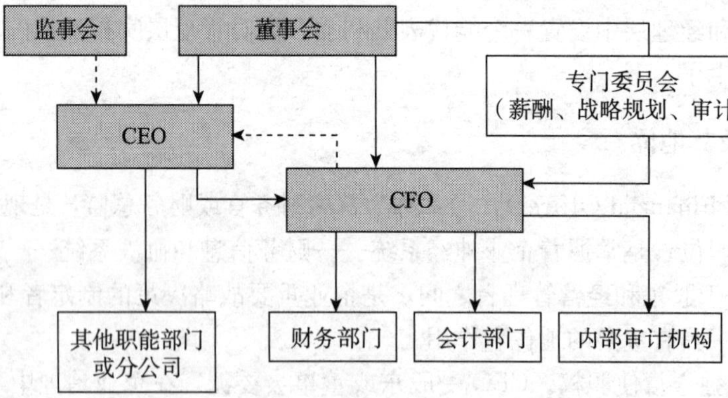

图 1－3　CFO 在我国现代企业治理模式中的地位

（三）CFO 的职责

CFO 既是企业治理的重要环节，又是企业管理的重要组成部分。在企业治理层面，CFO 代表所有者对经营者进行监督，主要履行监督职责；而作为高级管理人员，CFO 又必须以价值创造和管理控制为核心，承担起企业的价值管理职责，全过程参与企业的管理控制，为增加企业价值和提高股东回报而努力。

从理论上讲，CFO 在企业治理中的职责可以概括为以下六个方面：

（1）股东权益监督职责。作为股东利益的代表，CFO 主要对企业财务活动的事前、事中、事后进行监督，涉及企业财务活动的制度、资金、人员等方面的监督与控制。

（2）战略计划管理职责。CFO 应将企业战略与股东财富最大化目标结合起来，从企业战略角度，评估各项计划的价值创造能力，在重大问题上为 CEO 和其他管理者提供专业建议。这方面的职责有：做出企业在扩张、资源利用等方面的财务分析与评价；规划并指导实施企业战略的重大交易；制定、建议、实施企业财务战略，以支持企业其他经营战略，如制定关于资本结构和股利政策的建议；实施重大财务交易；建立预算管理体系；选择适当的控制和评价指标及管理薪酬计划，评估企业及其战略单元的业绩等。

（3）资源价值创造职责。CFO 应全程参与企业价值创造战略的制定，与 CEO 一起全方位培养企业的价值创造能力，并根据企业发展战略提出切合企业实际的、明晰的辅助性财务战略，领导财务管理人员实现价值创造。例如，CFO 作为管理层和董事会成员，应不断探讨改进现有的监督和制约机制，并对企业决策权分配的机制和股东权益保护给予足够的关注；考虑在利益相关者之间建立起一套有效的制衡机制。

（4）绩效评价管理职责。在企业治理中，CFO 实际上要处理企业所形成的利益分配关系，包括委托代理关系所形成的代理成本问题，也即企业的经营业绩评价和管理者的管理绩效评价问题。

（5）会计基础建设职责。CFO 首先需要在企业治理和企业管理层面拥有较好的工作平台。为此，需要建设一个基于增加股东和企业价值的会计工作基础构件，主要包括会计信息报告系统、会计控制机制、财务管理体制等。

（6）企业控制管理职责。CFO 要确保职责的实现，还必须加强企业风险的控制以及控制系统的建设，至少应包括目标战略控制、资源结构配置、利益管理处理、经营业绩评价、管理报酬激励等内容。

从具体内容上看，CFO 的职责大致分为两类：一是财务管理与决策；二是会计核算与控制。因此，CFO 下属两个主要的部门，一个是财务部门，另一个是会计部门。财务部门由财务主管负责，从事财务计划、资本预算、投资管理、现金管理、信用管理、利润分配等管理决策活动；会计部门由会计主管负责，从事财务会计、成本会计、税务会计、财务报告或报表编制等活动。

图 1-4 总结和展示了 CFO 在我国现代公司制企业治理实践中的位置及职责。

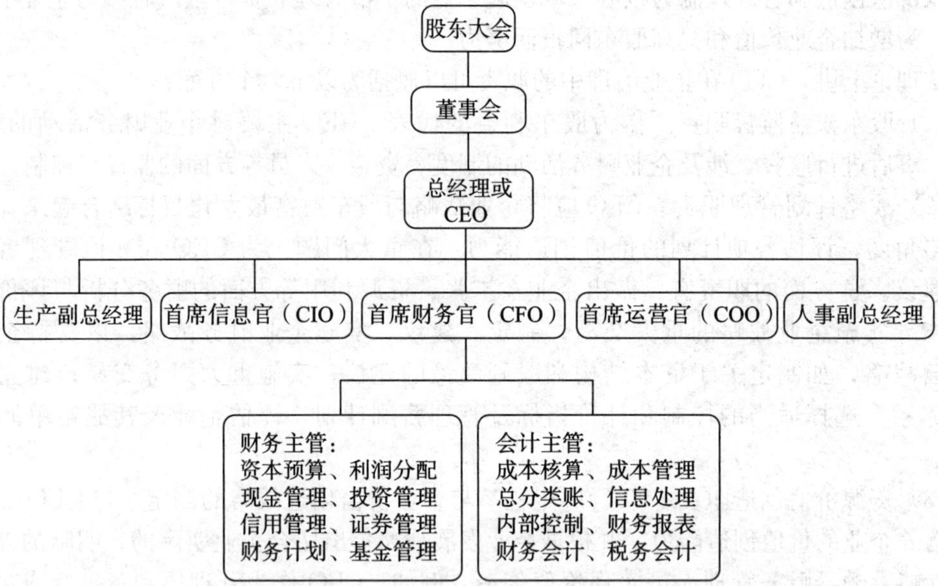

图 1-4　我国现代公司制企业组织中 CFO 的位置及职责

本章小结

本章我们学习了财务管理的基础，包括财务管理的内容、目标和环境。

1. 本书讲述的财务管理，实际上是现代公司制企业的理财活动。企业能以货币计量的经济活动就是资金运动，包括筹资、投资、分配等，资金运动是财务管理产生的基础，财务管理就是对企业资金运动的管理。因此，现代企业财务管理的主要内容可概括为三大块，即长期融资决策、长期投资决策、营运资金管理决策。财务活动的管理就是一种决策，其核心职能表现为价值评估，即“定价”。财务管理与会计既有联系，又有区别。财务管理，是针对企业未发生的资金运动的一种预期与管理，其核心职能是定价。而会计则是对企业已发生的经济业务的信息记录和加工整理，核心职能是“反映”。

2. 财务管理目标就是通常所说的理财目标，是指企业进行财务活动所要达到的根本目的，它决定着企业财务管理的基本方向。本章介绍了曾经被人们普遍接受或认同的三种主要观点——利润最大化、股东财富最大化、企业价值最大化。结合现代企业的特点，在考虑货币时间价值和风险因素的情况下，股东财富最大化的理财目标被广泛接受和认可，但在此基础上要兼顾企业相关者的利益。

3. 财务管理环境，是指对企业财务活动和财务管理产生影响作用的企业内外部各种条件的统称，主要包括经济环境、法律环境和企业内部环境等。根据与企业财务管理关联的紧密程度，我们着重介绍了金融环境、企业组织形式以及组织机构，并以 CFO 为例介绍了财务管理在现代企业中的地位和主要职责。

练习思考题

1. 财务管理与会计有何区别？
2. 企业的资金运动包括哪些内容？
3. 企业财务管理的基本内容是什么？
4. 关于财务管理目标，理论界有哪些主要观点？
5. 什么是财务管理的环境？

阅读材料 1-1　乐视财务危机案例

2016 年 12 月 6 日，有互联网巨头之称的乐视占据了各大新闻媒体的头条，拖欠手机供应商欠款、乐视体育裁员、高管和员工排长队离职等一系列负面新闻铺天盖地，致使乐视网股价暴跌，公司陷入了一场前所未有的财务危机中，严重的资金缺口是此次危机爆发最直接最根本的原因。本文从资金链入手，着重探究乐视危机爆发的原因并提出相应的危机应对策略。

一、危机背景

乐视集团下的业务主要分为上市业务（乐视视频、影视、云、体育、新媒体、盒子、电视、金融）和非上市业务（乐视手机、汽车、生态农业、电动车、房地产、影业）两大部分。而乐视网信息技术（北京）股份有限公司（股票代码：300104，以下简称“乐视网”）是乐视旗下的上市公司，核心业务是基于整个网络视频的广告业务、终端业务、会员及发行业务等。该公司成立于 2004 年，并于 2010 年 8 月登陆深交所创业板上市。乐视网的上市成为乐视最重要的融资平台，在资本力量和政治力量双向驱动下，乐视从一家二流视频网站起家，扩张为目前拥有三大体系（上市公司乐视网、非上市的乐视生态体系、乐视汽车生态体系），横跨七大生态子系统（内容、大屏终端、手机、汽车、体育、互联网金融、互联网及云），涉及上百家公司的大型集团，其整体估值高达 3 000 亿元。在快速扩张的背后，需要大笔的资金作为支撑。而由于乐视很多业务都处在发展的初级阶段，所能带来的利润根本无法满足乐视规模扩张的速度。贾跃亭是乐视集团的董事长兼 CEO，从 2013 年开始，通过减持手中股份从市场套现，也通过频繁的股权质押来为公司“输血”，这一系列的资本运作手段，证明乐视在很早以前资金链就已经吃紧。但即便在这种情况下，乐视仍然采用冒进的投资策略，尤其在 2015 年以后表现得尤为疯狂，先后进军房地产、汽车等重资产行业，丝毫没有收缩业务战线的迹象。从 2016 年 11 月初以来，乐视的整条资金链早已成为外界所诟病的重点，但董事长贾跃亭一直强调，在目前乐视的所有业务中，造成资金高度紧绷的只有手机。但实质上手机供应链紧张的背后，是乐视集团对于汽车业务的超前投资，巨大的资金链缺口瞬间波及了乐视的各个业务线。过去所留下的风险和隐患，在 2016 年 12 月 6 日这一天集中爆发，公司再次被推向风口浪尖，乐视网宣布紧急停牌，来缓解暂时的压力。至此，乐视帝国到了“最危险”的时刻。

二、危机成因

资金链断裂导致企业破产的事件频繁发生，已成为当前企业界和学术界关注的重点。有学者（张金昌，2012）运用资金供给与需求所出现的资金缺口原理，提出了识别和预警企业资金链风险的 8 大指标，并实证检验得到：货币性负债偿还满足率、债务偿还保障率、长期资金需求保障率、资产负债率在识别资金链断裂过程中具有更高的准确率。本文主要运用这 4 个指标从 4 个角度对乐视网在 2016 年第三季度时的资金安全程度进行测量（见表 1-2），得出的结论是乐视网在 2016 年第三季度时已经陷入严重的资金链断裂危机中，多项指标都在警戒线的边缘徘徊，但并未构成实质上的断裂状态。乐视陷入资金链断裂危机中，固然受到一些外部因素的影响，但是财务上的过度负债、经营活动上的弱“造血”机制、战略上的过度投资才是最深层次的原因。

表 1-2　　乐视 2016 年第三季度资金链安全程度测量

检验维度	检验指标	计算公式	数值	临界指标	判断结论
支付资金缺口检验	货币性负债偿还满足率	货币性资产/货币性负债×100%	99.32%	<1	资金链断裂风险极大
债务结构合理性检验	债务偿还保障率	所有者权益/负债总额×100%	52%	<1	存在资金链断裂风险
长期资金缺口检验	长期资金需求保障率	（所有者权益＋非流动负债）/非流动资产	1.27	<1	存在资金链断裂风险
资本结构检验	资产负债率	负债总额/资产总额×100%	65.7%	>60%	财务风险高
结论	公司不存在实质性的资金链断裂问题，但是存在较大的资金链断裂风险				

数据来源：乐视网 2016 年度第三季度报表.

（一）财务上的高负债水平、弱偿债能力是资金链断裂危机的直接原因

乐视的资金链危机，最早的导火索是部分媒体传乐视手机拖欠上游资金逾 150 亿元，供应商在乐视楼前打横幅要款的消息。但根据乐视网财务报表中的数据显示，可能不仅是乐视非上市板块的手机业务存在资金周转问题，上市公司乐视网也存在资金周转困难和高额负债等问题。从表 1-3 可看到，乐视网的资产负债率由 2011 年的 40.42%上涨到 2015 年的 77.53%，短短的五年时间就累计上涨了 37 个百分点，尤其在 2015 年公司的资产负债率指标远远大于 60%的警戒线，而 2016 年第三季度末虽有所下降但仍处于 65.72%的高位，说明乐视网的债务偿还能力已经相当弱。再从公司的流动比率和速动比率的变化情况来看，在 2012—2014 年三年间两项指标都低于 1，流动资产很明显不够偿还到期的债务。而 2015 年以后趋势有所变化，流动比率和速动比率都开始大于 1，这可能是管理层开始发现这一潜在风险，有意识地改善负债结构，补充流动资金，但是债务偿还的压力还是只增不减。披露信息显示，乐视网近期已到期或半年左右将到期的债务共有 11 笔，总金额约为 11.3 亿元。具体包括：2016 年 12 月到期的共 3 笔，金额共计 1.85 亿元，其中有两笔已经于 12 月 7 日到期，金额为 1.5 亿元。2017 年一季度到期 2 笔，金额为 2.43 亿元。2017 年第二季度到期 6 笔，金额为 5.9 亿元，且大多集中在 6 月初。2017 年下半年

到期2笔，金额为4.5亿元。可见，高额的负债加之近期将到期的债务已经让乐视资金链高度紧绷，再加上市场的波动，直接导致乐视陷入此次资金链断裂危机中。

表1-3　　乐视网的负债水平和偿债能力数据

	2011年	2012年	2013年	2014年	2015年	2016年（第三季度）
资产负债率（%）	40.42	56.11	58.58	62.23	77.53	65.72
流动比率	1.02	0.80	0.83	0.81	1.22	1.38
速动比率	1.38	0.78	0.77	0.65	1.07	1.20

数据来源：乐视网财务报告.

（二）经营活动上的“造血”机制弱是资金链断裂危机的基础原因

企业经营活动的“造血”机制优劣与否既与企业盈利能力有关，又与企业资产变现能力有关。如果企业二者都能兼顾，即便出现了现金缺口，也可通过合理的资金调动来化解。根据乐视网的年报显示（见表1-4），2015年实现营业收入130.17亿元，比上年同比增长90.89%；2015年的营业利润为0.69亿元，比上年同比增长43.75%；而营业利润率由2014年的0.7%，下降到2015年的0.53%。再看乐视网2016年第三季度报告数据（表1-4），在前三季度的运营中实现营业收入高达167.74亿元，比2015年同比增长100.54%；报告期实现营业利润0.24亿元，与2015年前三季度相比下降了55.56%。根据以上公开披露的财务数据，发现乐视的营业收入在快速上升，但是盈利能力却在显著下降，到底是什么原因造成乐视网出现这种财务状况呢？

表1-4　　乐视网2015年和2014年营业收入和营业利润的比较　　单位：亿元

项目	2016年前三季度	2015年	2014年
营业收入	167.74	130.17	68.19
营业利润	0.24	0.69	0.48
营业利润率（%）	1.40	0.53	0.70

数据来源：乐视网财务报告.

据乐视网年度报告披露，乐视网旗下的控股子公司（占其股份58.55%）——乐视致新电子科技（天津）有限公司，在2014年创下约41亿元的营业收入，但是营业亏损高达5亿元（见表1-5）。2015年又创下约87亿元的营业收入，同比增长111.67%，然而亏损却更为严重，额度高达10亿元，而且这种亏损状态一直延续至今。乐视网年度报告中对乐视致新近两年的这笔亏损进行了解释，主要原因系乐视TV超级电视销量大规模增长所致，而公司是在凭借低价硬件销售策略来扩大用户规模，抢占市场份额。截至2016年9月30日，乐视超级电视上市三年累计销售达到约850万台，由于乐视网的终端成本一直都占其主营业务成本的近70%，所以一个很明显的变动就是乐视电视销售量增长得越快，其亏损就会越严重。从乐视网的现金流量表（见表1-6）看出，从2015年以来，乐视网投资活动和筹资活动的现金净流量都在急剧膨胀，但是经营活动的现金流量却一直呈现下跌的趋势，尤其在2016年的前三季度，同比竟下跌了32.89%。

表 1-5　　乐视致新 2015 年和 2014 年营业收入和营业利润　　单位：亿元

项目	2015 年	2014 年	同比变动（%）
营业收入	86.93	41.07	111.67
营业利润	−9.74	−5.03	—

数据来源：乐视网财务报告.

表 1-6　　乐视网现金流量　　单位：亿元

项目	2016 年前 3 季度	2015 年	2014 年
经营活动产生的现金流量净额	5.43	8.76	2.34
同比变化（%）	−32.89	273.94	33.17
投资活动产生的现金流量净额	−72.57	−29.26	−15.26
同比变化（%）	−243.87	−95.63	−69.96
筹资活动产生的现金流量净额	72.06	43.65	11.53
同比变化	77.67	278.52	3.46

数据来源：乐视网财务报告.

上述数据从盈利能力和变现能力两个方面都证明了乐视网经营活动的“造血”机制非常弱，资金链“血虚”，而且一直都在依靠外部融资来弥补经营活动上的资金缺口，导致自身抵抗外部风险的能力极差，这是乐视陷入此次资金链断裂危机最基础性的原因。乐视的这种盈利模式如果还不扭转，它还能存活多久？对此企业应该提高警惕的是，经营活动的“造血”功能才是企业发展的王道，外部的“输血”功能仅能为良好的经营活动锦上添花。

（三）企业战略上的过度投资扩张是资金链断裂危机的根本原因

企业投资扩张的背后，必然需要大量资金的投入，从而造成经营成本和机会成本的抬高。反过来，企业也会面临自己设下的“陷阱”，成为大而不强的空架子。据不完全统计，整个乐视集团，在短短 6 年时间累计融资高达 725 亿元。具体构成如下：上市公司乐视网累计融资 268.91 亿元（权益性融资 67.59 亿元，发行债券融资 25.3 亿元，借款融资约 176.02 亿元）；贾跃亭家族从 2013 年 7 月开始，通过减持股份套现近百亿元；乐视体系下的七大生态子系统“轮番吸金”215 亿元；截至 2016 年第三季度末，贾跃亭股权质押数为 5.71 亿股，获取资金超百亿元。据测算，上述 700 多亿元的融资金额几乎都已经消耗殆尽。那么这些资金到底用在了何处？笔者查阅财务数据发现，近些年乐视将绝大部分资金都投向了乐视汽车、乐视房地产等领域，而这些领域都属于重资产行业，投资力度大，回收周期慢。尤其在 2015 年以后显得更为疯狂。据统计，自 2015 年以来乐视在其七大子生态系统上的投资超 700 亿元，投入最大的三笔交易分别为：浙江湖州汽车工厂（200 亿元）；购买美国智能电视厂商 Vizio（126 亿元）；98 亿元合并乐视影业（交易未完成）。过度而又超前的对外投资，已经使乐视的融资能力远远跟不上其战略投资的节奏，目前乐视规模是做大了但是并没有做强，这是乐视陷入资金链断裂危机的最根本性原因。一边是海水，一边是火焰，如果乐视还不能及时反省并调整战略节奏，那么公司最终会走向破产倒闭的境地。

三、危机对策

乐视本次所爆发的财务危机，追本溯源，还是资金链出现问题。从多维度剖析乐视资金链的意义在于：找准病根，对症下药。目前乐视这个企业“巨人”并没有倒下，但是此次财务危机已经使其命悬一线，合理的应对策略才是乐视重新翻盘、扭转命运的关键。

（一）迅速外部融资，尽快弥补资金缺口

业务调整所需要的周期长且见效慢，如果依靠这种策略去应对当前的危机是“远水救不了近火”。当务之急，一方面应该通过提高外部的融资能力，补充流动资金缺口来帮助其平稳度过这场危机。自今年下半年以来，乐视网的股价就一直在下跌，给市场的投资者带来了些许忧虑。但是值得肯定的是，乐视所独创的不可复制的“平台＋内容＋终端＋应用”的商业模式，会让其在未来市场上独树一帜。这种模式不仅使其成了国内视频网站中第一个盈利的企业，而且也会为未来抢占市场先机奠定基础。所以当前安抚市场，重振投资者信心，为外部融资铺路显得尤为重要。另一方面，乐视要树立战略联盟的经营思路，想办法加强与各大投资机构的合作，争取获得多方投资者的支持，提高外部融资的能力，从而化解当期所面临的资金压力。

（二）降低负债水平，加强财务风险管控

权益融资和债务融资是企业获取资金的两种渠道。从财务风险角度来看，权益性融资不需要偿还，财务风险较低。债务性融资到期需要偿还本金和利息，财务风险较高。如果资产负债率过高，银行就会降低对企业的信用度，也就意味着企业透支了自己未来的融资潜力，一旦市场有风吹草动，就会降低其从银行获取的资金可能性，极容易使企业陷入资金链断裂。从 2014 年以来，乐视网的资产负债率都越过了 60%的警戒线，这证明企业的举债规模在扩大，而相应的财务风险也在加大。所以乐视要选择多种融资渠道，调整负债结构，逐步降低负债水平，切实加强财务风险管控意识。

（三）夯实现有业务，提高“造血”功能

乐视网目前所从事的主要业务包括基于整个网络视频行业的广告业务（视频平台广告发布业务）、终端业务（即公司销售的智能终端产品的收入）、会员及发行业务（包括付费业务、版权业务及电视剧发行收入）和其他业务（主要指的是目前收入相对较小、尚未形成规模的业务，如云视频平台业务、技术开发服务等）。在前面的财务数据分析中，已经得到上述业务中终端业务是乐视网最主要的营业收入，2014 年和 2015 年占比分别达到 40.18%、46.78%，但是其并没有带来相应的现金流，主要系公司在实施超低价或者免费硬件来提高用户规模的营销策略，这无疑是一种最“烧钱”的模式。而剩下的业务所占营业收入的比率较低。所以乐视急需要夯实现有的业务基础，将市场做深做透。同时要进行“开源节流”来提高业务活动的造血能力：一方面要提高相应业务的价格，尤其是手机和电视板块等硬件产品，不能再走低价销售的模式；另一方面，要树立成本管控意识，精简开支，告别过去疯狂的“烧钱”模式。只有双管齐下，才能引导公司的现金流朝正向变动。

（四）调整公司战略，从激进回归稳健

贾跃亭在前段时间的反思信中谈道：“我一直认为资金不是问题，只要你把战略制定地足够前瞻、足够领先，产品足够颠覆，有足够的用户价值，只要你的组织能力足够强，

只要能把事做出来，资金自然会追随而来的。”在他的意识中资金会追随战略，但是他却忽略了最重要的一点，战略的先进性和可执行性完全是两码事。王健林的万达虽然布局电影文化产业，买遍全球，但是背后却有万达地产这样深厚的家底作为支撑。反观乐视，基业稚嫩、各业务板块产生现金流的能力弱，产业链的兼容性和延展性还不够明显，即便战略何等前瞻、何等先进，四面出击的模式只能是死路一条。乐视汽车属于重资产行业，投入高、产出慢。乐视如果在手机、电视业务都还没有做好的情况下，超前投资于汽车行业，势必会造成营运资金的不顺畅，给企业带来灭顶之灾。目前来看，乐视的总体战略过于激进，必须放慢战略节奏，从激进式的投资扩张回归到稳健，只有这样才能获得健康的可持续发展。

资料来源：马广奇，张芹，邢战雷．乐视资金链断裂：企业财务危机的案例分析．经济与管理，2017（5）.

阅读材料1-2　科技爆炸时代CFO使命

无论是谷歌汽车、Boston Dynamics 生产的机器人，还是亚马逊的无人工厂，那些曾经出现在科幻电影中的场景，现在已经成为现实。无疑，人工智能正颠覆工业制造生产的过程。麦肯锡全球研究院（McKinsey Global Institute）曾发表言论称，人工智能正在促进社会发生转变，这种转变比工业革命发生的速度快10倍，规模大300倍，影响几乎大3 000倍。

这不得不让人联想到，19世纪“工业革命”席卷全球，人们对于“机器问题”展开讨论，甚至有人称之为“机械恶魔”（Demon of Mechanism），人们对于机械化将取代人类劳动力的担忧，如今随着人工智能的到来，正卷土重来。

跟两个世纪前的人们一样，如今很多人担心人工智能在工业领域的广泛运用会让几百万人下岗，引发不平等问题和社会动乱。当然，有人看到风险，有人洞见机遇。伴随着“危言耸听”的“人类颠覆论”，投资者们正在不断涌入这个领域，科技巨头则在不断收购人工智能创业公司，并争先吸引学术界最优秀的研究人才。在这样一个科技爆炸的时代，CFO必将履行多重职能，而他们究竟应该承担哪些责任、坚守何种使命、又扮演怎样的角色呢？对此，《新理财》记者在IMA（美国管理会计师协会）第97届年会上采访了戴姆勒汽车厢式车制造有限责任公司CFO、美国注册管理会计师Frank Impson、美国身份盗窃委员会执行总监Neal O’Farrell，以及国际信息系统审计协会圣地亚哥分部主席Matt Stamper，就CFO在科技领域里最关注的话题展开对话。

使命一：首席财务信息官

资本的嗅觉是敏锐的，随着全球大量资本注入互联网、大数据、云计算、人工智能等新技术，企业对于科技发展的重视程度可谓空前高涨。无论是战略制定、投资决策，还是财务，都不可避免向高科技领域倾斜。这一方面佐证了，如果想在瞬息万变的环境中取得成功，对新技术的利用不可或缺；另一方面证明，财务管理与IT技术的完美结合将为企业带来新一轮的价值增长。

现代企业的CFO应当意识到科学技术发展和财务管理之间的联系，特别是从管理会计角度出发，其工具主要依赖于数据和系统，因此CFO首当其冲地成了财务信息的管理者。Matt Stamper 认为，随着企业信息化的逐步推进，很多企业开始设置 CIO 或者类似的职务，负责挖掘企业信息资源、制定企业信息化战略、合理布局企业信息化、评估信息化对企业的价值。而他们在企业中的作用是与企业信息化的程度紧密相关的。“无论企业是否设置 CIO，加强财务部门与 IT 部门之间的交流都将成为未来发展的重要任务。”Matt Stamper 称，“作为企业的 CFO，更要了解 IT 对于企业发展的影响，这有助于判断企业在 IT 方面的投资和预算。但在实际操作中，IT 部门和财务部门正如一枚硬币的正反两面，存在共同利益与目标，但看待问题却往往有着不同的视角，容易导致摩擦的产生。”Matt Stamper 建议，CFO 应定期与 CIO 沟通工作情况，同级别的财务人员与 IT 人员之间应建立正式化、常规化的沟通交流渠道，并形成双向的意见反馈机制。

事实上，企业的财务部门往往是最早使用信息化的部门，一直走在信息化发展前沿。随着市场竞争性压力的逐步增大，企业需要更多的技术投资和运营流程再造，从而建立更为复杂的服务提供模式。这意味着 CFO 将花费更多的时间和精力与 CIO 沟通合作，甚至变身成为一名 CFIO。

使命二：首席财务风险官（CFRO）

信息化方面的投入越大，运营与 IT 执行所面临的风险就越大，而风险防控则是 CFO 的重要职责之一。以供应商管理为例，财务人员是否能够真正了解企业的供应商？当财务人员将相关的财务信息和数据提供给供应商时，是否存在潜在风险？“CFO 会更看重供应商财务报告反映出的财务健康程度，而 CIO 则更看重系统及运营安全，双方良好的沟通合作能够避免企业出现供应商管理风险。”Matt 称。

他认为，当企业将某项 IT 运营业务外包出去，或与其他企业共同加强 IT 运营资源的合理调配时，CFO 应格外注意，在事前做好供应商评估，签署详细的责任条款，同时确保第三方 IT 服务能够提供 7×24 小时的全天候服务。

“大数据和云计算带来便利的同时，也增加了 CFO 在风险防控上的挑战。影子 IT 就是其中之一。”Matt 举例，受到云计算的低成本驱使，影子 IT 作为一种服务模式，将传统 IT 和 CIO 的职能转移到企业的生产部门。据统计，北美企业使用超过 1 200 款云应用程序，其中 86%的应用程序是未经 IT 部门批准，并由员工通过企业内网使用，这在极大程度上加剧了企业运营风险。对于如何防范影子 IT，业界目前没有明确的说法，但随着云计算更广泛的应用，CFO 必须加大相关风险管理能力。

此外，Matt Stampe 建议 CFO 积极参与到商业影响评估（BIA）当中。他解释，商业影响评估是企业可持续发展计划中不可缺少的组成部分，分析了干扰性风险对组织运营的影响方式，同时识别并量化了必要的风险管理能力，其中包括对企业薄弱点的考察与揭示、制定企业的风险应对策略等。CFO 通过对业务活动的识别、梳理，能够更清楚地了解企业的关键业务，让 IT 和信息安全管理工作更加有的放矢；同时，通过对业务影响度的分析，也可以帮助组织更有效地识别出关键的信息资产，让信息安全保障工作突出重心，关注要点。

使命三：首席财务数据官（CFDO）

“我们相信，数据将成为未来的标志，它是世界上最新的自然资源，是竞争优势和行业变革的基础。如果这一切都是真实且不可避免的，那么基于数据的网络犯罪，则是对所有行业和企业的最大威胁。”Neal O’Farrell 在 IMA 年会中引用了 IBM 总裁兼 CEO Ginny

Rometty 的表述。

众所周知，数据的使用对于专业人士来说变得日益重要。企业不但需要保障自身系统和存储数据的安全，还需要确保客户账户不受攻击及客户信息的安全性。对于负责高敏感数据的 CFO 来说，懂得如何处理这些数据并安全存储它们至关重要。

“通常人们都会认为大型企业是互联网犯罪的主要对象，而且这类事件也的确占据了媒体的各大头条。但是小企业仍然需要防患于互联网攻击并且随时做好应对准备。因为比起系统运营相对完善的大型企业，小企业更容易成为数据犯罪的对象。”

对于数据的管理往往被认为是 CIO 或者 IT 部门的职责，但事实上，CFO 和财务部门却掌管着公司最核心的财务数据，CFO 对于数据管理有着先天优势，也是防范数据泄露和网络犯罪的最佳人选。

Neal O’Farrell 表示，网络犯罪在依靠诸如网络钓鱼之类熟悉的攻击模式的同时，一直持续利用着人类的本性弱点。企业员工的操作失误，占据了安全事件根源榜首位置，这些行为包括：不恰当的公司信息丢弃、IT 系统的错误配置、使用弱口令或默认口令，以及遗失和被盗的笔记本、智能手机等公司资产。此类失误中 26%都涉及敏感信息误发行为。

Neal O’Farrell 认为，CFO 掌握企业最多的核心数据，应通过专业手段加强数据管理，包括：详细了解最容易遭受攻击的模式、协调 IT 部门检测所有输入、对数据进行加密、加强员工安全意识的培养、限制访问数据人员等。除信息泄露外，全球各大企业为防止数据泄露所做的“无用功”也给其平添了不少的财务负担。而公司数据一旦泄露，企业还要被迫为其后产生的法务开销、合规罚款与司法调查费用买单。Neal O’Farrell 称，“CFO 需要找到企业的安全投入与财务产出的平衡点，也就是说，企业在数据防护上花的钱是必须的，但花钱多少要与企业的业务目标与自有财力相匹配。”

使命四：首席财务科技官（CFTO）

科技发展正在以前所未有的速度席卷全球，无论是生产环节、经营环节还是企业管理环节，流程自动化的趋势已不可逆转，企业运营越来越多地依赖系统的支持。“提高财务信息处理的效率和质量、实现财务系统与其他运营系统的完美融合、运用大数据技术对非结构性数据进行挖掘和整理、将云计算和人工智能嫁接在财务共享平台……这些将成为未来 CFO 们的工作重点。”Frank Impson 强调，“因为科技发展速度远超过人类自身发展，如果 CFO 们不主动出击驾驭科技，那么最终将被科技所奴役。”

英国牛津大学的一份研究指出，未来 10 年，在全球 15 个主要的工业化国家中，机器人与人工智能的崛起将导致 510 万个岗位的流失，多以低成本、劳动密集型的岗位为主，将有 60%的会计从业人员面临下岗或转向其他岗位。

这些数字并非危言耸听，一些真实的案例已被视为佐证。例如：四大国际会计师事务所之一德勤此前宣布，将与 Kira Systems 联手，将人工智能引入会计、税务、审计等工作当中，这一科技创新将帮助员工从阅读合同和其他文件的乏味工作中解放出来。Kira Systems 首席执行官 Noah Waisberg 表示，人工智能已经达到一个高度，即电脑可以通过从复杂文件中提取信息来扩展人类的专业知识，并通过学习准确地识别信息，而非仅是识别预定程序的条款。

“人工智能的发展为财务共享中心和超算中心翻开了全新一页，一些机械性的财务工作岗位将逐步被机器人所取代，但这并不意味着管理会计推行的理论与工具也将被替代。尽管人工智能可以在信息收集、整理、报表分析方面展现超常能力，但在一些重要的财务决策领域，人工智能尚无法完全替代财会专业人士，例如投资决策、预算管理、税务筹划，等等。”Frank Impson 认为，CFO 应主动拥抱科技，持续、快速地推进和引领变革，迎接智能时代的到来，相反，如果坐以待毙，那么就如温水煮蛙，终将被时代淘汰，而对于有着庞大的人口基数的中国，人工智能一旦在工作领域广泛推广，必然引发大范围的就业问题。所幸，以美国为首的一些发达国家会先一步卷入这股“科技洪流”，中国仍然有足够的时间，审时度势。

资料来源：冯一凡. 科技爆炸时代 CFO 使命. 新理财，2016－08－01.

第二章

现金流与价值评估

2008年1月23日法国兴业银行宣布，一名内部交易员买卖期货，令公司损失71.4亿美元。法国兴业银行此次诈骗案的规模远远超过了历史上最为臭名昭著的巴林银行倒闭案。1995年，巴林银行交易员里森违规买卖日经指数期货，令有着230多年历史的巴林银行一夜之间亏损13.8亿美元而最终倒闭；同时，该案亏损规模还超过了对冲基金 Amaranth LLC 2006年豪赌天然气期货创下的60亿美元的损失纪录，以及兴业银行的竞争对手——法国农业信贷银行2007年8月披露的一个类似事件导致的2.3亿欧元的损失。

直接造成法国兴业银行巨亏的“魔鬼交易员”科维尔向法庭承认，他的作案动机是希望2007年能够拿到60万欧元或者90万欧元的年终分红。科维尔的逐利动机并不稀奇，并且从人性的角度考虑也是可以理解的。但是对法国兴业银行而言，作为一家百年老店，风险控制如此不堪一击的确奇怪。2008年7月4日，作为法国银行监管机构的法国银行委员会认定，该案中法国兴业银行在内部控制方面存在“严重缺陷”。

这些企业投资决策的重大失误造成了企业巨额亏损以至破产倒闭。法国兴业银行、巴林银行等要保持基业长青，至少需要建立起风险与收益平衡的理念：在确保风险可以容忍的前提下，才可以提升企业的价值增长速度。也就是说，企业要在内部建立起合理的内部控制与奖惩激励机制。如果任由“赚了属于自己，亏损属于公司”的现象滋生，那么，风险承担能力有限的员工也会铤而走险实现自身收益最大化。

风险价值是现代财务管理领域的一个基础概念，它揭示了风险与收益的对应关系。它和时间价值一起构成了财务管理领域两大基本观念，也称为价值观念。在市场经济条件下，企业的融资和投资等财务管理活动都必须认真研究资金的时间价值和风险问题。

本章内容提示

1. 现金流。介绍了现金流及其与会计利润的区别，并探讨了现金流在企业财务管理中的意义。
2. 货币时间价值及其形式。探讨了货币时间价值及其在财务管理中的重要意义，并通过现金流现值和终值的计算介绍了货币时间价值的主要形式。

3. 风险与收益的关系。这里，首先介绍了风险及其量化方法，然后结合美国资本市场的历史介绍了风险与收益的关系，最后重点介绍了资本资产定价模型。

第一节　现金流

现金流量，简称为现金流（Cash Flow），是现代企业财务管理中的一个重要概念。现代财务管理决策进行价值评估时，首先要评估项目的现金流量。企业的现金流和会计利润是两个既有联系又有重大区别的概念。

一、现金流的内涵

现金流是指企业在一定会计期间按照收付实现制，通过一定经济活动而产生的现金流入、现金流出及总量情况的总称，即企业在一定时期的现金和现金等价物流入和流出的数量。

现金流中的现金，要做比较宽泛的理解，它包括现金以及可以随时用于支付的银行存款和其他货币资金。也就是说，它不仅包括企业的库存现金和银行存款，还包括现金等价物，即企业持有的期限短、流动性强、容易转换为已知金额现金、价值变动风险很小的投资等，如企业持有的短期国库券。

现金流量表，是以现金为基础编制的财务状况变动表，反映了会计主体一定期间内现金的流入和流出，表明会计主体获得现金和现金等价物的能力。在我国公司编制的现金流量表中，将现金流量分为经营活动现金流量、投资活动现金流量和筹资活动现金流量三大类。现金流量表按照经营活动、投资活动和筹资活动进行分类报告，目的是便于报表使用人了解各类活动对企业财务状况的影响，以及估计未来现金流量。

二、现金流与会计利润

根据企业会计准则，当企业同时满足以下五个条件时可确认销售收入：(1) 企业已将商品所有权上的主要风险和报酬转移给购货方；(2) 企业既没有保留通常与所有权相联系的继续管理权，也没有对已售出的商品实施有效控制；(3) 收入的金额能够可靠地计量；(4) 相关的经济利益很可能流入企业；(5) 相关的已发生或将发生的成本能够可靠地计量。在实务中，在销售实现时确认收入，但这不一定意味着确认收入的同时可以收到现金，确认收入、结转成本与收到现金更多情况下并不是同步的，可能是提前收到现金，也可能是确认收入后一段时间才收回现金，如企业销售是以应收账款、应收票据等形式实现的信用销售。同样道理，企业在确认收入的同时需要结转成本，然而结转成本与实际的现金流出经常也是不一致的。因此，我们在进行财务管理决策时，首先需要明确现金流与会计利润这两个不同的概念。

会计利润（Accounting Profit）是企业在一定会计期间的经营成果。会计利润是按照权责发生制（也称为应收应付制）、收入费用配比的基本原则确认、计量的。而现金流，是收付实现制（也称为实收实付制）下的概念，按实际收到或支出的现金计算现金流量。从企业持续经营的整个期间来看，企业的总会计收益应当与其经营现金净流量一致，但由于会计期间的划分，在特定会计期间两者往往存在差异。因此，会计利润和现金流是不同的两个概念，两者在数额上也往往不一致。

因为现金流概念考虑到了资金实际收支的时间，即考虑到了货币的时间价值，因此，一般情况下，财务管理中使用现金流来衡量投资的收益。

当然，现金流与会计利润都可以作为评价企业财务状况和经营业绩的指标。一定程度上，一定期间内企业现金净流量为正且越来越大，说明企业经营状况越好，则会计利润也会越来越大，企业的经营成果也会越来越好。因此，在我们评价企业的经营业绩时，不仅要看企业的利润及利润率，还要考察企业的现金流量。

三、现金流的意义

通过现金流分析，若企业不能以财产、信用或能力等任何方式清偿到期债务，或在可预见的相当长时间内持续不能偿还，而不是因资金周转困难等暂时延期支付，即使该公司尚有盈利，也预示企业已濒临破产的边缘，难以摆脱破产的命运。可见，一个公司能否持续经营的关键因素不是其账面上的收入或者利润，而是公司能否有足够的现金流来满足其流动性需求。所以，现金流概念反映了企业的资金头寸情况，为企业合理地运用资金提供了可靠的资料。

（1）现金流对企业融资决策的意义。通过现金流分析，可以预测企业需要融资的规模和时间。一般来说，企业财务状况越好，现金净流量越多，所需融资越少；反之，所需融资越多。另外，企业现金流充足、稳定，能支付到期的所有债务，公司资金运作有序，不确定性越少，企业风险越小，企业资信越高，企业再融资也越容易，其成本也越低；反之，则企业融资能力受限。

（2）现金流量对企业投资决策的意义。现金流是企业进行投资价值评估的主要指标。在价值评估的动态法中，以资金成本为贴现率对现金流量贴现，若贴现得到的净现值大于0，则说明该项目可以投资；反之，则不予接受。

（3）现金流量对企业盈利能力的意义。现金是一项极为特殊的资产，可以衡量企业短期偿债能力和应变能力；而且，因现金的流动性强、收益性差，所以，需要财务管理人员在流动性和收益性之间做出权衡，有效组织现金流量及流速以满足企业投资的需要。

（4）现金流量对股东和企业价值的意义。在有效资本市场中，企业价值很大程度上取决于投资者对企业资产的估价。而在估价方法中，现金流量是决定性因素，也就是说，估价高低取决于企业未来的现金流量及投资者的预期投资报酬率。现金净流量越充足，企业投资风险越小，投资者要求的报酬率越低，企业的价值越大。

现金流管理是现代企业财务管理的一项重要职能。建立完善的现金流管理体系，是企业生存与发展、提高市场竞争力的重要保障。

第二节　货币时间价值及其形式

严格来说，货币是没有时间价值的，有时间价值的是资金，所以，货币的时间价值也称为资金的时间价值。在不考虑通货膨胀的情况下，一块钱的货币，你放在桌上一万年它还是一块钱，而资金的一块钱与明天的一块钱却是不同的。在商品经济条件下，即使不存在通货膨胀，等量货币在不同时点上其价值也是不相等的。应该说，今天的一块钱要比将来的一块钱具有更大的经济价值。

一、货币时间价值

货币时间价值（Time Value of Money）是货币在使用过程中随着时间变化发生的增值。通常情况下，它相当于没有风险和通货膨胀情况下的社会平均利润率。在实务中，通常以国债一年的利率作为参照。

货币时间价值，反映的是由于时间因素的作用而使现在的一笔资金高于将来某个时期同等数量资金的价值，或是货币经历一定时间的投资和再投资所增加的价值。例如，有人将钱存入银行，银行会支付利息。一些经济学家认为，利息是对货币所有者推迟消费的耐心给予的报酬。如果是这样，我们大可将货币放在家里不消费，等到以后再消费，这样也是推迟消费，而且比存银行更方便，这样的货币会增值吗？显然不会。货币只有当作资本投入生产和流通才能增值。可见，利息是由银行将存款投入生产流通领域所发生的增值即货币时间价值，并不完全是对耐心的补偿。资金的这种循环和周转以及因此实现的货币增值，需要或多或少的时间，每完成一次循环，货币就增加一定数额，周转的次数越多，增值额也就越大。因此，随着时间的延续，货币总量在循环和周转中按几何级数增大，使得货币具有时间价值。

在理解和运用货币时间价值时，我们需要注意两点：第一，货币时间价值是在没有风险和通货膨胀条件下的社会平均利润率，如果社会上存在风险和通货膨胀，我们还需将这些因素考虑进去。第二，不同时点单位货币的价值不相等，因此，我们不能简单地将不同时点的资金进行直接比较，而应将它们换算到同一时点后才能进行价值评估。

货币时间价值的观念及其运用，贯穿于企业财务管理的各个方面、环节。例如，融资决策中，货币时间价值让我们首先意识到资金的获取是要付出代价的；投资决策中，投资项目流出、流入的现金流量必须基于同一时点才具有可比性。

二、单利与复利

由于不同时点，单位货币的价值是不相等的，所以需要把它们换算到同一时点才具有比较的基础。现值和终值，就是解决现金流量可比性的重要概念和方法。在计算现金流现值和终值时，首先涉及贴现率的单利和复利计息问题。

单利（Simple Interest），是计算利息的一种方法，是指在一定期限内只用本金计算利息，每期产生的利息不计入下期的本金，即每期的本金是保持不变的。

复利（Compound Interest），是计算利息的另一种方法，是指每经过一个计息期，将该期产生的利息加入本金一起作为下期计算利息的基础，逐期滚算，俗称“利滚利”。这里所说的“计息期”，是指相邻两次计息的时间间隔，如年、月、日等。除非特别说明，一般按年计息。

三、现值与终值

现值（Present Value）和终值（Future Value）是财务管理中货币时间价值的两种基本形式。现值，就是未来现金流量的当前价值；终值，又称将来值或本利和，是指现在一定量的资金在未来某一时点上的价值。

在用复利计算现值和终值时，要区分两种情况：一种是一次性收支，即只有某一时点的一个现金流，此时只需要考虑简单的现值、终值计算；另一种是多次收支即涉及多重现金流。在第二种情况下，又可以区分两种情况：一是多次不等额，在计算上麻烦，所以日常不用；二是多次等额，是日常采用的计算方法，可以分为以下四种情况：

（1）等额多次终值计算，也叫年金终值计算。

（2）等额多次现值计算，也叫年金现值计算。

（3）资金回收。

（4）基金偿还。

（一）单利下的现值与终值

1. 单利终值

单利终值是指一定时点的特定资金按单利计算的未来价值，其计算公式为：

$$F=P+P\times i\times t$$

式中：F——终值或本利和；

P——现值或初始值；

i——报酬率或利率；

t——时间。

【例 2-1】 某人年初购买 3 年期的公司债券 10 000 元，年利率为 5%，到期还本付息，3 年后总共可以取得的本利和金额为：

$$F=P+P\times i\times t=10\,000+10\,000\times 5\%\times 3=11\,500(\text{元})$$

2. 单利现值

单利现值是单利终值的对称概念，指未来一定时点的特定资金按单利计算的现在价值。

$$P=F/(1+i\times t)$$

【例 2-2】 某人购买 3 年期的公司债券，希望 3 年后得到本利和 11 500 元，年利率为 5%，则现在应购入的债券金额为：

$$P=F/(1+i\times t)=11\ 500/(1+5\%\times 3)=10\ 000(\text{元})$$

我们发现，【例 2－2】与【例 2－1】是刚好逆向运算的例子，因此，单利现值与单利终值是互为逆运算的。

（二）复利下的现值和终值

1. 复利终值

复利终值是指若干计息期后包括本金和所有利息在内的金额，其公式为：

$$F=P(1+i)^t$$

式中：F——终值或本利和；

P——现值或初始值；

i——报酬率或利率；

t——时间。

【例 2－3】 某人将 50 000 元投资于一个项目，年报酬率为 8%，经过 1 年时间的期终金额为：

$$\begin{aligned}F&=P+P\times i\\&=P\times(1+i)\\&=50\ 000\times(1+8\%)\\&=54\ 000(\text{元})\end{aligned}$$

若此人不取走投资款，将这 54 000 元继续投资于该项目，则第二年的本利和为：

$$\begin{aligned}F&=[P\times(1+i)]\times(1+i)\\&=P\times(1+i)^2\\&=50\ 000\times(1+8\%)^2\\&=50\ 000\times 1.166\ 4\\&=58\ 320(\text{元})\end{aligned}$$

同理，第三年的本利和为：

$$\begin{aligned}F&=P\times(1+i)^3\\&=50\ 000\times(1+8\%)^3\\&=50\ 000\times 1.259\ 7\\&=62\ 985(\text{元})\end{aligned}$$

第 n 年的期终金额为：

$$F=P(1+i)^n$$

上式是复利终值的一般计算公式，其中的 $(1+i)^n$ 被称为复利终值系数，用符号（F/P，i，n）表示，表示已知本金 P，利率 i，计息期 n，求复利终值 F。例如，（F/P，6%，10）表示利率为 6%的 10 期复利终值的系数，根据这个系数可以把现值换算成终值。

为了便于计算，可编制“复利终值系数表”（见本书附表 1）。该表的最上面一行是利

率 i，最左边一列是计息期数 n，其纵横相交处的值即是对应的 $(1+i)^n$，该表的作用在于已知其中任意两个数值时查找第三个数值。

2. 复利现值

复利现值是指以后年份收入或支出的现在价值，可用逆向求解本金的方法计算，即已知 F、i、n，求 P。

由复利终值计算公式 $F=P\times(1+i)^n$ 可以推导出复利现值的计算公式：

$$P=\frac{F}{(1+i)^n}=F\times(1+i)^{-n}$$

上式是复利现值的一般计算公式，其中的 $(1+i)^{-n}$ 是把终值贴现为现值的系数，称为复利现值系数，用符号（P/F，i，n）来表示，表示已知终值 F，利率 i，计息期 n，求复利现值 P。例如，（P/F，8%，15）表示利率为 8%的 15 期复利现值系数。

为了便于计算，可编制“复利现值系数表”（见本书附表 2）。该表使用方法与“复利终值系数表”相同。利用“复利现值系数表”，同样可以在已知 F、i、n 中任意两个数值的情况下求出另外一个。

【例 2-4】 某人欲在 8 年后获得本利和 200 000 元，假设投资报酬率为 10%，该投资者现在应投入多少元？

$$P=F\times(P/F,10\%,8)=200\ 000\times0.466\ 5=93\ 300(\text{元})$$

所以，该投资者现在应投入 93 300 元。

四、年金现值与终值

上述的终值与现值，是针对只有一次现金流的情形。当有多个现金流需要计算终值和现值时，只需要将各个现金流分别计算终值或现值后再求和即可。有多个现金流的情况下，每个现金流的数额都相等是一种特殊情形，它有很多简化的计算形式，这就是年金的现值和终值计算。

年金（Annuity），一般是指等额、定期的系列现金流。例如，实际工作中分期付款赊购、分期偿还贷款、发放养老金等都属于年金收付形式。收付现金流的时间在每期期末的，称为普通年金（Ordinary Annuity），也称为后付年金；收付时间在每期期初的，称为即期年金（Annuity Due），也称为先付年金、预付年金。

（一）普通年金终值

普通年金终值是指一定时期内每期期末收付款项的复利终值之和，就好像零存整取的本利和。

如图 2-1 所示，假设每年年末投入 100 元，计息期为 3 年，利率为 10%。则第一期末的 100 元到第三期末可获得两期的利息，因而到第三期末其值为 121 元；第二期末的 100 元应获得一期的利息，因而到第三期末其值为 110 元；第三期末的 100 元，不能计息，其值为 100 元。因此，到第三期末年金终值为 331 元。

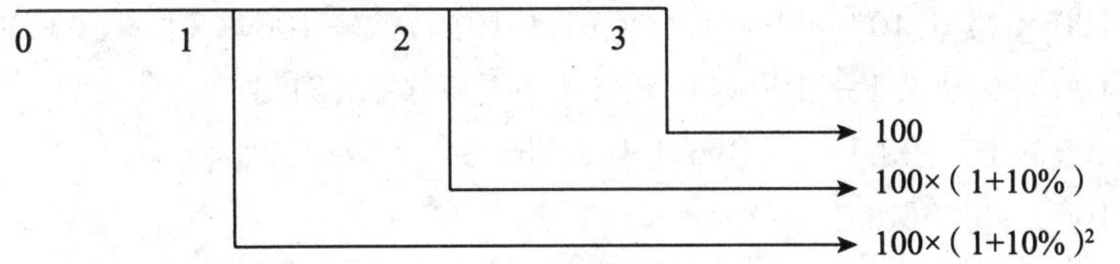

图 2-1　普通年金终值的计算

按照以上思路，可以推导出普通年金终值的计算公式为：

$$F=A\frac{(1+i)^n-1}{i}$$

式中，$\frac{(1+i)^n-1}{i}$称为年金终值系数，表示普通年金为 1 元，利率为 i，经过 n 期的年金终值，可用（F/A，i，n）来表示。“年金终值系数表”见本书附表 3。

（二）偿债基金

偿债基金（Sinking Fund），是指为了在约定的未来某一终点清偿某笔债务或积聚一定数额的资金而必须分次等额提取的准备金。由于利息是按复利计算的，因此，终点的债务或资产实质上相当于年金终值，每年末应提取的数额相当于年金 A。可见，计算偿债基金可以看作是普通年金终值的逆运算，其计算公式为：

$$A=F\times\frac{i}{(1+i)^n-1}$$

式中，$\frac{i}{(1+i)^n-1}$是年金终值系数的倒数，称为偿债基金系数，用（A/F，i，n）来表示。它可以把普通年金终值折算为每年末需要提取的金额，可以根据普通年金终值系数的倒数推算出来。

（三）普通年金现值

普通年金现值是指为在每期期末取得相等金额的款项，现在需要投入的金额，即一定时期内每期期末收付款项的复利现值之和。

如图 2-2 所示，假设欲在每年年末得到 100 元，计息期为 3 年，利率为 10%，则现在应投入多少元？即计算 $A=100$ 元，$i=10\%$，$n=3$ 的普通年金现值是多少？

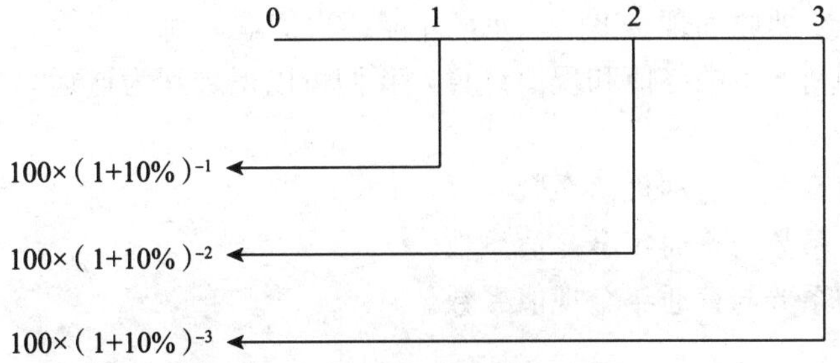

图 2-2　普通年金现值的计算

$$P=100\times(1+10\%)^{-1}+100\times(1+10\%)^{-2}+100\times(1+10\%)^{-3}$$
$$=100\times0.9091+100\times0.8264+100\times0.7513$$
$$=100\times(0.9091+0.8264+0.7513)$$
$$=100\times2.4868$$
$$=248.68(元)$$

由此，我们可以推导出普通年金现值的计算公式为：

$$P=A\times\frac{1-(1+i)^{-n}}{i}$$

式中，$\frac{1-(1+i)^{-n}}{i}$是年金现值系数，表示普通年金为1元，利率为i，经过n期的年金现值，可用（P/A，i，n）来表示。“年金现值系数表”见本书附表4。

（四）年资本回收额

年资本回收额（Capital Recovery），是指在给定的年限内等额回收初始投入的资本或清偿初始所欠的债务时，每年等额的收支额。可见，资本回收额相当于初始的资本或债务额是已知的，求解每年的回收或清偿额，因此，其可以看作是普通年金现值的逆运算，其公式为：

$$A=P\times\frac{i}{1-(1+i)^{-n}}$$

式中，$\frac{i}{1-(1+i)^{-n}}$是普通年金现值系数的倒数，即为资本回收系数。

【例2-5】 假设以10%的利率借款50 000元，投资于某个寿命为10年的项目，每年至少要收回多少现金才是有利的？

根据年资本回收额的计算公式可知：

$$A=P\times\frac{i}{1-(1+i)^{-n}}$$
$$=50\,000\times\frac{10\%}{1-(1+10\%)^{-10}}$$
$$=50\,000\times0.1627$$
$$=8\,135(元)$$

因此，每年至少要收回现金8 135元，才能还清贷款本利。

总结上述复利情况下的终值和现值计算，我们可以得到互为逆运算或倒数关系的几对系数：

（1）复利终值系数与复利现值系数。

（2）偿债基金系数与普通年金终值系数。

（3）资本回收系数与普通年金现值系数。

第三节　风险与收益的关系

风险和现金流一样，是企业财务管理中一个非常重要的概念。如前所述，现代财务管理的核心职能是价值评估，那么如何进行价值的量化和评估呢？其实，财务管理的价值评估就是将融资或投资面临的风险与预期的收益相对应或配比。

一、风险

《现代汉语词典》对“风险”的定义是“可能发生的危险”，这种定义与我们日常生活中的“风险”含义是相似的。我们平常谈及“风险”似乎都自然而然地认为风险是指一种危险，意味着损失、失败，或是一种不好的事情，人们都希望尽量降低它发生的可能性。而在现代财务管理中，风险的含义要更为广泛和深刻，与日常生活中的“风险”是有所不同的。

（一）风险的内涵

在现代财务管理理论中，风险一般被认为是预期收益的波动性，即不能达到预期收益的可能性。而这种波动性取决于两个方面：一是实际得到的报酬与期望报酬之间的差距；二是这种差距或结果发生的可能性大小，即概率的大小。经典的现代投资组合理论就是基于这种认识来量化风险的，也被现代财务管理理论广泛接受。可见，这种差距或结果可能是好的，也可能是坏的，它不只是一种“危险”或“损失”。

风险实质上是一种不确定性，然而不确定性是有程度的。一般认为，风险是对未来发生的结果不能完全确定但预期可能发生的结果及其概率，即概率的具体分布是已知或可以预期的。因此，根据不确定性的程度，企业的财务决策可以分为三种类型：一是确定性决策，决策者对未来的收益或损失的程度是完全确定的，如对国库券或存款的投资，因其获取的收益是确定报酬率的，所以是一种确定性决策；二是风险性决策，决策者对未来的情况不能完全确定，但知道可能会发生的结果及其概率；三是不确定性决策，这种决策的不确定性是最大的，即在这种情况下，决策者不仅不能预期其未来出现的结果，连其出现的概率也不可预期。

财务管理更多的是探讨第二种情形，即风险决策，而且，很多时候并不严格区分不确定性与风险，而是统称为风险。

（二）风险的分类

投资组合理论认为，若干种资产组成的投资组合，其收益是这些资产收益的加权平均值，而风险则不一定是这些资产的加权平均风险。主要原因有两点：一是投资的多样性能够分散风险，组合中的资产种类越多则风险越小；二是在充分多样化的投资组合中，有些风险是可以分散的，有些是不可以分散的。因此，现代投资组合理论将企业投融资领域中的风险分为系统性风险和非系统性风险两类。

1．系统性风险

系统性风险（Systematic Risk），是指由于外部市场的全局性共同因素变动给所有企业或项目带来的不确定性，也称为市场风险（Market Risk）或不可分散风险（Undiversifiable Risk）。

系统性风险主要表现为宏观因素的变动，如宏观经济形势、国家政策、税制改革、会计准则变更、政治因素等。例如，在全球金融危机下，全球许多公司都遭受到沉重的打击，许多资产的价值都在不同程度上受到市场的不利影响。又如，各种股票、基金处于同一经济系统中，尽管价格波动程度大小有别，但是总体的价格走向是趋同的。经济繁荣时，公司业绩普遍上升，带动多数股票价格上扬；而经济衰退时，多数公司亏损甚至倒闭，则会使多数股票价格下跌。在这种情况下，即使是充分多样化的投资，哪怕是购买全部市场上的股票，尽管能忽略或分散个别资产的独有风险，也不能消除掉经济周期性波动的这一系统风险。

2．非系统性风险

非系统性风险（Nonsystematic Risk）主要是指发生于个别企业或项目中的特有事件造成的风险，也称为独有风险（Unique Risk）或特有风险（Specific Risk）。

例如，由于供应商延迟发货导致的企业不能如期交货、原材料价格上涨导致的成本过高、经营战略出现了重大失误等，这些事件对整个市场来说是偶然的、小范围的，只影响一个或若干个公司，不会对整个市场产生太大的影响。我们可以通过投资的多样性来降低这种非系统性风险，即发生于一家公司的不利事件可以被其他公司的有利事件所抵消，而且投资组合中资产种类越多，这种可分散的风险就越低。由于非系统性风险可以通过投资多样化分散掉，因此也称为“可分散风险”（Diversifiable Risk）。

在投资组合理论中，风险的内涵是指投资组合的系统风险，既不是指单个资产的独有风险，也不是指投资组合的全部风险。投资的多样化可以降低风险，投资组合的风险会随着组合中资产种类的增加而降低，但投资组合的收益仍然是每个资产收益的加权平均值。当投资组合中的资产种类达到一定程度时，个别资产的独有风险则可以忽略，影响投资组合的仅仅是系统性风险，即个别资产的独有风险与投资决策是不相关的，如图 2-3 所示。从这个意义上看，现代企业财务管理中的风险又更多地指系统性风险。

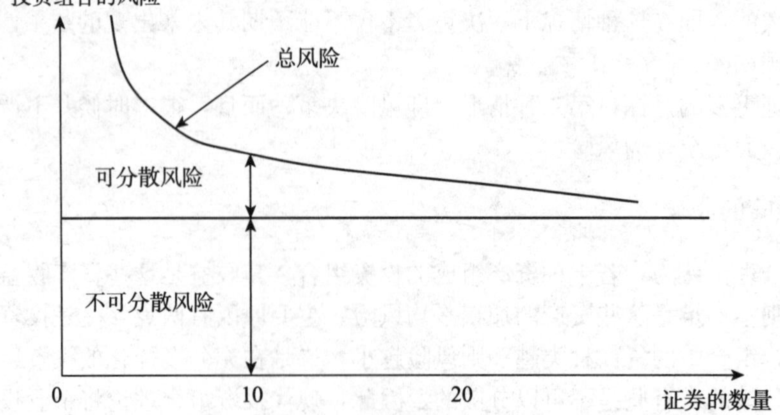

图 2-3　投资组合的风险

二、风险的度量

在财务管理中，我们需要考虑投资项目的风险及可能带来的收益，因此就必须运用某些方法对风险进行定量分析。首先，风险是一种不确定性，可以采用概率方法予以衡量；其次，在财务管理中，风险是收益的波动性，还可以用收益的波动程度来衡量。

（一）概率

在经济活动中，如果某一事件在相同的条件下可能发生也可能不发生，这类事件称为随机事件。概率就是用来表示各个随机事件发生的可能性大小的数值，一般用百分数或小数表示。通常，确定会发生的事件概率为1，一定不会发生的事件的概率为0，概率（P_i）满足以下条件：

（1）$0\leqslant P_i\leqslant 1$，$i=1$，2，…。

（2）$\sum_{i=0}^{n} P_i=1$。

可见，每个随机事件发生的概率最小为0，最大为1，一般随机事件的发生概率是介于0和1之间的，概率越大表示该事件发生的可能性越大。另外，各随机事件发生的概率之和一定等于1。

【例2-6】 某公司目前有两个投资项目。A项目是一个高科技项目，该领域竞争激烈，如果经济形势好则可取得较大市场占有率，获得较高利润；如果经济萧条，则利润很小甚至亏本。而B项目是一种传统产品且具有稳定的市场，销售前景可以准确预测。为简化问题，假设未来的经济情况只有3种——繁荣、正常、萧条，并且项目的预期报酬率只与未来经济情况有关。有关的概率分布和预期报酬率如表2-1所示。

表2-1　某公司未来经济情况表

经济情况	发生概率	A项目预期报酬率	B项目预期报酬率
繁荣	0.3	80%	25%
正常	0.5	20%	20%
萧条	0.2	−70%	15%
合计	1.0	20%	20.5%

此例中，概率表示每一种经济情况出现的可能性大小，每一种经济情况下对应各自的项目预期报酬率。例如，未来经济情况是繁荣的概率是0.3，即有30%的可能性经济是繁荣的，如果这种情况出现，那么投资于A项目可以获得高达80%的报酬率，投资于B项目可以获得25%的报酬率。换言之，A项目获利80%的可能性为0.3，获利20%的可能性为0.5，亏损70%的可能性为0.2；B项目获利25%的可能性为0.3，获利20%的可能性为0.5，获利15%的可能性为0.2。

将随机事件各种可能的结果按一定的规则进行排列，同时列出各种结果出现的相应概率，这一完整的描述称为概率分布。概率分布可分为离散型分布与连续型分布两种类型。

（二）期望值

期望值是一个概率分布中的所有可能结果，即随机变量的各个取值以各自相应概率为权数的加权平均数，或称数学期望、均值，它反映随机变量取值的平均化。

设某个随机变量有 n 个可能的取值，其值分别为 K_1，K_2，…，K_n，其相应的概率为 P_1，P_2，…，P_n，则：

$$\text{期望值}\ \overline{K}=K_1P_1+K_2P_2+\cdots+K_nP_n$$
$$=\sum_{i=1}^{n}K_iP_i$$

依据期望值的计算公式，上例中 A、B 项目的预期报酬率可计算如下：

$$\text{预期报酬率}(A)=0.3\times80\%+0.5\times20\%+0.2\times(-70\%)$$
$$=20\%$$
$$\text{预期报酬率}(B)=0.3\times25\%+0.5\times20\%+0.2\times15\%$$
$$=20.5\%$$

可见，A、B 项目的预期报酬率基本上相等，然而评价一个项目或投资，不仅要看其预期报酬率，还要看其报酬率波动程度或离散程度。

（三）离散程度

离散程度是用以衡量风险大小的指标，一般说来，离散程度越大，风险越大；离散程度越小，风险越小。表示随机变量离散程度的指标主要有方差、标准差和标准离差率等。

1. *方差* σ^2

方差是用来表示随机变量与期望值之间离散程度的一个数值，其计算公式为：

$$\sigma^2=\sum_{i=1}^{n}(K_i-\overline{K})^2\times P_i$$

方差是以绝对数来衡量风险的，在期望值相同的情况下，方差越大，风险越大；相反，方差越小，风险越小。

2. *标准差* σ

标准差，即方差的开平方，是以另一种绝对数来衡量风险的。在期望值相同的情况下，标准差越大，风险越大；相反，标准差越小，风险越小。

$$\sigma=\sqrt{\sum_{i=1}^{n}(K_i-\overline{K})^2\times P_i}$$

方差和标准差的局限性在于它们都是一个绝对数，只适用于期望值相同时风险程度的比较。因此，我们引入标准离差率 V。

3. *标准离差率* V

标准离差率是以相对数来衡量风险的，一般情况下，标准离差率越大，风险越大；相反，标准离差率越小，风险越小。标准离差率指标的适用范围较广，尤其适用于期望值不同情况下的风险比较。

$$V=\frac{\sigma}{K}$$

4. 正态分布

如果随机变量只取有限个值，并且对应于这些值有确定的概率，则称随机变量是离散型分布。上例就属于离散型分布，其中随机变量是报酬率，有三个值，并且每个值对应一个发生概率。

实际上，经济情况远不止三种情况，可能出现多种经济形势，甚至是无数种情况，如果随机变量有无数可能的情况出现，并且对每种情况都赋予一个概率，那么这种概率分布就是连续型概率分布。

统计研究中最基本、最重要的一种连续型概率分布就是正态分布（Normal Distribution），又称高斯分布（Gaussian Distribution），如图 2-4 所示。经济生活和科学实验中很多随机变量的概率分布都可以近似地用正态分布来描述。例如，在生产条件不变的情况下产品的强力、抗压强度、口径、长度等指标，测量同一物体的误差，等等。按照统计学的理论，无论总体分布是正态还是非正态，当样本很大时，其样本平均数都呈正态分布。一般来说，如果一个变量是许多微小的、独立的随机因素影响的结果，那么就可以认为这个变量服从正态分布。从理论上看，正态分布具有很多良好的性质，许多概率分布可以用它来近似，还有一些常用的概率分布如对数正态分布、t 分布、F 分布等，都是由它直接导出的。

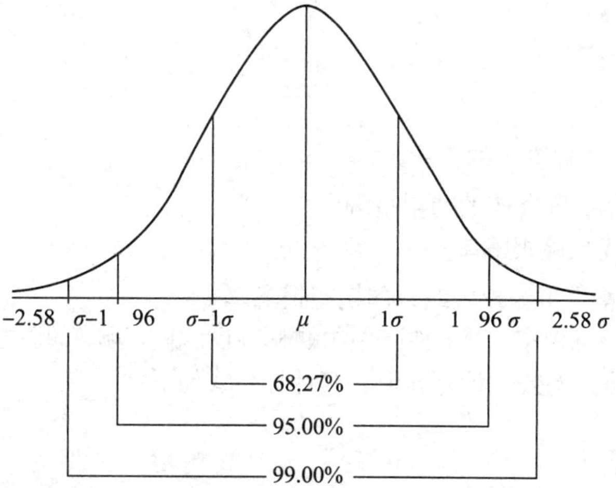

图 2-4　正态分布曲线图

正态分布中，概率的分布图形是对称曲线。正态分布具有以下特点：

（1）从形态上看，正态分布是一条单峰、对称呈钟形的曲线，其对称轴为 $x=\mu$（μ 为期望值），具有两头低、中间高、左右对称的基本特征。

（2）曲线在 $x=\mu$ 时取最大值，也就是说，当随机变量等于期望值 μ 时，曲线处于最高点。从 $x=\mu$ 点开始，曲线向正负两个方向递减延伸，不断逼近 x 轴，但永不与 x 轴相交，即曲线在正负两个方向都以 x 轴为渐近线。离期望值越近，概率越大；离期望值越远，概率越小。

（3）曲线与横坐标所围成的面积等于 1，表示所有可能的结果都落在此面积内。

(四) 投资组合的风险

1. 投资组合的预期收益率

资产组合的预期收益率，就是资产组合中各种资产的预期收益率的加权平均数，其权数等于各种资产的投资比例。用公式表示为：

$$\overline{R}_p=\sum_{j=1}^{m}\overline{R}_j\,W_j$$

式中，$\overline{R}_j$表示第j项资产的预期收益率，W_j表示第j项资产在整个组合中的比例，m是投资组合中资产的种数。

2. 系统性风险的衡量

不可分散的系统性风险通常用β系数来计量。β系数表示个别资产收益率与市场综合平均收益率之间的相关程度。通常以整个市场作为参照物，用单项资产的风险收益率与整个市场的平均风险收益率做比较，其计算公式如下：

$$\beta_j=\frac{\text{第} j \text{种证券的风险(报酬率)}}{\text{整个市场证券组合的风险(报酬率)}}=\frac{\text{第} j \text{种证券的期望报酬率}-\text{无风险报酬率}}{\text{整个市场证券组合的期望报酬率}-\text{无风险报酬率}}$$

用字母表示为：

$$\beta_j=\frac{\overline{R}_j-R_f}{\overline{R}_m-R_f} \tag{1}$$

式中，β_j表示第j种资产的β系数；

$\overline{R}_j$表示第j种资产的期望报酬率；

R_f表示无风险报酬率；

$\overline{R}_m$表示整个市场投资组合的期望报酬率。

因此，可根据市场报酬率、第j种资产的报酬率和无风险报酬率的历史资料来计算β_j的值。

另外，还可按协方差公式计算β值。其计算公式如下：

$$\beta_j=r_{jm}\left(\frac{\sigma_j}{\sigma_m}\right) \tag{2}$$

式中，r_{jm}表示第j种资产与整个市场的相关系数；

σ_j表示资产自身标准差；

σ_m表示整个市场的标准差。

第j种资产的收益与市场组合收益之间的协方差 Cov（R_j，R_m），等于该资产的标准差、市场组合的标准差及两者相关系数的乘积。

投资组合的β系数如何计算呢？投资组合的β系数是单个资产β值的加权平均，权数为各资产的投资比重。其计算公式为：

$$\beta_p=\sum_{i=1}^{n}W_i\,\beta_i$$

式中：β_p表示投资组合的β系数；

W_i 表示投资组合中的第 i 种资产所占的比重；

β_i 表示第 i 种资产的 β 系数；

n 表示投资组合中资产的数量。

总的来说，一种资产的风险由可分散风险和不可分散风险两部分组成：可分散风险可通过投资组合多元化来削减，随组合中投资品种增加而减少；不可分散风险不能通过投资组合多元化来削减，其可通过 β 系数来衡量。

三、风险与收益的历史启示

博森（Roger Ibbotson）等人对美国金融市场五类金融资产的历史收益率做了一系列研究，他们从中探寻了收益与风险之间的关系。

（一）有风险就有收益

博森等人研究的这五种资产包括大公司股票、小公司股票、长期公司债券、长期美国国债、美国国库券。

图 2－5 展示了 1926—2008 年这 83 年间美国资本市场上述五类金融工具的历史收益率。分析可见，如果在 1926 年投资 1 美元，并且将所有的股利都进行再投资，那么到 2008 年年末，这一投资的价值就增长到 2 049.45 美元。其中，增长最大的是小公司股票。如果在 1926 年投资 1 美元于小公司股票，那么到了 2008 年年末，这一投资的价值就增长到 9 548.94 美元。但是小公司股票收益的变动程度同样也是最大的。

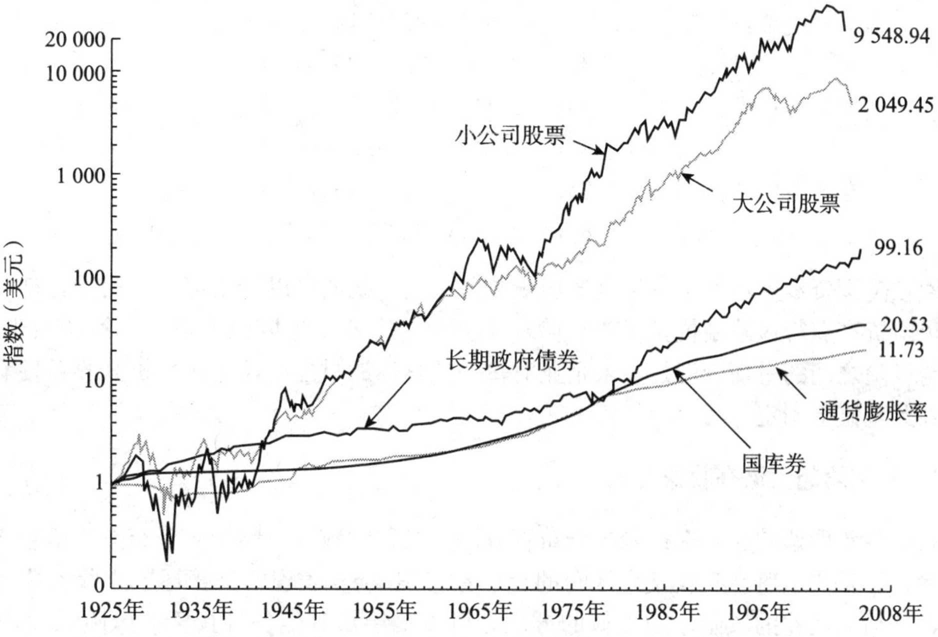

图 2－5　1926—2008 年各种组合 1 美元投资的增长（1925 年末＝1 美元）

资料来源：Stock, Bonds, Bills and Inflation：2009 Year book™，Roger G. Ibbotson 和 Rex A. Sinqufield 每年更新.（Chicago：Ibbotson Associates）

博森等人用平均收益率更直观地展示了各种投资的各年平均收益率状况，如表 2-2 所示。

表 2-2　　各种投资历年平均收益率

投资品种	1926—1997 年	1926—2008 年
大企业股票	13.3%	11.7%
小企业股票	17.6%	16.4%
企业长期债券	5.9%	6.2%
政府长期债券	5.5%	5.8%
美国国库券	3.8%	3.8%
通货膨胀	3.2%	3.1%

美国国库券通常被认为是没有风险的金融资产，将无风险的国库券收益率与有风险的其他资产的收益率做一比较，它们之间的差额通常被称为“风险资产的超额收益”，也被称为“风险溢价”（Risk Premium），即由于承受风险而获得的“超额”收益。通过计算，可以估算出各种投资的历史风险溢价为：

大公司股票：13.3%－3.8%＝9.5%(1926—1997 年)
11.7%－3.8%＝7.9%(1926—2008 年)
小公司股票：17.6%－3.8%＝13.8%(1926—1997 年)
16.4%－3.8%＝12.6%(1926—2008 年)
长期公司债券：5.9%－3.8%＝2.1%(1927—1997 年)
6.2%－3.8%＝2.4%(1927—2008 年)
长期美国国债：5.5%－3.8%＝1.7%(1927—1997 年)
5.8%－3.8%＝2.0%(1927—2008 年)

回顾美国资本市场各金融工具的历史收益情况，我们可以得出第一个启示，即平均而言，风险资产获得风险溢价，承受风险获得回报。企业要想取得收益，就不能回避风险；收益与风险之间的平衡，就是要求企业对每一项具体的财务活动全面分析其收益性和安全性，在此基础上制定方案。

（二）风险越大潜在收益越大

根据各年股票的收益率绘制的分布直方图，又称频数（或频率）分布图。横轴表示年收益率，纵轴表示落在某收益率区间的年份数。图 2-6 表现的是普通股年收益率的变动性，即普通股收益的风险。用类似的方法，可以描绘出其他各种投资的风险，如表 2-3 所示。

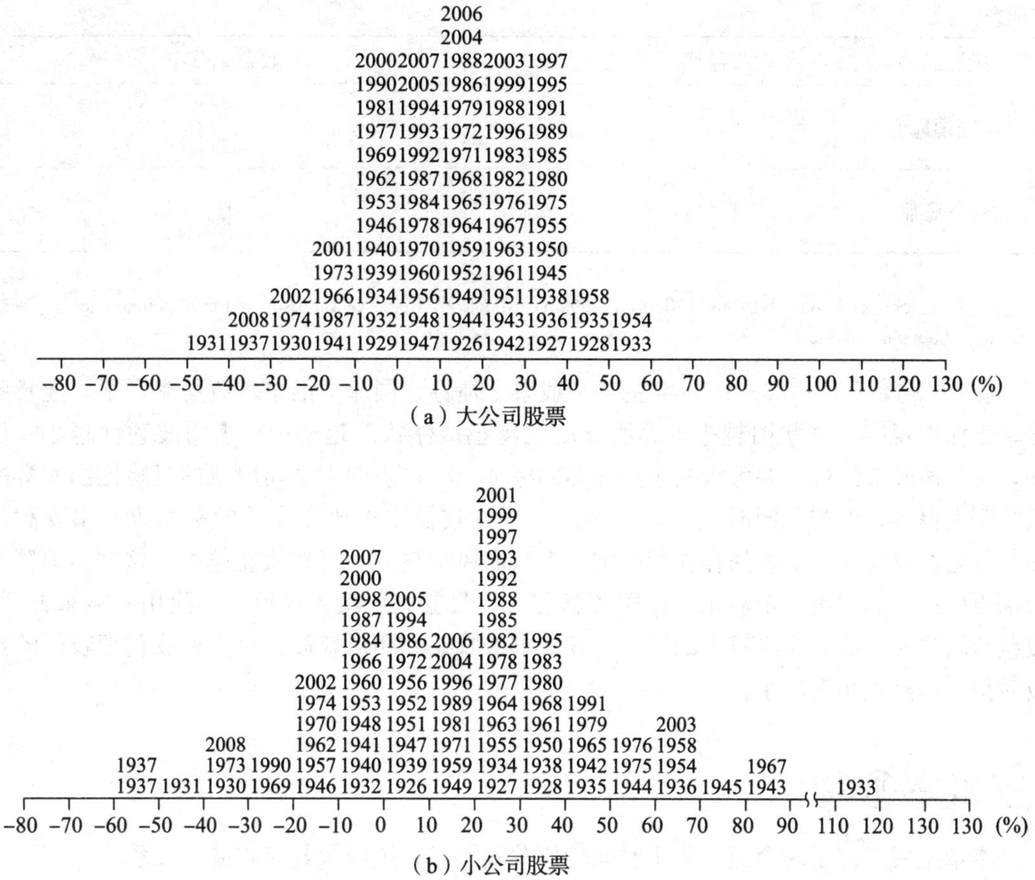

图 2－6　普通股年收益率的频度分布（1926—2008 年）

资料来源：Stock，Bonds，Bills and Inflation：2009 Year book™，Roger G. Ibbotson 和 Rex A. Sinqufield 每年更新.（Chicago：Ibbotson Associates）

表 2－3　　1926—2008 年间各种投资的年总收益

投资品种	平均收益率	标准差	收益率分布
大公司股票	11.7%	20.6%	
小公司股票	16.4%	33.0%	
长期公司债券	6.2%	8.4%	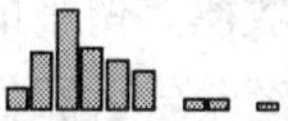
长期美国国债	5.8%	9.4%	
中期美国国债	5.5%	5.7%	

续前表

投资品种	平均收益率	标准差	收益率分布
美国国库券	3.8%	3.1%	
通货膨胀	3.1%	4.2%	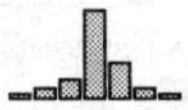

−90%　　　0　　　90%

资料来源：Stock，Bonds，Bills and Inflation：2009 Year book™，Roger G. Ibbotson 和 Rex A. Sinqufield 每年更新.(Chicago：Ibbotson Associates)

表 2－3 展示了 1926—2008 年的部分股票、债券、国库券的平均收益率和平均通货膨胀率。仔细观察，柱状图越少，表明波动性越小；柱状图越集中，表明波动性越小。例如，大公司股票的标准差大大高于国库券的标准差，这表明大公司股票的风险比国库券的风险要大得多。但与此同时，大公司股票的平均收益率也比国库券的平均收益率要高得多。可见，风险与收益之间存在着匹配关系，即风险越大，潜在收益越大，这是美国资本市场历史给我们的第二个启示。在财务管理中，收益以风险为代价，风险用收益来补偿，收益与风险相对应。风险较大的资产，其要求的收益率相对较高；反之，收益率较低的投资对象，风险也相对较小。

本章小结

本章主要介绍了现金流、货币时间价值及其形式，风险及其与收益的关系。

1. 现金流，即企业某一时刻实际收到或支出的现金。现金流和会计利润是两个不同的概念，突出表现在前者是按照收付实现制，后者按照权责发生制计量和确认的。现金流是财务管理对投资项目价值评估的重要指标。

2. 货币时间价值是财务管理的重要观念。它要求财务管理在价值评估中，使用动态的方法，即将不同时间点的现金流量换算到同一时间点进行比较。现实中，时间价值有现值和终值两种主要形式，其中年金的现值和终值计算简单，运用也较为广泛，并由此衍生出了偿债基金、年资本回收额的概念及计算，这些都在本书后续章节中得到了运用。

3. 财务管理的第二个基本观念，就是风险与收益权衡观念。财务管理中，风险是预期收益的波动性。投资组合理论认为，一个多元化的投资组合中个别资产的独有风险可以通过多元化分散掉，留下的主要风险是系统性风险，并用 β 系数来表示和衡量。风险与收益管理的历史经验告诉我们：有风险就有收益，风险越大潜在收益也越大。

练习思考题

1. 什么是现金流？现金流与会计利润有何区别？

2. 非现金项目是指什么？请举例说明。

3. 年金计算中的四个系数有什么关系？

4. 财务管理中的风险是指什么？如何分类？

5. 一个公司要建立一个偿债基金，以便10年后偿还一笔100万元的抵押贷款。这笔偿债基金可以获得10%的收益，请问该公司每年要存入多少钱才能在10年年末偿还这笔抵押贷款？

6. 某公司一个项目的β系数为3，无风险利率为8%，市场上所有投资的平均收益率为10%，那么该项目的期望收益率是多少？

阅读材料2-1　我国房屋按揭贷款的还款方式选择

无论是投资还是自住，80%以上的人都是借助银行的住房贷款完成投资置业的。虽然目前我国银行提供的还款方式多达5种甚至更多，但是人们经常采用的就是等额本息与等额本金两种方式。绝大部分购房者采取等额本息的还款方式，很少有人选择等额本金的还款方式。殊不知，在相同贷款金额、利率和贷款年限的条件下，“等额本金还款法”的利息总额要少于“等额本息还款法”。特别是在利率发生明显变动的情况下，等额本金还款法支付的利息总额更要明显少于等额本息还款法。

比如，王先生要购买一套70万元的房子，贷款50万元。在相同的贷款年限下，等额本息还款因利率上调引起的利息增加额，要明显大于等额本金还款因利率上调引起的利息增加额。同样是10年期，利率如从5.31%升至5.51%，等额本息还款利息增加了5 932元，而等额本金增加额为5 042元，两者差额达到了890元；25年期的两者差额更是相差5 297元。

目前，商业银行住房按揭还款主要分为“等额本金”“等额本息”两种方式。“等额本金”就是借款人将贷款额平均分摊到整个还款期内每月归还，同时付清上一交易日至本次还款日间的贷款利息的一种还款方式。这种还款方式每月的偿还额逐月减少。而“等额本息”则是贷款的本金和利息之和采用按月等额还款的一种还款方式，即在整个还款期内，每月的还款额固定不变。

据测算，在还贷前期，“本金法”归还本息的金额要比“本息法”多。因此，当贷款利率下降时，“本金法”在较高利率的情况下已经支付了较多的本息，能够享受到低利率的本金要比“本息法”少；反之，当贷款利率上升时，“本金法”“吃”到高利率的剩余本金则少，利息总支出相应减少。换句话说，当利率走高时，两种方式还款的总额差会拉大；利率走低时两者差额则缩小。

举个例子：某购房者贷款50万元，贷款期限10年，当期贷款利率为5.04%。如果贷款期内利率未发生调整，选择等额本金法和等额本息法到期支付的利息总和分别为12.7万元和13.75万元，两者相差1.05万元。假设5年后贷款利率下降为4.2%，在利率调整时，选择等额本金法和等额本息法剩余的本金分别是28.13万元和32.3万元，最后到期支付的利息总和分别为12.17万元和13.11万元，两者相差0.94万元。反之，如果5年后贷款利率上升为5.58%，则“本金法”和“本息法”到期支付的利息总和分别是13.05万元和14.18万元，两者相差1.13万元。

随着各大商业银行对个人住房贷款推出各种个性化服务，围绕着等额本息还款法和等额本金还款法两种不同还款方式的长短处，引起了购房者的众多疑问。在办理个人住房贷款后，哪种还款方式能更节省利息支出呢？针对不同的个人情况，购房者又应选择哪种还款方式呢？

对两种还款方法在利息上的差别，我们举例分析。假设一笔 30 万元的贷款，贷款期限 15 年。如果选择等额本息还款法，客户每个月支付的月供额相同，均为 2 378.64 元。若选择等额本金还款法，客户在第一个月的月供额为 2 926.67 元。但是，既然客户可以承担每月 2 926.67 元的供款额，客户完全可以选择贷款期限为 11 年 7 个月（139 期）或贷款期限为 12 年（144 期）的等额本息还款法，在 11 年或 12 年较短时间内还清按揭贷款。可以看到，选择 139 期或 144 期等额本息还款的月供款额分别为 2 853.63 元或 2 780.69元，均低于等额本金第一月的还款额 2 926.67 元。而且，选择等额本息还款法，贷款期限为 139 期或 144 期，客户在贷款期间所支付的总金额为 396 654.57 元或 400 420.06元，较等额本金 30 万 15 年节省 17 375.43 元或 13 609.94 元。

此外，参考供款表，在选择同样贷款年限的前提下，可以看到客户在供款期数达到 79 期时，选择不同的还款方式所支付的月供额才相等，均为 2 380.67 元。但如果客户选择等额本金还款法，至第 79 期已累计还款 209 639.67 元，而选择等额本息还款法，至第 79 期累计还款 187 912.29 元。相比之下，如果客户选择等额本金还款法，在前 79 期内比等额本息还款法要多还银行 21 727.38 元。从机会成本的角度出发，客户失去了 21 727.38 元用于其他投资渠道而可能取得的收益。

在个人住房贷款利率相同的前提下，按揭贷款利息是根据贷款余额、期限和利率而计算的，同一笔贷款采用不同的还款方式，利率都是相同的，等额本息还款法和等额本金还款法各有特点，是为不同的消费者而设定的，不能简单以“好或是不好”来界定。等额本息还款法还款额月月相等，方便易记，适合于预期收入变化不大的客户，等额本金还款法在贷款初期供款的压力最大，以后逐期下降，适合于目前供款能力较强，但预期收入下降的人士。

附：还款计算公式

等额本息还款法：即每月以相等的额度平均偿还贷款本息，也是比较常见的还款方式。每月还款额＝［贷款本金×月利率×(1＋月利率)^n］÷［(1＋月利率)^n－1］（n 表示还款月数）。

等额本金还款法：即每月等额偿还贷款本金，贷款利息随本金逐月递减。每月还款额＝贷款本金/贷款期月数＋（本金－已归还本金累计额）×月利率。

阅读材料 2-2　　高盛，华尔街曾经的笑柄

第一次世界大战结束后，美国经济进入繁荣时期。伴随着经济的繁荣，美国的股市也不断攀升，一直持续着牛市行情。然而，好景不长，1929 年，全球金融危机爆发，华尔街股市大崩盘，让高盛损失了 92%的原始投资，公司的声誉一落千丈，濒临倒闭，沦为华

尔街的笑柄、错误的代名词。

1928 年 12 月，在合伙人之一威迪尔·卡钦斯的主持下，高盛成立投资信托公司，并命名为高盛交易公司（Goldman Sachs Trading Corporation，GSTC）。信托投资公司的主要业务就是聚集投资者的零散资本进行股票投资，这在整个 20 世纪 20 年代都很流行；在 1928 年几乎以每天成立一家的速度增加，投资者们普遍陷于股票购买的狂潮之中。

信托投资公司的运作模式很像今天的基金，当股市上升时，投资者的收益也相应增加。但不同的是，当时的信托公司很少有像今天这样严格的管理标准。在投资者眼中，“高盛交易公司”是由享有盛誉的“高盛公司”发起、运营的，而且高盛还有公开的持股者名单。因此，他们认为，将资金交给高盛交易公司是安全可靠的，高盛交易公司发行的股票受到狂热的追捧。

高盛交易公司最初的计划是吸收 4 000 万到 5 000 万美元的信托资金，其中，由高盛合伙人出资 20%～25%。然而，公司的股票异常火爆，一天内就全部售完。高盛合伙人当时为 1 000 万美元的注资还没来得及做出调整，高盛交易公司的股份发行量已经增加到了 1 亿美元。新发行的 100 万股每股面值是 100 美元，高盛交易公司将其全部售给高盛公司。最终，高盛交易公司一共发行了将近 600 万股。之后，高盛将其中的 90%以 104 美元/股的价格转手售出，转眼之间就获得了超过 300 万美元的利润。仅这一项利润就占高盛总资本的 15%。随后，股价开始狂升。到 1929 年 2 月 2 日，高盛交易公司的股票价格涨到 136.50 美元/股，5 天后，股价进一步蹿升到 222.50 美元/股。这个价位实际上已经两倍于股票的真实价值，然而疯狂的投资者们并没有怀疑股价过高。随着股价不断飙升，高盛交易公司向投资者出售了更多的股票并且开始购买自己发行的股票。到 1929 年 3 月份，仅花在购买自己发行的股票上的钱就已经超过了 5 700 万美元。

尽管股市已经出现了明显的泡沫，威迪尔·卡钦斯似乎丝毫没有注意到股市的异常疯狂，仍旧沿着自己的路往下走，甚至废弃了高盛长期遵守的全体合伙人一致同意规则。1929 年 7 月，高盛交易公司新组建了另一家信托投资公司——西纳德阿公司(Shenandoah Corporation)。该公司在发行股票时，收到的预订量是计划发行量的 7 倍，股票发行价为 17.5 美元/股，而第一个交易日的收盘价就达到 36 美元。高盛交易公司拥有这家公司 40%的股份，而高盛公司拥有高盛交易公司 10%的股份，这样，高盛的资本在信托业务上就起到了杠杆作用。1 个月后，西纳德阿公司又发起组建了一家更大的投资信托公司——蓝桥公司（Blue Bridge Corporation），公司价值为 1.42 亿美元，86%的股份被西纳德阿公司持有。高盛公司还推出了一种特别的售股方法，就是投资者可以把任何一种他不想要的公司股票，例如美国电话电报公司（AT&T）、通用电气（General Electric）或者科达公司（Easfman Kodak）的股票，直接换成蓝桥公司的优先股或者普通股股票。这种方法不仅受到了许多投资者的欢迎，高盛也通过高盛交易公司及其投资活动，仅用了约 2 000 万美元的合伙人资本，就获得了对投资公司价值 5 亿美元资金的单独或联合控制权。在仅仅一个月的时间里，高盛交易公司就发行了超过 2.5 亿美元证券。

1929 年 10 月 24 日这一天，美国股市崩溃，资本主义历史上最大的一次经济危机爆发了，股票一夜之间从顶端跌入深渊，价格下跌速度之快，连股票行情自动显示器都跟不上。从 10 月 29 日开始的一周内，美国人在证券交易所内失去的财富达 100 亿美元。两周内，300 亿美元的财富消失，这相当于美国在第一次世界大战中的总开支。然而，股票市场的崩溃不过是一场灾难深重的经济危机爆发的火山口。接下来的是长达四年的经济大萧条，美国从此陷入经济危机的泥潭。

美国股市大崩盘，每个金融机构都承受了股市下挫的压力。过高的财务杠杆以及威迪尔·卡钦斯过度专注于股票投资，使高盛交易公司成了此次金融危机中最大的输家，公司股票从最高点时的326美元/股狂跌到1.75美元/股。其中一些股票还夹带着期权。当股价下跌时，高盛交易公司将不得不购买更多的股票，这极大地增加了损失。而为了弥补损失，高盛交易公司又不得不卖掉部分自己的股票，这又进一步加剧了股价的下跌，造成了恶性循环。高盛交易公司的失败可以说是不合时机与高杠杆率致命结合的例证。由于投资者们早就把高盛和高盛交易公司看作一体，作为20世纪最大的投资失败事件之一，高盛交易公司的失败使得高盛公司的名誉一败涂地。

高盛交易公司的失败导致高盛名声扫地，加上大萧条的到来，对高盛产生了灾难性的打击。在随后的五年中，高盛没有能够作为主承销商获得一起证券承销业务。到1933年为止，高盛交易公司的4.2万名投资者损失了近3亿美元的投资，投资者对高盛提起了价值数亿美元的法律诉讼，这些诉讼让高盛在随后的十年中官司缠身。巨额的法律费用加上交易损失，让高盛直到1935年才停止亏损。高盛合伙人的资本也大幅度减少，到1931年，一些初级合伙人的资本账户上甚至出现亏损。威迪尔·卡钦斯不得不离开了高盛。

1930年，高盛选择沃尔特·萨克斯与悉尼·温伯格一起领导处于破产边缘的公司。为了改善高盛的声誉，悉尼·温伯格同时担任超过30家公司的董事。作为高盛在实业界的形象大使，在超过二十年中，温伯格平均每年参加250次董事会会议或委员会会议，并且为每次出席的董事会会议做精心的准备。悉尼·温伯格还与包括福特汽车、宝洁公司等数十家巨型公司的主管保持着良好的关系。虽然这种关系在很长时间内并没有为高盛带来多少商业机会，但他给高盛留下了一长串重要客户名单，为日后公司业务发展奠定了坚实基础。

在20世纪30—40年代的大部分时间中，“大萧条”加上公司的声誉扫地，高盛没有获得多少业务。据估计，1930—1945年间，高盛的总利润为零，其间，悉尼·温伯格对高盛贡献巨大，因此获得高盛利润的三分之一。

股市上常说一句话，叫作“高风险高收益”，人们一般理解为敢冒高风险才能取得高收益。其实，这样理解并不全面。这句话应该是两层意思：高风险高收益，高风险高损失。风险与收益历来都是密不可分的“孪生兄弟”，两者总是并存的。风险是收益的基础。收益来自风险承担，只有风险可能产生足够的收益或回报才值得去承担；并且在风险与收益相匹配的原则下，需要利用过去承担的风险水平去调整已经实现的收益，以此合理地衡量业绩并产生良好的激励效果。优秀的企业管理，就是如何在风险与收益之间寻找合适的平衡点。

资料来源：李烨．高盛：华尔街曾经的笑柄．新理财，2009（12）．

第三章

财务分析

苏宁云商集团有限公司（苏宁云商，002024.SZ）成立于1996年，经营商品涵盖传统家电、消费电子、百货、日用品、图书、虚拟产品等品类，是国内当之无愧的传统家电零售业巨头。随着互联网技术的发展，苏宁云商开始向互联网化零售企业转型，加速发展电子商务平台；时至今日，其线上品牌苏宁易购已经成长为中国第三大电子商务平台。

2013年苏宁云商收购了颇具影响力的视频网站PPTV进入互联网视频行业，2015年初苏宁云商与阿里联姻正式入驻天猫。苏宁还通过“资产证券化”，以部分自有门店物业的房产权及对应的土地使用权，分别出资设立多家全资子公司，并将这些全资子公司的权益进行转让实现所谓“创新性资产运作模式”。

然而查阅其财报发现，苏宁云商收购的PPTV在版权内容和智能硬件等方面持续增加投入造成阶段性亏损，PPTV整体对公司归属于母公司股东的净利润影响－7.90亿元。2016年第三季度其“创新型资产运作”模式交易实现税后净利润为10.41亿元，归属于上市公司股东的净利润为8.73亿元，归属于上市公司股东的扣除非经常性损益后的净利润为－14.65亿元。

2015年的“创新型资产运作”及PPTV股权出让获得的两处“非经常性损益”成为增厚苏宁云商2015年净利润的核心因素。2015年苏宁云商主营业务利润为亏损14.65亿元，但加上这些“非经常性损益”，苏宁云商由巨亏14.65亿元变成扭亏为盈赚取净利润8.73亿元，这部分净利润并不是主营业务利润。由此可见，核心主营业务的盈利能力并未大幅提升。

本章内容提示

1. 财务报表。对财务报表进行了总体性描述，分别介绍了几大财务报表以及报表间的相互关系。
2. 财务报表分析的基本方法。介绍了财务分析中的四种常用方法，包括标准化会计报表、比较分析法、比率分析法和趋势分析法。
3. 财务指标分析。详细阐述了评价企业财务能力的四套分析指标，涵盖了企业清偿能力、资产经营能力、盈利能力以及市场价值的分析。

4. 杜邦分析。描述了杜邦分析体系结构图以及杜邦分析法的运用。
5. 雷达图分析。描述了雷达图分析法及其运用，揭示了生产性、安全性、收益性、成长性和流动性等方面对企业经营管理的意义。

第一节　财务报表

财务报表是财务报告的主要部分，不包括董事报告、管理分析及财务情况说明书等列入财务报告或年度报告的资料。财务报表，根据服务对象不同可以分为对外报表和对内报表。对外报表是以财务准则为规范编制的，向所有者、债权人、政府及其他有关各方及社会公众等外部使用者披露的报表。本书所讲到的报表都仅指对外报表。

一、财务报表概述

财务报表（Financial Statements）是指在日常会计核算资料的基础上，按照规定的格式、内容和方法定期编制的，综合反映企业某一特定时点财务状况和某一特定期间经营成果、现金流量状况的书面文件。

一套完整的财务报表一般包括资产负债表、利润表、现金流量表、股东权益变动表以及相关报表附注。其中，资产负债表、利润表和现金流量表，被称为企业对外提供的三大财务报表，这三张表从不同的角度反映了企业的财务状况、经营成果和现金流量。一整套财务报表是会计处理的最终成果，从财务的角度勾画了企业的全部面貌。表 3－1 总结了决策人员非常关心的四个基本问题，而每一问题的答案都对应一张财务报表。

表 3－1　　财务报表报告的信息

问题	答案	财务报表
1. 某一时点企业财务状况如何?	资产＝负债＋所有者权益	资产负债表（又称财务状况表）
2. 某一期间内企业的经营状况如何?	收入－费用＝净收益（或净损失）	利润表（又称收益表、损益表）
3. 某一期间内企业现金流量状况如何?	经营活动现金流量±投资活动现金流量±筹资活动现金流量＝期间内现金增加（或减少）	现金流量表
4. 某一期间内企业股东权益变化多少?	期初留存收益±净收益（或净损失）－已分配收益＝期末留存收益	所有者权益变动表

财务报表可以按照不同的标准进行分类。

（1）按服务对象，可以分为对外报表和内部报表。对外报表是企业必须定期编制、定期向上级主管部门、投资者、财税部门等报送或按规定向社会公布的财务报表。这是一种主要的、定期的、规范化的财务报表。它要求有统一的报表格式、指标体系和编制时间等，资产负债表、利润表和现金流量表等均属于对外报表。内部报表是企业根据其内部经营管理的需要而编制的，供其内部管理人员使用的财务报表。它不要求统一格式，没有统一指标体系，如成本报表属于内部报表。

（2）按报表所提供会计信息的重要性，可以分为主表和附表。主表即主要财务报表，是指所提供的信息比较全面、完整，能基本满足各种信息需要者的不同要求的财务报表。现行的主表主要有三张，即资产负债表、利润表和现金流量表。附表即从属报表，是指对主表中不能或难以详细反映的一些重要信息所做的补充说明的报表。现行的附表主要有：所有者权益变动表和分部报表，是利润表的附表；应交增值税明细表和资产减值准备明细表，是资产负债表的附表。主表与有关附表之间存在着钩稽关系，主表反映企业的主要财务状况、经营成果和现金流量，附表则对主表进一步补充说明。

（3）按编制和报送的时间分类，可分为中期财务报表和年度财务报表。某种意义上，广义的中期财务报表包括月度、季度、半年期财务报表，狭义的中期财务报表仅指半年期财务报表。年度财务报表是全面反映企业整个会计年度的经营成果、现金流量情况及年末财务状况的财务报表。企业每年年底必须编制并报送年度财务报表。

（4）按编报的会计主体不同，分为个别报表和合并报表。个别报表是指在以母公司和子公司组成的具有控股关系的企业集团中，由母公司和子公司各自为主体分别单独编制的报表，用以分别反映母公司和子公司本身各自的财务状况和经营成果。合并报表是以母公司和子公司组成的企业集团为一个会计主体，以母公司和子公司单独编制的个别财务报表为基础，由母公司编制的综合反映企业集团经营成果、财务状况及其资金变动情况的财务报表。

国际上，财务报表格式和附注分别按一般企业、商业银行、保险企业、证券企业等企业类型予以规定。企业根据其经营活动的性质，确定本企业适用的财务报表格式和附注。

企业编制财务报表的目标，是向财务报表使用者提供与企业财务状况、经营成果和现金流量等有关的会计信息，反映企业管理层受托责任的履行情况，有助于财务报表使用者做出正确的经济决策。

二、资产负债表

资产负债表（Balance Sheet），是反映企业某一特定日期资产、负债、所有者权益等财务状况的会计报表。通过提供资产负债表，可以反映企业在某一特定日期所拥有或控制的经济资源、所承担的现时义务和所有者对净资产的要求权，帮助财务报表使用者全面了解企业的财务状况，分析企业的偿债能力等情况，从而为其正确决策提供依据。

我国企业的资产负债表采用账户式结构，有资产、负债、所有者权益三大要素，如表3-2所示。账户式资产负债表中，资产各项目合计等于负债和所有者权益各项目的合计，即资产负债表左方和右方平衡，即“资产＝负债＋所有者权益”。

表 3-2　　　　资产负债表

编制单位：　　　　＿＿年＿＿月＿＿日　　　　单位：元

资产	期末余额	年初余额	负债和所有者权益（或股东权益）	期末余额	年初余额
流动资产：			流动负债：		
货币资金			短期借款		
交易性金融资产			交易性金融负债		
衍生金融资产			衍生金融负债		
应收票据及应收账款			应付票据及应付账款		
预付款项			预收款项		
其他应收款			合同负债		
存货			应付职工薪酬		
合同资产			应交税费		
持有待售资产			其他应付款		
一年内到期的非流动资产			持有待售负债		
其他流动资产			一年内到期的非流动负债		
流动资产合计			其他流动负债		
非流动资产：			流动负债合计		
债权投资			非流动负债：		
其他债权投资			长期借款		
长期应收款			应付债券		
长期股权投资			其中：优先股		
其他权益工具投资			永续债		
其他非流动金融资产			长期应付款		
投资性房地产			预计负债		
固定资产			递延收益		
在建工程			递延所得税负债		
生产性生物资产			其他非流动负债		
油气资产			非流动负债合计		
无形资产			负债合计		
开发支出			所有者权益（或股东权益）：		
商誉			实收资本（或股本）		
长期待摊费用			其他权益工具		
递延所得税资产			其中：优先股		
其他非流动资产			永续债		
非流动资产合计			资本公积		
			减：库存股		
			其他综合收益		
			盈余公积		
			未分配利润		
			所有者权益（或股东权益）合计		
资产总计			负债和所有者权益（或股东权益）合计		

报表左边是资产。所谓资产（Asset），就是企业拥有或控制的，能以货币计量的，在未来能为企业带来利益的经济资源。根据资产的周转性划分，资产可以分为流动资产和长期资产，长期资产又包括长期投资、固定资产、无形资产和递延资产等。流动资产（Current Asset），是指企业可以在 1 年内或者超过 1 年的一个营业周期内变现或者耗用的资产，主要包括货币资金、交易性金融资产、衍生金融资产、应收票据及应收账款、存货和合同资产等。固定资产（Fixed Asset），是指企业使用期限超过 1 年的房屋、建筑物、机器、机械、运输工具以及其他与生产、经营有关的设备、器具、工具等。无形资产（Intangible Asset），是指企业为生产商品或者提供劳务、出租给他人、或为管理目的而持有的、没有实物形态的非货币性长期资产。长期投资（Long-term Investment），是指除短期投资以外的投资，包括持有时间准备超过 1 年（不含 1 年）的各种股权性质的投资、不能变现或不准备随时变现的债券、其他债权投资和其他长期投资。递延资产（Deferred Asset），是指不能全部计入当年损益，应在以后年度内较长时期摊销的除固定资产和无形资产以外的其他费用支出，包括开办费、租入固定资产改良支出，以及摊销期在 1 年以上的长期待摊费用等。

报表右上边是负债。所谓负债（Liability），就是企业过去的交易、事项形成的现时义务，履行该义务预期会导致经济利益的流出。按其偿还速度或偿还时间的长短划分，负债一般包括流动负债和长期负债两类。流动负债（Current Liability），也称为短期负债，是指将在 1 年或超过 1 年的一个营业周期内偿还的债务，主要包括短期借款、交易性金融负债、衍生金融负债、应付票据及应付账款、预收款项、合同负债和应付职工薪酬等。长期负债（Long Liability），是指偿还期在 1 年或超过 1 年的一个营业周期以上的债务，包括长期借款、应付债券、长期应付款等。

报表右下边是所有者权益。所有者权益（Equity），也称为股东权益，是指企业所有者在企业资产中享有的经济利益。按照来源和特定用途进行分类，股东权益包括实收资本（或股本）、其他权益工具、资本公积、其他综合收益、盈余公积、未分配利润等项目。

资产和负债类项目按流动和非流动分别列示，其意义在于：一方面，可以反映企业资产、负债的分布状况和存在形式；另一方面，资产负债表左右两边都按流动性对称排列，可以方便使用者分析资金来源与运用的对应关系，即企业偿还长、短期债务的能力，如通过流动资产和流动负债的比较，可以判断企业是否可以用 1 年以内的流动资产作为短期债务的偿还保证。

另外，由于企业总资产在一定程度上反映了企业的经营规模，而它的增减变化与企业负债、股东权益的变化有着密切关系。例如，当企业股东权益低于资产总额的增长幅度而增长时，说明企业规模扩大的主要原因是负债的大规模上升，进而说明企业的资本金实力在相对降低，债务偿还的安全性也在下降。

三、利润表

利润表（Income Statement），是反映企业在一定会计期间经营成果的报表，展现了企业的经营过程和盈亏原因。利润表将三大要素，即收入、费用、利润按“收入－费用＝利润”的形式表现出来，因此，根据利润表提供的信息，可以分析企业的利润构成，以及企业实现其盈利目的的程度和能力，并能预测企业在未来一定时期内的盈利变化趋势和获利能力。我国企业利润表采用多步式格式，将不同性质的收入、成本与费用类别进行对比，从而得出一些中间性的利润数据，便于使用者理解企业经营成果的不同来源，我国股份制企业利润表的一般格式如表 3-3 所示。

表 3-3　　利润表

编制单位：　　　　________年____月　　　　单位：元

项目	本期金额	上期金额
一、营业收入		
减：营业成本		
税金及附加		
销售费用		
管理费用		
研发费用		
财务费用		
其中：利息费用		
利息收入		
资产减值损失		
信用减值损失		
加：其他收益		
投资收益（损失以“—”号填列）		
其中：对联营企业和合营企业的投资收益		
净敞口套期收益（损失以“—”号填列）		
公允价值变动收益（损失以“—”号填列）		
资产处置收益（损失以“—”号填列）		
二、营业利润（亏损以“—”号填列）		
加：营业外收入		
减：营业外支出		
三、利润总额（亏损总额以“—”号填列）		
减：所得税费用		
四、净利润（净亏损以“—”号填列）		
（一）持续经营净利润（净亏损以“—”号填列）		
（二）终止经营净利润（净亏损以“—”号填列）		
五、其他综合收益的税后净额		
（一）不能重分类进损益的其他综合收益		
1. 重新计量设定受益计划变动额		
2. 权益法下不能转损益的其他综合收益		

续前表

项目	本期金额	上期金额
3. 其他权益工具投资公允价值变动		
4. 企业自身信用风险公允价值变动		
……		
（二）将重分类进损益的其他综合收益		
1. 权益法下可转损益的其他综合收益		
2. 其他债权投资公允价值变动		
3. 金融资产重分类计入其他综合收益的金额		
4. 其他债权投资信用减值准备		
5. 现金流量套期储备		
6. 外币财务报表折算差额		
……		
六、综合收益总额		
七、每股收益：		
（一）基本每股收益		
（二）稀释每股收益		

四、现金流量表

现金流量表（Cash Flow Statement），是以收付实现制为编制基础，反映企业在一定会计期间内现金和现金等价物流入和流出的报表。它是诸多财务报表中唯一完全采用收付实现制为基础编制的报表，这一点是和资产负债表、利润表不同的。通过现金流量表，使用者可以了解和评价企业获取现金和现金等价物的能力，据此预测企业未来现金流量及其变动，评估企业流动性和偿债能力。

1998 年 1 月 27 日财政部以财会字〔1998〕7 号文件的形式，发布了《股份有限企业会计制度——会计科目和会计报表》。该文件规定，企业向外提供的会计报表包括资产负债表、利润表、现金流量表和有关附表。该文件的发布，正式以“现金流量表”替代了原《股份制试点企业会计制度》中规定的“财务状况变动表”。为适应编制“现金流量表”的要求，财政部 1998 年 3 月 20 日以财会〔1998〕10 号文件的形式又发布了《企业会计准则——现金流量表》及其指南，并明确“编制现金流量表的目的，是为会计报表使用者提供企业一定会计期间内现金和现金等价物流入和流出的信息，以便报表使用者了解和评价企业获取现金和现金等价物的能力，并据此预测未来的现金流量”。至此，现金流量表正式成为我国企业必须编制、上报和对外公布的一个基本财务报表。

我国企业现金流量表采用报告式结构，分类反映经营活动产生的现金流量、投资活动产生的现金流量以及筹资活动产生的现金流量，最后汇总反映企业某一期间现金及现金等价物的净增加额，如表 3-4 所示。

表 3-4　　现金流量表

编制单位：××企业××年度　　单位：元

项　目	本期金额	上期金额
一、经营活动产生的现金流量		
销售商品、提供劳务收到的现金		
收到的税费返还		
收到其他与经营活动有关的现金		
经营活动现金流入小计		
购买商品、接受劳务支付的现金		
支付给职工以及为职工支付的现金		
支付的各项税费		
支付其他与经营活动有关的现金		
经营活动现金流出小计		
经营活动产生的现金流量净额		
二、投资活动产生的现金流量：		
收回投资收到的现金		
取得投资收益收到的现金		
处置固定资产、无形资产和其他长期资产收回的现金净额		
处置子企业及其他营业单位收到的现金净额		
收到其他与投资活动有关的现金		
投资活动现金流入小计		
购建固定资产、无形资产和其他长期资产支付的现金		
投资支付的现金		
取得子企业及其他营业单位支付的现金净额		
支付其他与投资活动有关的现金		
投资活动现金流出小计		
投资活动产生的现金流量净额		
三、筹资活动产生的现金流量：		
吸收投资收到的现金		
取得借款收到的现金		
发行债券收到的现金		
收到其他与筹资活动有关的现金		
筹资活动现金流入小计		
偿还债务支付的现金		
分配股利、利润或偿付利息支付的现金		
支付其他与筹资活动有关的现金		
筹资活动现金流出小计		

续前表

项　目	本期金额	上期金额
筹资活动产生的现金流量净额		
四、汇率变动对现金及现金等价物的影响		
五、现金及现金等价物净增加额		
加：期初现金及现金等价物余额		
六、期末现金及现金等价物余额		

经营活动，是指企业投资活动和筹资活动以外的所有交易和事项；经营活动产生的现金流量主要包括销售商品或提供劳务、购买商品、接受劳务、支付工资和缴纳税款等流入和流出的现金和现金等价物。

投资活动，是指企业长期资产的购建和不包括在现金等价物范围内的投资及其处置活动；投资活动产生的现金流量主要包括购建固定资产、处置子企业及其他营业单位等流入和流出的现金和现金等价物。

筹资活动，是指导致企业资本及债务规模和构成发生变化的活动；筹资活动产生的现金流量主要包括吸收投资、发行股票、分配利润、发行债券、偿还债务等流入和流出的现金和现金等价物。偿付应付账款、应付票据等商业应付款属于经营活动，不属于筹资活动。

五、所有者权益变动表

所有者权益变动表是反映公司本期（年度或中期）内至截至期末所有者权益变动情况的报表，如表 3－5 所示。所有者权益变动表应当全面反映一定时期所有者权益变动的情况。2007 年以前，公司所有者权益变动情况是以资产负债表附表的形式予以体现的。现行准则颁布后，要求上市公司于 2007 年正式对外呈现所有者权益变动表。所有者权益变动表应当单独列示反映下列信息：(1) 所有者权益总量的增减变动；(2) 所有者权益增减变动的重要结构性信息；(3) 直接计入所有者权益的利得和损失。

表 3－5　　所有者权益变动表

编制单位：××企业××年度　　单位：元

项目	本年金额						上年金额					
	实收资本（或股本）	资本公积	减：库存股	盈余公积	未分配利润	所有者权益合计	实收资本（或股本）	资本公积	减：库存股	盈余公积	未分配利润	所有者权益合计
一、上年年末余额												
加：会计政策变更												

续前表

项目	本年金额						上年金额					
	实收资本（或股本）	资本公积	减：库存股	盈余公积	未分配利润	所有者权益合计	实收资本（或股本）	资本公积	减：库存股	盈余公积	未分配利润	所有者权益合计
前期差错更正												
二、本年年初余额												
三、本年增减变动金额（减少以"—"号填列）												
（一）净利润												
（二）直接计入所有者权益的利得和损失												
1. 可供出售金融资产公允价值变动净额												
2. 权益法下被投资单位其他所有者权益变动的影响												
3. 与计入所有者权益项目相关的所得税影响												
4. 其他												
上述（一）和（二）小计												
（三）所有者投入和减少资本												
1. 所有者投入资本												
2. 股份支付计入所有者权益的金额												
3. 其他												
（四）利润分配												
1. 提取盈余公积												
2. 对所有者（或股东）的分配												
3. 其他												
（五）所有者权益内部结转												
1. 资本公积转增资本（或股本）												
2. 盈余公积转增资本（或股本）												
3. 盈余公积弥补亏损												
4. 其他												
四、本年年末余额												

所有者权益变动表各项目均需填列“本年金额”和“上年金额”两栏。所有者权益变动表“上年金额”栏内各项数字，应根据上年度所有者权益变动表“本年金额”内所列数字填列。所有者权益变动表“本年金额”栏内各项数字一般应根据“实收资本（或股本）”“资本公积”“盈余公积”“利润分配”“库存股”“以前年度损益调整”科目的发生额分析填列。

第二节　财务报表分析的方法

财务报表能够全面反映企业的财务状况、经营成果和现金流量等情况，但是，单纯的财务数据还不能完全表明企业的经营管理情况，特别是不能说明企业经营状况的好坏和经营成果的高低，因此要对财务报表进行分析。财务报表分析的方法和技术种类繁多，在实务中广泛使用的财务报表分析方法，主要有标准化法、比较分析法、比率分析法和趋势分析法等。

一、标准化法

财务报表提供的是企业某一时点或期间财务数据的绝对数，当我们希望看到报表中各项目的相对关系，或者同一项目的时间变化，以及同一项目不同企业之间的横向相对关系时，我们需要对报表进行一些处理。其中，标准化为我们提供了一个很好的方式，即将报表中各数据换算成具有共同比的相对数或比值，然后在此基础上进行相对量的比较与分析。

当我们用百分比代替报表中的具体数额，即报表中的每个科目均用百分比进行填列所形成的财务报表，称为共同比报表，它是以百分比显示的标准化财务报表。例如，资产负债表各项目均可以以总资产的某个百分比来表示，利润表各项目以销售额的某个百分比来表示。当普通的财务报表转换为标准化的财务报表后，阅读起来就简单得多，而且报表中各项目的结构和比例关系很容易就能看得出来。

表 3－6 是 ACT 企业 2018 年编制的利润表；表 3－7 是其标准化后的利润表，即根据表 3－6 的资料，仅填列各项目或财务成果在销售收入中的比重，并在此基础上进行进一步的分析。

表 3－6　　ACT 企业 2018 年利润表　　单位：万元

项目	2017 年	2018 年
一、营业收入	2 850	3 000
减：营业成本	2 503	2 644
税金及附加	28	28
销售费用	20	22

续前表

项目	2017年	2018年
管理费用	25	28
研发费用	15	18
财务费用	96	110
其中：利息费用	60	65
利息收入	36	45
资产减值损失	0	0
信用减值损失	0	0
加：其他收益	0	6
投资收益（损失以“一”号填列）	0	6
其中：对联营企业和合营企业的投资收益	0	6
净敞口套期收益（损失以“一”号填列）	0	0
公允价值变动收益（损失以“一”号填列）	0	0
资产处置收益（损失以“一”号填列）	0	0
二、营业利润（亏损以“一”号填列）	163	156
加：营业外收入	72	45
减：营业外支出	0	1
三、利润总额（亏损总额以“一”号填列）	235	200
减：所得税费用	75	64
四、净利润（净亏损以“一”号填列）	160	136

表3-7　ACT企业2018年标准化利润表

项目	2017年	2018年
一、营业收入	100.00%	100.00%
减：营业成本	87.82%	88.13%
税金及附加	0.98%	0.93%
销售费用	0.70%	0.73%
管理费用	0.88%	0.93%
研发费用	0.53%	0.60%
财务费用	3.37%	3.67%

续前表

项目	2017年	2018年
其中：利息费用	2.11%	2.17%
利息收入	1.26%	1.50%
资产减值损失	0	0
信用减值损失	0	0
加：其他收益	0	0
投资收益（损失以“—”号填列）	0	0
其中：对联营企业和合营企业的投资收益	0	0
净敞口套期收益（损失以“—”号填列）	0	0
公允价值变动收益（损失以“—”号填列）	0	0
资产处置收益（损失以“—”号填列）	0	0
二、营业利润（亏损以“—”号填列）	5.72%	5.20%
加：营业外收入	2.53%	1.50%
减：营业外支出	0.00%	0.03%
三、利润总额（亏损总额以“—”号填列）	8.25%	6.67%
减：所得税费用	2.63%	2.13%
四、净利润（净亏损以“—”号填列）	5.61%	4.53%

从标准化利润表即表3-7中可以看出，ACT企业2018年度各项财务成果的构成情况。营业利润占营业收入的5.20%，比2017年的5.72%下降了0.52%；2018年度利润总额的比重为6.67%，比上年度的8.25%下降了1.58%。可见，企业的盈利能力比上年度稍有下降，营业成本、管理费用、研发费用、财务费用上升导致营业利润降低，营业外收入也大幅下降。当然，税金及附加减少、投资收益增加以及所得税下降，也会对营业利润、利润总额和净利润带来一定的有利影响。

二、比较分析法

比较分析法是指将两个或两个以上的可比数据进行对比，从而揭示差异和矛盾。这种比较可以是将实际与计划相比，可以是本期与上期相比，也可以是与同行业的其他企业相比。

在采用比较分析法进行财务分析时，应注意以下几个方面的问题：

（1）保证口径的一致。在运用比较分析法时，用于进行对比的会计数据或财务指标，应保证口径的一致，只有这样才具有比较的基础。

（2）剔除偶发性因素。在运用比较分析法时，要剔除偶发性因素的影响，使被分析的数据能反映正常的经营状况。例如，在分析工业企业的获利能力时，应当排除一些非正常损益项目，如证券买卖、法律变更。这些因素对企业带来的收益或损失，只是特殊情况下的个别结果，不能说明企业正常的获利能力。

（3）应用例外原则。在运用比较分析法时，应用例外原则，对某项有显著变动的指标做重点分析，研究其变动的原因，以便采取对策，趋利避害。

三、比率分析法

比率分析法是以同一期财务报表上若干重要项目的相关数据相互比较，求出比率，用以分析和评价企业的经营活动以及企业目前和历史状况的一种方法，这种方法往往要借助于比较分析法和趋势分析法。财务比率最主要的好处就是可以消除规模的影响，用来比较不同企业的收益与风险，从而帮助投资者和债权人做出理智的决策。它可以评价某项投资在各年之间收益的变化，也可以在某一时点比较某一行业的不同企业。由于不同的决策者信息需求不同，所以使用的分析技术也不同。

投资者、债权者、经营者及政府管理者等不同的财务分析主体，其财务分析的目的是不同的，因此，其所选择的财务比率以及每个财务比率的重要程度和意义也是不同的。表3－8及表3－9分别列示了商业银行和CFO可能最为关注的十个财务比率及其重要性排名，其中重要性等级最高为9分，最低为0分。

表3－8　　商业银行信贷决策中常用的财务比率

财务比率	重要性程度	衡量的主要方面
债务/权益比率	8.71	长期安全性
流动比率	8.25	流动性
现金流量/本期到期长期债务	8.08	长期安全性
固定费用偿付率	7.58	长期安全性
税后净利润率	7.56	获利能力
利息保障倍数	7.50	长期安全性
税前净利润率	7.43	获利能力
财务杠杆系数	7.33	长期安全性
存货周转天数	7.25	流动性
应收账款周转天数	7.08	流动性

表3－9　　企业CFO认为重要的财务比率

财务比率	重要性等级	衡量的主要方面
每股收益	8.19	获利能力
税后资本收益率	7.83	获利能力
税后净利润率	7.47	获利能力

续前表

财务比率	重要性等级	衡量的主要方面
债务/权益比率	7.46	长期安全性
税前净利润率	7.41	获利能力
税后总投入资本收益率	7.20	获利能力
税后资产收益率	6.97	获利能力
股利支付率	6.83	其他
价格/收益比率	6.81	其他
流动比率	6.71	流动性

理论上，财务比率可以通过任何一对数字计算出来。实践中，当财务比率反映的是某一资产负债表变量与某一收益表变量之间的关系时，资产负债表变量就需要换算成期初和期末的平均值。但是，此类财务比率无法消除由于季节以及周期变化而带来的影响，也反映不出某一期间内发生的不规则变化。

在财务分析中，比率分析用途最广，但也有局限性。首先，比率分析属于静态分析，对于预测未来财务指标及其变动并非完全合理可靠。其次，比率分析使用的数据为账面价值，难以反映物价水平波动的影响。可见，在运用比率分析时，要注意将各种比率有机结合起来进行分析，并结合绝对量的差额分析，只有这样才能对企业的历史、现状和将来有一个比较详尽、可靠的判断。

四、趋势分析法

趋势分析法，又称水平分析法，是通过对比两期或多期的财务数据，确定其增减变动的方向、数额和幅度，研判企业财务状况和经营成果变动趋势的一种方法。用于趋势分析的数据可以是绝对值，也可以是比率或百分比等相对值。采用趋势分析法，可以分析趋势变化的原因、性质，并预测企业的未来发展前景。

统计学上的趋势分析主要有定基分析和环比分析两种方法。定基分析法，即用某一时期的数值作为固定的基期指标数值，将其他的各期数值与其对比来分析。环比分析法是以某一分析期的前一期数值为基期而计算出来的动态比率。

第三节　财务指标分析

如前所述，不同使用者对财务报表的分析因其目的不同，分析的角度、内容、重点也各不相同。一般而言，财务指标分析主要有四个基本方面，分别衡量公司的债务清偿能力、资产营运能力、获取利润能力以及市场价值创造能力。以上四个方面互相联系、互相补充，对企业财务状况、经营成果、现金流量以及市场价值进行了全面描述和综合分析，以满足报表不同使用者的需要。

一、偿债能力分析

偿债能力是指企业偿还到期债务的能力。能否及时偿还到期债务，是反映企业财务状况好坏的重要标志。通过对偿债能力的分析，可以考察企业的能力和风险，有助于对企业未来收益进行预测。企业偿债能力包括短期偿债能力和长期偿债能力两个方面。

（一）短期偿债能力分析

短期偿债能力是指企业以流动资产对流动负债及时足额偿还的保证程度。一个企业的短期偿债能力大小，要看流动资产和流动负债的配比和质量状况。

1. 流动比率

流动比率（Current Ratio），是流动资产与流动负债的比值，反映企业短期偿债能力的强弱。其计算公式为：

流动比率＝流动资产÷流动负债

这一比率越大，表明企业短期偿债能力越强，并表明企业有充足的营运资金；反之，说明企业的短期偿债能力不强，营运资金不足，即流动比率越大对企业短期债务的偿债越有保障。但是，对于企业和股东而言，这一比率并不是越大越好。流动比率过大，不一定代表企业财务状况良好，尤其是应收账款和存货余额过大引起的流动比率过大对财务状况并不有利，因为，这意味着企业的资产并未得到充分利用。

2. 速动比率

在流动资产中，存货的变现速度是最慢的。因此，为了更好地衡量企业流动负债的偿债能力，就从流动资产中剔除存货，从而形成了速动资产。速动比率（Quick Ratio），是速动资产与流动负债的比值，其计算公式为：

速动比率＝(流动资产－存货)÷流动负债

3. 流动资产结构比率

速动比率也有其局限性，主要原因在于速动资产中依然包含了应收账款，以及各种预付款项及预付费用。这些资产的流动性也较差，特别是大量不良应收账款的存在会进一步削弱企业的短期偿债能力。于是，了解每一项流动资产在流动资产总额中的比重就具有重要意义。流动资产结构比率（Structural Liquidity Ratio）可以表示为：

流动资产结构比率＝每一项流动资产÷流动资产总额

（二）长期偿债能力分析

长期偿债能力是指企业偿还长期负债的能力。为便于债权人和投资者全面了解企业的偿债能力及财务风险，有必要在分析短期偿债能力的同时分析其长期偿债能力。反映企业长期偿债能力的财务比率主要有资产负债率、股东权益比率、权益乘数、负债权益比、有形净值债务率、利息保障倍数、现金覆盖率等。

1. 资产负债率

资产负债率（Debt Ratio），是企业负债总额与资产总额的比率，也称为负债比率或举债经营比率，它反映企业的资产总额中有多少是通过举债而得到的。其计算公式为：

资产负债率＝负债总额÷资产总额

资产负债率反映企业偿还债务的综合能力，这个比率越高，企业偿还债务的能力越差；反之，偿还债务的能力越强。至于资产负债率为多少才是合理的，并没有一个确定的标准，不同的行业、不同类型的企业都是有较大差异的。一般而言，处于高速成长时期的企业，其负债比率可能会高一些，这样所有者会得到更多的杠杆利益。但是，作为财务管理者，在确定资产负债率时一定要充分考虑企业内部各种因素和外部的市场环境，在收益与风险之间权衡利弊得失，然后才能做出正确的财务决策。

2. 股东权益比率与权益乘数

股东权益比率（Equity Ratio），是股东权益与资产总额的比率，该比率反映企业资产中有多少是所有者投入的，其计算公式为：

股东权益比率＝股东权益总额÷资产总额

如果股东权益比率过小，表明企业过度负债，容易削弱公司抵御外部冲击的能力；而权益比率过大，意味着企业没有积极地利用财务杠杆作用来扩大经营规模。

股东权益比的倒数即权益乘数（Equity Multiplier），直接反映了股东权益对资产的放大作用。

3. 负债权益比与有形净值债务率

负债权益比是负债总额与股东权益总额的比，也称为产权比率（Debt-Equity Ratio），其计算公式为：

负债股权比＝负债总额÷股东权益总额

这个比率反映了债权人所提供资金与股东所提供资金的对比关系，因此它可以揭示企业的财务风险以及股东权益对债务的保障程度。该比率越低，说明企业长期财务状况越好，债权人债权的安全越有保障，企业财务风险越小。

因为股东权益就是资产扣除负债后的净资产，所以，为了进一步分析股东权益对负债的保障程度，可以将无形资产从分母的净资产中扣除，因为，我们可以保守地认为无形资产难以变现不宜偿还债务，虽然实际上未必如此。这样计算出的财务比率称为有形净值债务率（Debt to Tangible Assets Ratio）。其计算公式为：

有形净值债务率＝负债总额÷(股东权益－无形资产及其他资产总额)

4. 利息保障倍数

利息保障倍数（Interest Protection Multiply），又称已获利息倍数，是指企业息税前利润与利息费用之比。它是衡量企业支付债务利息能力的重要指标。

利息保障倍数＝息税前利润÷利息费用
＝(净利润＋利息费用＋税收)÷利息费用
＝EBIT÷利息费用

EBIT（Earning Before Interest &Tax），即息税前利润，是指未扣除利息费用和所得税之前的利润，即息税前收益等于净利润与利息费用、税收的和。利息保障倍数不仅反映了企业获利能力的大小，而且反映了获利能力对偿还到期债务利息的保障程度，它既是企业举债经营的前提和依据，也是衡量企业长期偿债能力大小的重要标志。要维持正常偿债能力，利息保障倍数至少应大于1，且比值越高，企业长期偿债能力越强。如果利息保障倍数过低，意味着企业可能面临亏损、偿债安全性下降等风险。

5. 现金覆盖率

现金覆盖率，是衡量企业现金创造能力与债务利息偿还负担之间的关系，其计算公式为：

现金覆盖率＝(净利润＋利息费用＋折旧＋摊销)÷利息费用
＝(EBIT＋折旧＋摊销)÷利息费用
＝EBITDA÷利息费用

EBITDA（Earning Before Interest，Taxes，Depreciation &Amortization），即税息折旧及摊销前利润。

可见，EBIT主要用来衡量企业主营业务的盈利能力，EBITDA则主要用于衡量企业主营业务创造现金流量的能力。EBIT通过涵盖所得税和利息，可以使投资者评价项目时不用考虑项目适用的所得税率和融资成本。EBITDA进一步涵盖了摊销和折旧，是因为折旧和摊销是以前会计期间取得固定资产和无形资产时支付的成本，而并非当期的现金支出。因此，现金覆盖率能更好地评估企业创造现金流量偿还债务利息的能力。

二、营运能力分析

营运能力，是指企业资金利用的效率，它表明企业管理人员资金运用、经营管理的能力，主要体现为与资金周转速度相关的指标。企业生产经营资金周转的速度越快，表明企业资金利用的效率越高，企业管理人员的经营能力越强。营运能力分析包括总资产周转、流动资产周转的分析。

（一）总资产周转率

总资产周转率（Total Assets Turnover Ratio），是指企业在一定时期内销售（营业）收入同平均资产总额的比值。总资产周转率是综合评价企业全部资产经营质量和利用效率的重要指标。周转率越大，说明总资产周转越快，反映出销售能力越强。例如，企业可以通过薄利多销的办法，加速资产的周转，带来利润绝对额的增加。

其计算公式为：

总资产周转率＝总收入÷平均总资产

在全部资产中，周转速度最快的应属流动资产，因此，总资产周转速度受流动资产周转速度影响较大。从全部资产周转速度与流动资产周转速度的关系，可确定影响总资产周转率的因素如下：

总资产周转率＝(销售收入÷平均流动资产)×(平均流动资产÷平均总资产)
＝流动资产周转率×流动资产占总资产的比重

可见，总资产周转率的快慢取决于两大因素：一是流动资产周转率；二是流动资产占总资产的比重。

【例 3－1】 根据某企业财务报表及附表的有关资料，计算该企业总资产周转率及相关指标如表 3－10 所示。

表 3－10　　流动资产周转率分析资料

项　目	2017 年	2016 年	差异
销售收入（万元）	48 201	40 938	—
平均总资产（万元）	100 731	69 491	—
平均流动资产（万元）	48 592	35 563	—
总资产周转率	0.48	0.59	−0.11
流动资产周转率	0.99	1.15	−0.16
流动资产占总资产比率	0.48	0.51	−0.03

从表 3－10 可见，该企业总资产营运效率较差，和上一年度本来就不高的周转速度相比，本年又有所减慢。

（二）企业存货周转

存货周转（Inventory Turnover），包括企业在一定时期内存货占用资金可周转的次数，或存货每周转一次所需要的天数。因此，存货周转指标有存货周转率和存货周转天数两种形式：

存货周转率＝销售成本÷平均存货

存货周转天数＝计算期天数÷存货周转率

＝计算期天数×平均存货÷销售成本

其中：

平均存货＝(期初存货＋期末存货)÷2

应当注意，存货周转率和周转天数的实质是相同的。但是其评价标准却不同，存货周转率是个正指标，周转率越大越好。通过不同时期存货周转率的比较，可评价存货管理水平，查找出影响存货利用效果的原因，不断提高存货管理水平。

（三）应收账款周转

应收账款周转率（Receivables Turnover Ratio），是销售收入除以平均应收账款的比值，也就是年度内应收账款转为现金的平均次数，它说明应收账款流动的速度。应收账款回收迅速既可以节约资金，也说明企业信用状况好，不易发生坏账损失，一般认为周转率越高越好。

用时间表示的周转速度是应收账款周转天数，也叫平均应收账款回收期或平均收现期，表示企业从取得应收账款到收回款项、转换为现金所需要的时间，等于计算期天数除以应收账款周转率，可见周转天数越短越好。应收账款周转率的计算公式是：

应收账款周转率＝赊销收入净额÷应收账款平均余额

应收账款周转天数＝计算期天数÷应收账款周转次数

＝应收账款平均余额×计算期天数÷赊销收入净额

其中：

赊销收入净额＝销售收入－现销收入－销售退回与折让

应收账款平均余额＝(期初应收账款＋期末应收账款)÷2

（四）营业周期

营业周期（Operation Cycle），是指从取得存货开始到销售存货并收回现金为止的这段时间。营业周期的长短取决于存货周转天数和应收账款周转天数。营业周期的计算公式如下：

营业周期＝存货周转天数＋应收账款周转天数

营业周期，指的是需要多长时间能将期初存货全部转换为现金。一般情况下，营业周期短，说明资金周转速度快，管理效率高；营业周期长，说明资金周转速度慢，管理效率低。因此，分析研究企业的营业周期，并尽量缩短营业周期，对于增强企业资产的管理效率具有重要意义。

三、盈利能力分析

盈利能力是指企业获取利润的能力，也称为企业的资金或资本增值能力，通常表现为一定时期内企业收益的多少及水平高低。盈利能力是企业各利益相关者都关心的问题，同时也是企业成败的关键。反映企业盈利能力的指标，主要有销售毛利率、销售净利润率、成本费用利润率、总资产利润率、资本利润率等。

（一）销售毛利率

销售毛利率（Gross Profit Margin）是毛利占销售收入的百分比。其计算公式为：

销售毛利率＝[(销售收入－销售成本)÷销售收入]×100%

它反映了企业产品销售的初始获利能力，是企业净利润的起点。与同行业比较，如果企业的毛利率显著高于同业水平，说明企业产品附加值高，产品定价高，或与同行业比较企业存在成本上的优势，有竞争力。与历史比较，如果企业的毛利率显著提高，则可能是企业所在行业处于复苏时期，产品价格大幅上升；相反，如果企业毛利率显著降低，则可能是企业所在行业竞争激烈，在发生价格战的情况下往往会造成两败俱伤。

（二）销售净利润率

销售净利润率（Sales Profit Rate）是企业净利润与销售收入的比率。其计算公式为：

$$销售净利润率=\frac{净利润}{销售收入}\times 100\%$$

该项比率越高，表明企业为社会新创价值越多，贡献越大。

根据表 3-11 可知 ACT 企业的财务数据：

2018 年销售净利润率=(136÷3 000)×100%=4.53%

2017 年销售净利润率=(160÷2 850)×100%=5.61%

表 3-11　　ACT 企业盈利能力计算基础数据　　单位：万元

项目	2016 年	2017 年	2018 年
利润总额	280	235	200
净利润	200	160	136
销售收入	2 360	2 850	3 000
成本费用总额	2 465	2 659	2 822
资产总额	1 270	1 680	2 000
资本金总额	100	100	100
股东权益	800	880	960

（三）成本费用利润率

成本费用利润率（Ratio of Profits to Cost），是指企业利润总额与成本费用总额的比率，是反映企业生产经营过程中发生的耗费与获得的收益之间关系的指标，其计算公式为：

$$成本费用利润率=\frac{利润总额}{成本费用总额}\times 100\%$$

式中的利润总额和成本费用总额来自企业的损益表。成本费用一般指主营业务成本和三项期间费用。该比率越高，表明企业耗费所取得的收益越高，这是一个能直接反映增收节支、增产节约效益的指标。企业生产销售的增加和费用开支的节约，都能使这一比率提高。

根据 ACT 企业的财务报表数据，我们可以计算出成本费用利润率。

2018 年成本费用利润率：

$$\frac{200}{2\ 822}\times 100\%=7.09\%$$

2017 年成本费用利润率：

$$\frac{235}{2\ 659}\times 100\%=8.84\%$$

以上结果表明，就 ACT 企业成本费用利润率来说，2018 年比 2017 年下降 1.75%。

（四）总资产利润率

总资产利润率（Return on Assets，ROA）也称为资产收益率或资产净利率，是企业利润总额与平均资产总额的比率，它是反映企业资产综合利用效率的指标，也是衡量企业利用债权人和所有者权益总额取得盈利能力的重要指标。其计算公式为：

$$总资产利润率=\frac{利润总额}{资产平均总额}\times 100\%$$

资产平均总额为年初资产总额与年末资产总额的平均数。此项比率越高，表明资产利用的效率越高，整个企业获利能力越强，经营管理水平越高。

根据 ACT 企业的财务报表数据，可以得到：

2018 年总资产利润率：

$$\frac{200}{(1\ 680+2\ 000)\div 2}\times 100\%=\frac{200}{1\ 840}\times 100\%=10.87\%$$

2017 年总资产利润率：

$$\frac{235}{(1\ 270+1\ 680)\div 2}\times 100\%=\frac{235}{1\ 475}\times 100\%=15.93\%$$

计算结果表明，企业资产综合利用效率 2018 年不如 2017 年，需要对企业资产的使用情况、增产节约工作开展情况等做进一步分析考察，以便改进管理，提高效益。

（五）资本利润率

资本利润率（Return on Equity，ROE）也称为资本收益率、权益利润率，是企业利润总额与平均股东权益的比率。其计算公式为：

$$资本利润率=\frac{利润总额}{平均股东权益}\times 100\%$$

股东权益是股东对企业净资产所拥有的权益，净资产是企业全部资产减去全部负债后的余额。股东权益包括实收资本、资本公积、盈余公积和未分配利润等项目，实际计算中，平均股东权益为年初股东权益额与年末股东权益额的平均数。

该项比率越高，表明股东投资的收益水平越高，获利能力越强。根据 ACT 企业的财务报表，可以得到：

2018 年资本利润率：

$$\frac{200}{(880+960)\div 2}\times 100\%=\frac{200}{920}\times 100\%=21.74\%$$

2017 年资本利润率：

$$\frac{235}{(800+880)\div 2}\times 100\%=\frac{235}{840}\times 100\%=27.98\%$$

ACT 企业 2018 年资本利润率比 2017 年降低了近两个百分点。这是因为企业股东权益股逐年增长，但销售额却逐年减少。

四、投资价值分析

企业投资价值分析，主要是站在股东角度，通过会计利润以及现金流量、市场价格或价值的分析，探讨公司为股东创造财富的能力。这类指标是站在股东角度对公司经营管理能力的综合分析和评价，而且，因为更多地使用到现金流量等指标而不是权责发生制、配比原则基础上的会计指标，所以能很好地反映公司市场价值。

(一) 每股收益

每股收益（Earning per Share，EPS）是指普通股每股税后利润。该指标中的利润是利润总额扣除应缴所得税的税后净利润，如果发行了优先股还要扣除优先股应分的股利，然后除以流通股股数，即发行在外的普通股股数。其计算公式如下：

$$普通股每股收益=\frac{税后利润-优先股股利}{流通股股数}$$

根据表 3-11 的资料，假定 ACT 企业普通股平均为 68 万股，未发行优先股，所得税税率为 25%，则 2017 年普通股每股利润为：

$$\frac{200\times(1-25\%)}{68}=2.21$$

(二) 市盈率

市盈率，又称价格-盈余比率（Price-Earning Ratio，PE 或 P/E Ratio），是普通股每股市场价格与每股收益的比率。它是反映股票盈利状况的重要指标，也是投资者对从某种股票获得 1 元利润所愿支付的现时价格。其计算公式如下：

$$市盈率=\frac{每股市价}{每股股利}$$

该项比率较高，表明市场对该股票的认可度较高，即市场估值较高；如果资本市场整体的市盈率都较高，表明市场成交活跃。当然，这个指标太高，也可能意味着市场过热，炒作气氛偏浓。在规范和成熟的资本市场中，该指标一般保持在 20～30 倍比较合理。

例如，前述 ACT 企业普通股市场价格为 5.5 元，该股票每股利润为 2.21 元，则该企业的市盈率计算如下：

$$\frac{5.5}{2.21}=2.49$$

(三) 市净率

市净率（Price-to-Book Ratio，PB），指的是每股股价与每股净资产的比率。一般来说市净率较低的股票，投资价值较高；相反，则投资价值较低。其计算公式为：

$$市净率=\frac{每股市价}{每股净资产}$$

其中：

$$每股净资产=\frac{期末股东权益}{年末普通股股数}$$

每股净资产是股票的账面价值，它是用历史成本计量的；而每股市价是这些资产的现时市场价值，它是证券市场现时交易的结果。市价高于账面价值，说明企业资产的质量较高，有较好的发展潜力。

（四）每股市价/每股经营活动净现金流量

由于会计意义的利润是根据权责发生制、配比原则等会计原则确认和计量的，人为估计性较强。而根据收付实现制编制的现金流量表可以帮助了解上市公司真实的盈利情况，所以经营活动产生的现金净流量及其与相关指标的比较就成为衡量公司经营管理的一个非常重要的方面。

其中，每股市价（Market Value per Share）与每股经营活动现金净流量（Net Cash Flows from Operating Activities per Share）的比率，可以较为真实地评价股票投资价值：其比值越小，表明股票的投资价值越高。该比率的意义实际与市盈率指标相同，都是市价与有关盈利能力指标的比，但是前者是从现金的角度出发就更为可靠。可以说，现金短缺已成为国内许多上市公司的极大隐患，其每股收益、资本收益率很多是“纸上富贵”。缺少现金，就是缺少企业的“血液”，这些企业就不能正常运转。所以，该比率的排序大小，更能揭示出潜在投资机会。同时，也能剔除一些市盈率较低但该比值却很高甚至为负的企业，以回避虚增业绩的风险。

第四节　杜邦分析法

杜邦分析的基本思想是将企业资本收益率指标逐级分解为多项财务比率，利用几种主要财务比率之间的关系来综合分析企业对股东财富的影响和作用。这种分析方法由美国杜邦公司首创并最先使用，故名杜邦分析法。杜邦分析法有助于分析者更加清晰地看到权益资本收益率的决定因素，也给管理层提供了一张明晰的考察企业资产管理效率和最大化股东投资回报的路线图。

一、杜邦分析指标体系

杜邦分析的最显著特点是将若干个用以评价企业经营管理效率和效果的指标按其内在逻辑有机联结起来，形成一个完整的指标体系，并最终反映到股东权益净利率指标上来。

杜邦分析法中财务指标体系及其关系为：

$$\begin{aligned}\text{股东权益净利率(ROE)} &= \frac{\text{净利润}}{\text{股东权益}} \\ &= \frac{\text{净利润}}{\text{总资产}} \times \frac{\text{总资产}}{\text{股东权益}} \\ &= \text{股东权益净利率} \times \text{权益乘数}\end{aligned}$$

而：

$$权益乘数=\frac{总资产}{股东权益}=\frac{1}{\frac{股东权益}{总资产}}=\frac{1}{1-\frac{负债}{资产}}=\frac{1}{1-资产负债率}$$

$$股东权益净利率=\frac{净利润}{总资产}=\frac{净利润}{销售收入}\times\frac{销售收入}{总资产}=销售净利率\times资产周转率$$

可见，股东权益净利率可写成：

$$股东权益净利率(ROE)=销售净利率\times资产周转率\times权益乘数$$

二、杜邦分析

采用杜邦分析图将有关分析指标按内在联系加以排列，从而直观地反映出企业的财务状况和经营成果的总体面貌。

杜邦财务分析体系如图 3-1 所示。

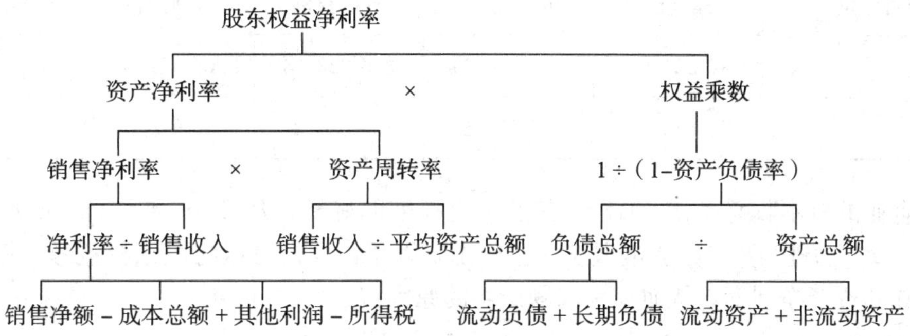

图 3-1　杜邦分析体系

杜邦分析图提供了下列主要的财务指标关系的信息：

(1) 股东权益净利率是杜邦分析系统的核心。股东权益净利率是反映股东财富综合性最强的一个财务比率，它反映所有者投入资本的获利能力，同时反映企业筹资、投资、资产运营等活动的效率。

(2) 决定股东权益净利率高低的因素有三个方面，即权益乘数、销售净利率和资产周转率。权益乘数、销售净利率和资产周转率三个比率分别反映了企业的资本结构、盈利能力和资产营运管理能力。

(3) 权益乘数是反映企业资本结构的重要指标。企业资本结构中负债比率越大，权益乘数越高，说明企业有较高的负债水平，企业获得的杠杆收益也越大，但也给企业带来了较大的财务风险。因此，权益乘数也是衡量企业债务清偿能力的重要指标。

(4) 销售净利率是反映企业盈利能力的重要指标。它反映了企业利润总额与销售收入的关系，是提高企业盈利能力的关键所在。可知，要想提高销售净利率，一是扩大销售收入；二是降低成本费用。

(5) 资产周转率是反映企业资产营运能力的重要指标。它既关系到企业的获利能力，又关系到企业的偿债能力。一般而言，流动资产直接体现企业的偿债能力和变现能力；非流动资产体现企业的经营规模和发展潜力。两者之间应有一个合理的结构比率。为此，就要进一步分析各项资产的占比和周转速度。对流动资产应重点分析存货是否有积压现象、货币资金是否闲置、应收账款的回收水平；对非流动资产应重点分析企业固定资产是否得到充分的利用。

可见，企业经营管理效率和效果所表现出的偿债能力、资产营运能力以及盈利能力三类指标，通过杜邦分析法最终归结到股东权益净利率上，反映了企业的股东财富创造能力，并因此能找到影响股东财富最大化的主要因素或环节。

三、杜邦分析法实例

杜邦分析法可以解释指标变动的原因和变动趋势，并为采取措施指明方向。

【例 3-2】 某企业的基本财务数据如表 3-12 所示。

表 3-12　　企业基本财务数据　　单位：万元

项目年度	净利润	销售收入	资产总额	负债总额	全部成本
2016 年	10 284.04	411 224.01	306 222.94	205 677.07	403 967.43
2017 年	12 653.92	757 613.81	330 580.21	215 659.54	736 747.24

该企业的资本收益率在 2017 年有了一定程度的好转，从 2016 年 0.097 增加至 2017 年的 0.112。为进一步考察影响股东财富的主要因素，我们可以将股东权益净利率分解为权益乘数和资产净利率，从而找到问题产生的原因：

股东权益净利率＝权益乘数×资产净利率

2016 年：0.097＝3.049 ×0.032

2017 年：0.112＝2.874×0.039

通过分解可见，该企业的资产净利率太低，即资产利用效果较差，是影响资本收益提升的主要原因。我们继续对资产净利率进行分解：

资产净利率＝销售净利率×资产周转率

2016 年：0.032＝0.025×1.34

2017 年：0.039＝0.017×2.29

可见，2017 年的资产周转率有所提高，表明该企业利用其总资产产生销售收入的效率在增加。我们再对销售净利率进行分解：

销售净利率＝净利润÷销售收入

2016 年：0.025＝10 284.04÷411 224.01

2017 年：0.017＝12 653.92÷757 613.81

该企业财务比率数据如表 3-13 所示。

表 3-13 企业财务比率

年度项目	2016 年	2017 年
资本收益率	0.097	0.112
权益乘数	3.049	2.874
资产负债率	0.672	0.652
资产净利率	0.032	0.039
销售净利率	0.025	0.017
资产周转率	1.34	2.29

可见，该企业 2017 年大幅度提高了销售收入，但是净利润的提高却很小，分析其原因是成本费用增多。从表 3-12 可知，全部成本从 2016 年的 403 967.43 万元增加到 2017 年的 736 747.24 万元，与销售收入的增加幅度大致相当。下面是对全部成本进行的分解：

全部成本＝制造成本＋销售费用＋管理费用＋财务费用

2016 年:403 967.43＝373 534.53＋10 203.05＋18 667.77＋1 562.08

2017 年:736 747.24＝684 559.91＋21 740.962＋25 718.20＋5 026.17

综上所述，在本例中导致资本收益率比较小的主要原因是企业成本过大。因为全部成本过大导致了企业净利润较小，所以销售净利率减少，显示出该企业销售盈利能力较低。而资产净利率在 2017 年的提高，要归功于资产周转率的较大提高。

第五节 雷达图分析法

雷达图分析法，是从企业的生产性、安全性、收益性、成长性和流动性五个方面，对企业财务状态和经营成果进行直观、形象地对比分析，并用图表予以反映的财务分析方法。因其形状如雷达的放射波，而且对企业经营管理具有“航向”作用，故而得名。

一、雷达图指标体系

(一) 收益性指标

分析收益性指标，目的在于观察企业一定时期的获利能力。其主要指标及基础含义、计算公式如表 3-14 所示。

表 3-14 企业收益性指标

收益性比率	基础含义	计算公式
1. 资产报酬率	反映企业总资产的利用效率	(净收益＋利息费用＋所得税) /平均资产总额

续前表

收益性比率	基础含义	计算公式
2. 所有者权益报酬率	反映所有者权益的回报	税后净利润/所有者权益
3. 普通股权益报酬率	反映股东权益的报酬	(净利润－优先股股利）/平均普通股权益
4. 普通股每股收益额	反映股东权益的报酬	(净利润－优先股股利）/普通股股数
5. 股利发放率	反映股东权益的报酬	每股股利/每股利润
6. 市盈率	反映股东权益的报酬	普通股每股市场价格/普通股每股利润
7. 销售利税率	反映企业销售收入的收益水平	利税总额/净销售收入
8. 毛利率	反映企业销售收入的收益水平	销售毛利/净销售收入
9. 净利润率	反映企业销售收入的收益水平	净利润/净销售收入
10. 成本费用利润率	反映企业为取得利润所付的代价	(净收益＋利息费用＋所得税）/成本费用总额

（二）安全性指标

安全性指标是指企业经营的安全程度，即债务清偿能力。其主要指标及基础含义、计算公式如表 3－15 所示。

表 3－15　　企业安全性指标

安全性比率	基础含义	计算公式
1. 流动比率	反映企业短期偿债能力和信用状况	流动资产/流动负债
2. 速动比率	反映企业立刻偿付流动负债的能力	速动资产/流动负债
3. 资产负债率	反映企业总资产中有多少是负债	负债总额/资产总额
4. 所有者权益比率（股东权益比率）	反映企业总资产中有多少是所有者权益	所有者权益/资产总额
5. 利息保障倍数	反映企业经营所得偿付借债利息的能力	(税前利润－利息费用）/利息费用

（三）流动性指标

流动性指标，主要考察企业的资产变现或周转能力，有些类似于前述的企业资产营运管理能力指标。其主要指标及基础含义、计算公式如表 3－16 所示。

表 3－16　　企业流动性指标

流动性比率	基础含义	计算公式
总资产周转率	反映全部资产的使用效率	销售收入/平均资产总额
固定资产周转率	反映固定资产的使用效率	销售收入/平均固定资产总额

续前表

流动性比率	基础含义	计算公式
流动资产周转率	反映流动资产的使用效率	销售收入/平均流动资产总额
应收账款周转率	反映年度内应收账款的变现速度	销售收入/平均应收账款
存货周转率	反映存货的变现速度	销售成本/平均存货

（四）成长性指标

分析成长性指标，目的在于考察企业在一定时期内经营能力的发展变化趋势。一个客户即使收益性高，但成长性不高，表明其未来的盈利能力下降。因此，以发展的眼光动态地分析企业及其财务资料，对投资决策的正确制定至关重要。这类指标及基础含义、计算如表 3-17 所示。

表 3-17　　企业成长性指标

成长性比率	基础含义	计算公式
1. 销售收入增长率	反映销售收入变化趋势	本期销售收入/前期销售收入
2. 税前利润增长率	反映税前利润变化趋势	本期税前利润/前期税前利润
3. 固定资产增长率	反映固定资产变化趋势	本期固定资产/前期固定资产
4. 人员增长率	反映人员变化趋势	本期职工人数/前期职工人数
5. 产品成本降低率	反映产品成本变化趋势	本期产品成本/前期产品成本

（五）生产性指标

分析生产性指标，目的在于了解在一定时期内企业的生产经营能力、水平以及成果分配。其主要指标如表 3-18 所示。

表 3-18　　企业生产性指标

生产性比率	基础含义	计算公式
1. 人均销售收入	反映企业人均销售能力	销售收入/平均职工人数
2. 人均净利润	反映企业经营管理水平	净利润/平均职工人数
3. 人均资产总额	反映企业生产经营能力	资产总额/平均职工人数
4. 人均工资	反映企业成果分配状况	工资总额/平均职工人数

二、雷达图分析

上述反映企业经营管理能力的五大类指标及其分析结果，可以用雷达图表示出来，如图 3-2 所示。

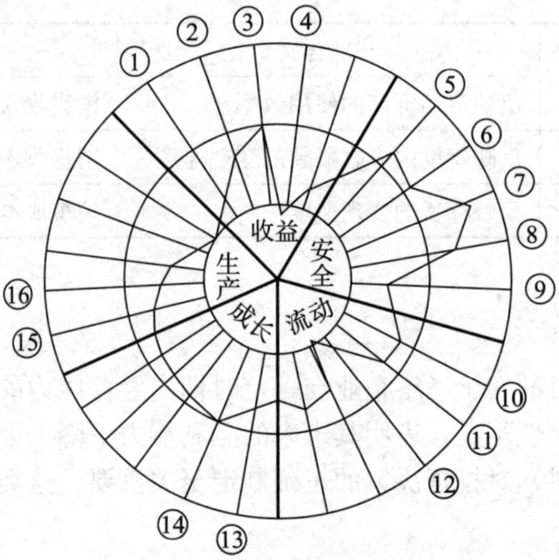

图 3-2　雷达图

雷达图的绘制方法是：先画出三个同心圆，并将其等分成五个扇形区，分别表示生产性、安全性、收益性、流动性和成长性。通常，最小的圆圈代表同行业平均水平的 1/2 或最低水平；中间的圆圈代表同行业平均水平，又称标准线；最大的圆圈代表同行业先进水平或平均水平的 1.5 倍。在五个扇形区中，从圆心开始，分别以放射线形式画出 5 条主要经营指标线，并标明指标名次及标度。然后，将企业同期的相应指标值标在图上，以线段依次连接相邻点，形成折线闭环，构成雷达图。

一般而言，在图 3-2 中，当指标值处于标准线以内时，说明该指标低于同行业水平，需要加以改进；若接近最小圆圈或处于其内，说明该指标处于极差状态，是企业经营的危险标志；若处于标准线外侧，说明该指标处于较理想状态，是企业的优势所在。当然，并不是所有指标都处于标准线外侧就是最好，还要具体指标具体分析。

本章小结

本章主要介绍了财务分析的数据来源——财务报表、分析方法和指标体系，以及两种较为常见的综合分析法——杜邦分析法和雷达图分析法。

1. 本章首先介绍了三大财务报表——资产负债表、利润表、现金流量表，以及所有者权益变动表。资产负债表是企业财务状况在某时刻的截面数据，而利润表和现金流量表是反映企业某期间的累积数据。而且，企业的三大报表中，只有现金流量表是采用收付实现制确认和计量的。

2. 财务分析，有四种最常用的分析方法，包括标准化财务报表、比较分析法、比率分析法和趋势分析法。标准化财务报表就是用百分比代替报表中所有的绝对数据。比较分析法是指将两个或两个以上的可比数据进行对比，从而揭示差异和矛盾。比率分析法是以同一期财务报表上若干相关数据相互比较，求出比率，用以分析和评价企业的经营管理能力。趋势分析法，是通过对比两期或连续数期财务报表中相同指标，确定其增减变动的方向、数额和幅度，来研究企业财务状况和经营成果的变动趋势。

3. 财务比率分析，着重关注企业的偿债能力、资产经营能力、盈利能力和投资价值等方面，其中前三类比率都可以在财务报表中查到数据而计算得出。而投资价值的诸多指标，还要借助于市场价格或价值才能分析。所以，企业的投资价值指标对股东财富最大化的财务管理目标而言，意义更大。

4. 杜邦分析法和雷达图分析法对企业财务数据的综合分析，也非常有意义。尤其是杜邦分析法，其对影响股东财富变化的诸多因素分析得深刻、全面，是综合分析企业经营管理能力的重要工具和方法。

练习思考题

1. 财务分析的方法有哪些?

2. 财务比率分析应从哪些方面进行分析?

3. 财务分析的作用是什么?

4. 某企业有关资料如表 3-19 所示。并已知，销售收入为 800 万元，应收账款周转天数为 90 天，销售成本为 500 万元，存货周转率为 5 次/年，权益乘数为 2，请计算:

(1) 应收账款、存货和资产合计的金额。

(2) 长期负债、未分配利润以及负债和权益总计的金额。

表 3-19　　**某企业相关资料表**　　单位：万元

资产	金额	负债及所有者权益	金额
货币资金	100	应付账款	100
应收账款		应交税金	50
存货		长期负债	
固定资产净值	200	实收资本	200
无形资产	100	未分配利润	
总计		总计	

5. 某企业 2017 年的销售收入为 1 000 万元，比上一年提高了 10%，其他的财务比率如表 3-20 所示。试用杜邦分析法对该企业进行定量分析并说明变化的原因。

表 3-20　　**某企业相关财务情况表**

财务比率	2016 年	2017 年
应收账款回收期（天）	36	40
存货周转率（次/年）	3	4
销售毛利率（%）	40	40
销售利息率（%）	2	3
销售净利率（%）	6	5.5

续前表

财务比率	2016 年	2017 年
总资产周转率（次/年）	2	2.5
固定资产周转率（次/年）	1.8	2
资产负债率（%）	50	60
利息保障倍数	4	5

6. 某企业当年的赊销收入净额为 1 000 万元，销售成本为 800 万元，应收账款为 200 万元，存货余额为 200 万元；年末速动比率为 2。假定该企业流动资产由速动资产和存货组成，速动资产由应收账款和现金资产组成，现金资产为 200 万元，一年按 360 天计算。请计算：

（1）应收账款周转天数、存货周转天数。

（2）流动负债余额和速动资产余额。

（3）年末流动比率。

7. 某企业销售收入为 1 000 万元，毛利率为 50%，净利润率为 20%，存货周转率为 5 次，期初存货余额为 100 万元，期初应收账款余额为 120 万元，期末应收账款余额为 80 万元，流动比率为 2，速动比率为 1.5，流动资产占资产总额的比重为 40%，资产负债率为 50%，该企业的普通股股数为 50 万股，每股市价 25 元，请计算：

（1）应收账款周转率。

（2）资产净利率。

（3）每股利润、市盈率。

8. 某企业有关资料如表 3－21 所示。请计算：流动比率、资产负债率、已获利息倍数、销售净利率、总资产报酬率、自有资金利润率以及存货、应收账款、流动资产、固定资产及总资产的周转率。

表 3－21　　某企业相关资料表　　单位：千元

资产负债表		利润表	
资产	负债及所有者权益	销售收入	9 645
现金（年初 1 146）465	应付账款 774	销售成本	8 355
应收账款（年初 1 743）2 016	应付票据 504	管理费用	870
存货（年初 1 050）1 449	其他应付款 702		
固定资产净值（年初 1 755）1 755	长期负债 1 539	财务费用（利息）	147
	所有者权益 2 166	所得税	108
		税后净利	165
合计（年初 5 685）5 685	合计 5 685		

阅读材料 3-1　　**试论上市公司财务报表分析**

一、上市公司财务报表分析

上市公司财务报表是上市公司在运营一定阶段必须向社会公开披露的上市报告书、年度报告和中期报告的最重要的组成部分，披露的内容一般包括资产负债表、利润表、现金流量表等内容。与其他企业的财务报表相比，上市公司的财务报表质量有以下特征：

(1) 可理解性。上市公司财务报表中的数据可以将公司的经营活动以及财务状况全面地反映出来。上市公司财务报告体系要具备较强的可理解性，这样的话，对公众而言，可以较清楚地了解上市公司的财务公开信息。

(2) 相对可靠性。会计信息可以为公司决策者的决策行为提供参考，有价值的会计信息可以辅助决策者做出科学的决策。

上市公司的财务报表分析是指分析主体根据上市公司定期编制的会计报表等资料，应用专门的分析方法对公司的财务状况和经营成果进行剖析，其目的在于确定并提供会计报表数字中包含的各种趋势和关系，为各有关方面特别是投资者提供企业盈利能力、财务状况、偿债能力等财务信息，使报表使用者据以判断并做出相关决策。

二、上市公司财务报表分析的步骤

在核算中，我们可以通过科学合理的分析步骤，对财务报表进行全面的、有效的分析，以达到最佳的效果。通过研究对会计报表分析的步骤有以下几点：

(1) 确定分析目的、制定分析方案。不同的会计报表使用者对会计报表中反映的数据要求是不同的。如投资分析的目的主要是分析投资的盈利性和安全性；信用分析主要是分析企业的偿债能力和支付能力。另外，从分析形式看，有日常经营分析、定期总结分析、预测分析和检查分析。分析目的确定后，应及时制定分析方案，报与投资者，在批准执行后，应在实践过程中及时关注执行的情况。

(2) 收集资料。分析方案确定后，可以对被分析问题的相关资料予以收集，主要是会计报表的有关数据。企业的经营状况受整个经济、市场环境等方面因素的影响，仅靠一些报表的数据来分析还远远不够，这还需要对报表以外的一些资料予以整理收集。主要有：宏观经济形势信息、行业情况信息以及企业内部相关资料。

(3) 审定并整理资料。首先，对所收集的资料的真实性及完整性要予以审定，以及要核查相关资料之间是否存在差异。其次，整理收集来的数据，对隐含在报表资料中的重要关系要更深入地研究，并能清晰地整理出头绪，对一些能够说明问题的财务数据或指标重点研究。

(4) 对分析出来的结果形成报告。通过对报表的分析，并将所收集资料的评价信息结合起来，深入分析数据间的关联以及因果关系，并把企业客观环境的因素结合起来分析，找出形成现状的原因并予以解释，揭示成绩与失误，暴露存在的问题，提出分析意见，探讨改进办法与途径，最后归纳整理成一份论据充分、分析透彻的会计报表分析报告。

三、财务报表分析的局限性及改进措施

虽然通过对会计报表分析可以对上市公司的财务状况以及经营成果进行进一步了解，对决策者做出决策提供辅助作用。影响会计报表分析的主要因素有以下几点：第一，分析者的素质、知识水平、能力以及经验方面还需要提高；第二，资料收集的不够全面，例如对上市公司生产经营特点与情况了解还不够全面；第三，报表分析方法的计算口径可能不一致，或计算结果可能掩盖实际情况；第四，标准比率选择可能不够恰当。

财务报表分析的改进措施有以下几点：首先，在财务报表的编制上，应要求企业加大披露面和披露深度，使得财务报表数据的有用性加强，并对财务报表自身存在的缺陷得到最大程度的弥补；其次，为确定财务报表数据的可信度，有必要使用经过注册会计师审计后的财务报表，这样有助于为财务报表分析提供一个坚实的基础；最后，加强对会计政策的规范，使企业能够更加合理地使用会计政策。而另一方面，要对会计人员的自身素质加以提高，适当地提供相关培训，有助于会计人员掌握更强的业务知识，提高工作效率。

四、上市公司财务报表分析中应注意的事项研究

(1) 上市公司财务报表是综合性的报表，不光是主体公司的财务数据，还包括各子、分公司的财务数据的合并填列。所以在对上市公司财务报告进行分析时从多个角度，不同的方面进行分析，分析时一方面要了解上市公司执行的会计政策，通过执行的会计政策分析核算方法，只有这样才能对报表中的数据有一个更深层次的了解，对报表中各个项目数据所反映的情况和变化的原因做出理性的判断，得以最终确认。另一方面在运用财务指标对会计报表进行分析时，应利用更多的财务指标分析，这样可以避免片面的分析判断，数据不够全面，分析得不够透彻，最终使投资者陷入误区，而且还会对政府、债权人造成影响，使股东做出不正确的决策。

(2) 上市公司各项财务指标分析的数据节点都是过去的时间，可以看出来这些报表反映的是公司过去一段时间的经营业绩与经营成果，没有对未来情况的预计分析，市场环境的因素多种多样，新情况随时会出现，过去报表里的数据不能衡量公司未来的发展情况，使投资者做出全面的分析是不太现实的，如要全面的掌握投资分析需要结合整个行业的背景、公司自身经营的风格特点、自身经营的条件情况，在地区及国家的宏观经济形势的大氛围中的适应程度，是不是有应对风险的能力与信心等。要想得到这些分析数据，仅通过短期的动态分析是不够的，不能做出全面的判断，需要连续的动态分析才能提高判断的准确率。在对上市公司资产负债表中负债类科目的分析中，我们认为最应重点关注的是公司的偿债能力，包括短期偿债能力与长期偿债的能力，这里更为注重的是长期偿债的能力。下面我们从如下几个指标来研究：1）短期偿债能力分析。其涵盖的指标有流动比率与速动比率。流动比率即流动资产和流动负债之间的比率，是衡量公司短期偿债能力常用的指标。一般认为，此比率如果大于2∶1，这样才比较理想。但从公司和股东的角度来看，流动比率则并非越高越好。速动比率是速动资产（流动资产中除去存货）和流动负债的比率，此比率是用于衡量公司到期清算能力的指标。速动比率最低限为0.5∶1，如果保持在1∶1，则流动负债的安全性比较有保障。2）长期偿债能力分析。长期偿债能力的指标有资产负债率、权益比率、负债与所有者权益比率。资产负债率反映企业的资产中有多少负

债，一旦企业破产清算，债权人得到的保障程度如何；所有者权益比率与资产负债率之和为1；投资者在看财务报表时，只要看一下资产、负债、所有者权益、无形资产总额这几项，便可对企业的长期偿债能力有个大致的了解。长期资产与长期资金比率可以对企业财务状况及偿债能力予以反映，这一指标的数值低于100%是最佳状态。

资料来源：王晓霞. 试论上市公司财务报表分析. 现代经济信息，2012 (12).

阅读材料 3-2　贵州茅台酒股份有限公司偿债能力分析

财务会计报表直接反映了企业的经营成果和财务状况，是企业财务管理中不可或缺的一部分。财务报表分析是指对财务报表提供的财务信息用一系列特殊方法对各项财务指标进行运算与比较，借由此来对公司的经营状况进行分析，了解公司的财务状况。本文通过对贵州茅台酒股份有限公司 2013—2015 年度的财务会计报告进行分析，着重分析 2013—2015 年度贵州茅台的偿债能力，及时发现企业在生产经营中存在的问题，并采取相关手段解决这一问题。

一、茅台酒股份有限公司简介

贵州茅台酒股份有限公司是由中国贵州茅台酒厂有限责任公司为主发起人、贵州茅台酒厂技术开发公司等八家公司共同发起，并经过贵州省人民政府黔府函字（1999）291 号文件批准设立的股份制有限公司，注册资本为 1 亿 8 千 5 百万元。

二、贵州茅台偿债能力分析

（一）偿债能力分析

企业财务状况的好坏直接体现在企业的偿债能力的大小，直接关系到企业的生存和发展。分析企业的各项偿债能力大小可以直接反映企业偿债能力的高低。

（二）短期偿债能力分析

短期偿债能力表现了企业偿还流动负债的能力。短期偿债能力的大小主要体现在企业资产的流动性大小上，即短期内将资产转换为货币资金并清偿债务的能力大小。短期偿债能力直接反映了企业财务状况的好坏情况。

（1）流动比率分析：

流动比率＝(流动资产/流动负债)×100%

贵州茅台公司的流动比率变动趋势较为平稳，近三年都保持在 3.8 左右，高于行业平均值 2.5，资产流动性整体强劲，但仍存在一些问题。2014 年度流动比率出现了小幅度的波动。这可能与 2014 年白酒市场受到国家限制高端酒类消费政策及世界经济形势的影响有关，进而产生了局部下跌。具体来看，根据贵州茅台公司资产负债表中显示 2013 年度贵州茅台公司的流动资产值为 275 亿元，2014 年度流动资产值为 475 亿元，2015 年度流动资产值为 650 亿元，2014 年至 2015 年间增速放缓。而 2013 年度茅台公司的流动负债数为 165 亿元，2014 年度流动负债数为 105 亿元，流动负债明显降低，2015 年度流动负债增至200亿元，增幅达到了47.5%，加之2015年流动资金增速放缓，运营资金的大幅增加导致在2015年时贵州茅台集团的流动比率出现小幅度的波动。经历了2015年的小幅度波动后，茅台公司的短期偿债能力仍然处在较高水准，对偿债能力控制较好，资金得到了有效地使用。

(2) 速动比率分析：

速动比率=(速动资产/流动负债)×100%

2014年度至2015年度间贵州茅台公司的速动比率有了大幅下降。具体分析来看，体现在企业的应收票据项目有了大幅变动。2013年度贵州茅台公司的应收票据值为2.96亿元，2014年度应收票据值为18.47亿元，2015年度茅台公司的应收票据值达到了85.78亿元，较上一年度的18.47亿元增长了67.31亿元，增长幅度达到了78%。这直接影响了应收款项的变现能力，如果应收债券中的大部分不易收回，就直接增加了坏账的可能性，从而导致速动资产的减少，速动比率降低，影响企业短期偿债能力。

(三) 长期偿债能力分析

长期偿债能力是企业偿还长期负债的能力。长期偿债能力的高低重点表现在企业的资本结构是否稳定，以及投资获利情况是否良好，还与企业的融资结构密切相关。这一指标的高低可以具体反映该企业的财务状况是否健康。

(1) 资产负债率分析：

资产负债率=资产总额/负债总额×100%

贵州茅台公司2014年度和2013年度的资产负债率分别为16.03%和20.42%，2014年度贵州茅台公司的资产负债率相较于2013年度有了一定程度的提升，偿债能力有了小幅增长，2014年度资产负债率的行业平均值为36.46%，说明贵州茅台公司的偿债能力高于行业平均值，企业保持着较强的长期偿债能力。2015年度贵州茅台公司的资产负债率为23.25%，在行业平均值不断下降的情况下，2015年度贵州茅台公司的资产负债率有了明显的上升趋势，具体体现在2015年度的负债总额上。贵州茅台公司2013年度的负债总额和资产总额分别为113亿元和554亿元，2014年度分别为105亿元和658亿元，2013年度与2014年度相比负债总额并没有太大的变化，但是资产总额却增加了104亿元。这就是在2013年度至2014年度间茅台公司的资产负债率产生明显下降的原因。贵州茅台公司2015年度的负债总额由2014年度的105亿元增长到208亿元，相对应的资产总额却由658亿元回落到551亿元，这直接导致贵州茅台公司2015年度的资产负债率有了上升。

(2) 产权比率分析：

产权比率=负债/所有者权益×100%

产权比率表示在企业中由投资者提供的资产和债权人提供的资产之间的比重。在相对稳定的财务结构中产权比率应该小于1，这就意味着在企业资产中由投资者提供的资本部分应该大于债权人借入的资本部分。贵州茅台公司2013年度产权比率为25.62%，2014年度的产权比率为19.06%，2015年度的产权比率为30.27%，2014年度与2013年度相比产生了6.56%的下跌，且远低于行业平均值65.33%，2015年的产权比率较2014年上升了11.25%，相差不大。与资产负债率相似，贵州茅台公司的产权比率在报告期间也产生了小幅度波动，但是就波动的范围来说，报告期间内的波动范围很小，且整个报告期间都低于100%的理想阈值，这就说明贵州茅台集团资本结构相对稳定。与同行业相比较，贵州茅台公司的产权比率远低于行业平均值，且保持在25%左右的理想状态，说明贵州茅台公司并没有通过举债经营的方式进行快速扩张，公司长期偿债能力较强，偿债压力较小，债权人贷款安全，债权人权益保障程度高，公司财务风险降低。

资料来源：刘慧慧．贵州茅台酒股份有限公司偿债能力分析．纳税，2017 (17).

第二部分

资本预算

第四章

资本预算理论基础

近年来，我国不少企业追求多元化经营模式，试图通过多元化经营减轻企业经营风险，使企业走上健康、稳定发展的道路。然而，现实却是多元化经营使许多企业走上了加速陷入财务危机甚至破产危机之路。

比亚迪股份有限公司（比亚迪，002594.SZ）最初是一家以充电电池为主营业务的企业。在发展过程中，比亚迪收购了秦川汽车，将业务拓展到了汽车业，使得比亚迪的电池制造技术在电动汽车行业中得到了充分运用。其将自己在零件组装业务中获得的丰富经验运用到汽车生产线中，降低了汽车组装与制造成本。比亚迪通过多元化，为创造竞争优势提供了可能。相反，重庆啤酒股份有限公司（重庆啤酒，600132.SH）1998 年投入研发乙肝疫苗，2012 年研发宣告失败。尝试多元化进入高科技生物医药领域的重庆啤酒始终无法将自己在啤酒业的资源和技术运用到生物医药工程中。尽管凭借疫苗股的概念，重庆啤酒的股价一度猛涨，但在疫苗研发失败消息披露后便接连遭遇跌停，企业的盲目多元化受到了市场的惩罚。

多元化经营实际上是证券投资组合理论在生产经营活动中的应用，因而，证券投资组合理论是多元化经营的理论基础。证券投资组合理论认为，金融资产投资组合可以由一种以上的金融证券构成。投资人可以通过持有多种不同证券的方式，将隐含在个别证券中的风险分散掉，但存在于证券与证券之间的共同风险则无法分散。通过多角化投资来分散的个别证券风险，称为可分散风险（或非系统风险）。至于那些无法用多角化投资分散的风险，称为不可分散风险（或系统风险）。当这一原理应用到企业生产经营活动时，即为企业的多元化经营活动。

然而，证券组合投资具有其特定的条件，如果不加分析地盲目应用，必然陷入多元化经营的陷阱——丧失核心竞争能力、资金短缺和协调困难、财务失控。

本章内容提示

1. 有效市场假说。资本市场价格能否对影响其变动的因素做出迅速、全面的反应，是有效资本市场假说研究的内容。本章将全面介绍有效市场理论的内容、分类及投资意义。

2. 现代投资组合理论。投资者如何利用分散投资来优化投资组合，是现代投资组合理论的主要内容。本章将介绍证券组合的不同方式、证券组合分析及现代投资组合理论的运用与发展。
3. 资本资产定价模型。通过预期收益率及其标准差来量化投资风险，并研究风险和收益的定量关系，是资本资产定价模型的主要内容。本章将介绍资本资产定价模型的基本假设、结论，以及资本市场线与其应用。
4. 套利定价理论。套利定价模型具体表现为寻找套利机会，通过建立套利组合来实现非正常收益。本章将介绍套利定价理论的基本假设、套利组合及其应用。

第一节　有效市场假说

自从萨缪尔森（Samuelson）（1965）、法玛（Fama）（1965）和曼德布洛特（Mandelbrot）（1966）开创有效资本市场研究（Efficient Market Hypothesis，EMH）以来，EMH就很好地融入金融经济学。EMH的出现深刻地改变了人们对资本市场的认识和投资实践。

一、有效市场的概念

Fama曾说："一个'有效率'的市场是指一个大量理性参与者活跃竞争的市场，在这个市场上，每位参与者都尽力预测未来证券的市场价值，并且当前重要的信息几乎是免费地被所有的参与者获得。在有效市场中，参与者的竞争导致这样一个状况，在任何时点上证券的实际价格已经反映了已发生事件和市场预计将来会发生事件的信息。换句话说，在一个有效市场上，证券在任何时点的价格都是它内在价值的最好估计。"

可见，有效市场假说是指：如果在一个资本市场中，价格完全反映了所有可获得的信息，那么这个市场就是有效市场；证券价格对有关信息的反应速度越快、越全面，资本市场就越有效率。举个例子来说明：如果大街上有一个被丢弃的钱包，若不考虑法律、道德的约束，这个钱包很快会被人捡走。因此，从总体来看，大街上是不会有钱包等着被人捡的。如果存在钱包长期无人拾取的情形，也是非常特殊的极端情况，并不具有普遍意义。

资本市场的有效性主要表现为资本市场的效率，包括资本市场的运行效率（Run Efficiency）与资本市场的配置效率（Allocation Efficiency），前者指市场本身的运作效率，包含了证券交易的畅通程度及信息完整性，价格能否反映证券的内在价值；后者指资本市场运行对社会经济资源优化配置的能力，以及对国民经济总体发展推动作用的大小。资本市场的有效性，最终应看它能否将资金分配到最能有效使用资金的企业和行业。如果资本市场能够迅速准确地把资金导向使用最有效的企业和行业，那么这个资本市场就具有资源配置功能，是有效的。

从资本市场的角度看，价格是资本市场资金配置的信号和内在机制，资本市场能否有效地调节和分配资金，核心在于价格是否有效。而价格是否有效，关键是看市场价格是否在任何时间点上都收敛于或等于其均衡价格，即证券的内在价值。

二、有效市场的分类

资本市场上，影响证券价格的相关信息多种多样。从信息的时间分布、来源看，与证券价格形成相关的信息可分为三个递进的层次：一是历史信息；二是公开信息，包括企业外部环境、内部经营管理中能够影响证券价格的所有公开可用信息，当然包括历史信息；三是所有信息，即所能得到的所有信息，包括私人的、内幕的信息。依据证券价格对三个层次信息的反映能力与水平，资本市场的有效性分为三种类型，即弱式有效、半强式有效和强式有效。

（一）弱式有效市场（Weak Form Efficiency）

弱式有效市场是资本市场有效性的最低层次。在这种市场有效性下，市场价格只能充分反映所有过去的信息，包括证券的成交价、成交量、卖空金额、融资金额等，不能反映未来市场信息，而历史信息已经完全公开，因此，投资者不能根据证券以往价格导出未来价格，也不能因此而获得超额利润。在弱式有效市场下，投资者无法依靠对证券价格历史趋势的分析来获得超额利润，即股票价格的技术分析失去了作用。

（二）半强式有效市场（Semi-Strong Form Efficiency）

半强式有效市场中，市场价格能充分反映出所有已公开信息，包括成交价、成交量、盈利资料、盈利预测值、公司管理状况及其他公开披露的财务信息等。证券价格不但完全反映了所有历史信息，而且反映了所有公开信息。在半强式有效市场下，在新的资料尚未公布前，证券价格基本上处于均衡状态。一旦新的信息出现，价格将根据新的信息而调整。信息公开的速度越快、越均匀，证券价格调整越迅速；反之则越慢。如果每个投资者都掌握和使用公开信息进行投资决策，利用技术分析和基本分析都失去作用，只有利用内幕信息才可能获得超额利润。

（三）强式有效市场（Strong-Form Efficiency）

强式有效市场是资本市场有效性的最高层次。在这种市场状态下，市场价格能充分反映所有信息，这些信息包括历史的、已公开的、尚未公开但已经发生的信息，或者说，这种市场根本就不存在内幕信息。但是，在资本市场上，总是有少数人掌握公司尚未公开的信息。如果有人利用内部信息买卖证券而获利，则至少说明资本市场尚未达到强式效率。

需要说明的是，哪怕在强式有效市场上，并不意味着投资者不能获取一定的收益。但是，平均而言，其获得的收益只和其承担的风险相一致，不可能获得额外的或超额的收益。

三、有效市场假说的意义

在金融学领域，也许很难再有其他理论像有效市场假说这样引起人们如此的关注，并引发广泛而持久的争论。其原因就在于，有效市场假说探讨的是金融资产价格对信息的反应效率，即金融市场价格形成机制问题，这无论对理论研究还是实际应用都具有不可替代的重要作用。

从理论意义上讲，20世纪50年代以来，投资组合选择理论、有效市场假说、资本资产定价模型、套利定价定理以及期权定价理论逐渐形成了现代金融学的整个分析框架。在这样一个分析框架中，有效市场假说无疑是整个体系的基础性理论。

从实际应用来看，在宏观层面上，资本市场的效率状况是政府政策干预的基础。资本市场的非效率意味着“市场失灵”，从而政府利用“有形之手”就具备了合理的经济学基础。同时，资本市场效率不断提高的过程，也是政府“有形之手”不断“归位”的过程，即干预程度不断弱化的过程。在微观层面上，资本市场的效率状况也是市场投资者制定投资策略的基础。因为，如果资本市场的证券价格对市场信息没有反应或者反应过当，将使得投资者无所适从，也最终使得投资决策及其行为“失灵”。

行为金融学认为，有效市场假说体现的是经济学家们梦寐以求的完全竞争均衡，该理论实际上是一个在完全理性预期基础之上的完全竞争模型。因此，行为金融学主要从两个方面抨击有效资本市场假说。

首先，完全竞争市场一般需要满足四个条件：第一，交易的商品是同质的、无差别的；第二，交易双方均可以自由进出市场；第三，市场上有无数个买者和卖者，每个买者和卖者都是价格的接受者，不存在操纵价格的行为；第四，市场的信息是完全畅通的。在现代发达的资本市场中，证券基本是同质的，合法的交易者也没有进出市场的限制，前两个条件在现实中基本是满足的，但是，后两个条件在现实中难以有效成立。

其次，完全竞争市场还需以投资者的完全理性为基础，而完全理性是要以确定性为前提的。在资本市场信息和知识都不完全的情况下，对证券收益无法做出准确的预测，即投资者面临的是一种不确定性环境，因此，不确定性是造成资本市场上主体行为异化，即有限理性的主要原因。

第二节　现代投资组合理论

现代投资组合理论（Modern Portfolio Theory，MPT），是由美国经济学家哈里·马科维茨（Harry Markowitz）于1952年在论文《证券组合选择》中系统论证和提出的。马科维茨用期望收益率来衡量投资的预期收益水平，用收益的方差或标准差来衡量投资的风险，建立均值方差模型来解释如何在保证预期收益的前提下使投资风险最小化或者在风险控制的前提下使投资收益最大化。其核心结论是：投资者应该同时购买多种证券而不是一种证券进行分散化投资。

一、证券组合概述

证券组合是指个人或者机构投资者所持有的各种证券，如债券、股票等。证券不同组合方式是实现投资多元化的基本途径，其组合方式包括下述几种。

（一）投资工具组合

投资工具组合指不同投资工具的选择和搭配。选择何种投资工具，一方面应考虑投资者的资金规模、管理能力以及投资者的偏好；另一方面则应考虑不同投资工具各自的风险和收益以及相互间的相关性。

（二）投资期限组合

投资期限组合是指证券投资资产长短期限的搭配。不同投资工具所形成资产的期限是不同的，同种投资工具所形成的不同资产也会有不同的期限。证券投资的期限组合主要应考虑：一是投资者预期的现金支付的需求，包括支付的时间和数量；二是要考虑不同资产的约定期限及流动性；三是经济周期变化。

（三）投资区域组合

投资区域组合是指基金通过向不同地区、不同国家的金融资产进行投资，来达到分散投资风险、获得稳定收益的目的。证券投资的区域组合主要应考虑如下因素：一是各国资本市场的相关性；二是各国经济周期的同步性；三是汇率变动对投资的影响。

二、证券组合分析

前面讲到，在投融资决策时单个证券和证券组合风险与收益如何衡量的问题。这里，我们首先从探讨两种证券构成的投资组合如何分配投资比例开始，研究投资组合的决策。

（一）两种证券组合的可行域

设有两种证券 A 和 B，某投资者将资金以 X_A的比例投资于证券 A，以 X_B的比例投资于证券 B，则有 $X_A+X_B=1$。如果证券 A 的期望收益率为 R_A、标准差为 σ_A，证券 B 的期望收益率为 R_B、标准差为 σ_B，则证券组合 P 的收益率 R_P 为：

$$R_P=R_AX_A+R_BX_B$$

期望收益率的方差为：

$$\sigma_P^2=X_A^2\sigma_A^2+X_B^2\sigma_B^2+2X_AX_B\sigma_A\sigma_B\rho_{AB}$$

式中，ρ_{AB}为证券 A、B 期望收益率的相关系数；$\sigma_A\sigma_B\rho_{AB}$为证券 A、B 期望收益率的协方差，即 Cov（A，B）。

任何证券组合都可以通过组合的期望收益率和标准差来确定出坐标系中的一点，这一点将随着组合内各证券的权重变化而变化，其轨迹将是经过两种证券 A 和 B 的一条连续曲线，这条曲线称为证券 A 和 B 的组合线。可见，这条连续的组合曲线描述了证券 A 和 B 所有可能的投资组合，如图 4－1 所示。

当 $0<\rho_{AB}<1$ 时，期望收益率 R_P 与标准差 σ_P 之间是一条双曲线。这条曲线所组成的区域，即为证券 A、B 所组成的投资可行域。而且，随着 ρ_{AB} 的增大，曲线弯曲程度将降低。在证券 A、B 完全负相关，即 $\rho_{AB}=-1$ 时，可获得无风险组合；在证券 A、B 不相关即 $\rho_{AB}=0$ 时，可得到一个风险小于任何单个证券 A 或 B 中的组合。

（二）证券组合的有效边界

人们在投资决策时希望期望收益越大越好，风险越小越好。这种投资心理反映在证券组合的选择上可由以下两条规则来描述：

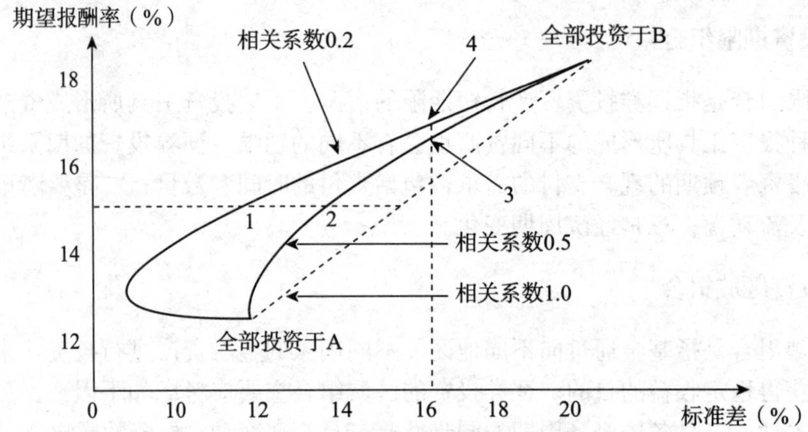

图 4-1　相关系数不同的证券组合

（1）如果两种证券组合具有相同的收益率方差和不同的期望收益率，那么投资者选择期望收益率高的组合。

（2）如果两种证券组合具有相同的期望收益率和不同的收益率方差，则选择方差较小的组合。

这就是投资者的共同偏好规则。按照这个规则可以排除那些被所有投资者都认为差的组合，余下的这些组合称为有效证券组合。表现在图 4-1 上，有效证券组合是指可行域的左上边界。对于可行域内部及下边界上的任意可行组合，均可以在有效边界上找到一个有效组合比它有效；但有效边界上的不同组合，按共同偏好规则不能区分其优劣，因为有效边界代表的各证券投资比例都是有效的。

（三）最优证券组合

无差异曲线是对一个特定的投资者而言，根据其风险偏好，按照期望收益率对风险补偿的要求，得到的一系列满意程度相同的证券投资比例配置。

因此，投资者到底应该选择有效边界上的哪一点作为投资组合中各证券的比例，即最优证券组合到底是哪一点，就可以由无差异曲线和有效边界的切点来决定。如图 4-2 所示，投资者将选择有效边界上的 A 点所代表的证券组合作为最佳组合，因为在 A 点不仅投资组合是可行的，而且所获得的满意度或收益是最大的。

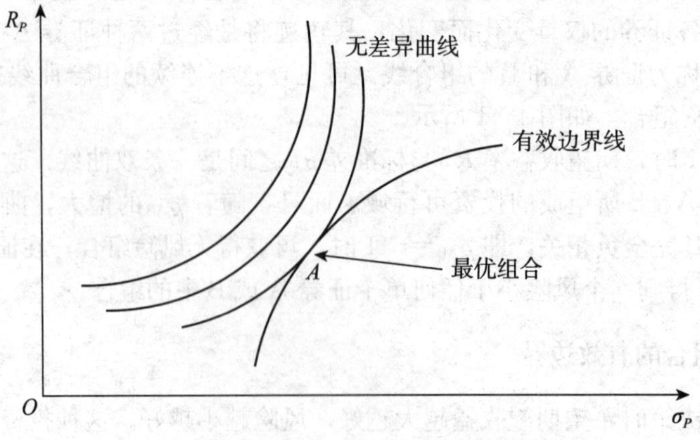

图 4-2　最优投资组合示意图

三、现代投资组合理论的运用与发展

现代投资组合理论，即证券投资组合选择，其核心思想是要解决长期困扰证券投资活动的两个根本性问题。第一个问题是，虽然证券市场上客观地存在着大量的证券组合投资，但为何要进行组合投资，组合投资的机制和效应究竟如何。针对这一问题，现代投资组合理论给出了逻辑严密并能经得起实践检验的答案，即证券的组合投资是为了实现风险一定情况下的收益最大化或收益一定情况下的风险最小化，具有降低投资活动风险的机制，这就是众所周知的“不要把所有鸡蛋放到同一个篮子里”。第二个问题是，证券投资者除了通过证券组合来降低风险之外，将如何进一步地实现投资的最优选择。对于这一问题，马科维茨运用数理统计方法全面细致地分析了何为最优的资产结构和如何选择最优的资产结构。

马科维茨虽然在理论上阐明了组合投资能够分散风险的重要机制，但是，在实际运用中，证券组合的选择和确定面临大量繁重和复杂的计算。基于这一情况，1963 年夏普提出了简化证券组合分析的单指数模型和多指数模型，使现代证券投资组合理论的运用成本大大降低。夏普认为，只要投资者知道每种股票的年收益与市场年收益之间的关系，就可以得到与马科维茨复杂模型相似的结果。

资本资产定价模型正是在马科维茨证券组合理论的基础上，进一步提出了一个极具现实意义的问题，即如果资本市场上的投资者都根据马科维茨理论进行投资决策，那么资本这种资产的价格将由什么决定以及如何决定？资本资产定价模型最终用资本市场线和证券市场线对这一问题进行了分析和解释。

第三节 资本资产定价模型

现代资本资产定价模型（Capital Asset Pricing Model，CAPM）是由威廉·夏普（William Sharpe）1964 年、约翰·林特纳（Jone Lintner）1965 年和简·莫森（Jan Mossin）1966 年根据马科维茨资产组合优化选择的思想分别提出来的，因此，资本资产定价模型有时也称为 SLM 模型。由于资本资产定价模型在资产组合管理中具有重要的作用，从其创立的 20 世纪 60 年代中期起，就迅速为实业界所接受并转化为实际运用，也成了学术界研究的焦点和热点问题。

一、模型的基本假设

任何一种模型或者理论的建立，都需要对现实的复杂环境进行抽象以便将注意力集中在最重要的因素上。资本资产定价模型一样，它也是建立在一系列对现实环境简化基础上的。这些假设包括：

(1) 投资者都依据期望收益率来评价证券及其组合的收益，依据方差（或标准差）评价证券及其组合的风险，并采用马科维茨理论选择最优证券组合。

（2）投资者对证券的收益、风险及证券间的关联性具有完全相同的预期。

（3）资本市场没有摩擦，即市场对资本和信息自由流动没有障碍。

可见，第（1）、（2）项假设是对投资者行为的假设和抽象，第（3）项是对资本市场本身的假设。

二、CAPM 模型的参数

在介绍正式的模型及其结论之前，我们先介绍一下 CAPM 模型的相关参数及其意义。

（一）无风险收益率 R_f

无风险收益率（Rate of Free-risk），是指投资于一个没有任何风险的对象所能获得的收益率。一般情况下，无风险收益率，是除了通货膨胀风险之外没有任何其他风险情况下的投资收益率。一般会把这一收益率作为基本收益，再考虑可能出现的各种风险及与之匹配的收益。

现实中，通常将短期政府债券作为这种投资品种的典型代表，其收益率作为无风险投资收益率。因为，短期政府债券没有违约风险，而且因为期限较短，其通货膨胀的风险也不明显，所以，短期国债的收益率完全可以看成是无风险收益率。

（二）市场收益率 R_m

资本市场的充分竞争性和有效性，以及投资者追求收益最大化的理性行为，决定了资本市场具有一个均衡的投资收益率，这个均衡的收益率就是市场收益率（Rate of Market），或市场平均收益率。显然，实践中几乎无法计算出资本市场投资收益率的均衡点。

另外，市场收益率可以认为是将资金按市值比例分配投资到资本市场各项资产上所获得的收益率；这样的一个组合，我们也称为市场组合。同样，因为资金规模等因素的限制，这种投资组合也是很难实现的，因此我们可以使用一个代表性很强的股票价格指数的收益率来替代。因为，股票价格指数的收益率变动剧烈，在实际计算中一般采用一个较长时间段的平均股票价格指数收益率作为 R_m 的参考值。

R_m-R_f 反映了市场平均收益率与无风险收益率之间的差额，是对投资者因为投资于市场组合而承受风险的补偿，称为市场风险溢价（Risk Premium）。

（三）风险系数 β

从风险的量化方法看，β 系数反映了证券或证券组合对市场组合方差的贡献率。市场组合方差是市场中每一个证券方差的加权平均值，权重是单一证券投资比率，因此，β 可以作为单一证券或组合的风险测定。从收益角度看，β 系数反映了证券或组合的收益水平对市场平均收益率水平变化的敏感性。另外，β 系数也是衡量系统风险水平的指数。当 β 系数大于 1 时，该资产风险大于市场平均风险。

β 系数被广泛应用于证券分析，投资决策和风险控制中。首先，β 系数作为一种风险测定，测定的是能够带来收益补偿的那部分风险。如果我们希望通过承担较高的风险来获得较高的期望收益，那么我们就应该选择 β 系数较高的证券，而不是总风险较高的证券。

其次，由于β系数是证券或组合系统风险的度量。因此，风险管理部门或投资者通常会利用β系数对证券投资进行风险控制，控制β系数过高证券的投资比例。

三、资本市场线与证券市场线

（一）资本市场线

所谓资本市场线（Capital Market Line，CML），就是在预期收益率$E(r)$和标准差σ组成的坐标系中，将无风险资产和市场组合M相连所形成的射线。它是沿着投资组合的有效边界，由风险资产和无风险资产构成的投资组合，如图4-3所示。

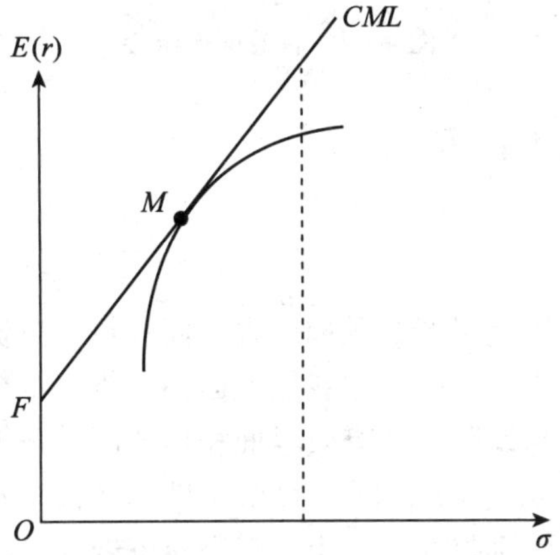

图4-3 资本市场线

资本市场线上的每一点都对应着某种由无风险资产和市场组合构成的新组合。也就是说，在满足资本资产定价模型的假设条件下，资本市场线就是所有投资者投资组合的有效界面。任何不利用市场组合，或者不进行无风险资产借贷的其他投资组合都不位于资本市场线上。

所有有效组合，且只有有效组合才会落在资本市场线上，那么资本市场均衡状态下，所有有效组合的风险和收益都将满足一种简单的线性关系。而对于无效的证券组合或单个证券，其标准差与预期收益率之间则不存在这种线性关系，因而，资本市场线完整地阐述了有效证券组合的风险和收益关系，用公式表示为：

$$E(R_P)=R_f+R_e\sigma_P$$

式中，R_P为任意有效组合P的收益率；

R_f为无风险收益率；

R_e为资本市场线的斜率；

σ_P为有效组合P的标准差或风险。

相应的，如果市场组合M是一个有效证券组合，那么将会落在资本市场线上，如图4-4所示。

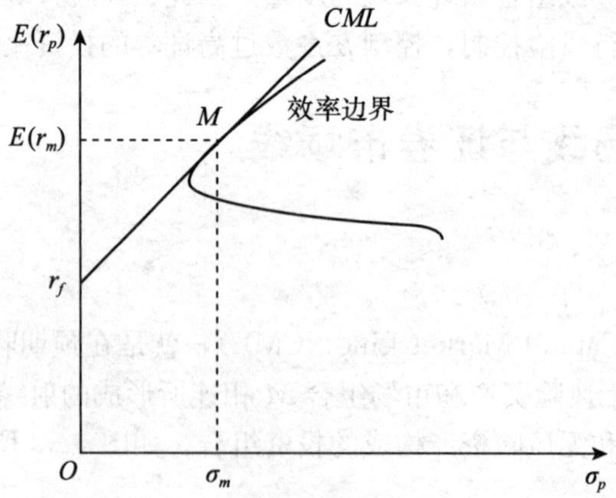

图 4-4　有效证券组合

由此，资本市场线的斜率 R_e 为：

$$R_e=\frac{E(R_m)-R_f}{\sigma_m}$$

显然，当所有投资者对风险资产的预期一致，而且每个投资者都可以不受限制地以固定的无风险利率借入或贷出资金时，根据我们上面的分析，每个投资者的最优投资组合都表现为从无风险资产出发并与风险资产有效界面相切的同一条射线；最优投资组合中风险证券的各投资比重均与市场组合 M 相同，即每个投资者都持有相同的风险资产组合 M；不同投资者最优组合的唯一区别仅在于，由于每个投资者的风险偏好不同，无风险资产和风险资产的投资比例不同。CAPM 模型的这一特征常被称为“分离定理”。换句话说，投资者应当持有的风险资产组合与其风险偏好无关。

另外，在均衡状态下，每种证券在风险资产组合 M 中的比例都非零，而且这个比例就等于该种证券在整个资本市场的相对市场价值。这是因为，根据分离定理，如果某种证券在组合 M 中的比例为零，那么就没有人购买该证券，该证券的价格就会下降，从而使该证券的预期收益率上升，一直到其在风险资产组合 M 中的比例非零为止。反之，如果投资者对某种证券的需求量超过供给量，则该证券的价格将上升，导致其预期收益率下降，从而降低其吸引力，它在风险资产组合 M 中的比例也将下降，直至对其需求量等于供给量为止。

当所有证券的供求达到均衡时，整个市场就进入一种均衡状态：

(1) 每个投资者对每一种证券都愿意持有一定的数量。

(2) 市场上每种证券的价格都处在供需平衡时的水平上。

(3) 无风险利率的水平正好使得借入资金的总量等于贷出资金的总量。

结果，在均衡状态下，切点处的风险资产组合 M 中每种证券的比例就等于该种证券的相对市值。也正是由于切点处风险资产组合 M 的这一特征，人们习惯上也把它叫作市场组合或全市场组合。

（二）证券市场线

证券市场线（Security Market Line，SML），就是CAPM模型的图示形式，如图4－5所示。如同CAPM模型，它主要用来说明投资组合的收益率与系统风险β系数之间的关系，即SML揭示了市场上所有风险资产的均衡期望收益率与风险之间的关系。

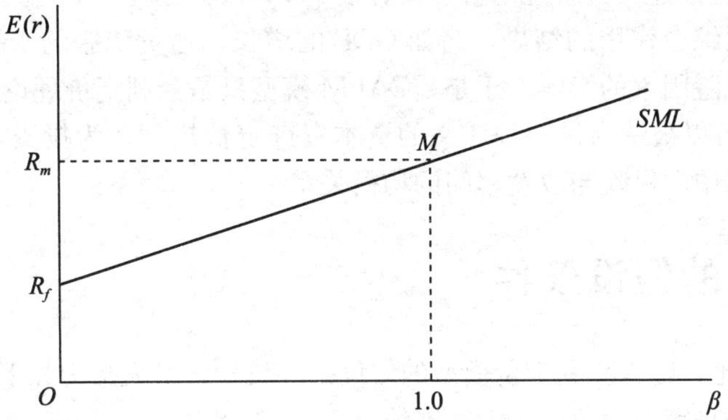

图4－5　证券市场线

证券市场线方程为：

$$E(r)=R_f+(R_m-R_f)\beta_i$$

由上式可知，风险资产的收益由两部分构成：一是无风险资产的收益R_f；二是市场风险溢价收益R_m-R_f。SML表明：

（1）风险资产的收益高于无风险资产的收益率。

（2）只有系统性风险需要补偿，非系统性风险可以通过投资多样化减少甚至消除，因而不需要补偿。

（3）风险资产实际获得的市场风险溢价收益取决于β_i的大小，β_i值越大，则风险溢价R_m-R_f就越大；反之，β_i越小，风险溢价就愈小。

可见，证券市场线揭示的是风险证券本身的风险和报酬之间的对应关系，而资本市场线揭示的是无风险资产和市场组合配比下的风险和报酬的权衡关系。因为，投资组合中非系统性风险可以通过投资多元化分散，所以，在证券市场线中横轴是β系数，只包括系统风险；资本市场线的横轴是标准差，既包括系统风险又包括非系统风险。

四、CAPM的意义

CAPM模型说明了单个证券的期望收益率与相对风险程度间的关系，即任何资产的期望报酬一定等于无风险利率加上一个风险调整后的风险溢价水平。风险越高，需要得到的额外补偿也就越高。这一结论告诉我们，在市场价格下降的时候，可以投资于β值较低的证券；而当市场行情上升的时候，可以投资β值大于1的证券。

另外，CAPM通过预测证券的期望收益和风险的定量关系来判断证券当前定价的“合理性”，即帮助投资者搜寻市场中估值偏低的证券。

第四节　套利定价理论

套利定价模型（Arbitrage Pricing Theory，APT），由斯蒂芬·罗斯（Stephen Ross）于1976年提出，是描述资产合理定价但又有别于CAPM的均衡模型。模型表明，资产的收益率是各种因素综合作用的结果，诸如GDP的增长、通货膨胀的水平等，并不仅仅只受证券组合系统风险因素的影响。于是，CAPM模型只是套利定价理论的一个特殊类型而已，所以，APT可以被认为是一种广义的资本资产定价模型，为投资者提供了一种替代性方法去理解市场中的风险与收益率间的均衡关系。

一、模型的假设条件

与CAPM相比，建立套利定价模型的假设条件较少，可概括为如下基本假设：

（1）资本市场是完全竞争的，无摩擦的。

（2）投资者是风险厌恶的，且是非满足的。当具有套利机会时，他们会构造套利组合来增加自己的财富，从而追求效用最大化。

（3）所有投资者有相同的预期。任何证券 i 的收益率都是一个线性函数，其中包含 k 个影响该证券收益率的因素，函数表达式为：

$$R_i = E(r) + b_{1k}F_1 + b_{2k}F_2 + \cdots + b_{ik}F_k + \varepsilon_i$$

其中，R_i 为证券 i 的实际收益率，它是一个随机变量；

$E(r)$ 为证券 i 的期望收益率；

F_k 为第 k 个影响因素的指数；

b_{ik} 为证券 i 的收益对因素 k 的敏感度或系数。

ε_i 为影响证券 i 收益率的随机误差项，$E(\varepsilon_i)=0$。随机误差项 ε_i 用来衡量证券 i 收益中的非系统风险部分，它与所有影响因素及证券 i 以外的其他证券的误差项是彼此独立不相关的。

二、套利及其定价模型

套利（Arbitrage），通俗来讲是指人们不需要追加投资就可以获得收益的买卖行为，它是投资者利用同一资产的不同差价来获取无风险利润的行为。比如，一套设备在一地的卖价是2 000元，而在另一地的卖价是2 200元，那么在不考虑运输成本的条件下从一地转卖到另一地就可以赚取200元的差价。这种行为就是套利，这种机会就是套利机会。

套利组合理论认为，当市场上存在套利机会时，投资者会不断地进行套利交易，从而不断推动证券的价格向套利机会消失的方向变动，直到套利机会消失为止，此时证券的价格即为均衡价格，市场也就进入均衡状态。

(一) 单因素模型

如果影响证券 i 收益率的因素只有一种因素 k 时，$E(r)=R_f+l_k b_{ik}$，考虑一个对因素 k 有单位敏感度的资产组合 b_{ik}，令该组合的期望收益率为 d_i，则 $l_k=d_i-R_f$，它是单位敏感度的资产组合的预期超额收益率，也称为因素风险酬金。

因此，证券收益率的单因素模型可以表示为：

$$E(r)=R_f+(d_i-R_f)b_{ik}$$

(二) 多因素模型

若影响证券 i 收益率的因素 $k>1$，此时的 d_i 表示对第 k 个因素有单位敏感度但对别的因素敏感度为零的证券组合的期望收益率，l_k 表示对第 k 个因素有单位敏感度但对别的因素敏感度为零的证券组合的风险溢价，所以：

$$E(r)=R_f+(d_1-R_f)b_{i1}+(d_2-R_f)b_{i2}+\cdots+(d_i-R_f)b_{ik}$$

这就是套利定价理论的一般表达式。

三、套利定价模型的应用

如果把市场组合的收益率作为唯一因子，APT 导出的风险与收益关系与 CAPM 完全相同。因此，CAPM 可以看作是 APT 的一个特例。但是，两者的区别也是明显的。首先，CAPM 是一种均衡定价模型，APT 不是均衡定价模型，这是二者最本质的区别。其次，APT 并不特别强调市场组合的作用，而 CAPM 则强调市场组合必须是一个有效的组合。最后，CAPM 是一个一期时间模型，它建立在 Markowitz 的有效组合基础之上，投资者根据预期收益和方差选择资产组合，均衡的导出是一个静态的过程；APT 理论中，资产的均衡是一个动态过程，它是建立在一价定理基础上的。

APT 同 CAPM 一样，其应用的核心是寻求那些价值被低估或高估的证券，不过 APT 具体表现为寻找套利机会，通过建立套利组合来实现非正常的收益。因此，APT 在实践中的应用至少有两个层次：

第一个层次是，事先仅是猜测某些因素可能是证券收益的影响因素，但是并不确定这些因素的具体影响和作用。于是，可运用统计分析模型对证券的历史收益率数据进行分析，以分离出那些具有统计显著性的影响因素。

第二个层次是，明确确定某些因素与证券收益有关，于是对证券历史收益数据进行回归以获得相应的灵敏度系数，再用 APT 预测证券的收益。

本章小结

本章介绍了主流的资本预算基本理论，包括有效市场假说、现代投资组合理论、资本资产定价模型以及套利定价理论。

1. 有效市场假说是财务管理的理论基础之一。依据证券价格对不同层次信息的反映能力与水平，资本市场有效性分为弱式有效、半强式有效和强式有效三种类型。

2. 现代投资组合理论，是马科维茨建立均值方差模型来解释如何在保证预期收益不变的前提下使投资风险最小化或者在风险不变的前提下使投资收益最大化。其核心结论是，投资者应该进行分散化投资，因为有效的投资组合可以分散非系统性风险。

3. 资本资产定价模型量化了个别资产期望收益率和风险的关系，进而确定个别资产的价格。个别资产的期望收益率决定于该个别资产收益率和市场投资组合收益率之间的关联程度，我们用 β 系数来衡量。

4. 套利定价理论认为，当市场上存在套利机会时，投资者会不断地进行套利交易，从而不断推动证券的价格向套利机会消失的方向变动，直到套利机会消失为止，此时证券的价格即为均衡价格，市场也就进入均衡状态。它主张任何资产的期望收益率是多个因素影响的结果，并不只受证券系统风险因素的影响。

练习思考题

1. 有效市场指的是什么？具有哪些特征？

2. 市场有效性存在哪些形式？

3. 系统性风险和非系统性风险的差别是什么？

4. 为什么系统性风险无法用证券组合来分散掉？

5. 什么是证券市场线？什么是资本资产定价模型？

6. 在功能完备的市场上，风险和收益存在什么样的基本关系？

7. β 系数在资本资产定价模型中有什么重要作用？它是用来测量什么的？

8. 套利定价理论的基本假设是什么？

9. 某一股票的预期收益率为 16%，β 系数为 1.2，无风险收益率为 5%，市场的预期收益率是多少？

10. 某股票预期收益率为 18%，β 系数为 1.4，市场预期收益率为 14%，那么无风险收益率是多少？

11. 某公司拟进行股票投资，计划购买 A、B、C 三种股票，并分别设计了甲乙两种投资组合。已知三种股票的 β 系数分别为 1.5、1.0 和 0.5，它们在甲种投资组合下的投资比重为 50%、30%和 20%；乙种投资组合下的风险收益率为 3.4%。同期市场上所有股票的平均收益率为 12%，无风险收益率为 8%。要求：

（1）根据 A、B、C 股票的 β 系数，分别评价这三种股票相对于市场投资组合而言的投资风险大小。

（2）按照资本资产定价模型计算 A 股票的必要收益率。

（3）计算甲种投资组合的 β 系数和风险收益率。

（4）计算乙种投资组合的 β 系数和必要收益率。

（5）比较甲、乙两种投资组合的 β 系数，评价它们的投资风险大小。

12. 计算如表 4－1 所示的两种股票的预期收益和标准差。

表 4-1　　两种股票的收益

经济状况	概率	股票A的收益率	股票B的收益率
衰退	0.20	0.04	−0.20
一般	0.50	0.08	0.20
繁荣	0.30	0.16	0.60

13. 某公司打算购入A和B两只不同公司的股票，预测未来可能的收益率情况如表4-2所示。

表 4-2　　未来预测收益率表

经济形势	概率	A收益率	B收益率
很不好	0.1	−22.0%	−10.0%
不太好	0.2	−2.0%	0.0%
正常	0.4	20.0%	7.0%
比较好	0.2	35.0%	30.0%
很好	0.1	50.0%	45.0%

已知市场组合的收益率为12%，无风险利率为4%，要求：

（1）计算A、B两只股票的β系数。

（2）若A、B股票投资的价值比例为8∶2，计算两只股票组成的证券组合的β系数和预期收益率。

阅读材料 4-1　尤金·法马与有效市场假说

2013年诺贝尔经济学奖被授予美国经济学家尤金·法马（Eugene Fama）、皮特·汉森（Peter Hansen）以及罗伯特·J. 席勒（Robert J. Shiller），以表彰他们对“资产价格的实证分析”做出的贡献。尽管三位经济学家在与资产价格实证分析有关的问题上共同做出了贡献，但是三者的作用是完全不同的。以“有效市场假说（EMH）”闻名的尤金·法马支持资产市场的有效性，认为市场是理性、有效且不可预测的；而呼吁世人警惕“非理性繁荣”的罗伯特·J. 席勒则认为市场远非有效。两派观点都在一定程度上得到计量经济学的“实证”支持，获奖者皮特·汉森则正是一位计量经济学家。关于资产价格行为模式的探索和争论已经持续多年，自1970年代以来，这一争论主要围绕“市场有效性”而展开。首先明确提出有效市场概念的尤金·法马自然成为这一场旷日持久的争论的核心人物之一。

有效市场假说的发端可以追溯到20世纪初，最早使用统计方法分析收益率的著作是在1900年由路易·巴舍利耶（Louis Bachelier）发表的，他把发明来分析赌博的方法用于分析股票、债券、期货和期权，巴舍利耶的论文是一项具有远见的开拓性工作，远远超前于他的时代，而他最大的贡献就是认识到金融资产价格的变化过程是布朗运动。但是，巴舍利耶并没有给出多少经验证据来支持他关于市场收益率是独立的、具有相同分布的随机变量的论点。虽然现在看来巴舍利耶的工作是革命性的，但是在当时基本上被遗忘了。库特·J（Paul H. Cootner）在1964年编撰的文集《股票市场价格的随机性》收集了一批研究股票价格行为的文章，其中就包括巴舍利耶的论文。该书的出版使人们对于股票市场价格行为的探究达到一个高潮，也为法马在1965年提出的有效市场假说提供了全部的理论基础。

在法马正式提出有效市场假说之前，人们对于股票价格行为模式的认识主要集中在两个方面：第一，股票价格行为是否如巴舍利耶所表示的是随机游走，也就是股票收益率是否在时间上服从相互独立的、相同的正态分布；第二，如果股票价格行为是随机游走，如何认识这一现象。应该说，在当时虽然还存在对于股票价格随机游走模式的反对意见，但是在主流上人们一般都同意股票价格的随机游走性质，至少都同意人们不能通过股票的过去价格来预测未来的股票价格。但是在第二个问题上，人们或多或少陷入了困惑，按照经济学的传统，股票市场和其他一切市场一样，应该是一个理性而有序的市场，但是股票价格的随机性似乎又让人觉得，这是一个完全由投资者情绪支配的一个非理性的、无序的市场。

法马（1965，1970）对前人关于股票价格行为模式的研究进行了综合考察，在一定程度上肯定了自巴舍利耶以来关于股票价格的随机游走模式。重要的是，他对于人们的上述疑惑给出了一种经济学的解释，并首次正式提出了“有效市场”的概念：在一个资产市场上，如果资产价格完全充分地反映了所有可获得的信息，这个市场就称为有效的市场。因此在一个有效的资产市场上，资产价格的变化是因为与资产有关的新信息的发生。由于新信息的发生是不可预测的（可预测的部分已经是现在信息，因此已经完全反映在现在价格中），因此资产的未来价格不可真正预测，从而资产价格变化具有随机性和独立性。有效市场理论指明了市场是一个鞅，或者说是公平博弈，也就是说，资产价格随机游走与市场理性和秩序本身并没有矛盾，这是有效市场假说在经济学上的意义。

有效市场理论在经济学思想渊源上植根于新古典主义，其基本理念来自对竞争性市场的信仰和崇拜，从某种意义上说，相关理论只是为这种信仰和崇拜所做的注解。与新古典主义一样，有效市场理论的基础建立在投资者的理性假设之上。有效市场理论的理论基础由三个逐渐弱化的假设组成：（1）假设投资者是理性的，则投资者可以理性地评估资产价值；（2）即使有些投资者不是理性的，但由于他们的交易随机独立地产生，交易相互抵消而不至于影响资产的价格；（3）即使投资者的非理性行为并非相互独立而是具有相关性，他们在市场中也会遇到理性的套期保值者，后者将消除前者对价格的影响。

有效市场理论试图说明，市场对每种资产的定价均符合该资产的真实价值。市场有效性并不否认投资者的作用，但认为投资者的作用并不是影响资产价格，而是投资者通过其自利行为使资产的正确价格得以确立，也就是说投资者只是找到那个应该实现的价格，而这个价格与投资者的行为是无关的。由于市场上存在着数量庞大的投资者，投资者作为一个集体在对资产进行评价时是不会犯错误的。

尽管人们大多将法马的贡献归为提出了有效市场假说，但笔者却认为，法马的真正贡献在于他将此问题逐渐表述成在一定程度上适于间接检验的形式，并在对有效市场的检验和争论中不断发现新的问题，发展出新的检验方法，使人们对于资产价格和收益的行为模式有了越来越丰富的认识，这也正是其获得诺贝尔经济学奖的原因。人们在对有效市场进行检验的过程中所获得的知识远远大于有效市场理论本身。

有效市场理论来自以理性预期为核心的新古典主义经济思想，其观点本身并无新意，也无须验证。只要人们对市场的信仰还在，不管经济理论如何发展，有效市场理论都将处于金融经济学理论的核心并成为其基础。正如新古典主义所宣称的，市场也许不是绝对完美的，但与市场之外的任何力量相比，一定是最完美的。

另外，有效市场理论强调在一个相对完善的资产市场上，资产价格的基本理性和正确性，这对于正在大力发展现代金融市场的中国来说具有重大的理论和实践意义。大力改革金融市场，逐步消除市场效率障碍，使金融市场在资源配置中发挥决定性作用，是我国未来金融市场领域改革的主要内容之一。

资料来源：陈奇斌. 尤金·法马与有效市场理论. 福建论坛（人文社会科学版），2014（1）.

阅读材料 4-2　企业理财投资策略

企业是否具有竞争力，企业是否能够生存，不仅取决于企业的经营状况、盈利能力，企业理财投资也是重要的一环。如何提高企业的资金运作效率，如何在控制风险、保证资金的流动性的基础上获取一定的收益，是每个企业都关注的问题。本文将论述通过大类资产配置实现企业理财的目标。

一、企业理财与资产配置

从广义的角度讲，企业理财就是对企业的资产进行配置的过程；狭义地讲，企业理财是要最大效能地利用闲置资金，提升资金的总体收益率。资产配置（Asset Allocation）是指根据投资需求将投资资金在不同资产类别之间进行分配，通常是将资产在低风险、低收益证券与高风险、高收益证券之间进行分配。

投资获取利润的方式主要有三种：资产配置、择时、证券选择。实际上，将投资回报期限拉长来看，单纯的择时和证券选择都会面临较大风险，而且对收益的贡献不大。通过资产配置，利用不同资产的收益与波动特征的组合能为投资组合提供最优的配置策略。

美国学者 Roger C. Gibson，1986 年在《金融分析家》发表了《组合绩效的决定》，通过他与美林证券在 1974—1983 年发起研究的 91 项大型退休计划项目的长期投资收益数据，证明资产配置是投资组合绩效的主要决定性因素，择时操作和证券选择只起到了次要作用。

近年来，随着中国 GDP 增速自 2008 年首次低于 10%，不同于过往的经济高速发展时期，货币政策由宽松到“紧平衡”，使得过去很多高收益投资模式不再，房地产投资受限，曾经备受追捧的高收益的信托行业，近年来被广为关注的互联网金融影响，也都收益率大幅下降、风险频出。2017 年 7 月的中央政治局会议上，提出了“长周期”概念。在全球经济增速趋同的基本规律下，中国经济可能会逐渐趋近于 3%的全球平均增长水平。

不管是追求更高的投资收益率，还是为了抵抗通胀、降低资金风险，以单一投资品类迅速积累财富的时代已经过去，资产配置的时代已经到来。

二、企业理财投资规划的步骤

(一) 目标及企业现状分析

首先要分析并设定企业资产配置的目标，包括企业收益目标、风险偏好等。对企业现状的分析包括对投资限制条件的分析，主要包括投资的期限要求、法律法规限制、其他特殊情况等。此后选择什么样的配置策略、不同资产大类的资产结构等都要基于对目标和企业现状的分析。

(二) 分析企业适合的流动资产配比

选择资产配置结构的最重要因素是流动资产的配比。一方面，持有大量流动资产可以降低企业的财务风险，在企业遭遇市场变化等情况，需要资金周转或偿付债务时，可以迅速转化为现金，而非流动资产则不行。例如德勤调查结果显示，在 2016 年年初，因油价下跌，不少石油企业出现流动性紧张和偿债能力下降等问题，全球约 1/3 石油生产商面临资金链断裂的威胁；基于对全球五百多家石油、天然气企业的调查，约 175 家企业面临破产风险，债务总额超 1 500 亿美元。这就说明了企业持有容易变现的流动资产的重要性。

另一方面，流动资产通常收益较低，持有过多非流动资产会降低企业的资金收益率。

建立好的资产配置结构并不是一味降低或控制流动资产的比重，或者压低投资的比例，而是根据外部环境和自身情况变化动态调整资产配置，通过最小化资本投入获得最大化经济产出，实现股东利益和公司价值最大化。

(三) 资产负债分析

资产配置需要同时考虑资金成本，考虑负债成本，注意资产负债的对冲。中国的负债成本其实可以算是全球较贵的，一般在4%～7%。反观以欧洲、日本的负债，到中国寻求一个人民币升值收益，再加上一点点理财产品，债券根本不需要进入股票市场，就能达到8%甚至10%的收益率。所以境外低负债配置中国刚性的无风险收益率，已经成为全球热钱的主要套利模式。而如果本身资金的负债成本较高，以中国高负债的资金跑到境外去寻求高收益，还需要面对汇率风险、利率风险、美联储政策风险，难度其实非常高。

(四) 认识配置策略和大类资产特征

企业需要选择适合自身的配置策略，并且对主要的大类资产有一定的认识和了解。

我们可以将资产分为如下几类：

传统资产类别：股票、固定收益资产和现金。其中固定收益资产包括：政府债券、公司债券、高收益债（垃圾债）、全球发达市场债券、新兴债务市场工具等（含可转债和优先股）。

另类投资：房地产、大宗商品、私募股权和对冲基金。

资产配置的要义是将投资组合中各类资产看作是整体的有机组成部分。每一项投资都要和组合的其他部分息息相关。因此，我们既需要单独对每一项资产的风险收益进行研究和选择，也需要将其放入组合之中进行分析，注意各资产类别的相关性和相互作用，按照其对组合不同的贡献和作用进行资产配置。

资产配置的重要目的就是分散投资，目标是降低组合风险。对多资产投资而言，分散投资的根本原因在于各类资产的Beta暴露和Alpha特征各异，各类资产之间的相关性低。

（五）投资管理环节

具体投资实施环节的重点在于投资组合的构建，具体包括制定投资策略、实施投资过程、风险控制、绩效回顾、投资组合调整和再平衡等环节。

投资策略主要有战略型资产配置和战术型资产配置。战略资产配置主要是设定组合的长期资产配置；战术资产配置则为短期的投资策略，主要通过抓住相对价值和市场变化的机会进行的业绩增强。在投资机构缺乏市场预测能力时，最好少涉及战术资产配置。市场的预测主要有技术分析、基本面分析和量化分析等方法，在此不做详细论述。

绩效回顾即通过前期投资的业绩分析和业绩归因，能看出每一次具体的投资决策对整体业绩的影响。我们应当定期回顾投资决策的过程及结果，根据投资者目标和市场环境以及投资表现的变化，动态调整配置资产类别和策略，进行投资组合的再平衡。

（六）管理人员设置

多资产类别的资产配置可能规模较大，并且涵盖好几类资产，通常不能仅仅依靠一个人，而需要一个管理团队合作。团队内角色一般有组合经理、策略分析人员、资产配置人员和实施人员、风险管理人员以及组合表现分析人员。

（七）税收考虑

税收对投资决策意义重大，因为任何一个投资的最终业绩结果都是由其税后收益来进行评价的。

不同的投资的税收情况也不同，有一些组合可以为投资者节税，比如“买入-持有”的策略组合，一般为持有头寸不卖出，短期内不会实现资本利得，从而节省税收支出。另外，比如购买国债等债券通常是免税的。

三、企业理财专业机构的选择

有些企业没有专门设立理财投资部门或专业投资子公司，企业本身不具备投资管理的能力，则可以选择专业投资管理机构。或者企业自身具备投资管理的职能和经验，也可以将部分资金委托外部专业机构进行投资管理。

近年来，上市公司认购理财产品的数量和规模均呈现急剧攀升之势。WIND统计数据显示，2014年，有444家上市公司合计认购了3 476亿元理财产品；2015年，有630家上市公司合计认购了5 525亿元理财产品；2016年，有806家上市公司合计认购了8 245亿元理财产品。可以看到，有很多的企业都选择专业机构的理财产品作为企业理财的重要投资渠道。

四、资产配置策略相关理论

关于资产配置策略的理论有马科维茨投资组合理论、“美林时钟”理论、耶鲁大学捐赠基金模型等。

马科维茨的风险定价思想和模型具有开创意义，奠定了现代金融学、投资学乃至财务管理学的理论基础。不过这种理论数学模型较为复杂，不便于实际操作。

“美林时钟”理论将经济周期根据通胀和经济情况分为四个象限，根据四个象限去做轮动。“美林时钟”理论准确地描述了当时美国经济周期和资产配置轮动的关系，将资产、行业轮动、债券收益率曲线以及经济周期四个阶段联系，是一个非常实用的指导投资周期的工具。但在最近几年，随着各种“黑天鹅”事件频发和全球化的影响，经济周期本身就很难界定，资产关系也变得越来越紊乱，即使大方向能够把握对，每一类资产在既有的通道周期中，持续的时间也都很短。所以有很多人戏称，最近几年的“美林时钟”转成了“电风扇”。凭借“美林时钟”这个工具已经越来越难以判断经济周期和资产配置轮动的关系。

耶鲁大学捐赠基金是全球投资的经典案例，从1985年的20亿美元到2016年的254亿美元，30年翻了12倍多，近20年创下了年化约13%的净回报，如表4-3所示。耶鲁基金投资模式主要是通过创建一个足够多元化且股权导向的分散投资组合，不过多地对市场时机和证券进行选择，获得风险调整后的优异回报。耶鲁基金以成功运用另类投资工具分散组合风险并获取收益而闻名，从20世纪80年代开始创新地投资于包括PE基金、风险投资、房地产投资等资产。耶鲁大学捐赠基金的配置资产大致分为八类：绝对回报资产、本土股票资产、固定收益资产、境外股票资产、油气林矿、PE、房地产和现金类资产。按照其风险收益特征，这八类资产可以归纳为三大类：提高资产收益的权益型资产，包括私募股权、国内外股票等；降低资产相关性的类固收资产，包括债券、对冲基金、现金等；以抗通胀为目标的资产，包括大宗商品、房地产等。

表4-3　　2014年耶鲁大学捐赠基金资产配置情况

资产类别	耶鲁大学捐赠基金实际资产配置	耶鲁大学捐赠基金目标资产配置	其他大学捐赠基金平均资产配置
国内股票资产	3.9%	6.0%	19.3%
绝对收益类资产	17.4%	20.0%	23.3%
境外股票资产	11.5%	13.0%	22.%
PE	33.0%	31.0%	10.0%
房地产	17.6%	17.0%	4.2%
固定收益资产	4.9%	5.0%	9.3%
油气林矿	8.2%	8.0%	8.5%
现金	3.5%	0.0%	3.5%

数据来源：清科研究中心根据公开信息管理，www.pedata.cn.

配置决策策略基本保持不变，然后对资产配置结构进行动态调整。每年，基金管理者会根据历史数据和经济状况进行重估调整，根据各类资产的收益及风险数据，通过资产配置模型计算出资产的配置比例，对配置比例进行调整。

对于企业来说，耶鲁基金的投资策略理念值得参考，但是并不能生搬硬套。因为耶鲁基金的资产配置策略是基于其自身的特点而来的，耶鲁基金由非营利机构运营，基金的目标是捐赠基金的长期永续经营。耶鲁基金对可投资资产没有经常大规模赎回的需求，并且每年都有新增的投资，这保证了资产配置基本不需要考虑短期流动性的问题。

前文也提及过获得流动性通常会以牺牲收益为代价，所以对于耶鲁基金最好的选择是应该尽量减少配置流动性资产，较大比例配置于私募股权等非流动性资产，这样能够充分享受流动性溢价带来的好处。

而企业理财投资则需要考虑资金的流动性需求等要素，但可以参考耶鲁基金将资产分散配置于相关度较弱的资产组合，以降低风险。企业可以根据自己的目标和需求，设计自己的资产配置模型，设计各类资产的比例，并且进行动态调整，从而获得较好的收益。

资料来源：张可．企业理财投资策略．企业研究，2017（11）．

第五章

证券定价

股价是公司每股净资产的货币表现形式。股票市场价格是否高估，有很多指标可以参照。其中，市净率可以很好地衡量股价与公司每股净资产价值的偏离程度，市盈率可以很好地衡量股价与公司利润水平的关系。

2016 年 8 月 29 日中国 A 股市净率普遍都在 4 倍左右，平均市净率为 7.266 倍。在 2016 年 8 月 29 日，上证指数所显示的相关股票市盈率大概为 13.9 倍，也就是说投资者投资股票的投资收益率大概为 7.19%，整体来看是比较合理的。从投资收益来看，由于 A 股投资收益较为合理，因此市净率的分布整体来看应该也是较为合理，很多企业市净率向 4 倍附近聚拢，4 倍以下市净率股票普遍是有估值优势的。

我们研究股票定价的核心意义在于判断当前股票市场价格是否被高估或低估。通过市盈率、市净率等众多指标对股票进行价值评估，是资本市场常用的方法。如果投资者投资股票的收益率分布合理，即股东投资收益率与社会一般投资回报水平相差不大，那么市净率的分布也会是合理的；若出现股东投资收益率很低，市盈率和市净率都很高的情况，则表示股市存在明显的泡沫。当然，影响股票价格的因素还有很多，例如公司经营状况、行业前景等。

和股票定价相比，债券定价比较简单明确，债券价格本身也比较稳定。

本章内容提示

1. 证券概述。证券是代表一定权力的法律凭证。本章将从证券的含义、内容、分类等方面详细介绍证券基本知识，并重点介绍两种最基本的证券，即股票和债券。
2. 债券定价。本章主要介绍了债券定价的基本原理，并在充分考虑了债券定价的内外部影响因素的基础上，介绍了债券的估价模型。
3. 股票定价。本章讨论的主要问题是股票定价的内外部影响因素，掌握股票定价的基本模型即股利贴现法，并了解在此基础上简化的零增长模型、不变增长模型等。

第一节　证券概述

股票是股份有限公司签发的证明股东所持股份的权利凭证。债券是政府、企业等直接向社会筹措资金时，向投资者签署或发行的，承诺按一定利率支付利息并按约定条件偿还本金的债务凭证。股票、债券是两种具有典型意义的有价证券。

一、证券

证券是各类财产所有权或债权凭证的通称，是用来证明证券持有人有权依票面所载内容，取得相关权益的法律证书。从一般意义上来讲，证券本质是一种交易契约或合同。该契约或合同赋予合同持有人根据该合同的规定，对合同规定的标的采取相应的行为，并获得相应收益的权利。一般情况下，合同的主要内容包括交易标的物及其数量和质量，交易价格，交易时间与地点等。当然这些内容如果应用到不同的证券中，其中规定的内容有所不同。

（一）证券的分类

按证券性质不同，可以分为证据证券、凭证证券和有价证券三大类。证据证券只是单纯地证明一种事实的书面证明文件，如信用证、证据、提单等。凭证证券，是指确认持证人是某种私权的合法权利者的书面证明文件，如存款单、借据、收据等。有价证券，是指标有票面金额，用于证明持有人或该证券指定的特定主体对特定资产拥有所有权或债权的凭证。任何有价证券都有一定的面值，都可以自由转让；而且，任何有价证券本身都有价格，并给持有人在将来带来一定的收益。有价证券区别于上面两种证券的主要特征是可以流通转让。人们通常所说的证券即有价证券。

按不同的标准，有价证券可以划分为不同的类型。

（1）按发行主体的不同可分为政府证券、金融证券和公司证券。政府证券通常指由中央政府或地方政府发行的债券。金融证券是由经批准的金融机构发行的证券。公司证券是公司为筹措资金而发行的有价证券。

（2）按上市与否，可以分为上市证券和非上市证券。上市证券是指经证券主管机关核准发行，并经证券交易所依法审核同意允许在证券交易所内公开买卖的证券。非上市证券不允许在证券交易所内交易，但可以在其他交易市场发行和买卖。

（3）按募集方式可以分为公募证券和私募证券。公募证券是指发行人通过中介机构向不特定的社会公众公开发行的证券，其审核较严格并采取公示制度。私募证券是指向少数特定的投资者发行的证券，相比之下其审核条件相对宽松、投资者较少、不必采取公示制度。

（4）按证券所载内容可以分为货币证券、资本证券和商品证券。货币证券，可以用来代替货币使用的有价证券，如商业信用工具，主要用于企业之间的商品交易、劳务报酬的支付和债权债务的清算等，常见的有期票、汇票、本票、支票等。资本证券，它是指把资本投入企业或把资本供给企业或国家的一种书面证明文件，资本证券主要包括股权证券和债权证券，如股票、债券等。货物证券是指对货物有提取权的证明，它证明证券持有人可以凭证券提取该证券上所列的货物，常见的有仓库栈单、运货单、提货单等。

（二）证券的特征

1. 证券的收益性

证券的收益性是指持有证券本身可以获得一定数额的收益，这是投资者转让资本使用权的回报。证券本身具有收益性，有价证券的收益表现为利息收入、红利收入和买卖证券的差价。收益的多少通常取决于该资产增值数额的多少以及证券市场供求状况。

2. 证券的流通性

证券的流通性又称变现性，是指证券持有人可按自己的需要灵活地转让证券以换取现金。流通性是证券的生命力所在。流通性不但可以使证券持有人随时把证券转变为现金，而且还使持有人根据自己的偏好选择持有证券的种类。证券的流通是通过承兑、贴现、交易实现的。

3. 证券的风险性

证券的风险性是指证券持有者面临着预期投资收益不能实现，甚至使本金也受到损失的可能。这是由未来经济状况的不确定性所致，投资者难以确定他所持有的证券将来能否取得收益和能获得多少收益，从而就使持有证券具有风险。

4. 证券的期限性

债券一般有明确的还本付息期限，以满足不同筹资者和投资者对融资期限以及与此相关的收益率需求。债券的期限具有法律约束力，是对融资双方权益的保护。股票没有期限，可以视为无期证券。

二、股票概述

股票（Stock），是股份有限公司签发的证明股东所持股份权益的凭证。股票一经发行，购买股票的投资者即成为公司的股东。股票实质上代表了股东对股份公司的所有权，股东凭借股票可以获得公司的股息和红利，参加股东大会并行使自己的权利，同时也承担相应的责任与风险。

（一）股票的性质

在我国，股票具有下述性质。

1. 股票是有价证券

虽然股票本身没有价值，但股票是一种代表财产权的有价证券，它包含着股东可以依其持有的股票要求股份公司按规定分配股息和红利的请求权。

2. 股票是要式证券

在我国，股票应具备《公司法》规定的有关内容，如果缺少规定的要件，股票就没有法律效力。

3. 股票是证权证券

股票代表的是股东权利，它的发行是以股份存在为条件的，股票只是把已存在的股东权利表现为证券的形式，它的作用不是创设股东权利，而是证明股东权利，即股票是证权证券。

4. 股票是资本证券

股票是股份公司资本份额的证券化，属于资本证券。但是，股票又不是一种现实的资本，股票独立于真实资本之外，在股票市场上进行着独立的转让流动与价值运动，是一种虚拟资本。

5. 股票是综合权利证券

股票不属于物权证券，而是一种综合权利证券。股东权是一种综合权利，股东依法享有资产收益、重大决策、选择管理者等权利。股东虽然是公司财产的最终所有人，享有种种权利，但对于公司的财产不能直接支配处理，所以股票不是物权证券。

（二）股票的特征

一般而言，股票的特征主要有下述几点。

1. 收益性

收益性是有价证券最基本的特征，股票也不例外，持有股票的目的就在于获取收益。股票的收益来源有两类：一是来自股份公司的净利润分配。认购股票后，持有者就对发行人享有经济权益，即从公司获取股息和分享红利。二是来自股票流通转让的差价收益，也称为资本利得（Capital Gain）。当股票的市场价格高于买入价格时，卖出股票就可以赚取差价收益。

2. 风险性

风险性是指持有股票可能产生经济利益损失的特性，主要表现为预期收益的不确定性。股票可能给它的持有者带来收益，但这种收益是不确定的，甚至带来的是损失。

3. 流动性

流动性是指股票可以在依法设立的证券交易所上市交易或在经批准设立的其他证券交易场所转让的特性，因此，股票是流动性很高的证券。

4. 永久性

永久性是指股票所载有权利的有效性是始终不变的，因为它是一种无期限的法律凭证。所以，通过发行股票募集到的资金，在公司存续期间是一笔稳定的自有资本，不需要像债券一样还本和付息。

（三）股票的分类

股票作为一种股权性质的有价证券，可以从不同的角度去认识。下面结合我国资本市场的实际情况，来认识当前我国股票的主要类型。

1. 按照股东享有的权利分类，分为普通股与优先股

普通股（Common Stock），是股份有限公司的最重要最基本的一种股份形式，它是形成股份公司股东群体的基础。一般而言，普通股股东有下列权利：

（1）经营参与权。普通股股东可以参与公司经营管理，拥有参加股东大会投票表决重大事项、选举公司董事的权利。

（2）收益分配权。普通股股东有权凭其所持有的股份参加公司盈利分配，其收益与公司经营状况直接相关，具有不确定性。

（3）剩余资产分配权。股份公司清算时，在其清偿债务和分配给优先股股东之后，剩余资产可按普通股股东所持有股份进行分配。

优先股（Preferred Stock），是指股份有限公司在筹集资本时给予认购者某些优先条件的股票，优先股有以下几个特征：

（1）约定股息率。优先股股东的收益先于普通股股东支付，而且事先确定固定的股息率，其收益与公司经营状况关系并不密切。

（2）优先受偿剩余资产。股份公司破产清算时，对剩余资产的分配其股东优先于普通股股东。

（3）表决权受限制。正是因为优先股具有上述两个优先权利，其股东一般没有经营管理的参与权和董事会的选举权。

（4）一般不能上市交易。即优先股的流通性一般要受到限制。

2. 按发行对象和上市地分类，分为A股、B股与H股

（1）A股，即人民币普通股，是由我国境内公司发行，供境内机构、组织或个人（不含台、港、澳投资者）以人民币认购和交易的普通股股票。

（2）B股，即人民币特种股票，是以人民币标明面值，以外币认购和买卖的，在境内上市交易的股票。

（3）H股，即在内地注册的公司在香港上市交易的股票。同理，在纽约上市的股票为N股，在新加坡上市的为S股。

3. 按是否记载股东姓名分类，分为记名股票与无记名股票

（1）记名股票，是在股票票面和股份公司的股东名册上记载股东姓名的股票。记载的事项一般包括股东姓名或者名称及住所、所持股数、股票号码、取得股份的日期等。因此，记名股票具有股东权利归属于记名股东、可以一次或分次缴纳出资、转让相对复杂或受限制、挂失相对安全的特点。

（2）无记名股票，是在股票票面和股份公司的股东名册中均不记载股东姓名的股票。无记名股票一般具有股东权利归属于股票持有人、认购时要求一次缴纳出资、转让相对简单、安全性较差的特点。

4. 按是否在股票票面上标明金额分类，分为面额股票与无面额股票

（1）面额股票，是在股票票面上记载一定金额的股票。这一金额，也称为票面金额、票面价值或股票面值。面额股票一般具有明确表示每一股所代表的股权比例、股票发行价格确定依据充分的特点。

（2）无面额股票，是在股票票面上不记载股票面额，只注明它在公司总股本中所占的比例，也称为比例股票或份额股票。无面额股票一般具有发行或转让价格灵活、便于股票分割的特点。

三、债券概述

债券（Bond），是政府、金融机构、工商企业等直接向社会投资者发行的，用以筹措资金并承诺按一定利率支付利息并按约定条件偿还本金的债权债务凭证。债券购买者与发行者之间是一种债权债务关系，债券发行人即债务人，投资者（或债券持有人）即债权人。由于债券的利息通常是事先确定的，所以，债券又被称为固定利息证券。

（一）债券的票面要素

一般而言，国家都会对债券的表面记载进行法律规定，满足法定要素的债券才具有法律效力。其基本要素至少有三个，即票面价值、偿还期限、票面利率。

1. 票面价值

债券的票面价值简称面值，是指债券发行时设定的票面金额。它的意义主要有两个：一是作为计算利息的本金数；二是作为债券到期的还本金额。

2. 偿还期限

即债券的有效期限，其起点是债券的发行日期，终点是债券票面上标明的偿还日期，偿还日期也称为到期日。在到期日，债券的发行人偿还所有本息，债券代表的债权债务关系终止。

3. 票面利率

票面利率，主要是用来计算每期发行人应该支付的利息，该利息等于债券面值与票面利率的乘积。

（二）债券的性质和特征

1. 债券的性质

债券的基本性质可以概括为：

（1）债券属于有价证券。一方面，债券反映和代表一定的价值，债券本身有一定的面值，通常它是债券投资者投入资金的量化表现，同时，持有债券可按期取得利息。另一方面，债券与其代表的权利联系在一起，拥有债券也就拥有了债券所代表的权利，转让债券也就将债券代表的权利一并转移。

（2）债券是一种虚拟资本证券。尽管债券有固定值，代表了一定的财产价值，但它也只是一种虚拟资本，而非真实资本。

（3）债券是债权债务关系的表现。债券代表债券投资者的权利，这种权利不是直接支配财产，也不以资产所有权的形式表现，而是一种债权，即持有人拥有定期收回本金、取得利息的权利。

2. 债券的特征

债券的特征主要表现为：

（1）偿还性。这是指债权人在一定条件下有请求债券发行人偿还债券本金的权利。

（2）安全性。债券与其他有价证券相比，安全性较高。这是由于债券的利率是固定的，而且债券本金的偿还和利息的支付有法律保障，许多公司债券还有担保。另外，即使公司无力还本付息，还可以拍卖公司资产予以抵债。因此，债券的投资风险相对而言还是比较低的。

（3）流动性。债券具有较强的流动性或变现能力，即对于投资人来说，可以随时转卖、变换成现金，因此，对于筹资人来说，债券不影响其所筹资金的长期稳定性。

（4）收益性。债券的收益性体现在两个方面：一是债券可以获得固定的利息，而且利息一般高于储蓄存款利息；二是债券可以通过在证券交易市场上买卖获得差价收益。

（三）债券的分类

同股票一样，债券也可以从不同的角度来认识。下面结合我国企业债券的性质与特点，来对其进行比较研究。

（1）按是否有财产担保，债券可以分为抵押担保债券和信用债券。顾名思义，抵押担保债券是以企业财产作为担保的债券。信用债券，是不以任何企业财产作为抵押或担保，完全凭借企业信用发行的债券。信用债券的持有人只对公司的非抵押资产具有追索权，因此，可以认为，企业的盈利能力是这类债券的主要担保。

（2）按是否能转换为公司股票，债券可以分为可转换债券和不可转换债券。可转换债券是指在特定时期内可以按某一固定的比例转换成普通股的债券，它具有债务与权益双重属性，属于一种混合性筹资方式。不可转换债券是指不能转换为普通股的债券，又称为普通债券。由于其没有赋予债券持有人将来成为公司股东的权利，所以其利率一般高于可转换债券。

（3）按利率是否固定，债券可以分为固定利率债券和浮动利率债券。固定利率债券是将利率记载于票面上并按其向债券持有人支付利息的债券。该利率不随市场利率的变化而调整，因而，固定利率债券可以较好地抵制通货紧缩风险。浮动利率债券的利率是随市场利率变动而不断调整的利率。因为浮动利率债券的利率同当前市场利率挂钩，而当前市场利率反映了通货膨胀率的影响，所以浮动利率债券可以较好地抵制通货膨胀风险。

（4）按是否提前偿还，债券可以分为可赎回债券和不可赎回债券。可赎回债券是指在债券到期前，发行人可以以事先约定的赎回价格收回的债券。不可赎回债券是指不能在债券到期前收回的债券。

（5）按偿还方式不同，债券可以分为一次到期债券和分期到期债券。一次到期债券是发行公司于债券到期日一次偿还全部债券本金的债券。分期到期债券是指在债券发行的当时就规定有不同到期日的债券，即分批偿还本金的债券。分期到期债券可以减轻发行公司集中还本的现金流负担。

（6）按照债券发行人的不同，可以将债券划分为政府债券、金融债券和公司债券。政府债券，是政府或政府代理公共机构作为债务人向社会公众发行的债权债务凭证，它又可分为国家债券、政府机构债券、地方债券等。

金融债券是银行或其他金融机构为筹措长期信用资金而发行的债券，其信誉通常高于企业债券而低于政府债券，因此其利率也介于两类债券之间，是很受欢迎的一种投资工具。

企业债券是企业为筹集资金而发行的，同政府债券相比，其风险较大，利率也较高。通常，国家为保护投资者利益，对企业债券的发行资格、发行额度、发行时间、债券期限、利率等方面都有较严格的规定。

第二节　债券定价

债券是一种权责关系比较明确、预期收益比较稳定的有价证券，其发行和交易的定价形式也相对简单。

一、债券定价的影响因素

影响债券定价的因素很多。这里，从内在和外在两个方面来分析影响债券定价的主要因素，即债券及其发行人本身，以及外在条件变化两个方面来探讨债券价格的波动因素。

（一）内在因素

1. 债券的期限

一般来说，在其他条件不变的情况下，债券的期限越长，其市场变动的可能性就越大，其价格的易变性也就越强，投资者要求的收益补偿也就越高。

2. 债券的票面利率

债券的票面利率越低，用其利息进行再投资获得的收益补偿也就越少，因此，一般认为，债券的票面利率越低，其风险补偿要求越高。例如，在市场利率提高的时候，票面利率较低的债券其价格下降的较快，但是，当市场利率下降的时候，其获利空间也不大。

3. 债券的信用等级

债券的信用等级是指债券发行人按期履行合约规定义务、足额支付本息的可靠性程度，又称信用风险或违约风险。一般来说，除政府债券以外，一般债券都有信用风险，只是风险有差异而已。信用越低的债券，投资者要求的到期收益率就越高，债券的内在价值也就越低。

4. 提前赎回条款

提前赎回条款是债券发行人所拥有的一种选择权，它允许债券发行人在债券发行一段时间以后，按约定的赎回价格在债券到期前部分或全部偿还债务。这种选择权显然是对发行人有利的，因为发行人可以再发行较低利率债券来取代那些利率较高的债券，从而降低融资成本。而对于投资者来说，其再投资机会受到限制，再投资收益率也较低，这种风险是要补偿的。因此，可赎回债券的票面利率一般都比较高，而其内在价值也就较低。

（二）外在因素

影响债券价格变动的外在因素很多，如企业经营环境和条件等。这里，只探讨主要的直接因素。

1. 基础利率

基础利率是债券定价过程中必须考虑的一个重要因素。在证券的投资价值分析中，基础利率一般是指无风险债券的利率。短期政府债券可以看作是现实中的无风险债券，它风险最小，收益率也最低。一般来说，银行利率应用广泛，债券的收益率也可参照银行存款利率来确定。

2. 市场利率

市场利率风险是各种债券都面临的风险。在市场总体利率水平上升时，债券持有人所要求的收益率水平也应上升，从而使债券的内在价值降低；反之，在市场总体利率水平下降时，债券持有人所期望的收益率水平也下降，债券的内在价值应增加。并且，市场利率风险与债券的期限相关，债券的期限越长，其价格的利率敏感度也就越大。

3. 其他因素

影响债券定价的外部因素还有通货膨胀水平、汇率风险等。通货膨胀的存在可能会使投资者从债券投资中实现的收益不足以抵补物价上涨带来的购买力损失。当投资者投资于某种外币债券时，汇率的变化会使投资者的未来本币收入贬值而遭受损失。这些损失的可能性也都必须在债券发行和交易定价中得到体现。

二、债券估价模型

为了简便起见，我们假定各种债券的名义和实际支付金额都是确定的，假定债券不存在信用风险，并且不考虑通货膨胀对债券收益的影响，从而对债券的估价可以集中于时间的影响上。

（一）一次还本付息债券的定价模型

一次性还本付息债券，即在债券到期时一次性付息一次性还本，债券有效期间不再支付利息，则其价格计算公式为：

$$P=F(1+i)^N/(1+r)^N$$

式中，P 为债券的价格；

F 为票面价值；

i 为每期利率；

N 为剩余时期数；

r 为贴现率，即投资者要求的收益率。

【例 5-1】 某债券票面金额为 1 000 元，年利率为 10%，投资者期望收益率为 12%，投资期为 5 年，则该债券的内在价值为：

$$P_2=F(1+i)^N/(1+r)^N=1\,000(1+0.1)^5/(1+0.12)^5$$
$$=913.85(元)$$

上式表示的含义是，该债券的内在价值为 913.85 元，投资者以该价格购入债券，5 年后将获得 1 610.51 元收入，且获得的收益率为 12%。该债券票面收入为 86.15 元，利息收入为 610.51 元。

另外，在财务管理中，资产价值的评估都是基于复利计算的，即都要考虑到货币的时间价值。

贴现债券也是一次性还本付息债券，只不过利息收入是票面价值与贴现发行价的差额，所以可把面值视为贴现债券到期的本息和。

【例 5-2】 某贴现债券票面价格为 1 000 元，并且最终到期后以 1 000 元价格从投资者手中回购，投资者必要收益率为 10%，投资期限为 5 年。则该贴现债券的内在价值为：

$$P_2=\frac{F}{(1+r)^N}=\frac{1\,000}{(1+0.1)^5}=620.92(\text{元})$$

上式表示的含义就是该债券的内在价值为 620.92 元，投资者以该价格购入债券，5 年后将获得本息和 1 000 元收入，且必要收益率为 10%。

（二）附息债券的定价模型

对于按期付息的债券来说，其预期货币收入有两个来源：到期日前定期收到息票利息和到期日收到的票面额。

对于一年付息一次的债券来说，按复利贴现的价值决定公式为：

$$P=\frac{C}{1+r}+\frac{C}{(1+r)^2}+\frac{C}{(1+r)^3}+\cdots+\frac{C}{(1+r)^N}+\frac{F}{(1+r)^N}$$

式中，P 为债券的内在价值，即贴现值；

C 为每年收到的利息；

F 为票面价值；

N 为剩余年数；

r 为投资者要求的收益率，即贴现率。

第三节　股票定价

相对债券而言，股票的定价比较困难。一是因为股票没有到期日；二是因为影响股票价格及其变动的因素纷繁复杂。所以，现实中，资本市场呈现给我们的印象是，股票价格无时无刻不在变动之中。理论上看，股票价格的评估方法很多，包括现金流贴现法、CAPM 法、净资产法等，我们这里只介绍最为广泛接受的股利贴现法和市盈率法。其实，研究股票定价的核心意义在于发现市场价格被低估或高估的股票。

一、股票定价的影响因素

影响股票定价的因素非常多，非常复杂。这里，仅从公司内部经营和外部市场环境中的主要方面探讨股票定价的影响因素。

（一）内部因素

1. 净资产

资产净值是全体股东的权益，是决定股票价值的基准。从理论上说，净值应与股价保持一致，或者说净资产的总价值应该等于股票总市场价值。

同样，公司增加或减少注册资本，也必然影响股票价格。当然，增减注册资本对公司股价的影响很复杂，例如，在增加的资本没有产生相应的投资收益前，增资可能会使得每股净资产下降，从而使得股价下跌；但对那些业绩优良、财务结构健全、具有发展潜力的公司而言，增资意味着将扩大再生产，增加公司经营能力，相应的会给股东带来更多回报，股价不仅不会下跌，可能还会上涨。

2. 盈利水平

公司业绩的好坏集中体现在盈利水平上，股价与公司盈利水平也呈同向变动，但是需要注意的是，股价涨跌并非与公司盈利变化同时发生。一般股价变动都领先于公司盈利水平的变动。

3. 股利政策

一般情况下，股票价格与股利水平也呈正比关系，因为股利分配构成了股东的收益之一。股利来自公司的税后盈利，但盈利增加并非股利就一定增加。公司一般会在合理地扩大再生产与回报股东之间进行权衡，都会采用一定形式的股利政策。股利政策不同对各期的股利收入也有不同影响。

4. 其他重大事件

其他重大事件，如公司重组等。公司重组总会引起公司价值的巨大变动，其股价也随之剧烈波动。但需要分析公司重组对公司是否一定有利，重组后是否会改善公司的经营状况，因为这些才是股价变动方向的决定因素。

（二）外部因素

一般来说，影响股票投资价值的外部因素主要包括宏观经济政策、行业因素及社会心理因素。

1. 宏观经济因素

宏观经济态势和相关政策是影响股票价格及其变动的重要因素。宏观经济态势包括经济周期、通货膨胀、利率水平以及国际经济环境形势等因素。宏观经济政策包括国家的货币政策、财政政策、收入分配政策、证券监管政策等。

2. 行业因素

产业的发展状况和趋势对于该产业上市公司的影响是巨大的。不同的行业其投资价值不同，不同的行业政策也会对股票投资价值产生影响。

3. 社会心理因素

社会公众的心理特征及其变化对股票市价有着很大影响。比如，股票市场存在的盲目跟风心理，这种被称为“羊群效应”的心理会引起股价的普涨或普跌。

二、股利贴现法

按照收益资本化定价方法，任何资产的内在价值是由拥有这种资产的投资者在未来所获现金流决定的。由于现金流是对未来的预期值，因此必须按照一定的贴现率折算成现值，也就是说，一种资产的内在价值等于预期现金流的贴现值。对于股票来说，这种预期的现金流就是股票在未来获得的股利分配。

（一）基本模型

股利贴现模型的基本原理就是，股票当前价格等于其预期股利的现值总和，用公式表示为：

$$V=\frac{D_1}{1+r}+\frac{D_2}{(1+r)^2}+\frac{D_3}{(1+r)^3}+\cdots+\frac{D_t}{(1+r)^t}=\sum_{t=1}^{\infty}\frac{D_t}{(1+k)^t}$$

式中，D_t为在未来时期t以现金形式获得的每股股利；

k为在一定风险程度下股利合适的贴现率；

V为股票的内在价值。

股利贴现模型是着眼于企业未来的经营业绩，通过估算企业未来的预期收益并以适当的折现率折算成现值，借以确立企业或股票的价值。使用该方法，应以企业过去的经营管理情况为基础，考虑企业所在的行业前景、未来的投入和产出、企业自身资源和能力、各类风险和货币的时间价值等因素，然后进行预测。以这种方法来评估所选企业，是建立在对企业外在因素和内在条件等多种因素综合分析的基础上的，因此在对企业股票进行价值评估时，需要明确以下四个主要因素：

（1）现金流。这是对公司未来现金流，即股票所获股利的预测。

（2）贴现率。在应用过程中，如果是风险较小的传统类行业，通常应采用社会贴现率或全社会平均收益率。如果是高风险、高收益的行业，贴现率通常较高。

（3）企业增长率。一般来说，在假设企业持续、稳定经营的前提下，增长率的预测应以行业增长率的预测为基础，在此基础上结合企业自身情况适度调整。

（4）存续期。即评估的基准时段，或者称为企业生命周期，这是进行企业股票价值评估的前提。在现实中，要根据企业经营的实际状况来确定，而且时段的选定应充分反映企业的成长性，体现企业未来的价值。

（二）零增长模型

零增长模型是股利贴现模型的一种特殊形式，它假定股利是固定不变的。换言之，股利的增长率等于零。零增长模型不仅适用于普通股的价值分析，还适用于优先股的价值分析。

零增长模型就是说未来的股利按一个固定数量支付，因此，其公式为：

$$V=D_1/k$$

式中，V为股票的内在价值；

D_1为未来第一期的固定每股股利；

k为投资者所要求的收益率。

【例5-3】 假定某公司在未来每期都支付的每股股利为8元，投资者所要求的收益率为10%，可知该公司股票的价值为：

8/0.10=80(元)

可见，假设当时该股票价格为75元，即该股票被低估5元，因此就可以投资购买该股票。

零增长模型的应用似乎受到相当的限制，毕竟一种股票永远的固定股利支付是不现实的。但在特定的情况下，这种模型也是相当有用的，尤其是在研究优先股的内在价值时，因为大多数优先股的股利支付不会因每股收益的变化而变化，而且由于优先股没有固定的生命期，即其预期支付可以认为是能永远进行下去的。

（三）稳定增长模型

股利稳定增长模型，也称为戈登股利增长模型，即 Gordon Model，是一个被广泛接受和运用的股票估价模型。戈登股利增长模型，相当于未来股利的永续流入，它分为两种情况：一是稳定不变的增长率；二是稳定不变的增长值。

如果我们假设股利永远按稳定不变的增长率增长，那么就会得到不变增长模型的计算公式为：

$$V=D_0\frac{1+g}{k-g}$$

由于 $D_1=D_0(1+g)$，可得：

$$V=\frac{D_1}{k-g}$$

式中，V 为股票的内在价值；

D_1为未来第一期的固定每股股利；

k 为投资者所要求的收益率；

g 为股利增长率。

【例 5-4】 假如去年某公司支付每股股利为 1.80 元，预计在未来日子里该公司股票的股利按每年 5%的速率增长，则股票当前的价值是多少？

预期下一年股利为：

1.80×(1+0.05)=1.89(元)

假定投资者要求的收益率是 11%，根据不变增长模型可知，该股票价值为：

1.80×(1+0.05)/(0.11−0.05)=1.89/(0.11−0.05)=31.50(元)

如果当今每股股票价格是 40 元，即股票被高估 8.50 元，建议当前持有该股票的投资者可以考虑出售其股票。

零增长模型实际上是不变增长模型的一个特例，即增长率 g 等于零，股利将永远按固定数量支付，这时的不变增长模型就是零增长模型。可见，虽然不变增长模型的假设比零增长模型的假设所受到的限制较小，但在许多情况下仍被认为是不现实的。但是，不变增长模型却是多元增长模型的基础，因此这种模型具有极为重要的基础性作用。

（四）可变增长模型

可变增长模型是被普遍用来确定普通股内在价值的股利贴现模型。这一模型假设股利的变动在一段时间 T 内并没有特定的模式可以遵循，此后股利按不变增长率增长。因此，股票内在价值可以分为两个部分：第一部分是在股利无规则变化时所有预期股利的现值，

第二部分是股利保持不变增长率时的现值。因此，可变增长模型的计算公式为：

$$V = V_1 + V_2$$
$$= \sum_{t=1}^{T} \frac{D_t}{(1+t)^t} + \frac{D_{T+1}}{(k-g)(1+k)^T}$$

【例 5-5】 假定某公司上年支付的每股股利为 0.75 元，下一年预期支付的每股股利为 2 元，因而：

$$g_1 = \frac{D_1 - D_0}{D_0} = \frac{2 - 0.75}{0.75} = 167\%$$

再下一年预期支付的每股股利为 3 元，即

$$g_2 = \frac{D_2 - D_1}{D_1} = \frac{3-2}{2} = 50\%$$

从 $T=2$ 时起，预期在未来无限时期内每股股利按每年 10% 的速度增长，即 $D_3 = D_2(1+0.10) = 3 \times 1.1 = 3.3$（元）。假定投资者所要求的收益率为 15%，则股票价值为：

$$V_1 = \frac{2}{1+0.15} + \frac{3}{(1+0.15)^2} = 4.01$$

$$V_2 = \frac{3.3}{(0.15-0.10)(1+0.15)^3} = 49.91$$

$$V = V_1 + V_2 = 4.01 + 49.91 = 53.92(\text{元})$$

从本质上来说，零增长模型和稳定增长模型都可以看成是可变增长模型的特例，相对于前两者而言，可变增长模型比较接近实际，因此，其使用较为广泛。

三、市盈率估值法

如前所述，市盈率又称价格收益比，是每股价格与每股收益之间的比率。因此，如果我们能分别估计出某股票的市盈率和每股收益，就能估计出股票内在价值。

使用市盈率法进行股票的价值评估，关键是要获得股票的市盈率。股票市盈率的估计，主要有下述一些方法。

（一）历史数据估计法

这种方法，就是计算该股票历史的算术平均数，如果其历史上的市盈率比较稳定，还可以选择历史市盈率的中间数。

（二）市场归类决定法

在有效市场的假设下，风险结构等类似的公司，其股票市盈率也应相同。所以，可以在市场上选择一家资本结构、经营风险等类似的同行业可比公司，以其市盈率作为估价的市盈率。

（三）回归分析法

通过考察股票价格、收益、增长、风险、货币的时间价值和股利政策等各种因素变动与市盈率之间的关系，得出能够最有效解释市盈率与这些变量间关系的方程，进而根据这些变量的给定值对市盈率大小进行预测的分析方法。例如，怀特贝克（Whitebeck）和科斯尔（Kisor）用多重回归分析法发现，在1962年6月8日的美国股票市场中，市盈率＝8.2＋1.50×收益增长率＋0.067×股息支付率－0.200×增长率标准差。

在得到市盈率的基础上，用市盈率乘以股票预期的收益，即可得股票的预期价格，并比较现实市场价格的高估和低估，从而做出购买或抛售该股票的决策。

市盈率方法在实际运用中有很多优点。首先，其数据比较容易取得，计算简单。其次，把价格和收益联系起来，能够直接用来衡量和比较风险与收益的对应关系。另外，市盈率涵盖了风险收益率、增长率和股利支付率的因素，具有很强的综合性。

四、市净率估值

如前所述，市净率是指股票市场价格与每股净资产的比率。采用市净率法对上市公司进行价值评估时，首先要确定每股净资产值，然后根据同行业二级市场的平均市净率，以及上市公司所处行业的状况、上市公司自身的经营状况及其净资产收益率等确定上市公司的市净率，从而确定每股股票的价值。其计算方法可表达为：

V＝每股净资产×可比公司的市净率

当然，和市盈率的估计方法一样，市净率也存在上述诸多估计方法。

和市盈率法一样，市净率法的最大优势也是简单方便。但也存在很多缺点：首先，它不能直接预测股票价值，而是要借助于某项与公司价值具有密切关系的变量所做的间接估值，也就是说根据可比对象的价值水平所做的相对估值。其次，可比对象的选择较难，即使是同一行业的不同公司在经营状况、财务状况、股本结构等方面也存在很大差异，这使得这种估值方法得到的结果不可避免地会存在误差。最后，简单地把公司价值的增长因素归结为某一个财务指标难免有失偏颇，而且该指标一般根据可比公司的历史数据确定，缺乏对未来状况的预测。

本章小结

本章介绍了证券的两个基本类型，并在此基础上介绍了债券和股票的价值评估。

1. 证券是指用来证明或设定权利所做成的书面凭证，它表明证券持有人或第三者有权取得该证券拥有的特定权益。有价证券是证券的主要类别。债券是发行者为了筹集资金，向债权人发行并按约定定期支付利息、到期偿还债券面值的一种有价证券。股票是股份有限公司签发的证明股东所持股份权益的凭证。

2. 影响债券定价的因素很多。债券价值与债券面值的差异是由债券的必要收益率与票面利率差异引起的。债券到期收益率即是债券未来现金流量的现值等于某一价格时的贴现率。

3. 影响股票定价的因素有净资产、盈利水平、股利政策等。股票定价可以对未来股利进行贴现，有零增长模型、固定增长模型以及可变增长模型。除贴现股利法外，还有市盈率估值法和市净率估值法等。

练习思考题

1. 影响债券内在价值的因素是什么？

2. 影响股票定价的因素是什么？

3. 某公司在 2015 年发行了一笔期限为 2035 年到期，票面价值为 1 000 元，票面年利率 5%的债券，每年年末支付利息一次。请问：在 2023 年 12 月 31 日，投资者要求的回报率是 6%时，该债券的价值应该是多少？

4. 某公司 2015 年 1 月 1 日平价发行新债券，每张债券面值为 1 000 元，票面利率为 8%，5 年期，每年 12 月 31 日付息。问：假定 2018 年 1 月 1 日的市场利率上升到 10%，此时债券的市场价格是 850 元，是否应该购买？你是如何决策的？

5. 某公司打算发行票面利率为 8%、面值为 1 000 元的 5 年期债券。该债券每年支付一次利息，并在到期日偿还本金。假设你要求的收益率为 10%，那么：

（1）你认为该债券的内在价值是多少？

（2）如果该公司改为发行面值 25 元、每年发放固定红利 2 元的优先股，你会不会购买该优先股呢？

6. 某公司债券当前市价为 1 045 元，15 年后到期，面值为 1 000 元，每年年末付息一次，票面利率为 7%。该债券的到期收益率为多少？

7. 某公司债券目前的市价为 1 100 元，还有 10 年到期，票面年利率为 8%，面值是 1 000元。请问该债券的到期年收益率是多少？

8. 某公司债券每年付息 70 元，面值 1 000 元，10 年后到期，假设你要求的收益率为 8.5%。则：

（1）该债券的价值是多少？

（2）当你要求的收益率上升为 11%，债券价值如何变动？下降为 6%时如何变动？并说明其中的规律。

9. 某公司的普通股去年支付了每股 1.32 元的红利，预计能以每年 7%的增长率持续增长，如果你要求 11%的收益率，那么你预期该公司的股票价格应为多少？

10. 某公司的股票去年支付红利为每股 1.32 元，红利预计将以 8%的增长率持续增长。则：

（1）如果该公司股票目前的市场价格为每股 23.5 元，那么该公司股票的预期收益率是多少？

（2）如果你要求的收益率为 10%，那么对你而言，该股票的价值是多少？

（3）你会投资该公司股票吗？

11. 现有两项投资，第一项是以 1 200 元的价格在市场上买入一种债券，债券面值为 1 000元，年利率 14%，12 年后到期。对于这种风险等级的债券，你要求 12%的年收益率。第二项是普通股，面值 25 元，最近已经支付的红利为每股 3 元，这家公司的每股收益预计 10 年内将从 4 元增至 8 元，每股红利也将以同样的增长率永续增长。该股票当前的市价为每股 25 元，你要求的收益率为 20%。

（1）计算每种证券在你所要求的收益率下的价格。

（2）你会接受哪种投资？为什么？

（3）如果你要求的收益率变化为：普通股 18%，债券 14%，那么对于（2）题的回答会如何变化？

（4）假设你对普通股要求的收益率为 20%，但预期的永续增长率变为 12%，那么（1）、（2）题的答案又将如何变化？

阅读材料 5-1　寻找低估值绩优股的 3 条途径

目前 A 股分化明显，众多投资品种中，不乏业绩增速好、估值较低的个股，这是下一阶段投资者的机会。那么，投资者该如何寻找低估值绩优股？

2017 年市场经历了一季度的普遍反弹、四五月的消费蓝筹行情和目前的周期行情，对于整体板块估值的变动影响尤其明显。国仕资本研究协会创始人康子冉告诉《经济》记者，目前受整个行业板块的压制，在行情轮动中被忽视的行业更值得关注。

低估值股票有哪些特征？据《经济》记者了解，有一些指标可供参考。从分析标的的角度看，如果是成长股，它的市盈率（PE）和市盈率相对盈利增长比率（PEG）会较低；如果是周期股，平均市净率（PB）会较低。在确定估值触底的情况下，投资者需要根据产业的发展趋势来判断当前是否是买入底部低估值股票获利的关键时机。

估值高低并没有统一的标准。中国青年政治学院金融研究所所长、经管学院教授李永森对《经济》记者表示，从市场的角度讲，不同类型的公司在不同的发展阶段，估值水平千差万别。“从估值本身来讲有两方面，一方面是市场整体对公司的估值，另一方面是投资者个体对公司的估值。”

在李永森看来，由于投资者自身的状况不同，例如对收益的要求不一致、视角不一致等，对公司估值水平的判断有比较大的偏差。“不同投资者在同一个时点上，对同一家公司的估值就可能不一致。有的投资人从公司的发展角度来看，觉得有发展前景，现在的市场价格应该是偏低的，对它的估值就要高于市场价格；有的投资人基于公司业绩表现和现实回报的情况估值，觉得回报没有达到预期水平，则会觉得其市场价偏高，对该公司的估值就会比较低。”

此外，一旦市场对当前哪类公司有投资价值形成共识，如果其业绩在短期内没有发生重大变化，市场的热捧又导致股票价格持续上涨，这个过程实际上就是公司投资价值逐步下降的过程。

“对于业绩相对稳定的公司来说，例如蓝筹股，给投资者的回报相对稳定，考虑到技术进一步创新的空间，成长潜力会很大，但不确定性也会比较大。”因此，李永森建议，投资者分析公司投资价值时，既要关注过去和当前的业绩情况以及未来预期，同时也要关注眼下该股的变化，注重业绩、回报和分红的情况。

一家公司的投资价值，不仅取决于公司的实际业绩情况，还受到当前市场对其估值水平的影响。此外，投资者还要关注市场整体估值水平的变化以及未来的趋势，因为这会对个别公司股票价格有很大影响。

总体来看，寻找低估值股票有三条路径。华创证券研究所首席策略分析师王君对《经济》记者称，第一，公司市值不能太小，至少300亿元以上，因为行业龙头市值都比较大，而龙头溢价会比较明显；第二，看股东结构，比如国有控股现在状况比较好，也有改革预期；第三，看估值水平，个股估值除以板块估值，如果小于1，就说明它相对于板块是被低估的。“寻找低估值股票相当于价值投资，对于价格低于价值的股票，投资者可以买入，等待价值回归。”

从行业的角度分析，可以看QFII或者北上资金的选择，王君告诉记者：“海外投资者都是进行价值投资，特别看重股票的低估值和业绩的稳定性，可以跟随他们投资，这算是一条捷径。”“可以从Wind上看他们的持仓情况，目前看来，消费行业和银行、保险等金融行业是他们持续买入的。”

此外，康子冉认为，石化板块、传媒板块等都是今年资金不太关注的行业，板块内很多好的公司估值都有抬升的空间。“其中，传媒板块的估值下跌进入一个合理区间，公司成长性较好，在增速和估值之间已经慢慢开始具备较好的性价比；而石化板块和欧美股市比，估值被大幅度低估，也有一定的估值修复空间。”除此之外，航运板块在历史大周期底部，一般滞后于单纯周期品种的表现，随着全球经济触底回升和周期股逐步复苏，航运股估值将很快被修复。

而投资者要注意的风险有两方面，一方面是系统性风险，另一方面是个股风险。王君称，系统性风险即大盘风险是很难避免的，只能通过宏观策略去预判；而个股的风险则可以从公告的角度去挖掘一些情况。“机构投资者可以去调研，但个人投资者没有这样的调研机会，所以只能从公司业绩盈利的持续性大概率地去排除，比如公司过去几年净资产收益能否保持稳定的增长等。”

李永森认为，投资者不要用单一的方法对一家公司进行估值，这太绝对了，比如看市盈率高低，“要尽量用较多的方法，根据公司的不同类型和情况，从不同角度找一个自己认为是合理的估值方法去对应市场价格，进行相互印证”。同时，在市场不同时点要考虑不同趋势，顺势而为。

对不同类型的公司估值，方法也是不一样的，如果用现金流回报的方式对公司进行估值，那有些公司就没有投资价值，任何估值方法都不会适合所有类型公司的估值。因此，切记对不同类型的公司要选择适合它的估值方法，再根据公司的实际情况进行修正。

在研究公司估值、挖掘公司价值的时候对其信息应尽可能全面掌握、分析，尤其是公司的核心信息，比如影响公司未来估值变化的信息。“尽可能减少或避免由于信息分析不够全面导致对公司布局有偏差的情况。”李永森如是说。

此外，还要注意，投资低估值股票往往是左侧交易，很多跌无可跌的股票，往往也涨无可涨。康子冉表示，如果参与左侧机会过早，会承受较大回撤的风险；如果探明底部，但产业趋势和基本面趋势没有边际改善，就会出现右侧趋势不明显等风险，也难有较好收益。“需要对有关行业理解透彻后再进入有关标的投资。”

资料来源：许亚岚．寻找低估值绩优股的3条路径．经济，2017（18）．

阅读材料 5-2　A股估值水平认可度回升

投保基金公司最新公布的2017年5月证券市场投资者信心调查分析报告显示，投资者信心指数跌幅收窄，股票估值指数已连续两月小幅回升。

该调查表明，虽然投资者对股市的整体信心并不乐观，但是随着近期大盘持续震荡调整，尤其是中小创股票相对高估值风险的释放，投资者对股票整体估值水平的认可度有所回升。5月股票估值指数为48.9，较上月上升1.9%。其中，有17.1%的投资者认为目前股票价格低于其真实价值或合理的投资价值；46.3%的投资者认为差不多；19%的投资者认为目前股票价格高于其真实价值或合理投资价值。

从历史调查数据来看，2016年1月至12月的股票估值指数分别为45.3、45.6、48.7、45.6、44.2、47.5、44.6、48.6、45.7、47.8、47.4及48.6；2017年1月至4月的股票估值指数分别为47.1、48.4、47.3及48.0。换言之，股票估值指数去年以来均低于50的中性值，但2017年5月处于最高位置。

估值水平认可度有所回升，与A股大跌后估值风险释放以及上市公司业绩提升有一定关系。从深交所公布的数据来看，深市主板、中小板、创业板6月12日平均市盈率分别为24.73倍、40.45倍、48.99倍，而2017年最高曾达到27.46倍、53.40倍、74.66倍。A股现已见顶回落两年，而中小板和创业板平均市盈率曾在2015年6月最高攀至85.65倍、146.57倍。再看2016年年报，深市主板公司、中小板公司及创业板公司净利润增速分别为17.32%、33.36%、37.17%。中小创公司盈利增速高于主板公司，有利于估值风险下降，也有助于逐渐改善投资者对估值水平的认可度。

估值风险大幅释放，但估值是否已经触底还存在争议。不可轻视的是，局部估值风险依然较为明显。部分题材股、重组股、次新股的估值水平高于行业平均水平，有的超过百倍甚至达到数百倍，使其成为近期大跌的“重灾区”。正因为仍存在估值分歧，中小创股票虽跌幅较大，但场外资金不愿轻易抄底。另外，市场整体风险偏好下降，不仅对股票估值指数回升构成压制，而且阻碍场外资金入市积极性。不少股票较历史低位便宜，但在投资者预期不佳及风险偏好未改善的情况下，难以受到资金的青睐。这也使得A股持续受困于存量资金博弈格局。

投保基金公司公布的5月调查显示，投资者买入意愿进一步下降。5月买入指数为43.5，已连续三个月下降，投资者当前的买入意愿较低。其中，在未来三个月内考虑增加投资于股票资金量的投资者占11%；考虑减少资金量的占21.6%；有49.4%的投资者选择维持现有资金量；另有18%的投资者回答不确定。

有机构称，创业板估值已经低于2013年低点时水平，但在去估值、“杀业绩”、弃题材阶段，建议投资者谨慎抄底。也有券商认为，从历史经验来看，市场风格转向小盘股的契机并不在于相对估值的见底，而是需要诞生大故事、大逻辑来支撑小盘股“看长做短”，而目前还需要等待。

值得注意的是，近期上市公司再掀增持热。这有助于稳定股价，也可提升投资者对估值水平认可。一项统计显示，2017年5月10日至6月9日，出现大股东变动股权增持的公司有311家，而出现减持的公司为157家。康美药业控股股东宣布从5月11日起12个月内择机增持不低于 50 000 万元后，已经多次实施增持，其中 5 月 18 日至 25 日增持 2 906.754股，增持金额达 61 654 万元。红豆股份近日公布了控股股东增持股份结果，控股股东计划自 2016 年 12 月 6 日起 12 个月内增持不低于总股份的 1%，但不超过总股份的 3%，截至 2017 年 5 月 31 日，累计增持 5 358.98 万股，占总股份的 2.96%。

资料来源：张炜．A股估值水平认可度回升．中国经济报，2017－06－14.

第六章

资本预算的方法

至今已有200多年历史的汽车发动机和飞机零配件顶级供应商英国GKN集团（吉凯恩集团）见证了世界工业化进程，并一次次在关键时刻扭转发展方向，成长为世界500强企业之一。GKN集团一直秉持着它的预算理念：“预算不是会计师为会计目的准备的会计工具，而是为确保集团战略目标实现的组织手段。”《世界商业评论》评论其预算制度：“事实上，他们严格的预算和财务控制所流露出的精确性和客观性，和当年夏洛特写就冶铁业巨著时的劲头一脉相承，这份精神传家宝使GKN有勇气在关键时刻做出那些富有冒险精神的决定。”这也解释了为什么有的公司“昙花一现”，而有的公司却“基业长青”。

GKN集团董事会直接参与了公司的战略制定、预算编制和预算监控等环节，是预算管理的主体，严格的预算考评和奖惩制度保证了预算管理的严肃性和发展方向，同时，日常化、制度化的预算管理保证了公司预算方案的有效落实。

预算管理作为企业内部控制的重要方式，它由预算编制、预算执行、预算分析和考核等环节构成。预算管理的内容贯穿在企业的整个生产经营活动中，对管理的各个层面、环节及总体目标进行系统的规划和控制。按企业生产经营的经济内容和层次关系，预算管理可划分为经营预算、资本支出预算和财务预算三部分。在实际的预算编制过程中，按照预算管理的对象可把预算管理的内容分为总预算、分预算和专项预算三个部分。总预算是以企业总体经济运行为对象制定的预算，分预算是以企业所属或受控制的生产经营为对象制定的预算，专项预算是为企业的生产经营预算提供专业支持、反映企业某一方面的经济活动而制定的预算。

本章内容提示

1. 净现值法。净现值是未来净现金流贴现值与项目投资成本之间的差值。本章将通过计算公式、决策准则、优缺点等方面阐述净现值法。
2. 内部收益率法。内部收益率是资金流入与资金流出差额的现值等于零时的折现率。本章主要介绍计算内部收益率的方法、评判标准以及优缺点。
3. 投资回收期法。投资回收期法是计算项目投产后在正常生产经营条件下能收回初始投资额所需的时间，可分为静态投资回收期和动态投资回收期。

4. 盈利指数法。盈利指数是所有预期未来净现金流的现值和初始投资的比率。它衡量的是投资项目的相对盈利能力，这里将介绍其计算方法及投资运用。
5. 平均会计收益法。平均会计收益也称为会计收益率，是投资项目生命周期内平均的年投资报酬率。
6. 资本预算方法的比较。本章还介绍了各种方法的比较及各种方法在实践中的应用情况。

第一节　净现值法

资本预算（Capital Budget），又称为投资预算，即企业资本性支出的计划，也就是说资本预算形成的资产一般都是固定资产和长期投资。本章在假设项目的预期现金流量、投资者要求的收益率给定的条件下，分析资本预算的原理和投资决策的方法。首先介绍广为使用的净现值法。

一、净现值

净现值（Net Present Value，NPV），是一项投资所产生的未来净现金流的贴现值与项目投资成本之间的差值，也可以认为净现值是投资方案给企业增加的净增加值，其计算公式如下：

$$NPV=\sum_{t=1}^{N}\frac{NCF_t}{(1+r)^t}-I$$

式中，NCF_t为第 t 年年末净现金流量；

r 为投资项目必要的收益率；

I 为初始投资额；

t 为项目投资期限，$t\leqslant N$。

现金流贴现所使用的折现率，就是投资者所要求的投资收益率。净现金流量（Net Cash Flow，NCF），是现金流入量与同期现金流出量的差额。

因为初始投资额 I 可以写成：

$$I=-NCF_0=\frac{-NCF_0}{(1+r)^0}$$

因此，净现值的另外一种表述方法，即净现值是投资从开始到终结时所有净现金流量的现值之和，其计算公式为：

$$NPV=\sum_{t=0}^{N}\frac{NCF_t}{(1+r)^t}$$

注意，上式中 t 的起始时间是 0。

二、净现值法的使用

净现值法所依据的原理是：假设预期的现金流入在年末是可以实现的，并把原始投资看成是按同样的投资要求收益率借入的，则当净现值为正数时表示偿还本息后该项目仍有剩余收益，当净现值为零时表示偿还本息后一无所获，当净现值为负数时表示该项目收益不足以偿还本息。

因此，净现值法的使用法则是：如果净现值为正数，则表明该投资方案是可行的；如果净现值为负数，表明该投资方案是不可行的。一般情况下，多个可比的投资方案相比，净现值大的投资方案更优。

【例 6-1】 航运公司准备购入设备以扩充生产能力，现有甲、乙两个方案可供选择，甲方案需投资 20 000 元，使用寿命为 5 年，采用直线法计提折旧，5 年后设备无残值，5 年中每年销售收入为 8 000 元，每年的付现成本为 3 000 元。乙方案需投资 27 000 元，采用直线折旧法计提折旧，使用寿命也为 5 年，5 年后有残值收入 4 000 元，5 年中每年的销售收入为 10 000 元，付现成本第一年为 4 000 元，以后随着设备陈旧，逐年将增加修理费 200 元，另回收资金 3 000 元。假设所得税税率为 40%，资本成本为 10%。计算项目的现金净流量及净现值并比较方案的优劣。

解：甲方案 $NCF_0=-20\ 000$(元)。

$$NCF_t=[8\ 000-(3\ 000+4\ 000)]\times(1-40\%)+4\ 000=4\ 600(\text{元})\text{，其中 }t>1$$

$$NPV=4\ 600(P/A,10\%,5)-20\ 000=4\ 600\times3.791-20\ 000=-2\ 561.4(\text{元})$$

乙方案 $NCF_0=-27\ 000$(元)。

$$NCF_1=[10\ 000-(4\ 000+4\ 000)]\times(1-40\%)+4\ 000=5\ 200(\text{元})$$
$$NCF_2=[10\ 000-(4\ 200+4\ 000)]\times(1-40\%)+4\ 000=5\ 080(\text{元})$$
$$NCF_3=[10\ 000-(4\ 400+4\ 000)]\times(1-40\%)+4\ 000=4\ 960(\text{元})$$
$$NCF_4=[10\ 000-(4\ 600+4\ 000)]\times(1-40\%)+4\ 000=4\ 840(\text{元})$$
$$NCF_5=[10\ 000-(4\ 800+4\ 000)]\times(1-40\%)+4\ 000+4\ 000+3\ 000=11\ 720(\text{元})$$
$$\begin{aligned}NPV&=5\ 200(P/F,10\%,1)+5\ 080(P/F,10\%,2)+4\ 960(P/F,10\%,3)\\&\quad+4\ 840(P/F,10\%,4)+11\ 720(P/F,10\%,5)\\&=23\ 231.68-27\ 000=-3\ 768.32(\text{元})\end{aligned}$$

可见，甲、乙两方案均不可行。

净现值与折现率的关系如图 6-1 所示。当 r 较小时，有正的净现值，并且净现值较大；当 r 较大时，有较小的净现值，当达到一定程度时，正的净现值可能转为负的净现值。

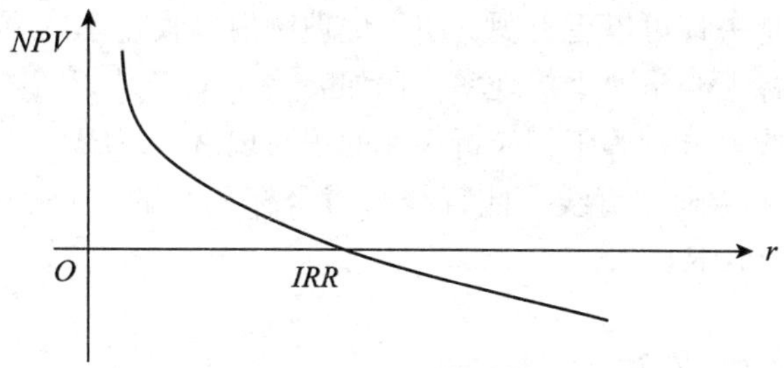

图 6-1　净现值与折现率之间的关系

三、净现值法的优缺点

净现值法，是现代企业财务资本预算中广泛使用的一种方法。净现值，因为使用的是现金流而不是会计利润，排除了影响利润的许多人为因素，而且对现金流量进行了合理折现，对货币的时间价值给予了足够的重视。

当然，净现值法同样存在一些缺点。净现值是一个绝对数，不能从动态的角度直接反映投资项目的实际收益率。进行互斥性投资决策，当投资额不等时，仅用净现值法有时无法确定投资项目的优劣。关键的是，净现值法的计算需要有较准确的项目净现金流量预测，并且要正确选择贴现率，而实际上现金净流量的预测和贴现率的选择都比较复杂和困难。

第二节　内部收益率法

一、内部收益率

内部收益率（Internal Rate of Return，IRR），又称为财务内部收益率、内部报酬率、内含报酬率等，是资金流入与资金流出差额的现值等于零时的折现率。其计算公式为：

$$\sum_{t=0}^{N}\frac{NCF_t}{(1+IRR)^t}=0$$

可见，内部收益率的计算可能涉及高次方程的求解。因此，内部收益率的计算主要有以下四种方法：

（1）取对数。当面临高次方程时，对方程两边取对数，然后再查对数表即可得出。

（2）查表。查相关的开方表。

（3）试错法，即插值法。如果某个折现率使得计算出的净现值是正值，就要采用更高的折现率来测算，直到测算的净现值趋近于零。当然，从另一个方向，如果某个折现率使得净现值是负值，就降低折现率再测算直到其净现值接近于零为止。或者，从两个方向计算，根据接近于零的相邻两个正负净现值的折现率，取两者的一个中间数值即是内部收益率。

（4）图解法。这是一种可以更直观、明了地理解内部收益率的方法，运用几何图解法进行计算：先在横坐标上绘出两个折现率，比如 $r_1=5\%$、$r_2=8\%$，然后在此两点画出垂直于横坐标的两条直线，分别等于相应折现率的正净现值（NPV_1）、负净现值（NPV_2），然后再连接净现值的两端画一直线，此直线与横坐标相交的一点表示净现值为零的折现率，即为内部收益率（IRR）。

二、内部收益率法的规则

内部收益率是在考虑了货币时间价值的情况下，使一项投资在未来产生的现金净流量现值，刚好等于投资成本的收益率。可见，内部收益率本身不受资本市场利息率的影响，完全取决于投资项目自身的现金流量，反映了投资项目内部所固有的特性。所以，内部收益率是企业期望可以达到的收益率，它概括了企业投资项目自身的收益特征。内部收益率用于投资决策的一般规则是：

（1）如果备选方案的内部收益率高于预定的贴现率，则方案可行。

（2）如果备选方案的内部收益率低于预定的贴现率，则方案不可行。

（3）内部收益率高的方案比内部收益率低的方案要好。

【例 6－2】 某公司计划开发一条新产品线，假设该产品线的寿命期为 5 年，开发新产品线的成本及预计收入为：初始一次性固定资产投资 100 万元，需垫支流动资金 50 万元，固定资产按直线法折旧且在项目终结时可回收残值 5 万元。投产后，预计每年的销售收入可达 80 万元，每年需支付直接材料、直接人工等付现成本为 26 万元；随着设备逐渐陈旧，该产品线将从第二年开始每年递增 5 万元的维修支出。假设该公司适用的所得税税率为 30%。该投资项目的内部收益率是多少？

解：根据题意分析，该产品线的预期现金流量可以制作成表 6－1。

表 6－1　　该产品的预期现金流量　　单位：万元

项　目	初始投入	第 1 年	第 2 年	第 3 年	第 4 年	第 5 年
1. 净现金流量	－150					
（1）固定资产投资	－100					
（2）垫支流动资金	－50					
2. 净现金流量		＋43.5	＋40	＋36.5	＋33	＋84.5
（1）销售收入		＋80	＋80	＋80	＋80	＋80
（2）付现成本		－26	－31	－36	－41	－46
（3）折旧		－19	－19	－19	－19	－19
（4）净利润		24.5	21	17.5	14	10.5
（5）流动资金回收						＋50
（6）固定资产残值回收						＋5

其中，折旧＝(100－5)/5＝19，净利润＝(收入－付现成本－折旧)×(1－所得税税率)，则净现金流量＝净利润＋折旧。

用试错法计算内部收益率。当折现率为 15%时的净现值为：

$$NPV=\sum_{t=0}^{N}\frac{NCF_t}{(1+i)^t}=\frac{43.5}{(1+0.15)^1}+\frac{40}{(1+0.15)^2}+\frac{36.5}{(1+0.15)^3}+\frac{33}{(1+0.15)^4}+\frac{84.5}{(1+0.15)^5}-150=2.95$$

在折现率为 16%的情况下，计算的净现值为：

$$NPV=\sum_{t=0}^{N}\frac{NCF_t}{(1+i)^t}=\frac{43.5}{(1+0.16)^1}+\frac{40}{(1+0.16)^2}+\frac{36.5}{(1+0.16)^3}+\frac{33}{(1+0.16)^4}+\frac{84.5}{(1+0.16)^5}-150=-0.31$$

则估计的内部报酬率为：15%+2.95/(2.95+0.31)×1%=15.9%。

三、内部收益率法的优缺点

内部收益率法的优点是能够把项目寿命期内所有的收益与其投资成本联系起来，并计算得出项目的收益率，将它与同行业基准投资收益率或预定收益率对比，确定这个项目是否值得投资。当项目投资采用借款进行时，在利率等借款条件尚不明朗时，内部收益率法便可以避开借款条件，即先计算得出内部收益率，作为接受借款利率的最高限。

内部收益率表现的是比率，不是绝对值，因此，一个内部收益率较低的方案，可能由于其规模较大而有较大的净现值，因而更值得投资。而且，这种方法的计算过程比较复杂，特别是每年的净现金流量差异较大时要经过多次测算才能获得内部收益率。所以，在对各个方案比选时，将内部收益率与其他指标结合起来运用效果更好。

第三节　投资回收期法

一、投资回收期

投资回收期（Payback Period），又称“投资返本年限”，是计算项目投产后在正常生产经营条件下能收回初始投资额所需的时间，可分为静态投资回收期和动态投资回收期。静态投资回收期是指在不考虑时间价值的情况下，收回全部初始投资额所需要的时间，即投资项目在经营期间内预计净收益的累加数恰巧抵偿其初始投资所需要的时间，也就是使项目累计净现金流量恰巧等于零所对应的时间。动态投资回收期是指在考虑货币时间价值的条件下，以投资项目净收益的现值抵偿初始投资现值所需要的全部时间，即从投资开始，累计折现所有现金流量等于零时所需的时间。

二、投资回收期法的使用

按照静态和动态投资回收期的划分，这里将区分两者的使用及方法。

（一）静态投资回收期的使用

静态投资回收期通常以年为单位，包括建设期（记作 S）的静态投资回收期（记作 PP）和不包括建设期的静态投资回收期（记作 PP'）两种形式，且有 $PP=S+PP'$。它是衡量初始投资额回收速度快慢的指标，该指标越小，回收年限越短，则该方案越优。其使用规则是：将计算出的静态投资回收期（P_t）与所确定的基准投资回收期（P_c）进行比较：如果 $P_t \leqslant P_c$，表明该项目能在预定时间内收回投资，则方案是可行的；如果 $P_t > P_c$，则该方案是不可行的。

1. 公式法

如果某一项目的投资均集中发生在建设期内，投产后一定期间内每年经营净现金流量相等，且其合计大于或等于原始投资额，可按以下简化公式直接求出不包括建设期的投资回收期：

$$\text{不包括建设期的投资回收期}(PP')=\frac{\text{原始投资合计}}{\text{每年相等的净现金流量}}$$

$$\text{包括建设期的投资回收期}(PP)=\text{不包括建设期的投资回收期}+\text{建设期}$$

2. 列表法

所谓列表法，是指通过列表计算“累计净收益”的方式，来确定包括建设期的投资回收期，进而再推算出不包括建设期的投资回收期的方法。不论在什么情况下，都可以通过这种方法来确定静态投资回收期，所以这种方法使用最为普遍。其公式可以表述为：

$$\sum_{t=0}^{PP} NCF_t = 0$$

这表明，在“累计净收益”一栏中，包括建设期的投资回收期正好是累计净收益为零的年限。如果无法在“累计净收益”栏找到零，则必须按下式计算包括建设期的投资回收期：

$$\begin{array}{c}\text{包括建设期的}\\\text{投资回收期}(PP)\end{array}=\begin{array}{c}\text{最后一项为负值的}\\\text{累计净收益对应的年数}\end{array}+\begin{array}{c}\text{最后一项为负值的}\\\text{累计净收益绝对值}\end{array}\div\text{下年净收益}$$

或

$$\begin{array}{c}\text{包括建设期的}\\\text{投资回收期}(PP)\end{array}=\begin{array}{c}\text{累计净收益第一次}\\\text{出现正值的年份}\end{array}-1+\text{该年初尚未回收的投资}\div\text{该年净收益}$$

【例 6－3】 某投资方案的预计现金流如表 6－2 所示，试计算其静态投资回收期。

表 6－2　　某投资的现金流量及其静态投资回收　　单位：万元

年度	每年净现金流量	年末尚未收回的投资额
第 0 年	－180 000	180 000

续前表

年度	每年净现金流量	年末尚未收回的投资额
第 1 年	40 000	140 000
第 2 年	38 000	102 000
第 3 年	35 000	67 000
第 4 年	32 000	35 000
第 5 年	70 000	—

可见，该方案的投资回收期＝4＋35 000/70 000＝4.5（年）。如果预定的投资回收期是 5 年，则说明该方案是可行的。

（二）动态投资回收期的使用

动态投资回收期是一个常用的经济评价指标，它弥补了静态投资回收期没有考虑资金时间价值这一缺点，使其更符合实际运用。其使用规则如同静态回收期，即当 $P_t \leqslant P_c$ 时，说明该项目能在要求的时间内收回投资，是可行的；否则，则该项目不可行，应予以拒绝。

动态投资回收期的计算在实际应用中根据项目的现金流量表，用下列公式可以近似计算：

$$P_t=(\text{累计净收益现值出现正值的年数}-1)+\frac{\text{上一年累计净收益现值的绝对值}}{\text{出现正值年份净收益的现值}}$$

【例 6－4】 某项目有关数据如表 6－3 所示。基准收益率 $i=10\%$，基准的动态投资回收期 $P_c=8$ 年，试计算动态投资回收期并进行项目选择。

表 6－3　　某项目的现金流量及其动态投资回收　　单位：万元

年份	0	1	2	3	4	5	6	7	8	9	10
投资支出	20	500	100								
其他支出				350	450	450	450	450	450	450	450
收入				450	700	700	700	700	700	700	700
净现金流量	－20	－500	－100	150	250	250	250	250	250	250	250
累计净现金	－20	－520	－620	－470	－220	30	280	530	780	1 030	1 280
折现值	－20	－454	－82	112	170	155	141	128	116	106	96.4
累计折现值	－20	474	－557	－445	－273	－118	22.6	150	267	373	469

解：根据动态投资回收期的计算公式计算各年累计现值，动态投资回收期就是累计现值为零的年限。

$$P_t=(\text{累计现值出现正值的年数}-1)+\frac{\text{上年累计现值的绝对值}}{\text{当年净收益的现值}}$$

$$=6-1+118.5/141.6=5.84(\text{年})$$

由于 $P_t<P_c=8$ 年，则认为该项目是可行的。

三、投资回收期法的优缺点

按静态分析法计算的投资回收期较短，决策者可能误认为经济效益尚可便欣然接受该项目。但若考虑时间价值因素，用贴现法计算出的动态投资回收期，要比用静态方法计算出的投资回收期长些，以至于该方案可能被否。但是，动态投资回收期考虑了货币的时间价值，合理地考虑了投资的资金成本，所以，选择动态投资回收期能更好地衡量投资回收的速度和状况，而静态投资回收期通常只宜用于辅助评价。

投资回收期法的优点是易于理解，计算简单，只要得到的回收期小于预定的回收期，就可考虑接受这个项目。但不论是静态还是动态投资回收期法都只注意项目投资回收的年限，而没有直接说明项目的获利能力。而且，投资回收期法没有考虑到回收期之后的收益和盈利水平，这样会使得一些初始收益较低、后期收益较好的长期项目，如研发项目被否决。当然，静态投资回收期还没有考虑资金的时间价值，这是静态投资回收期法的重大缺陷。所以，投资回收期法一般只用于小规模投资的项目评估，而且多用于辅助性决策。

第四节 盈利指数法

一、盈利指数

盈利指数（Profit Index，PI），也称为获利指数，是指初始投资以后所有预期未来现金流的现值和初始投资的比率。它衡量的是投资项目的相对盈利能力，即每 1 元初始投资所带来未来收益的现值，用公式表示如下：

$$\text{盈利指数}(PI)=\frac{\text{投资后现金净流量的现值}}{\text{初始投资}}$$

或

$$PI=\frac{\sum_{t=1}^{N} NCF_{t'}(P/F,i,t)}{I}$$

可见，盈利指数和净现值之间具有密切联系。如果净现值大于 0，则盈利指数大于 1；如果净现值小于 0，则盈利指数小于 1。但是，盈利指数不仅可以反映项目投资可行与否，还能反映出项目的盈利能力，即相对初始投资的未来收益情况。

二、盈利指数法的使用

盈利指数法是根据某一投资方案的获利指数是否大于 1 来判定该方案是否可行的决策分析方法。其一般规则是：如果指数值大于 1，则认为该方案是可行的；如果指数值小于

1，该投资方案不可行；而且，盈利指数大的方案优于指数小的方案。

【例 6-5】 某固定资产投资项目需要原始投资 900 万元，建设期为 1 年，与购建固定资产有关的资本化利息为 100 万元并在建设期初发生。固定资产投资在建设期起点或第一年初投入。该项目收益年限为 8 年，固定资产按直线法折旧，期满有 100 万元净残值，流动资金在项目终结时一次回收。建成投产后前两年净收益 100 万元，从建成投产后第三年开始每年 150 万元。假设该项目的要求收益率为 10%，则其净现值和获利指数各是多少？

解：固定资产折旧＝（900＋100）/8＝125(万元)。

$$\begin{aligned} NPV &= -1\,000+(100+125)\times(P/A,10\%,2)\times(P/F,10\%,1)+(150+125) \\ &\quad \times(P/A,10\%,5)\times(P/F,10\%,3)+(150+125+100)\times(P/F,10\%,9) \\ &= -1\,000+225\times1.735\,5\times0.909\,1+275\times3.790\,8\times0.751\,3+375 \\ &\quad \times0.424\,1 \\ &= 297(\text{万元}) \end{aligned}$$

可见，本项目的净现值率＝297/1 000＝0.297，而获利指数＝1 297/1 000＝1.297，即获利指数＝净现值率＋1。

三、盈利指数法的优缺点

盈利指数法注意到了项目的现金流入与现金流出问题，并考虑了货币的时间价值，因此，盈利指数能够真实地反映投资项目的盈亏程度。另外，盈利指数因为是一个相对数，所以可以用于投资规模不同方案之间的比较。但在进行项目之间的比较选择时，会忽视项目初始投资的资金约束。

第五节　平均会计收益法

一、平均会计收益

平均会计收益（Accounting Rate of Return，ARR），也称为会计收益率，是投资项目生命周期内平均的年投资报酬率。它通过使用会计报表数据、会计收益与成本理论便可以计算投资回报率，常用于投资项目评估。

会计收益率有多种计算方法，常用的计算方法是：

$$\text{会计收益率}=\frac{\text{年平均利润}}{\text{原始投资额}}$$

和投资回收期法一样，采用平均会计利润这一指标时也要事先确定一个平均会计收益率标准，如果 *ARR* 高于预定的平均会计收益率，则该方案是可行的；如果 *ARR* 低于预定的平均会计收益率，则该方案是不可行的；多个可比方案比较时，*ARR* 高的方案更优。

【例 6-6】 假设某公司两个投资方案 A 和 B 所产生的净会计利润如表 6-4 所示。

表 6-4　　某公司两个投资方案的会计利润　　单位：万元

项目	第 0 年	第 1 年	第 2 年	第 3 年	第 4 年	第 5 年
A	－10 000	2 500	2 500	2 500	2 500	2 500
B	－15 000	3 000	2 800	2 700	2 500	3 000

计算平均会计收益率：

$$A\text{ 方案 } ARR=\frac{2500}{10\ 000}\times 100\%=25\%$$

$$B\text{ 方案 } ARR=\frac{(3000+2\ 800+2\ 700+2\ 500+3\ 000)\div 5}{15\ 000}\times 100\%=18.67\%$$

可见，A 方案的平均会计收益率较高，所以，应该选择 A 方案。

二、平均会计收益法的优缺点

平均会计收益法一般具有容易计算、简单易懂、所需数据相对容易获取的优点。但是，因为采用的会计收益或会计利润，必然包含了会计确认和计量的一些固有缺陷，如没有反映出货币的时间价值、基于会计净收益和账面价值而非现金流量和市场价值等。另外，基准收益率的确定，会根据个人判断而不同，带有很强的主观性。

第六节　资本预算方法的比较

一、净现值法与内部收益率法的冲突

一般情况下，净现值法和内部收益率法得到的项目评估或比选结果是一致的。但是，以下几种情况却可能使得 NPV 法和 IRR 法并不一致。

首先，对于单个投资项目，关键问题在于分清资金的流入量和流出量。只有当投资获得的预期报酬率高于资金的机会成本时，项目才是可接受的；反之，项目不可接受。而利用 NPV 法，不用考虑上述问题。

其次，对于互斥投资方案，NPV 法和 IRR 法得出的评估结论可能也会产生矛盾。

第一，多个项目初始投资规模的差异，会使 IRR 法得出错误结论，因为 IRR 反映的是未收回的投资获利能力，是一比值，没有考虑投资规模的大小。

第二，对于非常规投资项目，即每期净现金流符号变化多次的项目，可能存在多个 IRR，但 NPV 法不会有这方面的困扰。

【例 6-7】 假设有两个互斥项目 A 和 B，两者产生的净现金流量如表 6-5 所示。

表 6-5　　两个投资方案的现金流量　　单位：万元

年份	投资项目 A	投资项目 B
0	−10 000	−10 000
1	5 000	2 000
2	4 000	4 000
3	4 000	5 000
4	3 000	6 000

通过内部收益率法的计算公式，可得项目 A 的 $IRR=24\%$，项目 B 的 $IRR=21\%$。由于这两个项目是互斥的，一般情况下我们会选择项目 A。

但是，当我们考虑不同的要求回报率时结果可能不同，如在以下的要求回报率情况下我们计算项目 A 和项目 B 的净现值，如表 6-6 所示。

表 6-6　　不同的要求回报率下两项目 NPV 的比较

折现率（%）	项目 A 的 NPV	项目 B 的 NPV
0	6 000	7 000
5	4 313	4 788
10	2 906	2 979
11.1	2 634	2 634
15	1 718	1 482
20	706	231
25	−163	−822

通过绘出 NPV 的曲线图，我们可以发现互斥项目 A 和 B 的 NPV 及其差异，如图 6-2所示。

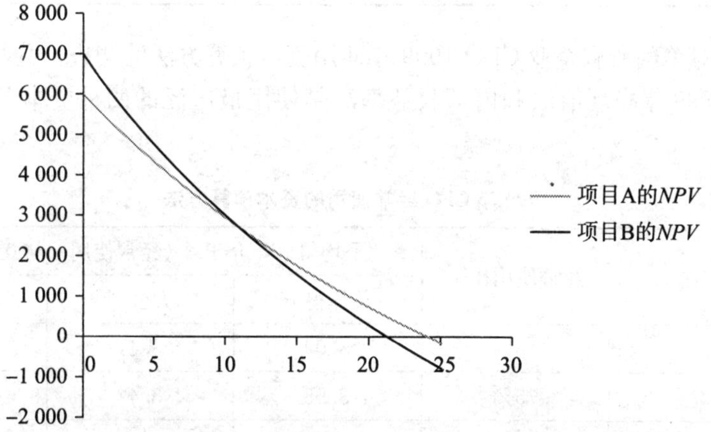

图 6-2　不同要求收益率下两项目 NPV

在折现率低于11.1%的时候，项目B的NPV较大，在这个范围内接受B比接受A对我们有利，即使A的内部收益率较高。

当IRR法和NPV法的结论有冲突时，我们要更依赖NPV进行决策，因为NPV直接衡量了项目现金流量为股东创造的财富。

尽管IRR法与NPV法这两种方法都有缺陷并且会有结论上的冲突。但是，投资项目评价是针对未发生事件的预测，未来事件的发生总带有不确定性。因此，IRR、NPV与其他财务评估指标一样，都有偏差和失真的可能性。正因如此，除IRR和NPV之外，决策者还需考虑其他相关信息，包括投资规模及其回收期特征、投资目标和投资约束等。于是，每个投资者都应该积累与项目价值评估有关的一切信息，以求得到正确的投资决策。

二、各种方法的运用实践

上述资本预算的各种方法，在财务管理决策中都得到了广泛的运用。不少学者和调查公司对资本预算方法的使用情况进行过调查，表6-7和表6-8是斯蒂芬·罗斯等对美国公司CFO使用资本预算方法情况的一个调查。

从表6-7中可见，早期的资本预算中，回收期法和会计收益率法是很受欢迎的决策工具。但是，到了20世纪80年代，内部收益率法和净现值法却很明显地成了最主要的评估方法。

表6-7　　不同资本预算方法作为首选方法的历史比较

	1959年	1964年	1970年	1975年	1977年	1979年	1981年
投资回收期法	34%	24%	12%	15%	9%	10%	5%
ARR法	34%	30%	26%	10%	25%	14%	10.7%
IRR法	19%	38%	57%	37%	54%	60%	65.3%
NPV法	—	—	—	26%	10%	14%	16.5%
IRR法或NPV法	19%	38%	57%	63%	64%	74%	81.8%

表6-8是对美国所有企业CFO 1999年使用资本预算方法的调查，共收到392份有效回复。显然，1999年净现值法和内部收益率法是使用最广泛的两种资本预算方法，特别是在大企业中。

表6-8　　1999年CFO经常使用的资本预算方法

资本预算方法	经常使用比率	平均得分，介于4（经常使用）与0（从不使用）		
		总体得分	大公司	小公司
IRR法	76%	3.09	3.41	2.87
NPV法	75%	3.08	3.42	2.83
静态投资回收期法	57%	2.53	2.25	2.72
动态投资回收期法	29%	1.56	1.55	1.58

续前表

资本预算方法	经常使用比率	平均得分，介于4（经常使用）与0（从不使用）		
		总体得分	大公司	小公司
ARR法	20%	1.34	1.25	1.41
PI法	12%	0.83	0.75	0.88

本章小结

本章介绍了几种常用的资本预算方法，包括净现值法、内部收益率法、投资回收期法、盈利指数法和平均会计收益率法。

1. 净现值是投资决策中最常用的指标，是指特定投资方案整个生命周期所有现金净流量按预定的贴现率贴现的现值。净现值大于零则认为该方案是可行的，所有可选投资方案中净现值大的则优先选择。

2. 内部收益率是使得项目整个生命周期内净现值为零时的贴现率，计算的主要方法有取对数法、查表法、试错法、图解法。根据内含报酬率是否高于预定的贴现率来确定项目是否可行。

3. 回收期法是根据预期现金流来计算的收回初始投资所需的时间，可分为静态投资回收期和动态投资回收期。

4. 盈利指数可以理解为每单位的现金流出能够带来的现金流入量，它反映了项目的投资效率。盈利指数法是根据项目的盈利指数是否大于1来确定方案是否可行。

5. 平均合计收益法是年平均利润与投资额的比率。根据平均收益率和投资预想的必要收益率之间比较来决定项目的取舍。

6. 当应用内部收益率和净现值法进行项目投资决策的比选时，两者得出的结论可能有矛盾，此时一般采用净现值法进行决策，因为净现值法直接衡量了项目为投资者创造现金流量的能力。

练习思考题

1. 资本预算各种方法的优缺点是什么？

2. 静态投资回收期法和动态投资回收期法有什么区别？

3. 净现值法和内部收益率法的差异表现在哪些方面？

4. 某企业正在考虑两个有同样功能、相同风险特征的互斥项目，项目的预期税后现金流如表6-9所示。

表6-9　　项目预期税后现金流表　　单位：元

年份	项目A	项目B
0	−100 000	−100 000
1	12 000	50 000

续前表

年份	项目 A	项目 B
2	45 000	50 000
3	89 000	50 000

假设该企业要求的收益率为 10%，要求：

（1）计算每个项目的净现值。

（2）应该选择哪一个项目？

5. 三个互斥项目预期的税后现金流如表 6－10 所示，它们有相同的风险特征，企业要求的收益率都是 10%。

表 6－10　　项目预期税后现金流表　　单位：元

年份	项目 A	项目 B	项目 C
0	－2 000 000	－2 000 000	－2 000 000
1	200 000	1 000 000	900 000
2	1 100 000	900 000	900 000
3	1 400 000	800 000	900 000

要求：

（1）计算每个项目的净现值。

（2）根据计算结果，应该选择哪一个项目？

6. 三个互斥项目预期的税后现金流如表 6－11 所示，它们有相同的风险特征，企业要求的收益率都是 10%。

表 6－11　　项目预期税后现金流　　单位：元

年份	项目 A	项目 B	项目 C
0	－1 000 000	－1 000 000	－1 000 000
1	200 000	700 000	500 000
2	400 000	600 000	500 000
3	900 000	200 000	500 000

要求：

（1）计算每个项目的净现值。

（2）根据计算结果，应该选择哪一个项目？

7. 某两个项目预期的现金流如表 6－12 所示，它们有相同的风险特征，资本成本都是 10%。

表 6-12　　项目预期现金流表　　单位：元

年份	项目 A	项目 B
0	−2 000 000	−2 000 000
1	200 000	1 400 000
2	1 200 000	100 000
3	1 700 000	400 000

要求：

（1）计算每个项目的净现值。如果项目是独立的，该选择哪一个项目？如果是互斥的，该如何选择？

（2）计算每个项目的贴现回收期。如果项目是独立的，该选择哪一个项目？如果是互斥的，该如何选择？

（3）计算每个项目的内部收益率。如果项目是独立的，该选择哪一个项目？如果是互斥的，该如何选择？

（4）计算每个项目的盈利指数。如果项目是独立的，该选择哪一个项目？如果是互斥的，该如何选择？

（5）根据对前四个问题的回答，如果项目是独立的，哪个方法可做出最佳的投资决策？如果是互斥的呢？

8. 某公司有两个投资项目 A 和 B，其现金流如表 6-13 所示。

表 6-13　　投资项目现金流表　　单位：元

年份	项目 A	项目 B
0	−30 000	−45 000
1	13 000	26 000
2	13 000	26 000
3	13 000	26 000

要求：

（1）如果该公司采用盈利能力指数法，其要求收益率是 9%，该公司接受哪个项目？

（2）如果采用净现值法，公司会选择哪个项目？

（3）解释为什么（1）和（2）会出现不同的结果。

阅读材料 6-1　资本预算——企业投资决策的基础

一个企业，无论是以何种组织形式存在，都要由企业的管理者去经营和决策，一个共同的管理目标，就是不断提高股东权益的价值。要想实现企业的管理目标，管理者不仅要有好的眼光和机会，最关键的是做出正确和适当的投资决策。而这个决策的基础，就是资本预算。

一、资本预算的程序

资本预算是规划和管理企业长期投资的过程。可以说，资本预算的过程就是企业的经营者找出好的投资机会的过程。

资本预算并没有固定的程序，下面以工业项目的资本预算常用程序为例进行介绍：

第一步：确定基本方法和原则。

根据项目的来源、背景、当地政策、产品需求情况、合作方式、投资结构、股份比例、技术方案是否成熟、是否需要从国外进口设备、原材料情况、当地基础条件、产品销售现状等，确定项目经济计算周期和设计规模，确定资本预算的方法和原则。

第二步：收集基本数据。

(1) 确定基本建设投资数额，主要包括建安费、设备费、不可预见费。

(2) 确定流动资金（营运资金）数额。

(3) 确定资金筹措计划，包括自有资金情况、合伙人资金、银行借款等。

(4) 确定产品销售收入计划，按试生产期、生产期分开考虑。

(5) 生产成本计算，包括原材料、燃料、营运或操作工人费用、车间和工厂管理费用、工厂折旧、财务费用（借款利息）等。

(6) 确定净收入计划。

(7) 计算有关财务指标，如净现值、投资回收期、内部收益率等。

第三步：进行不确定性分析。

分析当产品价格、产量、产品成本、财务费用变化时，项目资本预算所发生的变化。在选择项目方案时，还要进行有关评价，包括：

(1) 综合评价，主要包括市场、财务、股息、扩建、产品更新、抗风险能力等。

(2) 环保评价，即生产工艺对当地环境的长短期影响及环保达标情况。

(3) 社会评价，从公众、舆论、区域经济发展等方面评价。

二、几种常用的资本预算方法

资本预算的方法很多，有还本期间法、折现还本期间法、净现值法、平均会计报酬率法、内部报酬率法及获利指数法等，还本期间法最为常用。但还本期间法也有缺点，因其对现金流量没有折现，从而忽视了货币的时间价值。

净现值法也比较常用。实际上，所谓一项投资的净现值（NPV）就是该投资的市价与成本间的差额，这个差额如果是正的，说明该投资是赚钱的；若是负的，则该投资要亏本，投资提案通常也就要被否决了。

内部报酬率（IRR）法实际上和净现值法密切相关，甚至可以这样说，两者基本上是一种方法，但表达方式不同。内部报酬率法更明确、直接地告诉我们某项投资的预期报酬率到底是多少，是10%还是15%，简单明了，容易为经营者、股东所接受。

而平均会计报酬率（AAR）法则是可以直接从会计资料里计算出来的方法。一项投资方案的平均会计报酬率是平均净利除以平均账面价值（或称平均投资额）。因此，和还本期间法一样，AAR 法忽略了货币的时间价值。另外，这个比率确实也不是具有任何经济意义的报酬率，但 AAR 的最大优点就是便于计算。

其他的方法像折现还本期间（Discounted Payback Period）法，因此还本期间法麻烦，又不及净现值法严谨，故使用者较少。而获利指数（Profitability Index）法是用投资方案未来现金流量的现值除以最初投资后的数值大小来表示的。实际上这个数值反映了每投资一个货币单位创造的价值，它和净现值法也密切相关，并更容易了解。

三、不同企业应有所侧重

企业有大小、类别之分，有的企业每天都有数个投资方案需要管理层决定；有的则几个月甚至一年才有新的投资行动。投资方案又有大小之分、重要和非重要之分。因此，不同的企业，不同的投资方案应使用不同的资本预算方法。

对一个每天有十几个投资机会的大型企业集团来说，最好的办法莫过于先用还本期间法进行筛选。对于那些还本期间短的投资可以优先考虑。在筛选的基础上，再用内部报酬率法或净现值法进行详细分析，以确定投资方案的预期报酬率或创造的 NPV 价值。

而对于一些资金较为紧张的中小型公司来说，如果有多个投资机会的话，最好的选择莫过于先用获利指数法计算不同投资方案的获利指数（PI），而 PI 值最高的应该优先获得资源分配，较高的则次之，只有这样才能使企业的资产报酬率最大。

另外，对于科技投资，从财务管理的角度看，这些公司的未来现金流量不是传统型的（第一笔现金流量是负的，之后的现金流量也有负的）。因此，若使用内部报酬率法计算时，可能出现多解（即出现几个报酬率），从而误导投资者的决策。包括目前大家所熟悉的 BOT 方式以及债券付款方式也属于非传统型的投资。那么，在上述情况下，如何决定投资方案呢？其实解决的方法也很简单，就是选择净现值最大的方案，因为净现值大，就说明了为股东创造的价值大。

资本预算作为企业投资决策、选择项目的方法，主要是由评估投资方案未来现金流量的大小、时点、风险来决定的，而未来现金流量的大小和预估的产量（收入）、成本以及折旧、利息相关，预估的产量（收入）有时会随着环境的变化而改变，从而改变了 NPV 或 IRR 的大小，甚至改变整个投资决策。为了解决这个问题，在预估产量（收入）时，可以设定产量（收入）的上、下限和正常情况等，从而找出不同情形下的 NPV 或者 IRR，知道未来的风险和利益所在。

四、存在的问题

目前，由于对资本预算的重视不够，企业的资本预算中还存在一些问题，有的企业只凭领导的经验选择项目而忽视了正常的资本预算过程，或者只是走走过场。有的企业为了使项目得到上级有关部门或者商业银行的批准和支持，采取先预设较好的结果，再选择基础数据的倒算办法。有的企业为了使用特定的技术方案，在多方案比较时有意夸大此方案的优点或者别的方案的缺点，使得最终被选择的方案未必是最佳投资方案。除这些观念上的原因外，项目本身的一些问题也影响到资本预算的进行。

（1）项目的合作关系不确定。几方共同参与项目时，各方的责、权、利不清楚造成项目的结构不确定，而无法进行项目的资本预算。

（2）项目的投资结构不确定。投资方组成及股份比例未确定时，无法进行项目的资本预算。

（3）项目的技术方案不成熟。项目的关键技术工艺和设备不过关或者不成熟时，很难较准确的估计有关工艺和设备价格及运营价格，使资本预算难以进行。

（4）项目的最终产品不确定。当产品方案不确定时，难以进行资本预算。

（5）项目的外部条件不清楚。在项目的预算可行性研究阶段，有关条件例如项目选址、项目规模、产品方案、原材料供应情况、供水、排水、用电、公路、铁路、燃油、燃气、码头、海运、劳动力情况、当地材料和设备价格、技术水平、工作标准、环保及安全要求、当地习惯做法、行业规范、惯例、有关税收、外汇、借款利率、通货膨胀等不清楚，造成技术上选择方案时不确定性较大，影响了资本预算的正常进行。

（6）项目的上马时间不确定。若项目开工和投产发生延误，将造成资本预算的不准确甚至导致错误决策。

（7）产品销售价格不确定。产品销售价格背离市场时，造成资本预算的不准确。

总之，资本预算是企业投资决策的基础。一个好的投资选择是公司综合能力的体现，尤其在新经济时代，财务管理人员、技术人员和经营者更要利用它为企业投资做出明智选择。

资料来源：徐永杰，马海燕．资本预算——企业投资决策的基础．国际经济合作，2003（11）．

阅读材料 6-2　浅析中小企业资本预算分析方法的选择

一、导言

无论是发达国家，还是发展中国家，中小企业在其社会经济生活中都占有重要的地位，在提供就业机会、活跃市场、进行技术创新和企业组织创新、培育企业家等方面发挥着不可替代的作用。我国 2006 年施行的《公司法》对新设公司的注册资金最低限额全面降低，成立有限责任公司的最低限额从 50 万元人民币降至 3 万元，这无疑是对个人创业者一个极大的鼓舞，进一步促进了我国中小企业的发展和壮大。截至 2006 年 10 月底，我国中小企业已达 4 230 多万户，占全国企业总数的 99.8%。其中，经工商部门注册的中小企业达 430 多万户，个体经营户达 3 800 多万户。中小企业实现的工业总产值占全国的 60%，生产的商品占全国社会销售额的 59%，完成的出口额占全国的 60%，实现的利税占全国的 40%，上缴的税金占全国的 50.2%。另外，中小企业还提供了大约 75%的城镇就业机会。

要研究中小企业的发展，首先就要考察其资本预算（生产性投资）方法的选择。因为，就创造价值而言，投资活动是融资的前提，这不仅决定了融资时间与融资规模，同时，它也决定了企业生产经营的内容和规模。不同资本预算分析方法的选择结果会存在差异，而不同的投资决策带给中小企业的风险和收益各不相同。

二、中小企业资本预算方法选择的现状

由于中小企业的规模小，人员少，在市场竞争中往往处于劣势地位，小企业资本预算方法和程序与大企业并不相同。Danielson 和 Scott 2006 年发现小型企业和大型企业在评

价决策方法的选择方面存在显著差异。中小企业在资本预算方法上更倾向于选用非贴现分析方法。Graham 和 Harvey 2001 年通过研究发现，规模较大的企业更倾向于采用折现的方法来分析、选择投资项目，符合现代资本预算理论，现代资本预算理论正是建立在对折现现金流量（DCF）的分析基础之上的。而中小企业在选择资本预算分析方法时，往往不考虑时间价值，选取投资回收期（PP）作为首要的评价标准，尽管投资回收期法有着许多缺陷，既没考虑货币时间价值，也没有将投资回收期后的相关收益考虑进决策，即使是动态投资回收期法考虑了货币时间价值的情况，也存在忽视回收期后现金流量的问题。投资采用回收期法，对投资期限长、前期回收资金额较少的投资项目尤为不利。用投资回收期法选择投资项目，会使企业倾向于短期投资项目，且投资净现值（NCF）不一定最高。而净现值被看作股东财富增加值的现值，资本预算过程可以看作是在寻找正的净现值的投资。

三、中小企业资本预算方法选择的原因分析

（一）中小企业目标的偏离

现代资本预算理论认为，企业的目标是追求股东财富的增值，并且企业能被一个完善的资本市场所评估。因此，企业会选择那些能使股东财富最大化的投资决策。净现值（NPV）法和内部报酬率（IRR）法等贴现方法的运用，体现了股东财富价值的现值和考虑风险因素后的投资效率，所以被大多数大型企业所采用。将 IRR 法或 NPV 法作为第一采用的资本预算方法的美国大型公司在 1981 年达到了 81.8%。然而，中小企业的首要目标可能存在多样性，有研究发现，企业创办者创立一个企业的原因，要么是避免失业的替代选项，或者是为了逃避打工生活的枯燥，或者将其看作研发生产并推销自己发明的一个手段。在上述案例中，企业创办者的首要目标是维持企业的生存，而不是最大化自身价值。因而在制定投资决策时，中小企业的所有者会将财富最大化目标与其他目标（例如维持企业独立性）进行权衡。在一项对瑞士企业的调查中，发现作为管理者目标，维持企业独立性要比股东财富最大化更加普遍。同时，他们发现当追求除股东财富最大化目标之外的目标时，企业很少依赖贴现现金流量的分析方法。投资回收期法也许从收回投资的速度上更能增强企业主的投资信心，由于中小企业所有者很多时候也是管理者，不会面临所有权与经营权分离产生的代理问题，管理当局不会将追求股东财富最大化作为投资者考核管理绩效的指标，因此，选择风险低而不是收益高（同时意味着高风险）的投资是中小企业的普遍做法。对中小企业来说，没有比快速收回投资更具有诱惑力的了。

（二）中小企业财务管理专业人员匮乏

中小企业缺乏像大企业那样的人力资源。包括中小企业业主在内，中小企业的人员在财务和会计方面均缺乏经验。我国也是如此，中小企业财务人员的学历普遍偏低，因此，投资项目分析的系统性和理论性较大型企业不同，选择数据来源方便的会计收益率法和便于理解的投资回收期法是中小企业的常用工具。尽管会计收益率法从经济学意义上看并不是真正的收益率，它忽略了货币的时间价值。除了财务人员对财务知识方面的匮乏外，中小企业的整体人员数量不足也是导致这一现象的一个间接的因素。由于没有足够的人力和技术用于投资决策前期的数据搜集、财务预测，确定准确的未来现金流量和预计投资报酬

率，预算方法的选择就相对简化了。对于贴现采用的贴现率的估计，中小企业大多无法准确估计，即使是企业的加权平均资本成本（WACC），中小企业也很难准确地预测。

（三）中小企业面临融资困境

一些中小企业面临资本约束，决策的流动性是中小企业选择投资项目时首要考虑的因素。有人认为，由于缺乏在公开市场发行债券融资的渠道以及面临无法投资多样化的固有风险，中小企业与大企业相比，资本预算更加重要。其他方面的成功不能弥补一个投资项目的错误。融资渠道的种类除了企业主自身投入外，只有银行贷款和民间借贷，前者的贷款程序烦琐，一般要求企业提供抵押担保的财产，筹资成本高，从申请到获得贷款的时间间隔长；而后者，则需要支付高于市场利率的资金成本，而且借款期限相对较短，常面临到期还款的压力。对于中小企业主来说，在资金短缺的时候，即使面临有利的投资机会，由于资金短缺也往往采用等待内部资金回笼的筹资渠道，而放弃对外借款。盖勒普公司的一项研究调查显示，在被调查的792家小型企业（人数少于250人）中，当面临低风险投资机会但此时企业没有足够资金时，45%的企业选择等待，直到积累了足够的现金为止。这说明小型企业尤其是微型企业（员工人数不足10人），对投资决策的选择更为谨慎。中小企业没有雄厚的财力作后盾，就必然要谨小慎微地选择风险低、回收快的项目，考虑风险因素的IRR法和NPV法在中小企业中得不到重视。

四、对中小企业资本预算方法选择的建议

由于企业可接受的投资报酬率一般要高于市场无风险报酬率，贴现现金流（DCF）的分析方法，考虑了投资项目的时间价值，体现了投资项目的风险因素。基于贴现的净现值法、内部投资报酬率法等是大中型企业采用的主要方法。中小企业由于企业价值、财务分析人员匮乏以及资本约束等限制，无法选用较为合理的预算方法，进而选择投资期短但不一定收益最大的投资项目，有其客观必然性。中小企业主由于其融资环境恶劣，更容易成为风险规避者。笔者认为：改善中小企业现在的财务环境是解决中小企业资本预算短期行为的关键，可通过开展对中小企业主及其雇员的培训，提高其财务预测、财务分析水平，进而提高资本预算决策分析水平。更重要的是，应关注中小企业的外部生存环境，改善融资环境，扩大融资渠道，减少其在进行资本预算时不必要的财务负担。中小企业的健康发展，不仅可以创造更多的投资机会，同时也会成为吸引人才的重要手段，使企业形成良性循环。

资料来源：王旻，吴静芬．浅析中小企业资本预算分析方法的选择．会计之友，2008（5）.

第七章

资本预算中的风险分析

从创立起就备受关注的无人机制造商 Lily Robotics 于 2017 年 2 月 27 日申请破产，宣布倒闭。Lily 在向所有用户发送的名为“旅程的结束”的电子邮件中表示，公司已经竭尽全力，但最终还是决定关闭公司，并在 60 天内退回众筹款项。

Lily 无人机公司于 2013 年在加州大学伯克利分校创立，2014 年便收到了第一笔可观的投资，随后 Lily 无人机炫酷的演示视频刷爆各大社交网络。2015 年 12 月，Lily 宣布完成 1 500 万美元融资，尚未达到量产水平的无人机 Lily Camera 被硬生生推到了聚光灯下，成为当时各大媒体争相报道的头条新闻。对于这样一家初创企业及其产品，许多知名媒体不吝溢美之词，其中，《卫报》就以《Lily：499 美元的私人摄影师》撰写了评论文章，《连线》杂志则将其形容为“无人机的未来”。

对于日渐火爆的无人机市场而言，Lily Robotics 的倒下对该领域企业来说无疑是一记当头棒喝，越来越多的无人机厂商开始遇到发展瓶颈，人们才突然意识到“无人机的春天并没有想象中那么灿烂”。

前述章节在谈到资本预算时，总是假定未来的现金流量能够在当前预测，投资者要求的收益率一旦确定也无须调整。但 Lily Robotics 公司的案例告诉我们，投资项目的未来充满了风险，而且当前很难估测或预期，即使是像 Lily Robotics 这样发展前景良好的企业也无法预知其未来状况包括现金流状况。缺陷弥补的方法之一，就是对前述资本预算参数或方法进行一些补充和完善。

本章内容提示

1. 贴现率及其风险调整。本章介绍了资本预算中贴现率的调整，并介绍了这种调整的利弊。
2. 现金流估算与风险调整。本章探讨了现金流的风险调整，即在考察相关现金流的基础上，通过通货膨胀调整和肯定当量法进行风险调整。
3. 情景分析法。主要介绍资本预算中对于未来可能出现的各种情形的分析与预测，重点介绍了情景性分析中的敏感性分析。

4. 资本预算中的实物期权。实物期权定价方法是对传统价值评估方法的完善，本章将介绍实物期权的含义、特性、分类及在资本预算中的简单应用。

第一节　贴现率及其风险调整

在第六章中我们介绍了资本预算的一些基本方法，应用这些方法的一个基本假设就是：项目的现金流量是可以预测的，投资者要求的回报率也是可以事前确定并不会改变。但是，现实中，这两者很难事前确定，即使能确定也很难在项目的整个生命周期内一成不变。为此，本节对资本预算中项目现金流量和贴现率所面临的风险进行分析，并对其进行风险调整。

一、风险调整贴现率

风险调整贴现率法（Risk-adjusted Discount Rate，RADR）是通过对基准收益率或无风险收益率进行风险调整后得到的投资收益率。从一定程度上看，风险调整贴现率是投资者根据项目风险大小和自身的风险承受能力而主观决定对无风险收益率附加一个风险调整系数的方法。

可见，不同的项目有不同的风险调整贴现率，对于高风险的项目采用较高的贴现率去进行价值评估，低风险的项目用较低的贴现率去计算。因此，此种方法的中心思想是根据风险的大小来调整贴现率或必要回报率。

二、风险调整贴现率法的使用

风险调整贴现率的计算公式为：

$$K=i+bQ$$

式中，K 为风险调整贴现率；

i 为无风险贴现率；

b 为项目的风险报酬斜率；

Q 为该项目的标准离差率风险程度。

在现实中，我们可以采用更为简化的形式，直接在无风险贴现率的基础上进行调整，即直接在无风险贴现率的基础上乘以一个系数即可。

风险调整贴现率法比较符合逻辑，并被广泛使用；在竞争的市场环境中，每个项目效益在将来不同的经济状态下会发生变化，风险调整贴现率法能够通过调整项目在不同经济状态下的现金流贴现率，及时反映并规避市场风险。在竞争的市场环境中，投资风险由整体经济情况决定，分散化投资不一定能降低市场风险。因此，通过风险调整贴现率法，可以让不同种类的项目具有不同的贴现率，从而投资于更具盈利能力或能更快收回投资成本的项目。

当然，风险调整贴现率法也存在一些缺点。首先，把时间价值和风险价值混在一起，并据此对现金流量进行折现，意味着风险随时间的推移而加大，夸大了远期风险。其次，项目投资往往是期初投入，寿命期内收回投资，难以计算各年的必要回报率，而风险调整贴现率法在运用时假定各年的必要回报率均一致，这样的处理显然并不合理。

第二节　现金流估算与风险调整

资本预算是建立在对未来现金流量预测与判断基础之上的。由于影响项目未来现金流量变化的各种因素不确定性很大，加上预测方法和条件的局限性，使实际值与预期值可能会有很大偏差，从而给投资评估带来很大风险。因此，需要了解各种因素变化对项目未来现金流量的影响。

一、相关现金流

一个项目的相关现金流量是什么？基本原则非常简单：一个项目的相关现金流量就是由于决定接受该项目，所直接导致公司整体未来现金流量的改变量。因为相关现金流量被界定为公司现有现金流量的改变量或增加量，所以相关现金流量也被称为项目的增量现金流量（Incremental Cash Flow）。更一般的界定是，项目评估中的相关现金流量或增量现金流量包括所有因为接受该项目而直接导致的公司未来现金流量的变动。这个增量现金流量的定义隐含着一个显而易见的推论，即任何现金流量，如果不管项目是否接受，它都存在，那么它就是不相关的。

在理解项目相关现金流量的概念时，要把握以下几个要点：

第一，投资决策中使用的现金流量，是投资项目的现金流量，是由特定项目引起的。

第二，现金流量是指“增量”现金流量。

第三，这里的“现金”是广义的现金，它不仅包括各种货币资金，而且包括项目占有的非货币资源的变现价值或重置成本。例如，一个项目需要使用原有的厂房、设备和材料等，则相关的现金净流量是指它们的变现价值，而不是其账面成本。

在项目评估以及实际的项目投资中，有很多关键的现金流出或流入项目，这些项目有些构成了项目的相关现金流，有一些则并非相关现金流。

（1）相关成本和无关成本。相关成本是指与特定决策有关的、在分析评价时必须加以考虑的成本，如差额成本、未来成本、重置成本、机会成本等都属于相关成本。

与此相反，与特定决策无关的、在分析评价时不必加以考虑的成本是非相关成本，如过去成本、账面成本等往往是非相关成本。

（2）付现成本和沉没成本。付现成本是指由某项决策所引起的，需要在未来用现金支付的成本，它是投资方案的直接相关成本。

沉没成本又称沉落成本、沉入成本、旁置成本，是指由过去的决策所引起，并已经支付过现金，无法由现在或将来的任何决策所能变更的成本。由于沉没成本已经支付就一去不复返，进行决策分析时就无须加以考虑，是非相关成本。

（3）重置成本和账面成本。重置成本是指目前从市场上购买同一项原有资产所需支付的成本，又称现时成本。

账面成本是指以实际发生的支出入账的成本。固定资产投资项目需要投入企业拥有的非货币资源时，是用其重置成本，而不是账面成本。因此，重置成本属于相关成本，而账面成本属于非相关成本。

（4）历史成本和未来成本。历史成本又称过去成本，是指过去实际已经发生的成本。未来成本是指进行投资决策时预测的将来要发生的成本。历史成本与本投资项目决策无关，属于非相关成本。未来成本与本投资项目决策有关，属于相关成本。

（5）差额成本和边际成本。差额成本又称差别成本、差异成本、差量成本，是指不同投资方案之间预测成本的差额。在不同投资方案现金流入量相同的情况下，可直接通过对不同投资方案的差额成本进行比较，判断确定最优方案。因此，差额成本属于相关成本。

边际成本是指在一定的生产规模条件下，增加产量所支付的追加成本。边际成本涉及投资项目现金流出，也属于相关成本。

（6）机会成本。机会成本是指在投资决策时，从各个备选方案中选取某种最优方案而放弃其他方案所丧失的潜在收益，是采用最优方案的一种代价。机会成本不是一种支出或费用，不是通常意义上的成本，而是失去的收益。这种收益不是实际发生的，而是潜在的，离开被放弃的方案就无从计量确定。由于每一项资产都会有多种用途，有多种使用的机会，用于某一方面就不能同时用于其他方面。用于某一方面的所得，正是因为放弃用于其他方面的机会而产生的。在投资决策中，从各个备选方案中选取最优方案，必然要放弃其他方案。但是，被放弃方案可能取得的收益，应从被选用的最优方案的所得中得到补偿，才能对最优方案的经济效益做出全面的、合理的评价。因此，机会成本是相关成本。

另外，还要考虑投资方案对公司其他部门和企业垫付营运资本的影响。如：某企业投资该项目之前的营运资本＝该年流动资产需用额－该年流动负债需用额＝50 万元－20 万元＝30 万元，投资该项目之后的营运资本＝该年流动资产需用额－该年流动负债需用额＝80 万元－35 万元＝45 万元，则由投资该项目引起的营运资本增加＝45 万元－30 万元＝15 万元。

如果把非相关成本归入投资方案的成本中，则一个有利的方案可能变得不利，造成决策失误。另外，项目投资是有寿命的，这一点要与企业价值评估区分开来。而且，项目现金流量的评估一般不考虑资本结构的影响，也就是无须区分项目的资金来源是股本还是债务。

二、通货膨胀及其影响

任何资本预算项目，在其建设经营期的各项现金收支都无不与物价变动相关。一个正常情况下可以接受的投资方案，在考虑通货膨胀的条件下可能被拒绝，同时通货膨胀还会改变投资方案的优先顺序，改变投资方案的选择，因此通货膨胀因素对资本预算具有重要意义。通货膨胀对资本预算决策的影响，主要体现在两个方面，即对资本成本及每年净现金流量的影响。显然，在通货膨胀条件下，资本成本比无通货膨胀下的资本成本要高。这里，主要讨论通货膨胀对净现金流量的影响。

不考虑通货膨胀时，实际利率等于名义利率，此时实际的和名义的预期净现金流量也相等，计算也较容易。但考虑通货膨胀时，情况就变得比较复杂，特别是影响净现金流量的各种因素都以不同的物价变动而变动。而且，对一个投资项目来说，影响各年现金流量的因素受通货膨胀的影响程度是不一样的。例如，原材料价格上涨 20%，工资上涨 5%，而且下一年各现金流的影响程度又不同。因此，应结合具体项目受通货膨胀的影响来估计项目净现金流量及其变化。一般来说，对项目现金流入和流出的通货膨胀因素分析得越细，则资本预算决策得出的结论就越准确。

【例 7－1】 某设备价值为 20 000 元，使用期限为 4 年，各年现金净流量分别为 5 500 元、7 200 元、9 300 元、11 000 元，见表 7－1。假设贴现率为 12%，物价上涨指数为 10%，则请使用净现值法对该项目进行评估。

表 7－1　　某设备投资现金流对通货膨胀的调整　　金额单位：元

年份	调整前	调节因素	调整后
1	5 500	$1+10\%$	5 000
2	7 200	$(1+10\%)^2$	5 950
3	9 300	$(1+10\%)^3$	6 987
4	11 000	$(1+10\%)^4$	7 513

$$\text{调整前 } NPV=\frac{5\,500}{(1+0.12)}+\frac{7\,200}{(1+0.12)^2}+\frac{9\,300}{(1+0.12)^3}+\frac{11\,000}{(1+0.12)^4}-20\,000$$
$$=4\,267.5(\text{元})$$

$$\text{调整后 } NPV=\frac{5\,000}{(1+0.12)}+\frac{5\,950}{(1+0.12)^2}+\frac{6\,987}{(1+0.12)^3}+\frac{7\,513}{(1+0.12)^4}-20\,000$$
$$=-1\,031.9(\text{元})$$

可见，如果不考虑通货膨胀因素该项目是可行的，考虑通货膨胀因素后该项目则是不可行的。

三、肯定当量法

为了克服风险调整贴现率法的缺点，人们提出了肯定当量法（Certainly Equivalent Method）。这种方法的基本思路是先用一个系数把有风险的现金流量调整为无风险的现金流量，然后用无风险的贴现率去计算净现值。其计算公式为：

$$NPV=\sum_{t=0}^{n}\frac{a_t NCF_t}{(1+r)^t}$$

式中，a_t 为 t 年现金流量的肯定当量系数，它的范围为 0～1；

r 为无风险的贴现率；

NCF 为税后净现金流量。

肯定当量系数是指不确定的 1 元现金流量期望值相当于使投资者满意的肯定的金额的比值，它可以把各年不确定的现金流量换算成确定的现金流量，用公式表示为：

$$a_t=\frac{\text{确定的现金流量}}{\text{不确定的现金流量期望值}}$$

如果仍以变化系数表示现金流量的不确定性，则变化系数与肯定当量系数的经验关系如表 7-2 所示。

表 7-2　　变化系数与肯定当量系数的经验关系表

变化系数	肯定当量系数
0.01～0.07	0.1
0.08～0.15	0.9
0.16～0.23	0.8
0.24～0.32	0.7
0.33～0.42	0.6
0.43～0.54	0.5
0.55～0.70	0.4

肯定当量法是通过对现金流量的调整来反映各年的投资风险，并将风险因素与时间因素分开讨论，这在理论上是成立的。但是，肯定当量系数很难确定，每个人都会有不同的估算，数值差别很大。因此，该方法在实际中很少应用。

第三节　情景分析法

情景分析（Scenario Analysis），是就某一主体或某一主题所处的宏观环境进行分析的一种特殊研究方法。概括地说，情景分析的整个过程是通过对环境的研究，识别影响研究主体或主题发展的外部因素，模拟外部因素可能发生的多种交叉情景，分析和预测各种可能前景。可见，情景分析是一种多因素分析方法，敏感性分析是对单一因素进行的分析，因此可以认为敏感性分析是情景分析的特例。

一、情景分析

情景分析是一种多因素分析方法，结合设定的各种可能情景的发生概率，研究多种因素同时作用时可能产生的影响。情景分析中所用的情景通常包括基准情景、最好的情景和最坏的情景。情景可以人为设定，如直接使用历史上发生过的情景，也可以从对市场风险要素历史数据变动的统计分析中得到，如银行可以分析利率、汇率同时发生变化时可能会对其市场风险水平产生的影响，也可以分析在历史上出现过的政治、经济事件或金融危机以及一些假设事件时，其市场风险状况可能发生的变化。

使用情景分析法是为了提高企业、公共部门或者其他组织对未来的适应性和发展力，因此，分析的一个前提是要对分析对象有一个清晰认识。例如对于公司，首先要了解的就是公司的战略目标、组织定位、愿景等。如果不了解这些，就从整体的角度出发，很可能通过情景分析得到的一个看似非常好的战略，会变得不切实际，或者效果并不见得好。

假设某公司如果面临突发的情况导致销售收入减少 5%，同时材料与人力资本上升导致变动成本增加 10%，在这两个因素的共同影响下，可以通过表 7-3 发现净现值由原来的 584.6 万元下降到—77.3 万元，项目由变动前的可行项目变为不可行项目。

表 7-3　　某项目的情景分析举例　　单位：万元

项　目	第 0 年	第 1～6 年年末	变动后的资料
初始投资额	—1 800		
销售额		2 000	1 900
变动成本		1 300	1 430
固定成本		300	300
税前利润		400	170
所得税		120	51
税后利润		280	119
现金净流量		580	419
净现值		584.6	—77.3

二、敏感性分析

敏感性分析（Sensitivity Analysis），是投资项目经济评价中常用的一种研究不确定性的方法。它在确定性分析的基础上，进一步分析不确定性因素对投资项目最终经济效果指标的影响及影响程度。敏感性因素一般可选择主要变量，如销售收入、经营成本、生产能力、初始投资、寿命期、建设期、达产期等进行分析。若某变量的小幅度变化能导致经济效果指标的较大变化，则称此变量为敏感性因素；反之，则称其为非敏感性因素。

敏感性分析通常是分析某些因素单独变化对净现值、内部收益率等经济评价指标的影响，从而找出影响决策的敏感性因素，并及早采取措施予以纠正。项目对某种因素的敏感程度可以表示为该因素按一定比例，如±10%、±15%变化时引起评价指标变动的幅度，也可以表示为评价指标达到临界点时允许某个因素变化的最大幅度。主要有以下几个步骤：

（1）确定分析对象。在进行敏感性分析时，可以根据不同投资项目的特点，挑出最能反映效益的指标作为分析对象，如净现值、内部收益率、获利指数等。

（2）选取需要分析的不确定性因素，并设定这些因素的变动范围。不同性质、规模、类型的投资项目，具有不同的不确定性因素。通常选择那些在成本收益构成中占比较大，对经济效益指标有重大影响的因素，如初始投资额、销售量、销售价格、固定成本和变动成本等。

对选择的不确定性因素，可按其发生变化时增加或减少一定百分比，如±5%、±10%后，分别计算出对项目的净现值或内部收益率等评价指标的影响程度。

（3）调整现金流量。根据不确定性因素的变动幅度，相应的调整项目的现金流。在调整现金流时要注意变动因素相关内容的调整。如销售收入变动之后，调整现金流时要注意销售收入变动对销售税金的相关变化。

【例 7-2】 某企业计划投资一个新项目，在确定性条件下资本预算的现金流量如表 7-4所示，所采用的数据是根据对未来最可能出现的情况进行预测估算的。项目有效期为 6 年，项目期末残值为 0，按直线折旧法计提折旧。由于对未来某些因素及其变化把握不大，销售收入、变动成本、固定成本均有可能在±10%的范围内变动。假设折现率为 12%，公司所得税税率为 30%，分别对上述三个不确定因素做敏感性分析。

表 7-4　　该投资项目预期现金流量　　单位：万元

项目	第 0 年	第 1～6 年年末
初始投资额	−1 800	
销售额		2 000
变动成本		1 300
固定成本		300
税前利润		400
所得税		120
税后利润		280
现金净流量		580

运用净现值计算公式，可得正常情况下该项目的净现值为：

$$NPV=580\times(P/A,12\%,6)-1\ 800=580\times4.111\ 4-1\ 800=584.6(\text{万元})$$

同时可以计算得到，销售收入、变动成本以及固定成本三个影响因素变动±10%时，净现值所受的影响如表 7-5 所示。

表 7-5　　不确定性因素变动时对 NPV 的影响

项目	正常	销售收入变动		变动成本变动		固定成本变动	
		+10%	−10%	+10%	−10%	+10%	−10%
		2 200	1 800	1 430	1 170	330	270
NPV	584.6	1 160.2	9.0	210.5	958.7	498.3	671.0
变动比率	0	98.5%	−98.5%	−64.0%	64.0%	−14.7%	14.7%

从表 7-5 可见，和变动成本、固定成本相比，销售收入变动对 NPV 的影响较大，即销售收入±10%的变动引起了 NPV±98.5%的变动。所以，可以确认销售收入是一个重要的敏感性因素，企业应该对影响销售收入的价格、销量进行相应的风险管理与控制。

第四节　资本预算中的实物期权

一、期权与实物期权

期权（Option），是指在未来一定时期可以买卖的权利，是期权合约的买方向卖方支付一定数量的期权费或权利金后拥有的在未来一段时间内或未来某一特定日期以事先约定的价格向合约卖方购买或出售一定数量特定标的物的权利，但不承担必须买进或卖出的义务。期权交易中，期权合约的买方有执行的权利也有不执行的权利，完全可以灵活选择。

实物期权（Real Option）的概念，最初是由斯图尔特·迈尔斯（Stewart Myers）于1977年提出的，他指出一个投资方案产生的现金流量所创造的利润，来自目前所拥有资产的使用，再加上一个对未来投资机会的选择。也就是说，企业可以取得一个权利，在未来以一定价格取得或出售一项实物资产或投资计划，所以实物资产的投资可以用评估金融期权的方式来进行类似评估。因为其标的物为实物资产，故将此类性质的期权称为实物期权。

可见，实物期权，把金融市场的规则引入到企业内部战略投资决策，用于规划与管理企业的战略投资，而这种投资决策是管理者对所拥有的实物资产进行决策时所具有的柔性投资决策。即在公司面临不确定性的市场环境下，实物期权的价值来源于公司战略决策的相机调整。

实物期权也是关于价值评估和战略性决策的重要思想方法，是战略决策和金融分析相结合的框架模型。它是将现代金融领域中的金融期权定价理论应用于实物投资决策的分析方法和技术。

二、实物期权的特性

费希尔·布莱克（Fischer Black）和迈伦·斯科尔斯（Myron Scholes）指出，金融期权是处理金融市场上金融资产交易的一类金融衍生工具，而实物期权是处理一些具有不确定性结果的非金融资产的一种投资决策工具。因此，实物期权是相对金融期权来说的，它与金融期权相似但并非相同。与金融期权相比，实物期权具有以下四个特性。

（一）非交易性

实物期权与金融期权本质的区别在于非交易性。作为实物期权标的物的实物资产不仅不存在交易市场，而且实物期权本身也不大可能进行市场交易。

（二）非独占性

许多实物期权不具备所有权的独占性，即它可能被多个竞争者共同拥有，因而是可以共享的。对于共享实物期权来说，其价值不仅取决于影响期权价值的一般参数，而且还与竞争者可能的策略选择有关系。

（三）先占性

先占性是由非独占性所导致的，它是指抢先执行实物期权可获得的先发制人的效应，从而取得战略主动权和实现实物期权的最大价值。

（四）复合性

在大多数场合，各种实物期权存在着一定的相关性，这种相关性不仅表现在同一项目内各子项目之间的前后相关，而且表现在多个投资项目之间的相互关联。

三、实物期权的运用

实物期权理论经过几十年的发展和实践，已经形成了一个较为完善的理论体系。主要可以分为以下几类。

（一）扩张期权

扩张期权是指企业以预先投资作为先决条件或一系列相互关联项目的联结获得未来扩张的机会，而拥有在未来一段时间进行某项经济活动的权利。这一类期权一般隐含在某些拥有战略性意义的投资项目中，其价值并不限于它自己产生的现金流入，有时更在于可增加企业未来的发展机会。这种投资机会本身具有的价值就是扩张期权的价值。

（二）规模变更期权

规模变更期权包括扩张、收缩和暂时中止期权，主要指在项目已经开始运作后，如果市场情况比期望的要好，决策者可以进一步扩大投资或加速对资源的利用；如果市场情况比期望的要糟糕，决策者也可以通过缩减生产规模的办法来减少损失，甚至在极端条件下暂时停止生产或对资源的利用。与规模固定的投资项目相比，这种能够变更规模的投资项目具有扩大收益、减少亏损的潜力，规模变更期权就体现为这种潜力的价值。

（三）延迟期权

延迟期权是指决策者可以选择对企业最有利的时机执行某一投资方案的权利。当未来市场环境变得难以预测或者项目现金流波动性很大的时候，“等待”是有价值的，延迟期权的价值就蕴含在这种“等待”的价值之中。对于具有延迟期权的投资项目，不必急于做出决策，因为较早地进行一项投资，意味着放弃了等待的权利，延迟期权的价值也就消失了。

（四）转换期权

转换期权是指项目投资者对项目投入要素或产出品进行转换的能力，该期权的获得既取决于生产技术和过程的选择，也依赖于许多非技术性因素。当未来市场需求或产品价格改变时，企业可利用相同的生产要素，选择生产对企业最有利的产品，也可以投入不同的要素来维持生产特定的产品，即决策者可根据未来市场需求变化，来决定最有利的投入与产出，也就是决策者拥有转换期权。

（五）放弃期权

放弃期权是指当市场环境变得不够理想时停止进一步投资的权利。若市场情况持续恶化或企业生产出现其他原因导致当前投资计划出现巨额亏损，则决策者可以根据未来投资计划的现金流量大小与放弃目前投资计划的价值来考虑是否要结束此投资计划。在新产品的研究与开发、自然资源的勘探等具有较长建设期的资本密集型投资或风险投资中放弃期权尤为重要。

表 7-6 引用了雷洛斯·特里杰奥吉斯（Lenos Trigeorgis）对实物期权的基本分类及其在项目投资决策中的运用。

表 7-6　　雷洛斯·特里杰奥吉斯对实物期权的分类及其应用领域

期权类型	期权的描述	应用领域
增长期权	早期投资是对未来增长机会跟进投资的先决条件。	基础设施以及战略性产业，尤其是高科技、研发产业、跨国运营、战略收购。
规模变更期权	调整产出规模以适应市场需求。	自然资源的运营，如采矿业、消费品、房地产。
转换期权	根据市场需求改变产出类型或者在产出不变的情况下改变投入。	产出转换，如玩具、汽车；投入转换，如电力产业、医药。
延迟期权	管理者拥有有价值的资源，等待市场机会的出现以便更好地利用。	自然资源开采、房地产开发。
分阶段投资期权	将投资分为多个阶段，每一阶段根据已有信息决定是否继续投资。	研发密集型产业，如制药行业；资产密集型长期投资项目，如大规模基建项目。
放弃期权	在不利情况下永久放弃项目的营运，变现设备和资产。	资本密集型产业，如航空、铁路、金融服务、新产品开发。

资料来源：戴书松．财务管理．北京：经济管理出版社，2006.

净现值法也是项目评估的常用方法，其优点是使评估定量化且方便可行。然而，与实物期权法相比，净现值法显示出了它的不足。用实物期权法估算的项目实际价值是扩展的净现值，或者说是有灵活性的实物期权的净现值，而用净现值法估算的项目实际价值是静态价值，是没有灵活性的净现值，这种价值一般低于实物期权法估算出来的价值。

本章小结

本章介绍了贴现率以及现金流量的风险调整，以及情景分析法和实物期权等，使得资本预算与项目投资现实更为接近。

1. 根据项目现金流量的分布形态所表现的风险程度来调整折现率，进而求解项目的净现值，是风险调整贴现率的中心思想。

2. 通货膨胀对资本预算决策的影响主要体现在两个方面，即资本成本率及每年净现金流量。肯定当量法的基本思路是先用一个系数把有风险的现金流量调整为无风险的现金流量，然后用无风险的贴现率去计算净现值。

3. 情景分析的整个过程是通过对环境的研究，识别影响研究主体或主题发展的外部因素，模拟外部因素可能发生的多种交叉情景，分析和预测各种可能前景。敏感性分析是通过逐一改变相关变量的方法来解释关键指标受该因素变动的影响，它是情景分析的一种特殊情形。

4. 实物期权是把金融期权的规则引入企业内部战略投资决策，用于规划与管理战略投资。在项目投资决策中，实物期权主要可以分为扩张期权、规模变更期权、延迟期权、转换期权、放弃期权等。

练习思考题

1. 风险调整贴现率法的计算公式是什么？该方法有什么优缺点？
2. 风险调整贴现率法是如何对待风险的？通过什么方式来消除不确定性所带来的影响？
3. 什么是相关现金流量？哪些支出项目属于相关现金流量？
4. 通货膨胀对净现金流有何影响？
5. 肯定当量法是如何运用的？
6. 什么是情景分析和敏感性分析？两者有什么区别？
7. 某公司准备进行一项投资项目，每年的净现金流量和每年的当量系数如表 7－7 所示。若无风险贴现率为 10%，用肯定当量法判断此项目是否可行？

表 7－7　某公司每年的净现金流量和每年的当量系数表

年份	0	1	2	3	4
NCF_t（元）	－20 000	8 000	8 000	8 000	8 000
a_t	1.0	0.95	0.9	0.8	0.8

阅读材料 7－1　项目的敏感性分析

对工程项目、投资方案等的行动决策，取决于经济评价数据的计算。计算中所用的数据多数来源于预测和估计，而任何预测和估计都是建立在某种假设、判断和数据统计基础上。这些数据往往会由于条件变化而发生变化，如经济关系和经济结构的变化、未预见到的经济政治发展因素、价格的调整与浮动、技术改革与进步、生产能力测算不准确、预计的建设期与达产期不符合实际。各种不确定性因素综合作用的结果，可能给评价项目带来风险。一般，不确定性因素和风险的存在是不可避免的，而技术经济分析的任务，就是在于面对风险采取正确的策略、方针，因势利导，力求把风险降到最低程度，也就是在最理想和最不理想的情况下，分析项目的投资经济效益，减少分析误差，提高分析的可靠性，这就要借助于敏感性分析。

项目投资过程中往往受到各种不确定性因素的影响，这些不确定性因素中对投资经济效益影响较大的被称为敏感性因素。项目投资的经济性风险很大程度是由敏感性因素的变化引起的，所以决策者在控制风险时必须了解并把握敏感性因素的变化，这样全面掌握项目盈利能力和承担风险的程度，并制定出相应对策。敏感性分析是研究建设项目的一些主要因素发生变化时，项目经济效益发生的相应变化，以判断这些因素对项目经济目标的影响程度。这些可能发生变化的因素称为不确定性因素。敏感性分析是考察项目涉及的各种不确定性因素对项目基本方案经济评价指标的影响，找出敏感因素，估计项目效益对它们的敏感程度，粗略预测项目可能承担的风险，为进一步的风险承担打下基础。

敏感性分析有其重要的作用：(1) 通过敏感性分析可以研究影响因素变动将引起经济效益评价值变动范围；(2) 找出影响技术方案经济效益的敏感因素，并进一步分析与之有关的预测或估算数据可能产生不确定性的根源；(3) 通过多方案敏感性对比，选取敏感性小的方案，即风险小的替代方案；(4) 通过可能出现的最有利与最不利的经济效益分析，寻找替代方案或对原方案采取某些控制措施。总之，敏感性分析就是要找出项目的敏感因素，并确定其敏感程度，以预测项目承担的风险。一般进行敏感性分析所涉及的不确定性因素有：产品产量（生产负荷）、产品售价、主要原材料价格、燃料或动力价格、可变成本、固定资产投资、折现率、建设期及外汇汇率等。敏感性分析不仅使决策者了解不确定性因素对项目评价指标的影响，从而提高决策的准确性，还可以启发评价者对那些较为敏感的因素重新搜集资料进行分析研究，以提高预测的可靠性。

要慎重选择某些因素作敏感性分析，要把很少发生变化的因素事先剔除在外。对于不同行业、不同规模和不同技术水平的项目，选择的因素应有所不同。一般发生在项目寿命初期、金额大的因素比发生在寿命期后期，金额小的因素对项目的经济评价指标影响要大得多。同样，对项目自始至终起作用的效益以及成本（费用）构成中所占比例大的因素以及在项目实施过程中有可能发生较大变化的因素，如寿命期应当做敏感性分析。

敏感性分析不仅应用在拟建项目经济评价中，以助投资者做出最后决策，敏感性分析还可以用在项目规划阶段和用于方案选择。在项目规划阶段，用敏感性分析可以找出乐观的和悲观的方案，从而提供最现实的生产要素组合；敏感性分析还可以应用于方案选择，人们可以用敏感性分析区别出敏感性大的和敏感性小的方案，以便在经济效益相似的情况下，选取敏感性小的方案，即风险小的方案。

一、敏感性分析的方法与步骤

（一）确定分析指标

分析指标就是衡量经济效果的指标。所谓敏感性分析指标就是敏感性分析的对象。敏感性分析的对象应该是技术方案的经济效益。经济效益评价标准者可以作为敏感性分析指标。一般有净现值（NPV）、净年值（NAV）、内部收益率（IRR）、投资回收期（PD）、投资收益率（R）等。对于特定的项目而言，不可能也没有必要对投资经济效益指标都进行分析，而是从实际情况出发，围绕一个或其中若干个重要的指标进行。

在确定分析指标时可根据指标的具体经济含义选取与项目有关的指标。例如，分析产品价格波动对方案净收益的影响，可以选用净现值为分析指标；分析因素变化对项目资金回收快慢的影响，可以选用投资回收期指标；分析因素变化对项目资金回收能力的影响，可以选用内部收益率指标。此外，可以要求所选取的分析指标与项目的具体情况和经济分析深度有关。如在项目初期机会研究阶段，可以选用静态指标；而在可行性研究阶段，则需选择动态指标。

（二）选取不确定性因素并设定其变化幅值

在进行敏感性分析的时候，不需要也不可能对所有的不确定性因素都考虑和计算，通常应根据具体情况从影响项目经济评价指标的众多不确定性因素中选出在成本效益指标中比较重大，对经济评价指标有重大影响，对经济寿命周期内最可能发生变动的，或者难以预测其变化幅度的因素进行敏感性分析。如产品售价的变动、产量规模的变动、投资额变动、建设期缩短等。但是要注意的是选择不确定性因素要与经济分析指标适应，否则当不确定性因素变化一定幅值时是无法体现经济分析指标的变化的。

（三）计算不确定性因素变动对分析指标的影响程度

根据实际情况，按照对不确定性因素预先确定的各种变化幅度，分别计算其对经济分析指标影响的具体数值。具体方法是：保持其他所有因素不变，使某一特定因素变化一定的幅度，计算该因素变化对经济评价指标的影响，并与原指标进行对比，计算出指标的变动幅度；反复进行这一过程，最终建立不确定性因素与分析指标之间的关系，用敏感性分析表或者分析图的形式表示出来。一般有以下两种确定方法。

1. 变动幅度测定法

对于选取的一组不确定性因素，令某个因素发生变动，其他因素不发生变化，记录此时分析指标的变动幅度。注意，所有不确定性因素应该变化相同的幅度，即增加或者减少相同的百分比，这样做才可使各不确定性因素的敏感性有可比性。比较各因素变动相同幅度后分析指标的变化，将所有结果用图或者表表示出来，通过对图或者表中的曲线、数据进行分析，即可以判断出敏感性因素。

2. 极值测定法

极值测定法是假设各因素均向极值方向变动。例如，可向项目最不利的方向变动（取其最有可能出现的对项目分析指标最不利的数值），若项目变得无法接受（项目无法接受是指经济效益指标达到临界值），此时该因素就是敏感性因素。一般在计算时可采用临界值测定法：先假设相关的敏感性分析指标为临界值，如令净现值为零或令其内部收益率等于基准收益率，然后，求待分析的不确定性因素的最大允许变化幅度，并与其可能出现的最大变化幅度相比，若因素可能出现的变动幅度超过最大允许变动幅度，则意味着该不确定性因素为敏感性因素。

各因素的变动都会引起经济评价指标一定程度的变化，但影响程度不同。对于敏感性因素，它们发生很小幅度的变化就能引起经济评价指标发生大幅度的变动；而对于非敏感性因素，即便发生较大幅度变化，对经济评价指标的影响幅度却较小。

（四）确定最终方案

根据上述分析步骤和计算结果，可对方案进行选择或得出进行项目决策时应注意和防范的一些结论。

二、项目投资的敏感性分析与应用

某投资项目的设计生产能力为年产10万台，主要经济参数的估算值为：初始投资额为1 200万元，预计产品价格为40元/台，年经营成本170万元，运营年限10年，运营期末残值为100万元，基准收益率为12%，现值系数见表7-8。

表7-8　　现值系数表

n	1	3	7	10
$(P/A, 12\%, 10)$	0.892 9	2.401 8	4.563 8	5.650 2
$(P/F, 12\%, 10)$	0.892 9	0.711 8	0.452 3	0.322 0

此案例中选用净现值作为经济评价指标。

(1) 根据净现值公式，计算初始条件下项目的净现值：

$$\begin{aligned} NPV_0 &= -1\,200+(40\times10-170)(P/A,12\%,10)+100\times(P/F,12\%,10) \\ &= -1\,200+230\times5.650\,2+100\times0.322\,0 \\ &= -1\,200+1\,299.55+32.2 \\ &= 131.75(\text{万元}) \end{aligned}$$

(2) 分别对投资额、单位产品价格和年经营成本在初始值的基础上按照±10%、±20%的幅度变动，并计算出其对应的净现值。

投资额在±10%、±20%范围内变动：

$$\begin{aligned} NPV_{10\%} &= -1\,200\times(1+10\%)+(40\times10-170)(P/A,12\%,10) \\ &\quad +100\times(P/F,12\%,10) \\ &= -1\,320+230\times5.650\,2+100\times0.322\,0 \\ &= 11.75(\text{万元}) \end{aligned}$$

$$\begin{aligned} NPV_{20\%} &= -1\,200\times(1+10\%)+230\times5.650\,2+100\times0.322\,0 \\ &= -108.25(\text{万元}) \end{aligned}$$

$$\begin{aligned} NPV_{-10\%} &= -1\,200\times(1-10\%)+230\times5.650\,2+100\times0.322\,0 \\ &= 251.75(\text{万元}) \end{aligned}$$

$$\begin{aligned} NPV_{-20\%} &= -1\,200\times(1-20\%)+230\times5.650\,2+100\times0.322\,0 \\ &= 371.75(\text{万元}) \end{aligned}$$

单位产品价格±10%、±20%变动：

$$\begin{aligned} NPV_{10\%} &= -1\,200+[40\times(1+10\%)\times10-170](P/A,12\%,10) \\ &\quad +100\times(P/F,12\%,10) \\ &= -1\,200+270\times5.650\,2+100\times0.322\,0 \\ &= 357.75(\text{万元}) \end{aligned}$$

$$\begin{aligned} NPV_{20\%} &= -1\,200+[40\times(1+20\%)\times10-170](P/A,12\%,10) \\ &\quad +100\times(P/F,12\%,10) \\ &= -1\,200+310\times5.650\,2+100\times0.322\,0 \end{aligned}$$

$$=583.76(\text{万元})$$

$$NPV_{-10\%}=-1\,200+[40\times(1-10\%)\times10-170](P/A,12\%,10)+100\times(P/F,12\%,10)$$
$$=-1\,200+190\times5.650\,2+100\times0.322\,0$$
$$=-94.26(\text{万元})$$

$$NPV_{-20\%}=-1\,200+[40\times(1-20\%)\times10-170](P/A,12\%,10)+100\times(P/F,12\%,10)$$
$$=-1\,200+150\times5.650\,2+100\times0.322\,0$$
$$=-320.27(\text{万元})$$

年经营成本±10%、±20%变动：

$$NPV_{10\%}=-1\,200+[40\times10-170\times(1+10\%)](P/A,12\%,10)+100\times(P/F,12\%,10)$$
$$=-1\,200+213\times5.650\,2+100\times0.322\,0$$
$$=36.69(\text{万元})$$

$$NPV_{20\%}=-1\,200+[40\times10-170\times(1+20\%)](P/A,12\%,10)+100\times(P/F,12\%,10)$$
$$=-1\,200+196\times5.650\,2+100\times0.322\,0$$
$$=-60.36(\text{万元})$$

$$NPV_{-10\%}=-1\,200+[40\times10-170\times(1-10\%)](P/A,12\%,10)+100\times(P/F,12\%,10)$$
$$=-1\,200+247\times5.650\,2+100\times0.322\,0$$
$$=227.80(\text{万元})$$

$$NPV_{-20\%}=-1\,200+[40\times10-170\times(1+20\%)](P/A,12\%,10)+100\times(P/F,12\%,10)$$
$$=-1\,200+264\times5.650\,2+100\times0.322\,0$$
$$=323.85(\text{万元})$$

将计算结果列于表 7-9 中。根据表 7-9 的数据，利用 Excel 软件做敏感性分析图，见图 7-1。

表 7-9　　项目不确定因素变化对 NPV 的影响

因素	变化幅度（%）					净现值变化（%）	
	−20	−10	0	10	20	平均增加1%成本	平均降低1%成本
投资额（元）	371.75	251.75	131.75	11.75	−108.25	−9.11	9.11
单位产品价格（元）	−320.27	−94.26	131.75	357.75	583.76	17.15	−17.15
年经营成本（元）	323.85	227.80	131.75	35.69	−60.36	−7.29	7.29

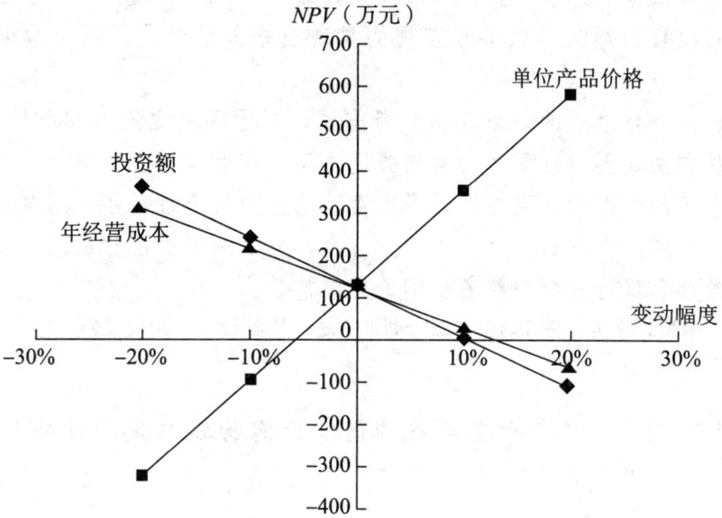

图 7-1 项目敏感性分析

由表 7-9 可以看出，一个敏感性因素发生不同幅度变化会带来 NPV 的变化，当三个敏感性因素发生相同幅度的变化时，NPV 增加或者减少的程度也不一样。在变化率相同的情况下，单位产品价格的变动对净现值的影响为最大。当其他因素均不发生变化时，单位产品价格每下降 1%，净现值下降 17.15%；对净现值影响次大的因素是投资额。当其他因素均不发生变化时，投资额每上升 1%，净现值将下降 9.11%；对净现值影响最小的因素是年经营成本。当其他因素均不发生变化，年经营成本每增加 1%，净现值将下降 7.29%。

图 7-1 反映了每一个敏感性因素发生变化使得净现值发生变动的情况，图中每条直线的斜率反映了经济评价指标——净现值对该不确定性因素的敏感程度，斜率越大，意味着敏感程度越高。并且图中 A、B、C 三点分别为三条斜线与横轴变动幅度的交点，它们代表了敏感性分析的临界点，即三个不确定性因素变化的极限值，当不确定性因素的变化幅度不超过该极限值时，说明投资项目能够承担一定风险，反之则不行。图 7-1 中单位产品价格的斜率＞初始投资额的斜率＞年经营成本的斜率。

综上所述，净现值对各个因素敏感程度的排序为：单位产品价格、投资额、年经营成本，最敏感的因素是产品价格。因此，从方案决策角度来讲，应对产品价格进行更准确的测算。使未来产品价格发生变化的可能性尽可能地减少，以降低投资项目的风险。

三、结束语

敏感性分析在一定程度上定量地描述了各种不确定因素对方案经济效益的影响。通过敏感性分析，决策者和分析者可以详尽了解到各种不确定性因素对项目的影响，有助于在决策过程以及在方案的实施过程中对风险加以重点管理控制。本案例依据敏感性分析的一般步骤，通过计算，进而利用 Excel 表做出了敏感性分析图，使得敏感性因素对项目的影响可以形象直观地显现出来并被量化，最终结果有助于企业的经营。在敏感性分析中，通过固定其他因素，单使一个因素发生变化可以具体了解到该因素在多大程度上影响着经济分析指标。本项目依据敏感性分析的一般步骤，通过计算，进而做出了敏感性分析图，使得敏感性因素对项目的影响可以形象直观的显现出来并被量化，最终结果有助于企业的经营。

本项目敏感性分析采用的是单因素分析方法，对于因素之间的相关性没有加以考虑，之所以采用这种方法是因为这两种因素相关度不高、相对较独立。对于一个因素的变动往往引起其他因素变动的情形，则要通过多因素敏感性分析来进行了，所采用的分析方法是将单因素分析方法的结果进行叠加而成的。总之，方法的便捷性和结果的直观性使得敏感性分析在项目管理和经济分析中有着广阔的应用前景。

资料来源：何永恒，李进．项目的敏感性分析．交通科技与经济，2012（4）．

阅读材料 7-2　关于企业并购估价中实物期权定价法的应用

随着市场经济的持续发展，企业价值评估在资本运营过程中起到越来越重要的作用，是不可或缺的服务工具。过往的公司价值评估方法重视对传统企业现金流量等内在价值的评估，但是对企业拥有的期权价值不够重视，造成并购企业估值较低。在企业并购估价过程中，对期权定价模型的研究能丰富企业价值评估体系，对企业价值评估准确性的提高具有一定的促进作用。现金流量折现法是企业价值评估的重要方法之一，而实物期权定价法则是企业并购中的有效评估方法。本文论述企业并购估价中实物期权定价法的应用法则，为企业并购估价工作提供一定的借鉴。

企业并购是一项系统的工作，其中对于企业价值的评估更是一个多阶段的分析过程。在进行并购目标企业的价值评估工作过程中，不仅要对目标企业的自身价值进行评估，还要对目标企业期权价值进行评估。实物期权定价法是企业并购中的常用且有效的价值评估法，它可以把目标企业的投资时序划分为多个阶段，在对每一阶段进行有效评估的基础上，再进行整体估值。实物期权定价法通过建立一个并购价值评估框架，更有效地解决了企业价值被低估的问题。

一、并购目标企业的价值

企业并购主要是为了通过对目标企业的实际控制来实现价值的提升，收购方认为在其控制下，目标企业能够激发潜在价值，并超过当前价值。在对目标企业进行价值评估的时候，除了企业自身的价值，还要对收购企业在并购过程中的并购期权价值进行评估。因此，目标企业的价值评估应当包括两个层面，即目标企业的内在价值和收购企业在收购目标企业时产生的期权价值。

企业并购是一种资本投资的过程，企业并购这一活动具有期权性质，极可能是执行期权的行为，也可能是创造期权的过程。通常，企业并购过程中的期权主要包括以下几种：延期期权、学习型期权、柔性期权、成长期权和放弃期权等。上述诸种期权都会增加并购价值，因此，只用传统的并购价值评估方法来对企业并购价值进行评估，那结果显然是不准确的。传统评估方法往往会忽视并购隐含的期权价值，导致并购价值被低估。因此，通过实物期权定价法来进行可能会涉及隐含期权价值的并购价值评估是非常有必要的。

二、企业并购估价的主要方法

（一）基于目标企业现金流的估价方法

现金流量折现法是通过恰当的折现率选定，把企业预期收益折算成现有价值作为企业的价值。企业价值是以加权平均资本成本为折现率来对企业预期中的现金流量进行折现的贴现值。在企业价值的实际评估过程中，企业达到均衡状态之前的现金流量需进行逐年预测，而之后则采用简化估算。企业现金流量的最基本形式是“属于企业的自由现金流量”。所谓自由现金流量，是指由企业生产经营所创造的，可供企业自由支配的现金流量，也就是在所得税后、企业决策资本支出之前的营业现金流量。运用现金流量折现法来进行并购企业的价值评估，其重点在于企业未来的现金流量折现，在考虑资本时间价值的基础上，对企业价值进行动态和连续的评估。

（二）基于目标企业实物期权的估价方法

所谓期权，是对期货合约选择权利的简称，是为持有者提供特定期限内以固定价格购买或出售特定数量标的资产的权利。与金融期权相比，实物期权最大的区别在于非交易性，实物期权标的物的实物资产通常不在市场交易，实物期权本身也通常不会进行交易。实物期权估价法的基本思路是，把企业视为若干实物期权组合，企业的价值为现金流量折现值与实物期权的组合价值，企业的估值则变成了实物期权定价。通常，实物期权计算方法有两种，一种是用布莱克-斯克尔斯期权计算公式来直接计算，另一种是二叉树计算方法。

实物期权定价法并非简单地对现金流量折现法的否定，而是在现金流量折现法基础上的发展和延伸。可以说，现金流量折现法是确定环境下的经济评估方法，而实物期权定价法则是对高风险或不确定环境下项目投资决策的可行性评估工具。

三、实物期权定价法在企业并购估价时的应用条件

在传统的企业并购投资决策中，信息假设是一个重要的考量点，而实物期权定价法则对这种不完全的信息情形进行了有效处理。在企业并购活动中，实物期权定价法作为信息服务工具，可以有效提高企业管理人员获取和处理相关信息的能力，本质上来讲，实物期权定价法的价值就在于对信息的获取和处理。传统投资决策方法适用于风险较小、环境确定的投资项目，而实物期权定价法则适用于投资风险高、投资环境不确定的项目，它可以对投资项目中可能存在的风险进行屏蔽，甚至能在风险中创造一定价值。

与现金流量折现法等传统方法相比，实物期权定价法更加复杂，当简单方法可以得到准确结果的时候，则无须使用该方法。在企业并购中，若投资决策极少涉及灵活性，则利用传统方法即可；一旦投资项目决策具有较大的灵活性，传统方法估算会造成企业价值低估的状况，则需要发挥实物期权定价法的巨大作用了。

综上可知，实物期权定价法主要适用于特定环境下的不确定性或实质性不确定性的投资并购环境。当然，若这些不确定性在未来出现的可能性都是可预见的，那么实物期权定价法也不再适用。

四、企业并购估价中实物期权定价法的应用

（一）目标企业并购价值的估价模型

通过对期权理论的研究我们可以得知，企业并购中存在隐含的实物期权价值，收购方要开展相关业务，就必须行使权利，想要取得这一权利的企业必须支付与期权价值相当的费用。因此，企业并购中的期权价值事实上就是为取得相关权利而支付的期权费用。利用这一理论，可以确定企业并购中隐含的期权价值，再把实物期权价值加入传统方法计算出来的静态净现值中，这才是对企业并购价值的完整评估。在考虑到企业成长期权的评价体系中，目标企业的并购价值由两部分组成，分别是由现金流量折现法计算出来的目标企业内在价值和期权价值。

（二）目标企业并购估价的整体框架

1. 评估目标企业的内在价值

要科学合理地开展目标企业内在价值评估，主要需要按照以下步骤来进行：

第一步：要对企业未来发展战略进行深入分析。通过经营战略分析，可以确定企业的利润来源和经营风险，对企业的发展可持续性进行分析，进而对企业未来的发展状况做出科学判断。在企业和行业发展历史数据的分析基础上，对行业和企业产品未来的发展进行评估，从而对企业未来的竞争优势和企业定位做出科学评价。

第二步：通过企业的财务比率分析，发掘企业价值驱动的主要因素。分析财务比率是分析企业资产收益率的重要原因，企业资产收益率的评估动因主要包括净利润率、企业资产周转率和企业的财务杠杆的作用。企业净利润反映经营管理状况，资产周转率是企业投资管理的反映，财务杠杆的作用则反映企业的债务管理状况。通过这一系列的比率深入分析每一动因。

第三步：在战略和财务比率分析的前提下，对企业发展前景进行科学预测。企业的前景预测是经营成果和财务状况的全方位评估。这种预测是建立在不同财务数据根据标准而变化以及企业背离平均标准的主要因素基础上。预测的关键指标是企业销售的增长与利润率。

第四步：预测企业未来经营产生的现金流量。用上一步骤得出的销售收入预测来预测企业未来的现金流量。由于企业生命周期假设具有无限性，因此，必须设置截止日期，现金流量预测以该日期为止，还要估算此时企业经营的价值。

第五步：确定资本成本。选取合理的贴现率，充分考虑预期的通货膨胀影响。现金流量预测中反映出的通货膨胀率必须与贴现率隐含的通货膨胀率相符。

第六步：选择估价模型计算目标企业的内在价值。将预期现金流与持续经营的价值按照资本成本折现，评估出企业的内在价值。

2. 评估目标企业的并购期权价值

采用实物期权定价法评估并购期权价值时，主要通过以下步骤进行：

第一步：确定目标企业的实物期权。通常，根据企业的行业特性以及行业发展状况以及产品的寿命周期等因素，确定企业所包含的实物期权。

第二步：确定实物期权各期权要素。各个期权要素需符合金融期权特性，满足各项假设所需的条件。

第三步：选择计算方法。实物期权的计算方法具体有两种，一种是用布莱克-斯克尔斯期权计算公式来直接计算，另一种是二叉树计算方法。二叉树计算法可以适用于多种复杂状况。

第四步：调整估算结果。通过企业期权相互作用及假定条件下的敏感性分析，确定估算结果中的实物期权并非单独出现的，而是结合一起的，某一期权的出现会引起或消除另一期权。

五、结语

基于目标企业并购价值评估的框架结构，用现金流量折现法与实物期权定价法相结合的方式，对目标企业的并购价值进行完整评估，是做出准确并购价值判断的重要步骤。将实物期权定价法同金融市场和产品市场交易相连，把金融市场中的规则移植到企业内部决策中，可以有效提高企业管理者掌控战略机遇的能力。

资料来源：李文红．关于企业并购估价中实物期权定价法的应用．现代商业，2017（15）．

第三部分

长期融资

第八章

资本市场

2017 年 6 月 21 日，摩根士丹利公司宣布将 A 股纳入 MSCI 指数，预计可吸引 170 亿至 180 亿美元投入 A 股市场。A 股纳入 MSCI 指数是顺应国际投资者需求的必然之举，体现了国际投资者对我国经济发展稳中向好、结构优化升级、国际竞争力提升的信心。如今"一带一路"倡议正在成为中国资本市场的发力点。与德交所集团合资成立中欧交易所、入股巴基斯坦证券交易所、与哈萨克斯坦国际金融中心管理局共建阿斯塔纳国际交易所……超过 1 000 家上市公司参与"一带一路"沿线重点项目建设。

双向开放过程中，内地与香港市场互联互通格外引人关注。多元化的跨境投资渠道正在彰显开放的力量。到 2017 年 8 月底，沪港通总成交金额已达 5.45 万亿元，日均成交额近 81 亿元；深港通总成交金额达 0.72 万亿元，日均成交额近 41 亿元。特别是 A 股纳入 MSCI 新兴市场指数以来，北向资金合计净流入 140.5 亿元。到 2017 年 7 月底，共有 311 家境外机构获得 QFII 资格，获批额度 933 亿美元；222 家境外机构获得 RQFII 资格，获批额度 5 842 亿元。

A 股纳入 MSCI 指数的成功并不是偶然。无论是 QFII、RQFII、沪港通、深港通，还是正在研究中的沪伦通，我们从中都可以看出，中国资本市场正在国际化的道路上坚定前行。

中国资本市场发展，是一个在探索中践行开放理念、拓展开放广度、提升开放层次的历程。坚持市场化、法治化和国际化的发展方向，努力建设现代化的具有国际竞争力的多层次资本市场，中国资本市场正逐渐成为全球资本配置的重要目的地。

本章内容提示

1. 资本市场概述。主要介绍资本市场的概念和特点，并且着重介绍了作为资本市场重要组成部分的证券市场的概念、特征、功能等，并在此基础上介绍了相关国际资本市场的内容。
2. 长期债务市场。介绍了采用企业长期债务市场进行融资的主要方式和各种融资方式的优缺点，主要包括了长期借款、发行债券两种类型。
3. 股权资本市场。描述了企业在股权资本市场上进行融资的具体方式——股票发行和上市，并进一步介绍了股票发行和上市的条件。

4. 租赁市场。主要介绍了租赁的概念及常见的类型，并进一步分析了经营租赁和融资租赁的优缺点。
5. 衍生工具市场。主要介绍了当前国际市场常用的六种衍生工具，包括远期合约、期货合约、期权、互换合约、权证、可转换证券等的特点和功能。

第一节　资本市场概述

企业的融资决策由其财务战略、财务计划和投资方案的具体需求决定。在企业通过使用资金进行投资、营运从而实现企业目标的生产经营过程中，根据企业的实际情况进行融资，是每个企业必须面对的问题，而现代企业资金的来源主要是资本市场。

一、资本市场及其特点

企业的融资一般是在金融市场中完成的。在我国，金融市场主要由货币市场和资本市场两部分构成。所谓货币市场就是指短期的债券市场，其中的债券偿还期限通常为一年以内；而资本市场（Capital Market）主要包括中长期信贷市场与证券市场，其融资期限一般在一年以上。

20 世纪 70 年代末期以来的中国经济改革大潮，推动了资本市场在中国境内的萌生和发展。在过去的十多年间，中国资本市场从无到有，从小到大，从区域到全国，得到了迅速的发展，在很多方面走过了一些成熟市场几十年甚至是上百年的道路。

与货币市场相比，资本市场具有融资期限长、流动性较差、高风险、高收益的特点。

（1）融资期限长。由于资本市场的融资期限至少是一年以上，有时也可以长达几十年，甚至无到期日，因此其融资期限较货币市场要长。

（2）流动性较差。在资本市场上筹集到的资金多用于解决中长期融资需求，需要较长的转化时间，因此资本市场中的流动性和变现性相对较差。

（3）高风险性。由于资本市场中的融资期限较长，发生重大变故的可能性也大，市场价格容更易发生波动，因此其具有高风险性。

（4）高收益性。同时，作为对高风险的报酬，资本市场的收益也较高。

证券市场作为资本市场中的一个重要组成部分，同时也是企业集中融资的场所。因此，以下将着重介绍证券市场的相关内容。

二、证券市场及其特征

证券市场（Security Market），是有价证券发行和交易的场所。从广义上讲，证券市场是指一切以证券为对象的交易关系的总和，它不仅反映和调节货币资金的运动，而且对整个经济的运行也具有重要意义。

证券市场主要由证券市场参与者、交易场所和交易工具等部分组成。证券市场参与者包括证券发行人、投资者、中介机构、自律性组织、监管机构等。证券交易场所包括场内交易市场和场外交易市场两种形式。场内交易市场是指在证券交易所内进行的证券买卖活动，这是证券交易场所的规范组织形式；场外交易市场是在证券交易所之外进行证券买卖活动，它包括柜台交易市场（又称店头交易市场）、第三市场、第四市场等形式。证券市场活动必须借助一定的工具或手段来实现，这就是证券交易工具，也就是证券交易对象。证券交易工具主要包括政府债券、金融债券、企业债券、股票、基金及金融衍生证券等。

股票市场，是股票发行和交易的市场。股票市场的发行人，一般主要是股份有限公司。股票是股份公司在市场上筹集的资金，是企业长期的、稳定的自有资本。股票的市场价格，除了与股份公司的经营状况和盈利水平有关外，还受到其他诸如政治、社会、经济等多方面因素的综合作用。因此，股票价格经常处于波动之中。

相比股票而言，债券的发行人比较广泛，可以是政府及其机构、金融机构、公司和企业。一般而言，债券的票面利率和期限是约定和定期的，因此，其市场价格相对股票而言比较稳定。

基金市场，是基金单位或基金券发行和流通的市场。按照基金规模变动性与交易方式的不同，可以分为封闭式基金（Close-end Fund）和开放式基金（Open-end Fund）。封闭式基金有固定的存续期和基本不变的规模，一般在证券交易所上市交易，投资者可以通过二级市场买卖基金单位。而开放式基金的基金规模不固定，基金单位可随时向投资者出售，也可应投资者要求随时赎回。封闭式基金一经成立就进入封闭期，在封闭期内基金规模不变，投资者不能进行申购和赎回，只能在二级市场上进行交易。由于封闭式基金不存在赎回风险，基金经理不用像开放式基金那样追逐短期利益，可以全力投入操作，也能进行较长期的价值投资。

衍生证券市场是以股票和债券等基础证券的存在和发展为前提的，其交易品种主要有金融期货与期权、可转换证券、存托凭证、认股权证等。

证券市场与一般商品市场的区别主要表现在：

（1）交易对象不同。一般商品市场的交易对象是各种具有不同使用价值、能满足人们某种特定需求的实物商品。而证券市场的交易对象是作为经济权益凭证的股票、债券、基金券等有价证券。

（2）交易目的不同。证券交易的目的是实现投资收益，或筹集资金。而购买商品的目的主要是满足某种消费或者生产需要。

（3）价格机制不同。商品市场的价格，其实质是商品内在价值的货币表现，取决于生产商品的社会必要劳动时间。而证券价格实质是利润的分割，是预期收益的市场表现，与市场利率的关系密切。

（4）市场风险不同。一般商品市场由于实行的是等价交换原则，价格波动较小，市场前景的可预测性较强，因而风险较小。而证券市场的影响因素复杂多变，价格波动性大且具有不可预测性，投资者的投资能否取得预期收益具有较大的不确定性，所以风险较大。

第二节　长期债务市场

在我国，长期债务市场一般包括两种类型的融资方式，即长期借款融资和发行债券融资。本节将对这两种长期债务融资方式进行详细的介绍。

一、长期借款

长期借款是指企业向银行等金融机构借入一年以上期限的各种借款。与营运资金的用途不同，长期借款主要用于固定资产、无形资产和其他长期投资的投资，从而满足企业对长期资金的需求。

（一）长期借款的分类

在我国，各个金融机构对长期借款的分类基本一致，主要有下述一些标准。

（1）按照是否存在担保划分，可以分为信用贷款和抵押贷款。

信用贷款是指不需企业提供抵押品，仅凭其信用或担保人信誉而发放的贷款。抵押贷款要求企业以抵押品作为担保的贷款。中长期贷款的抵押品可以是房屋、建筑物、机器设备、股票、债券等。

（2）按照借款的期限不同，借款可以分为短期借款、中期借款和长期借款。

短期借款是指借款期限在 1 年以内（含 1 年）的借款；中期借款是指借款期限在 1 年以上（不含 1 年）5 年以下（含 5 年）的借款；长期借款是指借款期限在 5 年以上（不含 5 年）的借款。当然，中期和长期借款的区分，并没有明确的时间界限，因此，很多时候并不做区分。

（3）按照借款用途划分，分为基本建设贷款、更新改造贷款、科技开发和新产品试制贷款等。

基本建设贷款是指银行对以扩大生产能力或工程效益为主要目的的新建、改建、扩建项目，并以经相关部门批准的项目建议书、可行性研究报告、初步设计文件、开工报告等有关文件，向银行提出贷款申请，银行进行项目评估，然后按照建设进度和实际需要发放的中长期贷款。

更新改造贷款是指银行对以原有设施进行固定资产更新和技术改造以及相应配套工程和有关工作为对象发放的中长期贷款。

科技开发和新产品试制贷款是指银行对以科学技术研究、开发和新产品的研究开发、试制为内容的项目发放的中长期贷款。

（二）长期借款的利率

长期借款的利率，通常是由企业和金融机构双方协商确定。一般情况下，长期借款的利率可以分为两种形式，即固定利率和浮动利率。

（1）固定利率是指在借款期限内，长期借款的利率保持不变，也就是说在签订借款合同时，双方已经约定，无论未来金融市场利率如何变化，借款企业均只按合同约定的固定利率支付利息。

(2) 浮动利率是指在借款期限内，长期借款的利率会随着金融市场利率的变化而做出适当的调整。现实中，双方会选择一个基本利率作为参照，或者在基本利率的基础上增减一个幅度，如基本利率±0.05%作为贷款利率。

一般来说，当金融市场起伏波动较大时，借贷双方一般会签订浮动利率的借款合同。

(三) 长期借款的保护性条款

保护性合同条款，是金融机构为了保证贷出资金的安全，要求借款企业在借款期内保持相对稳定的财务状况和支付能力。保护性条款一般包括标准条款、限制性条款和违约惩罚条款等。

(1) 标准条款通常包括企业定期向金融机构提供财务报表、及时支付税金与其他债务、维护资产正常经营等。

(2) 限制性条款通常会涉及企业的营运资本、固定资产、现金流量和管理等方面，一般会要求企业持有一定的现金和流动资产，以保持现金的流动性和偿债能力。例如，金融机构会限制企业的现金股利支付、固定资产处置、新债务增加，以及借款用途不得变更、借款期内主要经营管理人员不得更换等。

(3) 违约惩罚条款，通常是在企业违反借款合同时，金融机构保有终止提供后续借款、提前收回借款的权利。其中，最常见的形式是要求借款企业提前偿还本息。

(四) 长期借款的优缺点

作为企业一种重要的融资方式，长期借款有着诸多优点，具体表现为：

(1) 融资速度快。与发行证券相比，长期借款融资一般所需时间较短，可以为企业迅速筹集到生产经营所需的资金。

(2) 借款弹性大。在洽谈借款过程中，企业可以与金融机构直接接触，直接商定长期借款的具体期限、金额和利率等；在借款期间，如果企业的情况发生了变化也可以与金融机构再协商借款数量及条件；在借款到期后，如果有正当理由也可与金融机构协商延期偿还本金和利息。

(3) 融资成本低。与发行证券相比，长期借款融资不需要大量的发行费用，融资成本较低。此外，与普通股融资相比，长期借款的利息支出可以享受税前抵扣；与发行债券相比，长期借款通常能够获得更低的利率。

(4) 不会稀释公司的控制权。与发行普通股相比，长期借款融资一般不会稀释企业的每股收益和股东对公司的控制权。

当然，在拥有诸多优点的同时，长期借款也存在很多缺点，主要有：

(1) 融资风险较高。企业通过长期借款进行融资，必须定期支付固定金额的利息，并要在固定的期限偿还本金，这会给企业的现金流量带来压力，在经营不善的情况还会导致不能按时偿付的风险甚至破产。

(2) 筹资规模有限。与发行普通股和债券相比，长期借款的规模一般都不大，这是因为，银行的业务经营必须坚持安全性、流动性和盈利性相结合的原则，巨额的、长期的借款风险很大。

（3）限制条款较多。长期借款合同中，一般都有一些限制条款，这些条款很可能限制企业的正常经营活动，或影响企业以后的融资能力。

二、发行债券

债券是指由政府、金融机构、工商企业等机构直接向社会投资者发行的，并承诺按一定利率支付利息、按约定期限偿还本金的债权债务凭证。

和企业长期借款一样，因为定期的还本付息，债券融资会给企业的现金流量造成很大压力。当然，也会因为利息作为财务费用而在所得税前扣除，使得企业享受所得税抵免的好处。

（一）我国公司债券的发行

1. 公司债券的发行条件

我国《证券法》规定，公开发行债券的公司必须具备以下条件：

（1）股份有限公司的净资产额不低于人民币 3 000 万元，有限责任公司的净资产额不低于人民币 6 000 万元。

（2）累计债券总额不超过公司净资产额的 40%。

（3）最近 3 年平均可分配利润足以支付公司债券 1 年的利息。

（4）所筹集资金的投向符合国家产业政策。

（5）债券的利率不得超过国务院限定的利率水平。

（6）国务院规定的其他条件。

另外，发行债券所筹集的资金，必须用于核准的用途，不得用于弥补亏损和非生产性支出，否则会损害债权人的利益。

2. 公司债券的发行程序

对于公司债券的发行，我国《证券法》也做了相应的规定，其程序是：

（1）做出决议或决定。股份有限公司、有限责任公司发行债券，要由董事会制订发行债券的方案，提交股东会审议做出决议。国有独资公司发行债券，由国家授权投资的机构或者国家授权的部门做出决定。

（2）提出申请。公司应当向国务院证券管理部门提出发行债券的申请，并提交下列文件：公司登记证明、公司章程、债券募集办法、资产评估报告和验资报告。

（3）主管部门批准。国务院证券管理部门对公司提交的发行债券的申请进行审查，对符合《公司法》规定的，予以批准；对不符合规定的不予批准。

（4）公告募集办法。发行公司债券申请经批准后，应当公告债券募集办法；在募集办法中应当载明下列事项：1）公司名称；2）债券总额和债券的票面金额；3）债券的利率；4）还本付息的期限和方式；5）债券发行的起止日期；6）公司净资产额；7）已发行的尚未到期的公司债券总额；8）公司债券的承销机构。

（5）公司债券的载明事项。公司发行公司债券，必须在债券上载明公司名称、债券票面金额、利率、偿还期限等事项，并由董事长签名，公司盖章。

（6）公司债券存根簿。公司发行公司债券应当置备公司债券存根簿。发行记名公司债券的，应当在公司债券存根簿上载明下列事项：1）债券持有人的姓名或者名称及住所；2）债券持有人取得债券的日期及债务的编号；3）债券总额，债券的票面金额，债券的利率，债券的还本付息的期限和方式；4）债券的发行日期。

（7）发行中不当行为的纠正。国务院授权的部门对已做出的审批公司债券发行的决定，发现不符合法律、行政法规规定的，应当予以撤销；尚未发行的，停止发行；已经发行公司债券的，发行的公司应当向认购人退还所缴股款并加算银行同期存款利息。

（二）债券的资信评级

专门的资信评估机构根据债券发行者的经营状况、获利能力、现金流量等信息对其发行债券的信用等级进行评估，就构成了债券的资信评级。企业债券资信评级，不论对于投资者还是发行者都是十分重要的。

当今国际上最著名的债券评级机构是标准普尔公司（Standard & Poor's Corporation）和穆迪投资服务公司（Moody's Investor Service），它们对债券的分级如表 8-1 所示。

表 8-1　Standard & Poor's 与 Moody's 债券资信评级表

机构等级	Standard & Poor's	Moody's
高等级	AAA	Aaa
	AA	Aa
较高级	A	A
	BBB	Baa
投机级	BB	Ba
	B	B
低级	CCC	Caa
	CC	Ca
	C	C
	D	D

债券的资信等级会影响到发行者的融资成本。一般情况下，公司债券的资信评级与其融资成本成反比例关系，即债券的评级越高其融资成本越低，债券的评级越低其融资成本越高。

（三）债券的赎回

赎回条款是赋予债券的发行者可以在债券到期日之前提前赎回债券的规定。赎回条款包括下列内容。

1. 不可赎回期

不可赎回期是债券从发行时开始，不能被赎回的那段期间。设立不可赎回期的目的，在于保护债券持有人的利益，防止发行企业滥用赎回权。不过，并不是每种附有赎回条款的债券都设有不可赎回期。

2. 赎回期

赎回期是债券的发行者可以赎回债券的期间。赎回期安排在不可赎回期之后，不可赎回期结束之后，即进入债券的赎回期。

3. 赎回价格

赎回价格是事前规定的发行者赎回债券的价格。赎回价格一般高于债券的面值，两者之差为赎回溢价。赎回溢价随债券到期日的临近而减少。

4. 赎回条件

赎回条件是对债券发行者赎回债券的条件要求，即需要在什么样的情况下才能赎回债券。发行者在赎回债券之前，要向债券持有人发出赎回通知。可见，设置赎回条款是使发行者避免市场利率下降后，继续向债券持有人支付较高的债券票面利率所蒙受的损失，或限制债券持有人过分享受公司收益大幅度上升所带来的回报。

（四）发行债券的优缺点

和其他债务融资一样，企业发行债券，因为利息的税前抵扣，使得长期债券融资降低了融资成本，并享受到财务的杠杆效应，也不会稀释公司的控制权。

当然，企业发行债券融资也会给企业带来固定日期和约定金额的利息支付和本金偿还，会给公司的现金流量造成压力，甚至会导致企业因为无法清偿债务而破产。另外，当公司的负债比率超过一定程度时，债券融资的成本会迅速上升，因此，债务融资的规模可能要受到一定的限制。

第三节　股权资本市场

股权资本市场，是现代企业融资的另一种重要方式，形成了企业所有者的权益，也形成了公司的股本或实收资本。在我国，企业股权融资一般是指股票融资。

一、股票及其发行

股票是股份有限公司在筹集资本时向出资人发行的、用以证明其股东身份和权利的有价证券。

（一）股票发行方式

1. 按照发行途径分类

（1）公开发行，即公募，是指公开向一般社会公众发行股票。这种发行方式的发行范围广，发行对象多，易于足额募集资本。而且，股票的变现性强，流通性好，股票的公开发行还有助于提高发行者的知名度和扩大其影响力。但这种发行方式也有不足，主要是手续繁杂，发行成本高。我国股份有限公司采用募集设立方式向社会公开发行新股时，需由证券经营机构承销的做法，就属于股票的公开发行。

（2）非公开发行，即私募，指不面向市场公开对外发行股票，只向少数特定的对象直接发行，因而一般不需中介机构的承销。这种发行方式弹性较大，发行成本低。但发行范围小，股票变现性差。我国股份有限公司采用发起设立方式和以不向社会公开募集的方式增发新股的做法，即属于股票的非公开发行。

2. 按照中介机构与发行者的关系分类

（1）自销。自销是指发行者自己直接将股票销售给认购者。这种销售方式可由发行者直接控制发行过程，实现发行意图，并可以节省发行费用。但往往筹资时间长，发行者要承担全部发行风险，并需要发行者有较高的知名度、信誉和实力。

（2）承销。承销是指发行者将股票销售业务委托给证券经营机构代理，这种销售方式是发行股票所普遍采用的。我国《公司法》规定股份有限公司向社会公开发行股票，必须与依法设立的证券经营机构签订承销协议，由证券经营机构承销。

股票承销又分为包销和代销两种具体办法。所谓包销，是根据承销协议商定的价格，证券经营机构一次性全部购进发行者公开募集的全部股份，然后再出售给社会上的认购者。对发行者来说，包销的办法可及时筹足资本，免于承担发行风险，但股票以较低的价格售给承销商会损失部分溢价，而且发行费用较高。所谓代销，是证券经营机构代替发行者销售股票，并由此获取一定的佣金，但不承担股票能否全部售完的责任。

（二）股票的发行价格

在股票的发行过程中，发行价格的确定是一个关键的问题。股票发行价格通常由发行者根据股票面额、股市行情和其他有关因素决定。

股票的发行价格可以和股票的面额一致，但多数情况下不一致。股票发行价格一般有等价、时价和中间价三种基本形式。

1. 等价

等价就是以股票的票面额为发行价格，也称为平价发行。等价发行股票容易推销，但无法取得股票溢价收入。另外，现在市场上的股票很多是不标明面值的。

2. 时价

时价就是以本行业股票在二级市场上的市盈率或交易价格等为参考而确定的发行价格。选用时价发行股票，考虑了股票的现行市场价值，对投资者也有较大的吸引力。

3. 中间价

中间价就是以时价和等价的中间值确定的股票发行价格。

按时价或中间价发行股票，股票发行价格会高于或低于其面额。前者称溢价发行，后者称折价发行。我国《公司法》规定，股票发行价格可以等于票面金额，也可以超过票面金额，但不得低于票面金额。

（三）股票发行的主要条款

在股票的发行过程中会涉及很多特殊规定，这里选择较为重要的几项条款进行介绍，而且这些规定在我国目前的上市公司首次公开发行（Initial Public Offer，IPO）中也有运用。

1. 锁定协议

锁定协议（Lock-up Agreement）是指股票发行者与股票认购者约定，认购者在一定时期内不得出售所购股票的协议。

2. 绿鞋条款

绿鞋条款（Green Shoe Option）是超额配售选择权的俗称，业界也称之为“绿鞋”期权，是指发行人在与主承销商订立的承销协议中，给予主承销商一项期权，使其有权在股票发行后 30 天内，以发行价从发行人处购买额外发行不超过原发行数量 15%的股票。国外在股票发行承销协议中，承销商会与发行人约定一个价格稳定期，一般不超过 30 天。

在过去的几十年，超额发售权这一方法在新股发行中已成为近乎标准的做法，在发达资本市场的 IPO 和增发新股中广泛使用。这种方式，在我国企业的股票发行中也是允许使用的。

3. 静默期

公司在首日上市交易前的一段时期内或上市后的几周内对外不发布任何信息，任人评说，而三缄其口，保持静默，即所谓的静默期（Quiet Period）。

美国证券交易委员会（SEC）的规定是，企业上市前的静默期从公司与承销商之间达成协议之日起开始，一直到招股说明书做完后，再加上 25 天时间的期间。在该期间内，SEC 要求所有公司自提出书面上市请求申请时起，至公司正式上市前，公司在接受新闻采访、与分析师和投资人见面时，关于上市的有关事项不让披露。在公司公开发布招股说明书后，所有披露事项不能超过招股说明书里披露的范围。而我国证监会规定，公司不允许泄露未在招股意向书等公告中公开披露的信息。不过，公司有义务让投资者及时了解公司的重大进展。因此，许多公司都通过向证券管理委员会报备来满足让投资者了解公司重大进展的要求。

（四）股票发行的条件

在我国，股份公司发行股票必须符合《证券法》和《上市公司证券发行管理办法》规定的发行条件。根据《证券法》的有关规定，公司公开发行新股，应当符合下列条件：

（1）具备健全且运行良好的组织机构。

（2）具有持续盈利能力，财务状况良好。

（3）最近三年财务会计文件无虚假记载，无其他重大违法行为。

（4）经国务院批准的国务院证券监督管理机构规定的其他条件。

上市公司非公开发行新股，应当符合经国务院批准的国务院证券监督管理机构规定的条件，并报国务院证券监督管理机构核准。

二、股票的上市

股票上市，是指股份有限公司公开发行的股票经批准在证券交易所进行挂牌交易。在我国，股票上市交易必须符合《证券法》和证券交易所的相关规定。经批准在交易所上市交易的股票则称为上市股票。按照国际通行做法，非公开募集的股票或未向证券交易所申请上市的非上市证券，应在证券交易所外的店头市场（Over the Counter Market，OTC）上流通转让。只有公开发行并经批准上市的股票才能进入证券交易所流通转让。

（一）股票上市对公司的意义

股份公司申请股票上市，一般出于以下目的。

1. 融资

股票上市，首先是公司通过股份的扩大获得了企业发展的资金。同时，一般人都会认为上市公司实力雄厚，因此也便于公司采用其他方式融资或再融资。

2. 资本大众化，分散风险

股票上市后，会有更多的投资者认购公司股份，通过将部分股份转售给这些投资者，自然提高了股票的流动性，融资获得的资金用于其他投资项目，这就从融资和投资两个角度分散了公司的风险。

3. 提高公司知名度

股票上市必须经过有关机构的审查并接受相应的监管，执行各种信息披露和股票上市的规定，这就大大增强了社会公众对公司的熟悉和信赖。因此，股票上市会为公司带来良好声誉，吸引更多的客户。

但股票上市也有对公司不利的一面，主要包括：公司将负担较高的信息披露成本；各种信息公开的要求可能会暴露公司的商业秘密；股价有时会歪曲公司的实际状况，丑化公司声誉；可能会分散公司的控制权，造成管理上的困难。

（二）股票上市的条件

公司公开发行的股票进入证券交易所挂牌买卖，世界各国都要求具备一定的条件。在我国，公司公开发行上市也必须具备严格的条件限制。我国《证券法》规定，股份有限公司申请其股票上市，必须符合下列条件：

（1）股票经国务院证券监督管理机构核准已公开发行。

（2）公司股本总额不少于人民币 3 000 万元。

（3）公司发行的股份达到公司股份总数的 25%以上；公司股本总额超过人民币 4 亿元的公开发行的比例为 10%以上。

（4）公司最近三年无重大违法行为，财务会计报告无虚假记载。

此外，证券交易所可以规定高于前款规定的上市条件，公司股票上市还应符合证券交易所规定的其他条件。

三、股票的增发

对上市公司而言，所谓股票增发（Seasoned Equity Offer，SEO）是相对 IPO 而言的，是已上市公司再一次向社会公开或非公开发行股票募集资金的行为。

目前市场上的股票增发有两种方式，即非公开增发与公开增发，非公开增发也称为定向增发。我国《上市公司证券发行管理办法》规定，非公开发行股票的特定对象应当符合下列规定：（1）特定对象符合股东大会决议规定的条件；（2）发行对象不超过十名。发行对象为境外战略投资者的，应当经国务院相关部门事先批准。

另外，从世界范围来看，各国对于非公开发行的发行者极少附加盈利能力的要求，因为，非公开发行的认购者都是机构投资者，如商业银行、保险公司、基金和证券公司等。一般认为，这些机构投资者有专业的投资管理队伍，他们有精力、知识与能力对发行者的投资价值进行专业性的识别和判断。我国也一样，在《上市公司证券发行管理办法》中也没有对非公开发行的发行者有盈利能力的硬性要求，但是对公开增发的规定较为严格，除满足一般规定外，还要满足盈利能力方面的具体要求，以保护广大公众投资者的利益。

正是因为投资对象以及由此引起的相关法规规定不同，公开增发和非公开增发对公司已流通股票的市场价格会产生不同的影响。上市公司向特定投资者定向增发，不但有助于减小再融资对市场的压力，也有利于吸引场外机构的资金进入市场，还可以为包括亏损上市公司在内的所有公司引入新的战略股东、注入新的优质资产、进行收购兼并等提供新的工具和渠道，有利于提高上市公司质量和结构调整。而且，具有专业判断能力的机构投资者都对定向增发认购，则说明发行者经营管理和盈利能力较好，所以，一旦董事会宣布定向增发则发行者在二级市场的股票价格会上升，国内外实证研究也基本证实了这一点。

但一些经济学家研究发现，公开增发股票的消息一经公布往往会伴随着股票价格的下跌。在美国工业股股票的新增发行中，股价一般下降了3%左右。对于这种效应，起初的解释是增发的新股引起流通在外的股票数量增加而导致公司股票价格下跌。但是最新的研究表明，公开发行的这种效应与股票数量并没有太大的关系，而仅仅与新股发行的消息本身相关，即公司采取公开增发股票而不是发行债券或定向增发股票，显示公司经理人不愿意接受还本付息的现金流压力，也对获得机构投资者的认可没有太多信心。

上述非公开增发和公开增发对股票二级市场价格的影响及其原因，即股票增发的信号效应。

第四节　租赁市场

租赁，可以看成是实物资产的融通或借贷行为，本质上可以看成是资金的融通活动。租赁本身有长期租赁和短期租赁，因此它既属于货币市场行为又属于资本市场行为，这里为了简化问题，将租赁统一到资本市场中描述。

一、租赁及其类型

租赁（Lease），是一种以合同规定资产所有者，即出租人在一定时期内，根据一定的条件，将资产交由承租人使用，承租人在规定的时间内分期支付租金并享有对资产使用权的经济业务。承租人在租赁期内通过分期支付一定金额的租金即可获得资产的使用权，缓解了企业资金短缺和资产使用权之间的矛盾。可见，租赁实质上是企业融资的一种重要方式。

一般情况下，可以将租赁分为经营租赁和融资租赁两大类型。经营租赁（Operating Lease）是指在较短的时期内，出租人向承租人交付租赁资产，承租人获得资产的使用权并向出租人支付租金，租赁期间诸如修理费、保险费等费用由出租人承担。融资租赁（Financial Lease）是指承租人以融通资金为目的，租赁期相当于资产的大部分使用寿命，并且租金足以保证出租人收回资产的购买价款并取得一定的回报，出租人一般不提供维修、保险等服务。经营租赁和融资租赁的具体区别如表8-2所示。从经营租赁和融资租赁之间的比较可见，经营租赁其实是企业进行短期融资的一种方式，而融资租赁是企业长期融资的一种方式。

表 8 - 2　　经营租赁和融资租赁的比较

项目	经营租赁	融资租赁
租赁程序	承租人可随时向出租人提出租赁资产的要求。	承租人向出租人提出申请，由出租人购进承租人指定的设备，再租赁给承租人使用。
租赁期限	租赁期较短，不涉及长期或固定的义务。	租赁期较长，一般为租赁资产的整个寿命。
合同约束	租赁合同灵活，在合理限制条件范围内可以解除租赁合同。	租赁合同稳定，租期内承租人必须连续支付租金，非经双方同意中途不得退租。
租赁期满对资产的处置	租赁资产一般要归还给出租人。	有三种选择：承租人留购、出租人收回或者是延长租期而续租。
租赁资产的维修保养	出租人提供资产的保养、维修和保险服务。	出租人一般不提供维修、保养和保险等方面的服务，由承租人自己负责。

另外，出于规范固定资产折旧及其税收问题，我国和大多数国家的企业会计实务中对经营租赁和融资租赁都有具体的区分标准。我国 2006 年颁布的《企业会计准则第 21 号——租赁》规定，符合下列一项或数项标准的，应当认定为融资租赁：

（1）在租赁期届满时，租赁资产的所有权转移给承租人。

（2）承租人有购买租赁资产的选择权，所订立的购买价款预计将远低于行使选择权时租赁资产的公允价值，因而在租赁开始日就可以合理确定承租人将会行使这种选择权。

（3）即使资产的所有权不转移，但租赁期占租赁资产使用寿命的大部分。

（4）承租人在租赁开始日的最低租赁付款额现值，几乎相当于租赁开始日租赁资产公允价值；出租人在租赁开始日的最低租赁收款额现值，几乎相当于租赁开始日租赁资产公允价值。

（5）租赁资产性质特殊，如果不做较大改造，只有承租人才能使用。

同时规定，对于经营租赁的租金，承租人应当在租赁期内各个期间按照直线法计入相关资产成本或当期损益；其他方法更为系统合理的，也可以采用其他方法。与经营租赁的处理不同，准则要求将融资租赁租入的资产作为承租人的自有资产进行管理，即承租人应当采用与自有固定资产相一致的政策计提租赁资产折旧。之所以如此规定，是因为融资租赁的租赁期已经占到了该租赁资产的大部分，并且与该资产相关的经济利益实质上已经转移到了承租人。

二、融资租赁

根据融资租赁所涉及关系的复杂程度，通常可以将其分为售后租回、直接租赁和杠杆租赁三种形式。

售后租回是指根据协议的规定，企业在将资产卖给出租人以后，再将其租回使用的融资租赁形式。

直接租赁是指承租人直接向出租人租入所需要的资产并支付租金的形式；直接租赁的出租人主要是制造商、金融公司和租赁公司等。

杠杆租赁涉及承租人、出租人和资金出借人三方当事人，从承租人来说，杠杆租赁和普通租赁并无不同，但从出租人来讲，一方面他只需提供资产所需的部分资金作为自己的投资，其他部分资金通过以出租资产进行抵押取得的借款满足，从而以较少的资金推动了大额的融资租赁业务。

公司融资租赁的决策不仅取决于融资的金额是多少，更重要的是租赁融资的成本是否小于租赁资产的未来收益，是否小于银行同期贷款的本息。

同企业的其他融资方式相比，融资租赁对承租人而言，其具有的优点有：

（1）融资速度快。租赁往往比借款购置设备更迅速、更灵活，因为租赁是与融资和购买设备同时进行的，可以缩短设备的购进、安装时间，使企业尽快形成生产能力，有利于企业尽快占领市场，打开销路。

（2）限制条款少。与长期借款和债券融资相对较多的限制条款相比，虽然限制条款在融资租赁中也存在，但一般比较少。

（3）设备淘汰风险小。通过融资租赁取得资产的使用权，一方面可以进行正常的生产经营，另一方面规避了设备被技术进步淘汰的风险。

（4）财务风险小。融资租赁的租金在整个租赁期内分摊，不用到期归还大量的本金，从而避免了不能偿还的风险；而且，融资租赁资产的折旧可以抵税，从而使得承租人获得税收抵免的好处。

融资租赁的主要缺点是融资成本较高。一般来说，其租金要比长期借款、公司债券所负担的利息高很多，并且在公司财务困难的时候，固定的租金支付也会形成公司一项沉重的财务负担。

第五节　衍生工具市场

衍生工具市场产生于 20 世纪 70 年代，在 20 世纪末迅猛发展，是金融市场最重要的创新和发展之一。衍生工具是一种特殊类别买卖的金融工具的统称，这种工具由基础工具（商品、股票、债券或利率等）的未来价值衍生而来，是市场中的买方和卖方共同达成交易的金融合约。衍生工具最主要的作用是为交易者提供套期保值的功能，从而规避未来价格波动产生的交易风险，其次是价格发现，即衍生工具具有预测价格功能，因为合约的标的物存在价格波动，因此衍生工具也具有投机套利的功能。

一、远期交易市场

（一）远期交易市场的定义

远期交易（Forward Transaction）是指买卖双方签订远期合同，规定在未来某一时期进行交易的一种交易方式。远期合约（Forward Contract）是远期交易市场中的一种保值工具，指合约双方约定在未来某一确定日期，按照确定价格交换一定数量的金融资产合约。在远期合约中，同意在未来某一时刻以某一约定价格买入资产的一方被称为多头寸方（Long Position），同意将来在某一时刻以某一约定价格卖出资产的一方被称为空头寸方（Short Position）。远期交易市场没有固定的交易场所，具有合约标准化程度较低、违约风险高、定价效率较低等特点，在远期交易市场中通常采用实物交割的方式来履行合约。

（二）远期交易市场的分类

远期合约主要有远期利率协议、远期外汇合约、远期股票合约三种。

1. 远期利率协议

远期利率协议（Forward Rate Agreement，FRA）是协议双方约定在名义本金的基础上进行合同利率与参照利率差额支付的远期合约。远期利率协议的买方支付以合同利率计算的利息，卖方支付以参考利率计算的利息。

2. 远期外汇合约

远期外汇合约（Forward Exchange Agreement，FXA）又称期汇交易，是指买卖外汇双方先签订合同，规定买卖外汇的数量、汇率和未来交割外汇的时间，到了规定的交割日期双方再按合同规定办理货币收付的外汇交易。

3. 远期股票合约

远期股票合约（Equity Forward）是指将来某一特定日期按特定价格交付一定数量单个股票或一揽子股票的协议。

二、期货交易市场

（一）期货市场的定义和分类

期货交易市场（Market of Futures Transaction）是由期货交易主体、期货交易所、期货经纪公司和期货结算所构成的有机整体，是现代市场体系中的一个重要组成部分。期货交易是指交易双方在集中性的交易场所以公开竞价方式所进行的期货合约的交易。而期货合约（Futures Contract）则是由交易双方订立的、约定在未来某个日期按成交时约定的价格交割一定数量的某种商品的标准化合约。期货合约根据基础资产的不同，可分为商品期货和金融期货。金融期货是指以各种金融商品如外汇、债券、股价指数等作为标的物的期货，即金融期货是以金融商品合约为交易对象的期货。

（二）期货市场的交易制度

期货市场是一种高度组织化的市场，为了保障期货交易“公开、公平、公正”平稳运行，对期货市场的高风险实施有效的控制，期货交易所制定了一系列的交易制度（即“游戏规则”），所有交易者必须在承认并保证这些“游戏规则”的前提下才能参与期货交易。

1. 保证金制度

保证金制度是指在期货交易中，任何交易者必须按照其所买卖期货合约价值的一定比例（通常为合约价值的5%～10%）缴纳资金，用于结算和保证履约。交易所可以调整交易保证金，交易所调整保证金的目的在于控制风险。

2. 逐日盯市制度

逐日盯市制度又称当日无负债结算制度，是指每日交易结束后，交易所按当日结算价结算所有合约的盈亏、交易保证金及手续费、税金等费用，对应收应付的款项同时划转，相应增加或减少会员的结算准备金。期货交易所会员的保证金不足时，应当及时追加保证金或者自行平仓。

3. 涨跌停板制度

涨跌停板制度又称每日价格最大波动限制，是指将每日价格波动限定在一定的幅度之内的规定，防止期货价格剧烈震动从而影响市场的稳定性。

4. 持仓限额制度

持仓限额制度是指交易所规定会员或投资者可以持有的、按单边计算的某一合约投机头寸的最大数额，防止某些投资者通过大量持仓垄断市场，进行操纵。

5. 大户报告制度

大户报告制度是指交易所对持仓量较大的会员或投资者进行重点监控，了解其持仓动向、意图，防止其过度投机和操纵市场价格。

（三）期货市场的功能

期货市场由最基本的两个功能：一是套期保值，二是价格发现。

1. 套期保值

套期保值，是指通过在现货市场和期货市场同时作相反的交易而达到为其现货保值目的的交易方式。即把期货市场当作转移价格风险的场所，利用期货合约作为将来在现货市场买卖商品的临时替代物，对其现在买进准备以后售出商品或对将来需要买进商品的价格进行保险的交易活动。

2. 价格发现

发现价格功能是指在期货市场通过公开、公正、高效、竞争的期货交易运行机制形成具有真实性、预期性、连续性和权威性价格的过程。期货市场形成的价格之所以为公众所承认，是因为期货市场是一个有组织的规范化的市场，期货价格是在专门的期货交易所内形成的。期货交易所聚集了众多的买方和卖方，把自己所掌握的对某种商品的供求关系及其变动趋势的信息集中到交易场内，从而使期货市场成为一个公开的自由竞争的市场。这样通过期货交易所就能把众多的影响某种商品价格的供求因素集中反映到期货市场内，形成的期货价格能够比较准确地反映真实的供求状况及价格变动趋势。

（四）期货合约和远期合约的区别

期货合约是远期合约的发展产物，是远期合约的标准化，但是二者之间仍存在很大的不同，主要体现在以下几个方面。

1. 合约的产生方式不同

期货合约是由交易所制定发行的，是一种在集中性交易场所内通过公开竞价方式进行交易的场内产品，而远期合约是交易双方进行谈判后自行签订的场外交易产品。

2. 合约内容的标准化不同

期货合约是标准化合同，远期合约的条款由双方自行商定。

3. 结算方式不同

期货合约是由结算公司进行集中结算的，绝大多数期货合约在到期前平仓，不再进行实物交割，而远期合约绝大部分在到期时进行实物交割结算。

三、期权交易市场

（一）期权交易市场的定义

期权交易市场（Option Market），是指进行期权交易的市场，亦指期权交易所。期权交易指对特定时间内以约定价格购买特定商品的权利进行的交易。期权是一种选择权，期权的买方向卖方支付一定数额的权利金后就获得这种权利，即拥有在一定时间内以一定的价格（执行价格）出售或购买一定数量的标的物的权利。期权的买方行使权利时，卖方必须按期权合约规定的内容履行义务。相反，买方可以放弃行使权利，此时买方只是损失权利金，同时卖方则赚取权利金。总之，期权的买方拥有执行期权的权利，无执行的义务，而期权的卖方只是履行期权的义务。

（二）期权交易市场的分类

根据期权的交易方式、方向和标的物等方面的不同对期权进行合理的分类如下：

（1）按期权的权利划分，有看涨期权和看跌期权两种类型。

看涨期权是指期权的买方向期权的卖方支付一定数额的权利金后，即拥有在期权合约的有效期内，按事先约定的价格向期权卖方买入一定数量的期权合约规定的特定商品的权利，但不负有必须买进的义务。而期权卖方有义务在期权规定的有效期内，应期权买方的要求，以期权合约事先规定的价格卖出期权合约规定的特定商品。

看跌期权是指期权的买方向期权的卖方支付一定数额的权利金后，即拥有在期权合约的有效期内，按事先约定的价格向期权卖方卖出一定数量的期权合约规定的特定商品的权利，但不负有必须卖出的义务。而期权卖方有义务在期权规定的有效期内，应期权买方的要求，以期权合约事先规定的价格买入期权合约规定的特定商品。

（2）按期权的交割时间划分，有欧式期权和美式期权两种类型。

欧式期权是指期权的买方在合约到期日之前不能行使权利，在期权合约到期日方可行使权利，过了到期日，合约作废。

美式期权则是指在期权合约到期日之前的任何一个营业日都可以行使权利，若是超过到期日，美式期权同样会被作废。

（3）按期权合约的标的物划分，可以分为股票期权、股票指数期权、利率期权、商品期权和外汇期权等种类。

（三）期权交易市场的功能

期权作为当今金融市场上最受欢迎的金融衍生工具之一，主要原因是因为它具有以下功能。

1. 有效的保险

期权可以提供“保险”的功能，是常用的风险管理工具。由于期权的权利和义务是分离的，对于期权的买方来说，只拥有权利而没有履约的义务，所以当标的物价格产生不利变化，其最大损失只限于支付的权利费，起到了保险的作用。

2. 额外的潜在盈利

由于一般情况下期权价格都低于期权标的物价格，使得期权投机所需的资金较少，有利于降低交易成本，当期权标的物价格产生有利变化时，期权的买方就可以通过行使期权来获得额外收益，即期权可以用非常小的风险提供额外的潜在盈利。

四、金融互换市场

（一）互换市场的定义

金融互换市场是 20 世纪 70 年代末世界汇率和利率剧烈波动条件下的产物，是国际金融衍生市场的重要组成部分。金融互换（Financial Swaps）是指合约双方按照商定条件，在合约规定的时间内，交换不同金融工具的合约，互换是一系列现金流的交换，会持续一段时间。

（二）金融互换市场的类型

根据基础金融工具的不同，互换可以分为货币互换、利率互换、股票互换和商品互换等，最常见的是货币互换和利率互换。

1. 货币互换

货币互换（Currency Swaps）是指将一种货币的本金和利息，与另一种货币的本金和利息进行交换。实现互换的前提是，交易双方分别需要对方拥有的币种，所持资本的数值、期限相同，能预先锁定汇率和利率，规避汇率风险和利率风险。

2. 利率互换

利率互换（Interest Rate Swaps）是指交易双方同意以同一种货币、相同金额的本金在相同的期限内，相互交换以不同利率计算的资产或货币的支付行为。实现利率互换的原因是交易双方在不同的利率借贷市场上具有比较优势。

（三）金融互换市场的功能

1. 降低筹资成本，转移和防范利率风险和汇率风险

在筹资过程中，互换交易双方在互换市场上可充分利用自己的比较优势而筹措到在另一个市场上的所需，转移或降低由于利率变动和汇率变动产生的风险，进而大幅度降低筹资成本。

2. 加强资产负债管理功能

互换交易使得企业和银行能够根据需要筹措到任何期限、币种、利率的资金，从而使得企业的资产负债结构与资产负债管理战略一致。

五、权证市场

(一) 权证市场的定义

权证(Warrant),通常指发行人所发行的附有特定条件的一种有价证券。投资人支付权利金取得权证后,有权以约定的价格在约定的期限内,购买或售出一定数量的标的资产。权证的交易实质上属于一种期权的买卖,权证持有人在支付权利金后有权决定是否行使权利,而不具有必须履约的义务。

认股权证(Share Warrant)是权证的一种,指发行人授予持有人一项权利,在到期日前以行权价购买公司发行的新股。

(二) 权证的基本要素

从权证的设计角度来看,权证的基本要素包括以下9种。

1. 发行人

股本权证的发行人为标的上市公司,而衍生权证的发行人为标的公司以外的第三方。

2. 看涨权证和看跌权证

当权证持有人拥有从发行人处购买标的证券的权利时,该权证为看涨期权;反之,当权证持有人拥有向发行人出售标的证券的权利时,该权证为看跌权证。

3. 到期日

到期日是权证持有人可行使认购(或出售)权利的最后日期。

4. 执行方式

在美式执行方式下,持有人在到期日以前的任何时间内均可以行使认购权,而在欧式执行方式下,持有人只有在到期日当天才可以行使认购权。

5. 交割方式

交割方式包括实物交割和现金交割两种形式。实物交割指投资者行使认股权利时从发行人处购入标的证券,而现金交割指投资者在行使权利时,由发行人向投资者支付市价高于执行价的差额。

6. 认股价(执行价)

认股价是发行人在发行权证时所定下的价格,持证人在行使权利时以此价格向发行人认购标的股票。

7. 权证价格

权证价格由内在价值和时间价值两部分组成。当标的证券市场价格高于认股价时,内在价值为两者之差;而当标的证券市场价格低于认股价时,内在价值为零。但如果权证尚没有到期,标的证券市场价格还有机会高于认股价,因此权证仍具有市场价值,这种价值就是时间价值。

8. 认购比率

认购比率是每张权证可认购正股的股数。

9. 杠杆比率

杠杆比率是标的证券市场价格与购入一股股票所需权证的市价之比，用公式表示为：杠杆比率＝标的证券市场价格/（权证价格÷认购比率）。

（三）权证的种类

权证根据不同的划分标准有不同的分类。

（1）按交易行为（买卖方向）划分，权证的种类分为认购权证和认沽权证。认购权证的持有人有权按约定价格在约定期限内向发行人买入标的证券，认沽权证的持有人有权按约定价格在约定期限内向发行人卖出标的证券。

（2）按行权期限的不同，权证可以分为美式权证和欧式权证。美式权证的持有人可以在权证到期日前的任一交易日行权，欧式权证的持有人只能在权证到期日当日行权。

（3）按发行人的不同，权证可以分为股本权证和备兑权证。股本权证一般是由上市公司发行的，备兑权证一般是由证券公司等金融机构发行。

六、可转换证券市场

（一）可转换证券的定义

可转换证券（Convertible Securities）是指发行人依照法定程序发行，持有者在一定时期内可以按一定的比例或价格将其转换成一定数量的另一种证券。按照发行证券的属性，可转换债券可分为可转换债券和可转换优先股票。可转换债券（Convertible Bond），简称可转债，是指发行人依照法定程序发行，在一定期限内依照约定的条件转换为股票的公司债券；可转换优先股股票（Convertible Preference Share）是指证券持有者可依据一定转换条件，将优先股股票转换成发行人普通股股票的证券。目前我国只有可转换债券，以下针对我国存在的可转换债券做重点介绍。

（二）可转换债券的要素

可转换公司债券的要素是可转换债券基本特征的必要因素，它表明可转换债券与不可转换债券或普通债券的区别。

1. 标的股票

可转换债券对股票的可转换性，实际上是一种股票期权或股票选择权，它的标的物就是可以转换成的股票。可转换债券的标的股票一般是其发行者自己的股票，但也有其他公司的股票，如可转换债券发行者的上市子公司的股票。

2. 转换价格

可转换债券发行之时就会明确转换为普通股的价格，也称转股价格，即转换发生时投资者为取得每股股票所要支付的实际价格。

3. 转换比率

转换比率是债权人通过转换可获得的股票股数。可转换债券的面值、转换价格、转换比率之间存在下列关系：

转换比率＝债券面值÷转换价格

4. 转换期

转换期是指可转换债券转换为股票的起始日至结束日的期间。可转换债券的转换期可以与债券的期限相同，也可以少于债券的期限。还有的可转换债券规定只能在一定时间内，如发行后的若干年之内行使转换权，超过这一时间转换权便失效，因此转换期也会少于债券的期限，这种转换期称为有限转换期。

5. 赎回条款与回售条款

赎回条款是赋予可转换债券的发行者可以在债券到期日之前提前赎回债券的规定。而回售条款是在可转换债券持有人有权按照约定的价格将可转换债券卖给发行者的有关规定。设置回售条款是为了保护债券投资人的利益，使他们能够避免过大的投资损失。

6. 强制性转换条款

强制性转换条款是在某些条件具备之后，债券持有人必须将可转换债券转换为股票，无权要求偿还债券本金的规定。设置强制性转换条款，在于保证可转换债券顺利地转换成股票，实现发行者扩大权益筹资的目的。

（三）可转换债券的发行条件

按照《上市公司证券发行管理办法》的规定，可转换债券的发行有着严格的规定，这些规定可以分为两个部分，分别是一般规定和特别规定。

其中一般规定包括以下五方面的内容：

（1）上市公司的组织机构健全、运行良好。

（2）上市公司的盈利能力具有可持续性。

（3）上市公司的财务状况良好。

（4）上市公司最近36个月内财务会计文件无虚假记载，且不存在重大违法行为。

（5）上市公司募集资金的数额和使用应当符合规定。

特别规定包括以下三方面的内容：

（1）最近三个会计年度加权平均净资产收益率平均不低于百分之六。扣除非经常性损益后的净利润与扣除前的净利润相比，以低者作为加权平均净资产收益率的计算依据。

（2）本次发行后累计公司债券余额不超过最近一期末净资产额的百分之四十。

（3）最近三个会计年度实现的年均可分配利润不少于公司债券一年的利息。

（四）可转换债券的投资价值

可转换债券具有股票和债券的双重属性，对投资者来说是“有本金保证的股票”。可转换债券对投资者来说具有强大的吸引力，主要在于：

（1）投资者可以从可转换债券中获得最低收益。可转换债券在转换成股票之前，投资者可以获得固定的本金和利息收益，当实现转换时，投资者可以获得股息收入或者将股票进行出售获得收入。

（2）可转换债券当期获得收益高于普通股红利。可转换债券持有者在持有期间可以获得定期的利息收入，而通常情况下这种当期收益高于普通股红利，否则可转换债券很快被转换成股票。

（3）可转换债券比股票有优先偿还的权利。在公司进行清偿时，可转换债券同普通公司债券、长期借款等具有同等追索权利，一般排在公司债券之后，但与优先股和普通股相比，具有优先清偿的地位。

本章小结

本章在介绍资本市场相关知识的基础上，分别从长期债务市场、股权资本市场、租赁市场、衍生工具市场四个方面介绍了企业融资的具体方式、程序及使用。

资本市场是企业进行融资的主要场所，本章介绍了资本市场的相关概念，并着重阐述了作为资本市场重要组成部分的证券市场的概念、特征、功能等内容，以期建立对资本市场和证券市场的初步认识。

长期债务市场关注的是对企业长期发展有直接作用的面向债权人的企业筹集资金的方式。本章具体介绍了长期债务市场的基本内容，包括长期借款、债券两部分的内容。

股权资本市场是并列于长期债务市场的重要资金筹集方式，具体内容包括了普通股、优先股两个部分。本章介绍了股票的发行与上市的相关知识，这是企业进行融资的途径。这里需要指出的是，企业的股利政策的确定实际上也涉及股权融资的内容，具体来说是内部的留存收益融资，但由于该部分的特殊性，将在以后的章节单独介绍。

租赁市场从本质上来说应该属于企业长期债务市场的范畴，但考虑到融资租赁和企业其他长期债务融资之间的差异，因此单独列出一大点进行介绍。

最后，本章介绍了衍生工具市场，重点介绍了远期交易市场、期货交易市场、期权交易市场、互换市场、认股权证市场以及可转换证券市场上六种衍生工具的特点和功能。

练习思考题

1. 资本市场的组成部分包括哪些方面？
2. 证券市场的特征、功能分别是什么？
3. 长期债务市场包括哪些内容？
4. 长期借款融资的优缺点分别是什么？
5. 发行债券进行融资的优缺点分别是什么？
6. 股票发行与上市的条件分别是什么？
7. 租赁包括哪些类型？经营租赁和融资租赁有哪些不同点？
8. 融资租赁的优缺点分别是什么？
9. 远期合约和期货合约的区别是什么？
10. 什么是金融期权？期权的分类有哪些？
11. 金融互换市场有哪两种常见的互换合约？
12. 认股权证和可转换债券有哪些相似之处？
13. 比较企业的各种融资方式的特点，结合本章阅读材料分析企业如何根据实际情况选择融资方式，从而实现企业的目标。

阅读材料 8-1 创业板孕育经济增长新动能

2017 年 10 月 30 日，创业板启动八周年。8 年来，创业板快速发展，新上市公司数量逐年增加，市场规模稳步扩大。截至 2017 年 10 月 27 日，创业板共有 690 家上市公司，占上市公司总数量的 20%，总市值 5.5 万亿元，占 A 股总市值的 9.5%。创业板已成为多层次资本市场中不可或缺的重要组成部分。

8 年来，创业板上市公司服务供给侧结构性改革，服务实体经济发展正酣。创业板有力促进了资本形成和资源优化配置，对于支持创业创新企业成长，推动企业去杠杆、降低财务成本发挥了积极作用。

上市公司改善资本结构，降低财务成本卓有成效。截至 2017 年 10 月 27 日，创业板累计 IPO 融资规模达 3 481 亿元，股权再融资规模达 2 576 亿元，有力支持了创业创新企业成长，有效发挥了资本市场资源配置功能。再融资中，有 156 家次创业板公司实施完成非公开发行股票，募集资金达 1 503 亿元；3 家公司完成了配股，募集资金 22.9 亿元；218 家公司实施了重组配套融资，募集资金 1 050 亿元。股权融资显著降低了企业杠杆率，创业板上市公司上市前一年平均资产负债率为 37.3%，上市后第一年迅速降为 18.9%。

在债券融资方面，截至 2017 年 10 月 27 日，创业板公司实际发行债券 48 家次，募集资金 238 亿元。债券平均利率从 2015 年的 7.4%下降至 2017 年的 5.8%，降低了企业财务成本。创业板的启动为创业投资提供了有效的退出渠道，吸引带动了大量的政府和社会资金流向科技创新型中小微企业，缓解了其发展初期的资金难题并帮助其建立规范的现代公司治理结构。目前，创业板共有 410 家公司上市前获得了创投的资金支持，初始投资总额达 239 亿元。

我国经济正处在转变发展方式、优化经济结构、转换增长动力的攻关期。在传统要素驱动模式边际效益逐步减弱的同时，以创业板上市公司为代表的新动能扮演了经济增长的生力军，推动我国经济提质增效升级。

新兴产业表现突出，引领产业结构调整。文化、信息以及健康产业已成为创业板发展的引领行业。上市后净利润复合增长率前 100 名的公司中，传媒、计算机、电子和医药生物行业入围的公司均超过 10 家，占据前四名。新兴产业强劲的增长势头，展现了我国产业结构调整的显著成果。

积极并购助力外延扩张，善用资本促产业整合。创业板公司充分发挥资本市场在企业并购重组过程中的主渠道作用，通过并购实施产业整合、做大做强。一些从事传统产业的公司，通过并购进入新兴产业，完成产业的转型升级。截至 2017 年 9 月 30 日，在已实施完成的 317 单重组中，平均交易金额 8.2 亿元；276 单涉及发行股份支付对价，平均股份对价支付金额 6.6 亿元，占交易总对价的 80.5%。并购重组帮助创业板公司实现跨越式发展，进一步提高了公司竞争力和创新力。

从业绩承诺实现情况看，80%以上的公司完成了业绩承诺。2015 年，创业板已实施完成的重组中，共有 174 单存在业绩承诺，仅 26 单未实现承诺业绩。2016 年，256 单涉及业绩承诺的重组中，仅 29 单未实现承诺业绩。

资料来源：温济聪. 启动八年来已成为多层次资本市场不可或缺重要组成部分——创业板孕育经济增长新动能. 经济日报，2017-10-31.

阅读材料 8-2　中概股私有化回归 A 股研究——以巨人网络为例

近几年来，许多中概股纷纷开始了私有化进程，中概股私有化出现井喷趋势。巨人网络在 2014 年完成私有化，2015 年在国内借壳上市，成为首家回归 A 股的游戏类企业。本文以巨人网络为例，总结中概股私有化动机，并结合我国新规颁布产生的私有化回归困境，提出相应的对策。

一、前言

2012 年以来，共有 34 家企业从美股市场退市或者私有化进行中。仅 2015 年一年，就有 20 余家中概股正在进行私有化，可以说，中概股私有化无疑是现在中国资本市场最热门的话题之一，国内资本市场的高溢价使得众多中概股企业踏上私有化回归 A 股之路。

本文通过规范研究、案例分析等方法，对中概股频频企图私有化的现象进行分析，选取 2014 年完成私有化的纽交所上市公司巨人网络（GA）进行研究，试总结中概股私有化的动机和带来的各方面影响，并对现在中概股私有化回归困境进行分析，给出一定的建议。

本文的研究贡献：第一，已有文献主要关注中概股公司的上市方式、财务业绩、会计和审计等问题（Beatty. Lu 和 Luo，2014），即使关注到动机问题，也较为概括，本文则详细分析了在美国上市的中概股公司私有化的动机及影响；第二，本文关注了中概股私有化后的回归困境，而同类文献鲜有此关注点，仍停留在私有化的现象分析中，本文结合国家政策和 A 股现状进行一定的反思并给出发展建议。

二、私有化后的公司策略

巨人网络此次私有化的主要动因是公司股价在美国市场被严重低估，私有化退市后谋求在香港或 A 股重新上市。近两年内地和香港市场对游戏公司的估值动辄上百倍，如创业板的中青宝和掌趣科技。追求高估值，也是巨人网络选择私有化的原因之一，因而，巨人网络成为继分众传媒之后，2015 年年内第二家拟定借壳公司的中概股，其也很有可能成为首家回归 A 股的游戏类企业。然而，巨人网络新估值是缩水的。2014 年 7 月巨人网络完成退市交割时，估值约 200 亿元，而世纪游轮公布的收购巨人网络的估值仅为 131 亿元。

三、巨人网络私有化动机

（一）规避海外市场的严格监管

源于海外成熟市场监管制度相对严厉、违规成本长期偏高的市场环境，不少远赴海外上市的中概股企业时刻承受着巨大的压力。退一步来说，一旦企业遭到了投资者的集体诉讼或遭到了部分国际资金的恶意做空，则对企业来说，是一个沉重的打击。有时候，若企业自身的风险抵御能力薄弱，或舆论公关危机的应对能力低下，则很容易把艰难发展起来的企业品牌毁于一旦。以巨人网络为例，巨人网络的美股上市公司身份使得实际控制人史玉柱不能自由挪用资金进行项目投资，企业发展受限。

（二）利用国内逐渐放宽的融资渠道

鉴于国内市场融资渠道长期处于相对狭窄的局面，不少企业很难获得较好的融资方式。与此同时，国内A股市场上市门槛高，IPO堰塞湖问题长期未能得到根本性的解决，这无疑加速了急需融资的企业远赴海外发行上市的步伐。但是，多年下来，对于那些远赴海外上市的中概股企业来说，面对海外成熟的市场氛围，虽然“海外上市”的头衔会或多或少提升企业自身的国际影响力，但长期来看融资的规模却是相当有限，严重影响到企业的扩张发展空间。而在国内市场政策环境有所宽松的背景下，部分中概股选择私有化回归，以谋求更大发展空间，不失为更好的选择。

（三）避免海外资本市场对中概股估值过低

美国市场对于科技类企业的估值向来是高于其他资本市场，而且美国资本市场对于企业的上市条件要求并不苛刻，往往更看重企业成长性，这些都是中国优秀企业在美国上市的因素。白庆辉（2015）认为，最近几年中概股频繁被做空，对中概股整体的声誉造成极大损害，连累了中概股企业的整体估值，这也是估值偏低的原因之一。同时美国投资者对中国企业估值模型不了解，中概股与同类美国企业竞争优势并不明显等原因都使得发展良好的中概股估值偏低。以巨人网络为例，上市后的巨人网络表现一直呈低迷状态，低于发行价15.5美元。A股正在经历深刻变革，尽管仍未脱离“政策市”的特征，但一系列预期的重大改革，比如拟将审批制改为注册制，让很多人认为A股已然脱胎换骨。同时A股关于概念股的爆炒也是中概股回归的吸引力之一，宋思勤（2013）认为，随着A股市场化改革推进与国际板等系列政策的逐步出台，将从市场周期、交易市场、离岸折价、业务结构四方面在国内市场实现估值溢价。

四、反思与建议

中概股私有化后，多试图回归A股，这更可能属于中概股企业寻求发展的一种期盼。与此同时，强悍的市场赚钱效应以及偏高的融资估值水平等因素，也是中概股企业急于回归A股市场的主要动力。但是，遗憾的是，中概股回归进程有所延缓的预期，对一些急于通过私有化退市回归的企业构成了深刻性的冲击。对于时下处于进退两难的中概股企业来说，迫切需要寻求更好的解决方法，来摆脱当下的回归困境。本文将目前中概股回归的困境总结为以下几点：

第一，IPO启动艰难，企业无力长时间等待。对于中概股企业而言，其往往选择的是IPO发行、借壳上市以及登陆新三板等方式来回归至国内资本市场。但是，就目前而言，IPO堰塞湖问题严重，且A股市场上市门槛很高，不少中概股企业来不及等待。至于新三板市场，虽然目前已经出台了分层政策，但鉴于新三板市场的活跃度不高、投资者准入门槛过高等因素的约束，不少挂牌新三板市场的企业很难达到预期的融资效果。

第二，新规颁布带来政策的不确定性。2016年6月中国证监会公开了《上市公司重大资产重组管理办法（征求意见稿）》，拟对《上市公司重大资产重组管理办法》进行修改；同时，还发布了《关于上市公司发行股份购买资产同时募集配套资金的相关问题与解答》和《关于上市公司业绩补偿承诺的相关问题与解答》。新规主要内容包括：取消重组上市的配套融资，提高对重组方的实力要求。此外，上市公司或其控股股东、实际控制人近3

年内存在违法违规或一年内被交易所公开谴责的，不得“卖壳”。政策的不确定性大大阻碍了中概股回归的进程。

第三，市场对于中概股态度谨慎。随着A股市场遇冷，股灾风波冲击影响的持续深入，结合部分中概股企业的回归，间接扰乱了市场的理性投资环境，使得市场对中概股企业回归的态度也有所谨慎。很多回归的中概股如巨人网络在A股市场上都未能取得预期的高估值。

当然，对于中概股来说，也有利好的政策信息。2015年6月，根据国务院常务会议提出的“推动特殊股权结构类创业企业在境内上市”，中概股回归有望突破目前普遍采用VIE结构回归A股的制度和政策上的约束。

总的来说，中概股回归遭到爆炒的现象接连上演，终究还是受到了监管层对中概股回归政策的重新审视影响。或许，中概股企业回归内地市场是一种大趋势、大方向，但关键问题还是在于如何理性引导优秀的中概股企业回归国内。而通过对这类长期积累海外上市经验的中概股企业的积极引导，可以逐步把海外成熟的市场经验引导至国内市场，甚至达到引导市场价值投资、理性投资的目的。或许，对于未来而言，优秀中概股企业回归内地市场的优势会相对明显一些，但对于不少中概股企业来说，其未来的回归之路却依旧坎坷。

因此，在不同时期不同的形势下，企业要把生存发展放在第一位。同时，中概股要合理定价私有化邀约价，增强企业责任感，否则过低的定价会引起信任危机，损失中小股东的利益，为公司形象带来负面影响。

资料来源：庄怡. 中概股私有化回归A股研究——以巨人网络为例. 经济师，2016（10）.

第九章

资本成本

中国长江三峡开发总公司（以下简称三峡总公司）作为中央政府管理的特大型国有企业和国家授权投资的机构，在融资方式上遵循了“优序融资理论”。它获得的首批资金就产生于内源融资以及部分借款，包括中央财政部将在全国范围内征收的电力附加税约计1 000亿元、国家开发银行的300亿政策性贷款和葛洲坝水电站的现金收益。随着工程的进展，项目所需资金依然存在缺口，三峡总公司选择了债权融资。从宏观上来看，债券融资不但考虑到长期债权的资金流特点与三峡项目特点相吻合，还考虑到能充分利用“税盾”作用有效避免过重的所得税负担。随着三峡工程项目的不断进行，为实现公司的股份制改造，三峡总公司作为发起人设立了中国长江电力股份有限公司（长江电力，600900. SH），三峡总公司持有89.5%的股份。长江电力首次公开发行A股23.26亿股，共募集资金100.018亿元，在上海证券交易所成功上市。

三峡总公司的融资战略运用了多元化的融资方式，充分利用了不同融资方式的成本优势。资本成本是指企业为筹集和使用资金而付出的代价，它包括筹集费和占用费两部分。资金筹集费指在资金筹集过程中支付的各项费用，如发行股票、债券所支付的印刷费、手续费、律师费、资信评估费、公证费、担保费、广告费等。资金占用费是指占用资金支付的费用，如股票的股息、银行借款和债券的利息等。资本成本广泛用于企业财务管理的许多方面。对于企业筹资而言，资本成本是选择资金来源、确定筹资方案的重要依据，企业力求选择资本成本最低的筹资方式；对于投资而言，资本成本是评价投资项目的重要标准。

本章内容提示

1. 债务资本成本。主要介绍长期借款和企业债券成本的概念、计算，为企业进行长期债务融资提供决策基础。
2. 权益资本成本。主要介绍优先股和普通股成本的概念及计算方法，明确了两者的区别及运用。
3. 加权平均资本成本。主要介绍加权平均资本成本的前提假设、概念与计算方法。

第一节　债务资本成本

企业的长期债务资本具有三个主要特点。首先，债务资本还本付息的期限固定而明确，法律责任清晰；其次，债务资本收益固定，债权人无权分享高风险投资所带来的超额收益；最后，债务利息在税前列支，可以减少企业现金流和财务负担。

一、长期借款的成本

企业通过银行的长期借款融资不仅要支付利息，还要支付一定的手续费，亦称筹资费。另外，长期借款的利息同债券的利息一样，可以作为企业的财务费用计入损益，因此，企业可以少交一些所得税，从而使其实际的利息负担减少。

长期借款成本计算公式如下：

$$G(1-F)=\sum_{t=1}^{n}\frac{I_t}{(1+K)^t}+\frac{G}{(1+K)^n}$$

$$K_g=K\times(1-T)$$

式中，K 为所得税前的长期借款成本；

K_g 为长期借款的成本；

I 为借款年利息额；

G 为借款总额；

F 为借款手续费率；

T 为所得税税率。

当长期借款的筹资费或手续费很小的时候，F 也可以忽略不计。

【例 9-1】 某企业从银行取得 5 年期长期借款 200 万元，年利率为 10%，每年付息一次，到期一次还本，筹资费率为 1%，企业所得税税率为 25%。该项长期借款的资本成本是多少？

该公式等号左边的 G（$1-F$），是借款额减去手续费后的实际现金流入；等号右边是借款引起的未来现金流出的总现值，由各年支付的利息现值之和加上到期本金的复利现值而得。可见，长期借款的资本成本其实就是使这一贷款的现金流入现值等于其现金流出现值的贴现率。现实中，在计算长期借款的资本成本时，先求解出税前资本成本 K，再将借款的税前资本成本 K 调整为税后的资本成本 K_g。

【例 9-2】 沿用例 9-1 的资料，考虑货币时间价值，则该项借款的资本成本计算如下：

第一步，计算税前借款成本：

$$G(1-F)=\sum_{t=1}^{n}\frac{I_t}{(1+K)^t}+\frac{G}{(1+K)^n}$$

将数据代入得：

$$200\times(1-1\%)=\sum_{t=1}^{5}\frac{200\times10\%}{(1+K)^t}+\frac{200}{(1+K)^5}$$

即 $$198-\frac{20\times[(1+k)^5-1]}{k\times(1+k)^5}-\frac{200}{(1+k)^5}=0 \qquad \text{方程 (1)}$$

查表，当 $k=10\%$ 时，$(1+k)^5=1.6105$，等式左边 $=198-75.82-124.19=-2.01$，由于 $-2.01<0$，应提高折现率再试。

查表，当 $k=11\%$ 时，$(1+k)^5=1.6851$，等式左边 $=198-73.92-118.69=5.39$，而 $5.39>0$，运用插值法求解方程 (1)，过程如下：

$$\frac{k-10\%}{11\%-10\%}=\frac{0-(-2.01)}{5.39-(-2.01)}$$

计算上式，得 $k=10.27\%$。

第二步，计算税后借款成本：

$$K_g=K(1-T)=10.27\%\times(1-25\%)=7.70\%$$

二、企业债券的成本

发行债券的成本主要是指债券利息和筹资费用。债券利息的处理与长期借款利息的处理相同，应以税后的债务成本作为计算依据。债券的筹资费用一般比较高，不可在计算资本成本时省略。按照一次还本、分期付息的方式，债券成本的计算公式为：

$$B(1-F_b)=\sum_{t=1}^{n}\frac{I_b}{(1+K)^t}+\frac{B}{(1+K)^n}$$

$$K_b=K\times(1-T)$$

式中，K 为所得税税前的债券成本；

K_b 为所得税税后的债券成本。

B 为债券筹资额；

T 为所得税税率；

I_b 为债券年利息；

F_b 为债券筹资费率。

【例 9-3】 假定某企业按面值发行 200 万元的 5 年期债券，票面利率为 10%，发行费用率为 1%，企业所得税税率为 25%。该债券的成本为：

首先，计算税前债券成本：

$$200\times(1-1\%)=\sum_{t=1}^{5}\frac{200\times10\%}{(1+K)^t}+\frac{200}{(1+K)^5}$$

计算，得：

$$K=10.09\%$$

其次，计算税后债券资本成本：

$$K_b=K(1-T)=10.09\%\times(1-25\%)=7.57\%$$

第二节　权益资本成本

权益资本主要包括优先股和普通股资本。相应地，权益资本成本主要是指优先股和普通股的成本。本节将对这两种权益资本的成本进行详细介绍。

一、优先股成本

企业发行优先股筹资需支付发行费用，优先股的股利一般是在股票发行时约定的。因此，优先股成本可按下列公式计算：

$$K_p=\frac{D_p}{G_p(1-F_p)}$$

式中，K_p 为优先股成本；

D_p 为优先股年股利；

G_p 为优先股筹资额；

F_p 为优先股筹资费率。

其中，优先股筹资额应按优先股的发行价格确定。

【例 9-4】 某企业发行面值为 100 万元的优先股，实际发行价 95 万元，筹资费率为 5%，每年支付 10%的股利，该优先股的成本为：

$$K_p=\frac{100\times10\%}{95\times(1-5\%)}=11.08\%$$

企业破产时，优先股股东对剩余财产的求偿权在债券持有人之后、普通股股东之前，因此，优先股股东面临的风险大于债券持有人，这就使得优先股成本通常要高于债券利息率。另外，优先股股息是以税后利润支付的，不能在企业所得税税前抵扣，所以，优先股成本通常要高于债券成本。

二、普通股成本

普通股成本的计算相对复杂。从理论上看，股东投资期望收益率即为企业普通股成本，也是普通股股利的折现率。在计算时，主要采用股利固定增长模型和资本资产定价模型。

（一）股利固定增长模型

该法适用于股利按固定的比率持续增长的情况。在采用这种方法时，我们假设股利增长率 g 总是低于投资者要求的收益率 K 的，即 $K-g>0$。

如果设 D_0 为当前每股股利，D_t 为第 t 年年末每股股利，g 为固定的股利增长率，K 为普通股股东要求的收益率或者说是普通股成本，则第 t 年的每股股利为：

$$D_t = D_0 \times (1+g)^t \quad (t=0,1,2,\cdots)$$

将各年的股利换算成现值并相加，即可得到普通股的价值 P_0，用公式表示为：

$$P_0 = \sum_{t=1}^{\infty} \frac{D_t}{(1+K)^t} = \sum_{t=1}^{\infty} \frac{D_0(1+g)^t}{(1+K)^t}$$

根据假设，K 大于 g，当 $t \to \infty$时，该公式是一个收敛的等比几何级数，其极限是：

$P_0 = \frac{D_0 \times (1+g)}{K-g}$，由此可变换得到 $K = \frac{D_0 \times (1+g)}{P_0} + g$

D_1为第一年年末预计的股利，$D_1 = D_0 \times (1+g)$，则 $K = \frac{D_1}{P_0} + g$

若考虑筹资费用，普通股成本公式为：

$$K_0 = \frac{D_1}{P_0 \times (1-f)} + g$$

式中，K_0为普通股成本；

D_1为第一年年末的预计股利额；

g 为普通股股利年增长率；

P_0为普通股筹资总额，按发行价格计算。

【例 9-5】 某企业发行面值为 1 元/股的普通股，实际发行价为 10 元/股，筹资费率为 1%，第一年年末每股股利为 0.5 元，以后每年按 2%的增长率持续增长，则该普通股的成本为：

$$K_0 = \frac{0.5}{10 \times (1-1\%)} + 2\% = 7.05\%$$

在财务管理实务中，股利既不可能保持不变，也不可能永远按照固定比率增长，甚至有的企业根本不发放股利，或者至少在一定时期内不发放股利。对于这些企业，不仅要预测企业股利支付额，还需要预测企业什么时候发放股利。而股利固定增长模型更适合于那些定期发放股利，股利增长十分稳定的企业。

（二）资本资产定价模型法

依据资本资产定价模型，普通股成本的计算公式为：

$$R_a = R_f + \beta_a (R_m - R_f)$$

式中，R_f为无风险报酬率；

β_a为股票 a 的 β 系数，即系统风险；

R_m为股票市场的平均必要报酬率；

$(R_m - R_f)$ 为市场组合的平均风险溢价。

【例 9-6】 假设目前短期国债利率为 5%。历史数据分析表明，在过去的 5 年里，市场风险溢价在 5%～6%变动，在此以 6%作为计算依据。根据过去 5 年股票 A 的报酬率与市场报酬率的回归分析可知，A 股票的 β 系数为 1.2。根据上述数据，A 股票投资的必要报酬率为：

$$R_A=5\%+1.2\times6\%=12.2\%$$

可见，A 股票必要报酬率为 12.2%，即资本成本为 12.2%。

另外，根据“风险和收益相配比”的原理，普通股股东对企业的投资风险大于债券投资者，因而会在债券投资者要求的报酬率的基础上再增加一定的风险溢价。依照这一理论，普通股成本公式为：

$$K_a=K_d+R_P$$

式中，K_d 为税后债务成本；

R_P 为股东因比债权人承担更大风险而要求的风险溢价。

风险溢价是凭借经验和股票市场的历史表现以及无风险利率的变动估计出来的。经验告诉我们，企业普通股的风险溢价相对企业自己的债券来讲，绝大部分在 3%～5%。如果我们采用 4%的平均风险溢价，则股权资本成本可估计如下：

$$K_0=K_d+4\%$$

风险溢价法从概念上说与资本资产定价模型相似，因为它们都意识到股东对风险溢价的要求较高。两种方法的差异来源于使用不同的起点——资本资产定价模型法用无风险利率而风险溢价法用企业的债务成本，以及风险溢价估计的方法。这两种估算方法都带有主观色彩。不过，资本资产定价模型法有更完善的理论基础。但风险溢价法有时候是最佳选择，特别是在股利固定增长模型和资本资产定价模型法提供的估计结果不甚合理时，风险溢价法可以用来验证估算结果的合理性。

【例 9-7】 某企业发行债券的利息率为 6%，根据该企业股票市场的历史表现估计普通股股东要求的风险溢价为 4%，企业所得税税率为 25%。则普通股成本为：

$$K_0=6\%\times(1-25\%)+4\%=9\%$$

第三节　加权平均资本成本

现实中，企业往往通过多种方式筹集所需的长期资金，为此，企业需要评估全部资本的总成本。但是，不同的资金可能有不同的期限和用于不同的项目，因此，不同的资金来源在风险收益结构上可能并不一致，如何计算企业整体意义上的资本成本就成了一个难题。

一、加权平均资本成本的前提

加权平均资本成本（Weighted Average Cost of Capital，WACC），为企业平均意义上资本成本的评估提供了一个很好的思路和方法。加权平均资本成本是指企业以各种资本在企业全部资本中所占的比重为权数，对各种长期资金的资本成本加权平均计算出来的资本总成本。WACC 代表了企业整体平均资本成本，可用来衡量一个项目是否值得投资，即投资项目的回报必须不低于 WACC。但是，用 WACC 来衡量企业整体的资本成本，一般需具备以下三个基本假设。

(一) 经营风险相同

即假设新项目与企业当前的资产具有相同的经营风险。经营风险是全部投资收益潜在的变动程度。如果经营风险水平发生变动，则投资者自然会改变他们要求的收益率，企业的资本成本也会相应发生变动。但经营风险增大或减小的精确数值很难得到。因此，计算企业加权平均资本成本时，假设任何经过考虑的新投资项目都不会显著改变企业当前的经营风险。换句话说，只有当企业新投资项目的经营风险与企业当前的经营风险相近时，才可以用企业的加权平均资本成本作为新项目的折现率。

(二) 财务风险相同

这个假设要求，新项目的融资结构即债务与股权资本组合，要与企业当前的资本结构相同，也就是说新项目的实施不会改变企业当前的资本结构。财务风险可以理解为由于采用债务和优先股融资方式而导致普通股收益的变动程度。财务风险与破产威胁有关，当企业资本结构中的债务比例上升时，企业不能按期还本付息的可能性也相应增大。

企业的财务风险水平也会影响投资者要求的收益率。当企业的债务规模及比重增加时，普通股股东会提高他们的收益率要求。换句话说，单个资本来源的成本是企业当前资本结构的函数或影响因素。只有当企业继续采用相同的资本组合为新项目融资时，才能用企业当前的资本结构去计算企业全部资本的加权平均资本成本。例如，如果企业当前的财务结构中债务为40%，优先股为10%，普通股为50%，则假设企业仍按这一资本结构比例关系为新项目融资。

(三) 股利政策稳定

这个假设要求企业的现金红利支付率保持不变。为简化计算，通常假定企业的现金红利以固定的年增长率递增。同时，假定这一增长率是企业盈利能力的函数，所以，这一假定实际上是假定企业的现金红利支付率不变。

加权平均资本成本计算模型的前提假设非常严格。在实际的投资分析中，企业可能需要获得一系列可能的资本成本数值，而不是单个资本的估测数值。例如，以10%～12%的范围作为企业资本成本的估计值可能比一个确定的数值更适宜。

二、加权平均资本成本的计算

加权平均资本成本一般是以各种资本占全部资本的比重为权数，对个别资本成本进行加权平均。其计算公式为：

$$K_w = \sum k_j w_j$$

式中，K_w为加权平均资本成本；

k_j为第j种个别资本成本；

w_j为第j种个别资本占全部资本的比重，即权数。

可见，计算WACC时，先算出构成企业资本结构的各个项目如普通股、优先股、企业债券及其他长期负债各自的资金成本或必要报酬率，然后将这些回报率按各项目在资本结构中的权重加权，即可算出加权平均资本成本。计算企业加权平均资本成本的三个基本步骤是：

（1）计算每项融资来源的资本成本，包括长期借款、债券、优先股和普通股等。

（2）分别确定各项资本在全部资本中的比重。

（3）用结构比重作为权重计算企业的加权平均资本成本。

【例 9-8】 某股份有限公司 2016 年账面反映的资本共 5 000 万元，其中长期贷款 1 000万元，发行的债券 1 000 万元，优先股 1 000 万元，普通股 2 000 万元；其个别资本成本分别为 6%（税后）、7%（税后）、8%、10%，则该股份有限企业的加权平均资本成本为：

$$K_0=6\%\times\frac{1\ 000}{5\ 000}+7\%\times\frac{1\ 000}{5\ 000}+8\%\times\frac{1\ 000}{5\ 000}+10\%\times\frac{2\ 000}{5\ 000}=8.2\%$$

账面价值与企业已存在的资本相关，或与历史融资规模和成本相关。以账面价值为权数，容易从资产负债表中取得资料，计算结果相对稳定；但若债券和股票的市场价值已脱离账面价值，据此计算加权平均资本成本，则不能正确地反映企业实际的资本成本水平。

市场价值与资本市场的当前状况相关，以市场价值为权数，代表了企业目前实际的资本成本水平，有利于财务决策。但由于证券市场处于经常变动之中，需要采用一定的方法才能估测各项资本的价值及其比重。因此，为弥补证券市场价格变动频繁的不便，现实计算时也可选用债券或股票的平均价格。

致力于价值最大化的企业会确定其理想的资本结构，并用它作为目标资本结构，即筹集新资本时，企业试图保持实际资本结构与目标资本结构相一致。这时候，目标资本结构是以各项资本的未来预期价值来确定权数的。这种权数能体现期望的资本结构，而不是像账面价值和市场价值权数那样只反映其企业过去和现在的资本结构，所以，按目标价值权数计算的加权平均资本成本更适用于企业筹措新资金的需求。然而，企业很难客观合理地确定各项资本的目标价值。当然，我们可以假定企业已经确定了理想的资本结构，并在融资过程中保持这一资本结构不变，尽管短期内资本融资可能并非如此。但是，从长期看，绝大多数企业都能维持一个大致不变的资本结构比例进行长期融资。

【例 9-9】 某企业当前融资组合如表 9-1 所示。企业不想改变财务风险，而且想在未来融资中保持企业当前的资本结构。这样，根据融资组合不变的假设，我们可以把该企业当前的资本结构比例作为权重，计算该企业的加权平均资本成本。

表 9-1　　某企业资本结构

资本类型	融资规模（万元）	在全部融资中的比重（%）
债券	175	35%
优先股	25	5%
普通股	300	60%
融资总规模	500	100%

假设该企业已经计算了企业各单项资本的成本，如表 9-2 所示。

表 9-2　　A企业各融资来源的资本成本

资本类型	资本成本
债券	7%（税后）
优先股	13%
普通股	16%

把从表 9-1 得到的权重和从表 9-2 得到的各单项资本成本合成为总的加权平均资本成本 12.70%，如表 9-3 所示，这是企业对新投资项目可接受的最低收益率，也是企业资本预算分析适宜的折现率。

表 9-3　　A企业加权平均资本成本

资本类型	权重	单项资本成本	加权后单项资本成本
债券	35%	7%	2.45%
优先股	5%	13%	0.65%
普通股	60%	16%	9.60%
全部加权平均成本			12.70%

本章小结

本章介绍了长期债务融资、股权融资的资本成本，以及企业的加权平均资本成本。

1. 资本成本是财务管理中的重要概念，在投资决策时，资本成本是投资项目为满足投资者要求的收益率所必须获得的收益率。如果企业投资项目的收益率等于资本成本，企业的价值将保持不变。因此，资本成本代表了企业对新投资项目所要求的最低收益率。

2. 资本成本包括债务成本和权益成本，其中，债务成本中介绍了长期借款成本和债券成本，权益成本也介绍了优先股成本和普通股成本。普通股成本计算方法有股利固定增长率法、资本资产定价模型法和风险溢价法三种。

3. 为了衡量企业整体资本的成本，我们引进了企业加权平均资本成本的概念。加权平均资本成本是指企业以各种资本在企业全部资本中所占的比重为权数，对各种长期资金的资本成本加权平均计算出来的资本总成本。它代表了企业整体平均资本的成本，是衡量一个新项目是否值得投资的重要指标。

练习思考题

1. 什么是资本成本？资本成本的具体内容有哪些方面？

2. 在计算企业加权平均资本成本时，通常有哪几个假设？具体含义是什么？

3. 某企业向工商银行借款 100 万元，借款利率为 6%，借款期限为一年，借款的手续费率为借款金额的 0.5%，该企业所得税税率为 25%。计算该企业借款的资本成本。

4. 某企业发行面值为 100 元、发行价为 110 元、票面利率为 10%、偿还期为 5 年的长期债券。该债券的筹资费率为 2%，企业所得税税率为 25%。请计算该债券的资本成本。

5. 某企业发行面值为 100 元、发行价为 90 元、年股利率为 8%的优先股股票，发行该优先股股票的筹资费率为 1%。要求计算该优先股股票的资本成本。

6. 某企业发行普通股股票，每股面值 1 元，发行价格为 10 元，筹资费率为 2%，预计第一年年末股利为 2 元，以后股利年增长率维持在 3%。要求计算该普通股股票的资本成本。

阅读材料 9-1　　银行借款资本成本计算优化方案

资本成本（Cost of Capital）是公司在进行投资和筹资决策时的基本依据，正确的估算资本成本是财务管理中的一项重要工作。随着我国资本市场的不断完善和发展，企业的融资渠道越来越多，但不同的融资渠道资金成本有较大的差别。企业需要综合考虑各种因素，计算出资本成本，通过对企业各种资本成本的比较，从而找到筹资或追加筹资的最佳方案，提高企业的经济效益。企业筹资方式有投入资本、发行股票、发行债券、银行借款、商业信用、租赁筹资等，而在众多的企业筹资方式中，银行借款一直是企业筹资的主要来源之一。准确地计算长期借款的资本成本在企业筹资的决策过程中有着重要的意义。

目前大多数教材采用：

$$K=D(1-T)/P(1-f) \text{或} K=D(1-T)/(P-F)$$

其中：K 为银行借款资本成本率；D 为资金占用费如借款年利息；P 为筹资总额；f 为资金筹集费率；F 为资金筹集费；T 为所得税税率。

该公式以银行借款的资金占用费做分子，用资金筹资费用作分母的减项来计算银行借款的资本成本。该公式在计算银行借款资本成本时是否合理、准确，是否适用于所有银行借款资本成本的计算，笔者试举例分析。

例 1　A 企业拟通过银行借款的方式筹集流动资金人民币 100 万元，企业所得税税率为 25%，借款期限为一年，年借款利息为 8 万元，借款担保费用为 3 万元，按银行借款年利率计算企业资本成本：$K_A=8(1-25\%)/(100-3)=6.19\%$。但是为了获得这笔短期借款的使用权，A 公司在一年内总支付的成本达到了 11 万元，与资本成本计算结果有较大的出入。

例 2　B 企业拟通过银行借款方式筹集资金人民币 100 万元，企业所得税税率为 25%，有以下两种方案可供选择，见表 9-4。

表 9-4

方案	借款金额	年借款利息	借款手续费	借款期限
甲	100 万元	8 万元	1 万元	2 年
乙	100 万元	7 万元	6 万元	2 年

甲方案资本成本 $K_{甲}=8(1-25\%)/(100-1)=6.06\%$

乙方案资本成本 $K_{乙}=7(1-25\%)/(100-6)=5.59\%$

经以上计算可以得出结论：乙方案的资本成本低于甲方案的资本成本，应通过乙方案。那这一结论是否正确呢？我们可以从另一个角度看，为了获取100万元的两年使用权，甲方案和乙方案付出的成本分别如图9-1所示。

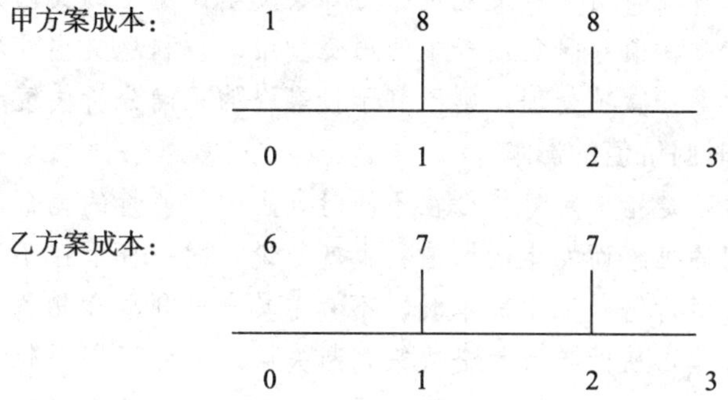

图9-1

甲方案成本=2×8+1=17（万元）

乙方案成本=2×7+6=20（万元）

由此可见，乙方案所支付的成本更高，而其支付的时间比甲方案还提前，因此，应该是甲方案资本成本更低。而这一结论与基本公式的结论却相背离。

由例1和例2分析可以看出采用基本公式虽然操作简便，但计算结果并不一定准确，可能导致计算结果比实际成本偏低，甚至还可能得出与实际结果相反的结论，这说明我们银行借款资本成本计算的基本公式存在一些问题。

一、债务资本成本及银行借款的含义

债务资本成本是企业为取得资本而付出的代价，包括两部分费用：一是为了筹集资本而发生的筹资费用，如银行借款手续费、中介费，股票和债券的评估费、发行费、公证费等；二是为使用资本而付出的占用费用，如银行借款支付的利息费、向股东支付的股息、红利等。

银行借款按其借款的期限长短可分为长期借款和短期借款。长期借款（Long-term Loans）是指企业向银行或其他金融机构借入的期限在一年以上（不含一年）或超过一年的一个营业周期以上的各项借款。短期借款（Short-term Loans）是指企业为维持正常的生产经营所需的资金或为抵偿某项债务而向银行或其他金融机构等外单位借入的、还款期限在一年以下（含一年）的各种借款。

二、现有银行借款资本成本的计算方法存在问题的原因分析

该公式以银行借款的资金占用费做分子，把资金筹资费用作分母的减项来计算银行借款的资本成本，考虑了利息费用对所得税的抵税作用，同时由于筹资费用在筹资之时已作为一次性费用发生耗费，不属于资金使用期内的持续付现项目，分母扣减筹资费用后的筹资净额才能被企业利用，将资金的筹资费用作为筹集资金总额的减项，但是它太过于简单，在一些情况下，使用该公式会导致错误的结论。其不足之处主要有以下几点。

（一）筹资费用处理错误

如果是一次性筹资无限期占用并且各年占用费永久恒定，其筹资费用作为减项处理后，误差可以忽略。但是对于具有占用期限的负债筹资，忽略筹资费用的年平均值有可能由于指标失真导致决策失误。所以筹资费用不应该作为筹资额的减项看待，应作为占用资本的费用支出处理。因为筹资费用本身就是筹资过程中发生的支出，列为筹资减项与资本成本含义相违背，而且现行财务制度规定，为筹集资本而发生的支出列为财务费用，在税前利润中开支，与借款、债券等负债资本的用资费用——利息支出处理相同，因而应当列为费用处理。若作为筹资减项处理，则不利于投融资的正确分析决策。

（二）没有考虑时间价值的影响

资金的时间价值，是指一定量资金在不同时点上的价值量的差额，是资金在投资和再投资过程中随着时间的推移而发生的增值。也就是说，同一货币在不同时点上的价值是不一样的，所以在计算银行借款资本成本时，不考虑其支付利息和相关费用的时间点，可能会使计算结果出现偏差，从而导致筹资决策判断失误。当筹资期限较长时，由于时间价值带来的影响越大，从而导致资本成本计算结果的较大偏差，甚至出现错误结论。

（三）只考虑了利息费用的抵税作用，没有考虑筹资费用也可以抵税

财务费用是指企业在生产经营过程中为筹集资金而发生的各项费用。包括企业生产经营期间发生的利息支出（减利息收入）、汇兑净损失、金融机构手续费，以及筹资发生的其他财务费用如债券印刷费、国外借款担保费等。筹资费用在财务会计上也一样作为财务费用处理，可以税前抵扣，所以在计算银行借款资本成本时，筹资费用同样必须考虑抵减所得税的作用，从而确保银行借款资本成本的准确性。

三、银行借款资本成本计算方法的优化方案

基于以上对银行借款资本成本的分析，因为银行借款有长期和短期之分，笔者认为应分长短期两种不同情况来分析其计算方法。

（一）短期借款资本成本计算优化方案

短期借款资本成本计算时，因为期限较短，不需要考虑资金的时间价值，所以在原来公式的基础上再增加考虑筹资费用的成本即可，因其实际使用的资金为筹资总额减去筹资费用，而其为了使用这些资金的总成本支出为利息加筹资费用，所以笔者将短期借款资本成本计算公式优化如下：

$$K=(D+Q\cdot f)(1-T)/[P(1-f)(1-T)]$$

或

$$K=(D+F)(1-T)/[P-F(1-T)]$$

其中：K 为银行借款资本成本率；D 为资金占用费如借款年利息；P 为筹资总额；f 为资金筹集费率；F 为资金筹集费；T 为所得税税率。

将本文例 1 代入优化公式，重新计算得：$K_A=(8+3)(1-25\%)/[100-3(1-25\%)]=8.44\%$，与基本公式计算结果 6.19% 比较，原计算结果明显偏低。

（二）长期借款资本成本计算优化方案

长期借款资本成本计算时，期限跨年度，则不仅需要考虑筹资费用的成本，筹资费用

的抵税情况，还需要考虑资金的时间价值，所以在计算长期借款资本成本时，需要用到资金的时间价值理念，用以后年度的各种支出为未来值，折算为现值刚好等于以长期借款实际获取的资金（借款减去筹资费用）时算出的折算率即为资本成本率，笔者将长期借款资本成本计算公式优化如下：

$$Q[1-f(1-T)]=D(1-T)(P/A,K,n)+P(P/F,K,n)$$

其中：K 为银行借款资本成本率；D 为资金占用费如借款年利息；P 为筹资总额；f 为资金筹集费率；F 为资金筹集费；T 为所得税税率；n 为到期的年数。

将本文例 2 代入优化公式，重新计算如下：

甲方案：$100[1-1\%(1-25\%)]=8(1-25\%)(P/A,K,2)+100(P/F,K,2)$。

当 $K=7\%$时，$P=98.19$；当 $K=6\%$时，$P=100$。用插入法求得 $K=6.41\%$。

乙方案：$100[1-6\%(1-25\%)]=7(1-25\%)(P/A,K,2)+100(P/F,K,2)$。

当 $K=7\%$时，$P=96.84$；当 $K=8\%$时，$P=95.10$。用插入法求得 $K=7.77\%$。

由此可得结论：甲方案资本成本 $K_{甲}>$乙方案资本成本 $K_{乙}$，应选择甲方案进行筹资。

从以上分析可以看出，银行借款资本成本计算的基本公式计算结果低于实际的资本成本，有可能导致投资失误。

资料来源：程养林. 银行借款资本成本计算优化方案研究. 会计之友，2012 (6).

阅读材料 9-2　　硕士研究生教育个人投资成本收益比较分析

源自美国华尔街并迅速席卷全球的金融海啸，不仅已造成众多金融机构的倒闭，也对世界各国的实体经济造成了重创。我国的房地产、金融证券和进出口等行业在此次危机中受到了最直接的影响，这些行业的用人需求明显萎缩，提供的就业岗位也明显减少。在 2008 年 11 月举行的湖北省毕业研究生双向选择大会上，共有 350 多家单位提供了 3 万余个岗位，相较前一年同一主题的招聘会，用人单位减少了 100 余家，岗位数减少了 2 万余个。一批企业因经济前景不明而选择观望，而金融、地产，外贸类企业以及位于珠三角、长三角的加工制造类企业招工则明显减少。

教育部的权威统计和中国社科院《2009 年经济蓝皮书》的数据显示，2009 年全国普通高校毕业生达 611 万人，加上此前未能就业的毕业生，2009 年约有 750 万大学生需要就业，高校毕业生就业形势空前严峻。截至 2008 年年底，我国已有 7 万多家出口导向型中小企业倒闭。同时很多企业也纷纷减少了雇员计划，更多的大学毕业生面临着就业问题。金融危机对 2009 届毕业生就业的影响已经是有目共睹的了。为了缓解就业方面的压力，高校研究生或许会进一步扩招。因此，对于徘徊在考研与就业的十字路口的高校毕业生而言，到底是选择考研还是就业，本文从人力资本投资中成本与收益比较分析的角度提供一个决策的思路。

在人力资本投资理论中，有一个被广泛认同的观念：投资的收益率决定着投资者是否进行人力资本投资以及投资量的多少。基于此种观念，加里·贝克尔提出了简化的教育投资收益率模型——成本收益法，即将投资限于期初，而将收益扩展为全部工作年限来计算。教育投资发生在现在，收益却产生于未来，并且时间较长又具有间接性，这就必然产生资本的时间价值问题。为了比较科学而准确地计算投资是否合理，贴现和内部收益等概念被用来计算未来货币的现值和目前货币的未来值。用未来资本的现值和现在货币的投资额进行对比，为教育投资决策提供参照。美国学者汉森首先将内部收益法引入教育经济学，形成人力资本的内部收益率计算成本法，为西方教育经济学家计算个人教育收益率时所普遍采用。而国内学者在比较教育投资的成本收益分析时，一般采用裴劲松等人所建立的成本收益的贴现分析模型，通过分析净现值的正负来决定是否进行教育投资。其研究是富有启发性的，但同时也存在一些缺陷：该成本收益分析模型中所用的数据比较陈旧，最新数据也仅来自2000年，另外，该分析模型仅能计算基于全国平均水平的教育投资净现值，而得不到全国各地区的教育投资净现值。因此，在这些研究的基础上，本文借助最新的中华英才网薪资调查数据从成本收益的净现值角度对继续接受硕士教育相对于本科毕业后直接就业的比较优势进行分析，并在对裴劲松等人的成本收益模型进行改进的基础上，提出各地区教育投资的成本收益分析模型。

一、金融危机前后2010届毕业生毕业意向变化情况

对于2009届毕业生而言，由于他们毕业的这年正好就是金融危机发生的时候，他们已经根据他们原有的毕业意向开始抉择了，他们中很多人在毕业的前一年就已经确立了毕业意向，很难在短时间内进行调整毕业意向。因此，在危机背景下，毕业意向变化最为明显的就是2010年的毕业生，他们有时间为自己的毕业作打算。湖北是教育大省，武汉与西安、上海、北京并称全国四大高校集中地，因此金融危机前后武汉地区高校毕业生毕业意向的变化情况具有代表性，以下以武汉地区一项问卷调查结果为例来说明，该项问卷调查以武汉地区7所211重点大学的大三学生（2010届毕业生）为调查对象，具体调查结果见表9-5。

表9-5　　危机前后毕业意向的变化

毕业意向	考研	就业	出国	考公务员	自主创业	其他
金融危机前（%）	48.79	36.01	8.67	2.60	2.93	1.01
金融危机后（%）	54.40	26.01	9.34	3.98	4.77	1.51

通过表9-5，我们可以清楚地看到考研的比例显著上升而就业的比例显著下降，考研和就业的比例变化比较明显，也有一些学生投向于考公务员和自主创业。我们发现除了就业的比例下降外，考研、出国、考公务员、自主创业和其他选择的学生的比例都不同程度地有所提高。这些结果表明金融危机使得大学生对未来中国的就业市场信心减弱。由问卷调查的数据显示，在金融危机发生后，大学生考研和就业的前后比例的变化幅度比较大，其中考研的比例上升幅度为5.61%，就业的比例下降幅度为10%，由此可见，金融危机使得我国的就业市场面临寒冬，很多2010届毕业的大学生都选择考研来躲避就业的严峻性。

二、高校毕业生读研选择的收益成本比较分析

当代主流经济学已经把教育，尤其是高等教育看作一项人力资本投资行为进行分析。教育投资者同其他所有投资者一样，在对教育进行投资时也面临着一个投资决策问题。人们在考虑进行一项投资时，必要条件是其收益的净现值为正，充分条件则是该投资方案的收益净现值超过所有其他成本相同的方案的收益净现值，同样，对教育投资这种具体的投资形式进行评估也有两种方法，即净现值法和投资收益率的计算，其中又以净现值法，即利用相同的贴现率计算投资的收益现值与成本现值的差较为简单易行。本文的基本假设包括经济人假设。经济人假设是指每一个从事经济活动的或进行经济决策的个人都以效用最大化为目标。落实到个人教育投资中，即个人的教育投资决策是基于个人经济利益最大化的追求。

一般而言，研究生教育的个人成本包括个人直接成本、个人间接成本和风险成本。个人直接成本包括：直接用于考试的费用，包括信息查询费、报名费、资料费、上辅导班费用等；研究生在读研期间的学费和书本费。个人间接成本包括：研究生接受继续教育所放弃的收入，即机会成本；因投资研究生教育而放弃的利息收入和风险成本。风险成本是指个人在接受研究生教育时，由于市场信息不确定和社会对人才需求的变幻莫测，加上高层次人才的人才资本的专用性所承担的风险。在本篇文章的计算中为简便起见，成本中忽略利息收入和风险成本的影响。研究生教育的个人收益主要就是相对于本科生来说获得较多的收入。

本文运用净现值法分析个人投资硕士研究生教育的经济学假设为：(1) 假设参加硕士研究生考试的学生均为应届本科毕业生；(2) 假设在正常情况下，一个人 22 岁本科毕业，25 岁硕士毕业，工作至 60 岁退休。在这里借用裴劲松的模型研究脱产研究生教育的成本收益，并对其加以改进。基于目前人们关于“考研”的一般理解，本文把“考研”限定为报考和攻读硕士研究生，不包括报考和攻读博士研究生的情况。则准备考研的本科生面临决策的净现值如下式：

$$NPV=P^{*}\left[PV_{硕(25)}-PV_{本}-\sum_{n=0}^{2}\frac{T_m}{(1+i)^n}\right]-C \qquad (1)$$

其中：NPV：本科生考研时面临的净现值（也就是投资于研究生教育的成本收益的现值）；P：本科生考研成功率；$PV_{硕(25)}$：硕士人员折算到 25 岁时的收入现值；i：折现率；$PV_{本}$：本科人员的收入现值；T_m：硕士研究生每年的学费；C：本科生直接用于考研的费用。

(一) 参数的确定

1. 考研成功率

考研成功率 P 可以按考研录取人数占报名人数的录取比例确定。1997 年至 2009 年我国硕士研究生的报名人数、录取人数、考录比例和录取比例情况如表 9-6 所示。随着我国高等教育大众化程度加深和 2008 年金融危机的冲击，为了保证大学生的就业，我国研究生的招生规模在未来几年内将大幅度增加。我们取近 13 年的考研成功率 $P=27.81\%$ 作为参数值。

表 9-6　　考研录取比例一览表

考研年份	1997	1998	1999	2000	2001	2002	2003
录取比例（%）	21.07	21.17	20.38	21.68	24.02	31.25	33.88
考硕年份	2004	2005	2006	2007	2008	2009	
录取比例（%）	34.92	27.72	31.69	28.39	32.50	32.86	

数据来源：中国高等教育服务网.

2. 硕士生每年的学费 T_m

现有硕士自费生每年的学费均为 10 000 元左右，在目前研究生收费改革的前提下，研究生收费是必然的趋势，我们假定所有的本科生都已考上自费生也愿意就读，即他们每年都要交纳学费，而不考虑公费生的情况。这里假定硕士生每年的学费 T_m 为 10 000 元。

3. 折现率 i

折现率一般以银行现行的贷款利率为准。因为在实行缴费上学后，大部分应届本科毕业生没有收入来源，他们会选择贷款上学。而国家助学贷款利率按中国人民银行规定的同期限贷款利率执行，不上浮。现行中国人民银行调整后的年利率为：6 个月以内：4.86%，6～12 个月：5.31%，1 年至 3 年：5.40%，3 年至 5 年：5.76%，5 年以上：5.94%。一般情况下，借款学生应在毕业后 6 年内还清贷款本息，而大多数贷款学生一般在 3 至 5 年还清本息，故本文按 $i=0.057\,6$ 计算。

4. 直接成本 C

每一个参加研究生考试的人为了在考研大军中获得一席之地，都要做充分的准备，从查找信息、购买资料、参加考研辅导班到报名考试都要有一定的支出，多数考生的花费在 1 000 元以上，在这里取 $C=1\,500$ 元（广大考生的平均水平）。

5. 收入现值 PV

作为目前国内最大、最权威的专业人才招聘网站之一，中华英才网自 2000 年 3 月开始，进行在线英才薪资调查，以期提供一份广泛而详尽的薪资报告，供企业及广大网民作为薪资的参考。表 9-7 和表 9-8 的数据来源于中华英才网薪资调查的第 10 期报告。

表 9-7　　不同学历的年薪差异

学历	大专以下	大专	本科	硕士	博士	平均数
年薪平均数（元）	22 099	32 027	45 438	67 900	61 803	458 534

注：硕士不包括 MBA。

表 9-8　　不同工龄的年薪差异

工龄	6 个月以下	6～12 个月	1 年	2 年	3 年	4 年	5 年	6～9 年	10～15 年	16 年以上
年薪平均数（元）	25 141	25 488	27 443	31 928	38 040	41 099	45 135	51 845	58 965	53 340

表 9-7、表 9-8 总体来看，薪资水平随着学历的增高而增长。随着工作经验的增加，薪资水平也在提高。工作 2 年以上的参加者年薪均值超过了 3 万元，工作 6 年以上的参加

者年薪均值都达到了5万元以上，是工作1年以下参加者的2倍左右。且从表9-7中我们可以计算出本科收入系数为0.990 9（$0.990\ 9=\frac{45\ 438}{45\ 853.4}$）以及硕士收入系数1.480 8（$1.480\ 8=\frac{67\ 900}{45\ 853.4}$）。将表9-8中的数据分别乘以本科收入系数、硕士收入系数，可得到不同学历人员的收入数据，见表9-9。则可以根据本科和研究生阶段人员的工资水平做净现值的折算：$PV_{硕(25)}$=2 574 997元，本科人员的收入现值：$PV_{本}$=1 795 519元（据前面假设，一个人22岁本科毕业，25岁硕士毕业，工作至60岁退休，则$PV_{硕(25)}$由35年的现金流折现得到，而$PV_{本}$由38年的现金流折算得到）。

表9-9　　具有不同学历人员的未来预期收入

工龄	本科人员年均薪酬（元）	硕士人员年均薪酬（元）
6个月以下	24 912	37 229
6～12个月	25 256	37 743
1年	27 193	40 638
2年	31 637	47 279
3年	37 694	56 330
4年	40 725	60 859
5年	44 724	66 836
6～9年	51 373	76 772
10～15年	58 428	87 315
16年以上	52 855	78 986

注：以上数据为四舍五入后的结果。

（二）地区读研成本净收益

根据文章前面理性经济人的假设，只有当$NPV>0$时，投资才是可取的。故当$NPV=0$时，即投资收益的净现值为零，这对于一个理性经济人来说，这项投资发生与不发生是无区别的，那他就不会进行这项投资。把$PV_{硕(25)}$=2 574 997元、$PV_{本}$=1 795 519元、T_m=10 000元、i=0.057 6、P=27.81%、C=1 500元代入式（1）得出结果：NPV=207 376元。

由于在计算该成本收益的过程中，所用的数据都是全国的平均水平，因此计算得到的成本净收益也代表着全国的平均水平。众所周知，全国各个省市由于经济发展水平不一样，研究生入学学费和参加工作后的收入水平也是不一样的，因此我们可以在上面全国平均水平的基础上乘以地区差别系数，计算出各个省市大学生读研的成本净收益。而一般情况下，GDP与教育经费支出之间存在着高度的线性相关关系，伴随着GDP的增长，教育经费支出也会有显著的提高。因此，本文定义地区差别系数=各省份人均GDP/全国人均GDP（用人均GDP指标剔除人口因素的影响）。则对模型（1）进行改进得到如下模型（2），并运用模型（2）计算地区读研成本净收益，如表9-10所示。

表 9-10　　各个地区读研成本净收益

地区	地区差异系数 ζ_i	读研成本净收益（元）	地区	地区差异系数 ζ_i	读研成本净收益（元）
北京市	2.870 5	595 276.6	湖北省	0.822 8	170 625.3
天津市	2.347 3	486 777	湖南省	0.737 8	153 004.1
河北省	1.026 1	212 782.4	广东省	1.675 5	347 464.2
山西省	0.862 3	178 814.5	广　西	0.635 5	131 792.7
内蒙古	1.285 2	266 517	海南省	0.749 4	155 404.5
辽宁省	1.317 6	273 240.5	重庆市	0.748 9	155 308.9
吉林省	0.981 8	203 594.7	四川省	0.660 4	136 944.2
黑龙江省	0.948 1	196 605.7	贵州省	0.350 1	72 598.6
上海市	3.347 0	694 089.3	云南省	0.537 6	111 484.2
江苏省	1.725 5	357 830.9	西　藏	0.620 2	128 616.9
浙江省	1.901 7	394 358.5	陕西省	0.735 0	152 419.9
安徽省	0.615 4	127 618.5	甘肃省	0.529 3	109 774.2
福建省	1.314 4	272 571.3	青海省	0.708 7	146 960.4
江西省	0.643 4	133 428.5	宁　夏	0.703 9	145 972.6
山东省	1.419 9	294 462.4	新　疆	0.863 6	179 080.1
海南省	0.822 6	170 582.8			

数据来源：中国统计局网站，人均 GDP 数据均为 2007 年数据。

$$NPV_{地区}=\zeta_i\times\left\{P\times\left[PV_{硕(25)}-PV_{本}-\sum_{n=0}^{2}\frac{T_m}{(1+i)^n}\right]-C\right\} \tag{2}$$

由表 9-10 可知，我国各个地区的读研成本净收益均远远大于 0，这说明在我国选择读硕士研究生还是一个值得投资的项目。31 个省、市、自治区中，又以北京和上海的读研成本净收益最大，分别达到 595 276.6 元和 694 089.3 元，对广大考研学生吸引力最大。根据教育部研究生招生信息网数据，2008 年超过 1/4 的考生报考上海和北京两地的研究生。从往年的情况来看，大量考生非上海、北京等地区不去，这与本文的计算结果不谋而合，说明考生在做出考研决策时，还是会比较考研这项投资的成本收益的，对于他们来说，净收益越大越好。而且 $NPV_{全国}=207\ 376$ 元，则在金融危机背景下，随着就业压力的剧增，考研会成为毕业生的首选，因为投资于研究生教育是有利可图的。这一现象在表 9-5 中得到很好的体现，金融危机前武汉地区的 7 所高校 2010 届大学生的读研比例是 48.79%，而金融危机后这一比例增长为 54.40%。

三、结语

考研其实是一种人力资本投资，并且由前面计算可知，就全国平均水平而言，考研这项投资的净收益 $NPV=207\ 376$ 元，远远大于 0，这说明考研还是一个很值得投资的项目。由 2009 年考研报名人数的增加可知，在金融危机的大背景下，越来越多的大学生认为考研这项投资的风险更小一些，即认为拿这三年时间去积累社会经验财富比读研风险要大很多。其实在这种认识的背后，最为关键的因素是应届本科毕业生们能直观了解到本科生和硕士生在薪资报酬方面的差距，这种差距的大小往往会影响他们最终的决策。从理论上讲，人们在做出教育投资的决策时考虑的应该是更高一级的教育所能够带来的终生工资报酬的增加，这也是我们考研收益成本分析的理论依据。近几年本科毕业生和硕士毕业生的薪资差额愈演愈烈，三年里我们在一个很普通的工作岗位上所积累下来的社会经验财富可能还抵不上我们在学校里学习的东西，基于这样的认识，也会有一大批学生加入考研的队伍中。

虽然硕士研究生教育投资可以给个人带来收益，但并不是所有人投资于硕士研究生教育都能使收益大于成本，在具体的条件下，教育投资并不绝对优于其他投资。因此，在年龄、利息率、成本、就业等因素的制约下，要具体问题具体分析，结合个人的实际情况，理性地选择教育投资行为。尽管个人投资硕士研究生教育是一项高回报的投资，但是综合考虑影响个人做出教育投资决策的一些因素，个人投资于硕士研究生教育仍然存在一定的风险。

总之，准备投资于硕士研究生教育的大学生必须意识到：读研绝非是缓解就业压力的唯一方法，掌握真才实学，直面就业竞争才是取得成功的决定因素。因此，在对自己进行教育投资时，要“衡外情，量己力”，分析个人的兴趣、爱好与特长，个人的性格与价值观，个人所选定的目标与需求，个人的工作经验，个人的优缺点，个人的学历与能力等优点和劣势，结合眼前机遇和制约因素，为自己确立职业方向，确定教育计划、发展计划，为实现职业生涯目标而确定行动时间和行动方案。掌握所学专业的基础知识，对所学专业从入门到感觉有继续研究下去的必要，期待在学术上有所建树，这是硕士研究生本来的含义。如果没有研究的基本能力或研究的欲望，仅仅为了逃避就业，为了好就业，这无疑是对人力、物力、财力的浪费。选择工作或选择考研都是自己的选择，但是在选择之前，给自己制订一个好的职业生涯规划，这个职业生涯规划能够充分发挥自己的优势，在日后众多的竞争对手中脱颖而出，而不是什么“热”就盲目跟从，考研与否要有理性的规划。

资料来源：李妍. 硕士研究生教育个人投资成本收益比较分析. 中南财经政法大学研究生学报，2010 (3).

第十章

财务杠杆与资本结构

资本结构的合理性直接影响企业目前和将来的发展状况，甚至关系到企业的生死存亡，对企业发展起着至关重要的作用。上海汽车集团股份有限公司（上汽集团，600104. SH）是国内A股市场最大的汽车上市公司，其所在的整车制造行业属于资金密集型行业，资金投入量较大，因此合理的资金配置对其发展具有重要影响。

资产负债率是判断公司资本结构是否合理的重要指标。资产负债率过高会给企业的财务带来极大的风险。从上汽集团的近年财务报表可以看出，上汽集团的资产负债比率近年来都在60%左右。目前，在其负债结构中无成本的负债所占的比重是最多的，高成本负债和低成本负债比重不相上下，负债总额虽然在不断增加，但结合上汽集团的多项指标进行分析可知其变动属于合理范畴，只要进行较好的管理，并不会影响公司的发展。此外，上汽集团2017年1月通过增发新股募集资金1 485 450万元，实现股权增资。

上汽集团一直采用自己特有的资本结构模式，不仅成立了专门的财务公司辅助融资活动，而且融资方式较同类公司更为灵活多样，包括公开发行股票、非公开发行等，其筹资渠道广泛，股东权益比率和资产负债比率一直趋于平稳。

本章内容提示

1. 财务杠杆。主要介绍企业的杠杆效应，包括经营杠杆、财务杠杆和联合杠杆，重点介绍了财务杠杆的产生、测度与作用。
2. 资本结构理论。呈现了资本结构理论发展的来龙去脉，主要介绍了现代资本结构理论，包括MM定理、权衡理论以及资本结构理论的最新进展。
3. 资本结构决策方法。描述了现实财务管理决策中比较常用的三种资本结构决策方法，即EBIT-EPS法、比较资本成本法和企业价值分析法，指出最优的资本结构是使得企业或股东价值最大化的资本结构。

第一节 财务杠杆效应

企业在正常的生产经营过程中，除了面临来自市场的各种风险以外，还面临着自身因为承担某种资产结构或融资结构所带来的风险，这些风险可能给企业带来巨大的损失也可能给企业带来巨大的收益，因此，对这类风险的管理一样地重要。在对该类风险进行管理时首先要解决其量化的问题，这就是本节将要阐述的杠杆效应问题。

一、杠杆效应

杠杆效应（Leverage Effect），是指企业因为存在固定成本费用而放大获利能力或亏损，即在扣除固定的成本或费用后，某一变量较小幅度的变动能带来利润或亏损更大幅度的变动。

这里的固定成本主要有不变成本以及由于负债而产生的财务费用两种形式。为此，企业的杠杆效应可以对应地分为两种，即经营杠杆和财务杠杆。

经营杠杆（Operation Leverage），源于企业的经营风险。经营风险通常表现为固定成本水平下企业息税前收益对销售收入的波动程度。企业的经营风险一般受到宏观经济环境、市场竞争程度、产品种类、企业发展前景、资产规模等因素的影响。

可见，经营杠杆产生的直接原因是企业固定成本的存在。企业的经营成本分为变动成本和固定成本两部分。当销售量和销售额增大时，单位产品分摊的固定成本就会减少，其利润增加幅度就会大于销售额的增加幅度；同样，当销售量和销售额减小时，单位产品分摊的固定成本会增大，此时，企业利润下降的幅度也会大于销售额下降的幅度。

经营杠杆效应通常使用经营杠杆系数或经营杠杆度（Degree of Operational Leverage, DOL）来测度。经营杠杆系数是指企业的息税前收益变化率对其销售额变化率的敏感程度。用公式可以表示为：

$$DOL=\frac{\frac{\Delta EBIT}{EBIT}}{\frac{\Delta S}{S}} \tag{10-1}$$

式中，DOL 为经营杠杆系数；

$EBIT$ 为基期息税前收益；

$\Delta EBIT$ 为息税前收益变化量；

S 为基期销售额；

ΔS 为销售额变化量。

在平时使用过程中，我们通常将公式（1）进行简化，其简化形式如下：

$$DOL=\frac{Q(P-V)}{Q(P-V)-F} \tag{10-2}$$

式中，P 为产品的单位销售价格；

V 为单位变动成本；

Q 为销售量；

F 为企业的固定成本（不包括固定的利息支出）。

当然，该式还可以变形为：

$$DOL=\frac{EBIT+F}{EBIT} \tag{10-3}$$

息税前收益是指企业的营业收入扣除经营活动的变动成本和固定成本所得到的利润，即企业在支付利息和所得税之前的利润。用公式可以表示为：

$$\begin{aligned}EBIT&=P\cdot Q-V\cdot Q-F\\&=(P-V)\cdot Q-F\end{aligned}$$

此外，企业的息税前收益也可以通过另外一种方式计算得出，即企业的净利润加上相应期间的利息和所得税。

【例 10-1】 表 10-1 显示了某公司基期 2017 年、预测期 2018 年的相关财务数据信息。公司当前 2017 年的销售量是 1 000 件，销售单价为 3 000 元，变动成本率为 0.4，每件产品的单位变动成本是 1 200 元；预测期 2018 年的销售增长率为 10%，销售单价和单位变动成本维持不变。要求计算该公司 2017 年的经营杠杆系数，并说明含义。

表 10-1　　某公司 2017—2018 年相关财务信息

项目名称	基期 2017 年数据	预测期 2018 年数据
销售量（件）	1 000	1 100
单价（元）	3 000	3 000
单位变动成本（元）	1 200	1 200
销售收入（元）	3 000 000	3 300 000
总变动成本（元）	1 200 000	1 320 000
边际贡献（元）	1 800 000	1 980 000
固定成本（元）	1 000 000	1 000 000
息税前收益（元）	800 000	980 000

解：根据公式（10-1），可以求得该公司 2017 年的经营杠杆系数为：

$$\begin{aligned}DOL&=\frac{\frac{\Delta EBIT}{EBIT}}{\frac{\Delta S}{S}}\\&=\frac{\frac{9\ 800\ 000-8\ 000\ 000}{8\ 000\ 000}}{\frac{3\ 300\ 000-3\ 000\ 000}{3\ 000\ 000}}\\&=2.25\end{aligned}$$

或者，根据公式（10-2），可以求得该公司2017年的经营杠杆系数为：

$$
\begin{aligned}
DOL &= \frac{Q(P-V)}{Q(P-V)-F} \\
&= \frac{1\ 000 \times (3\ 000 - 1\ 200)}{1\ 000 \times (3\ 000 - 1\ 200) - 1\ 000\ 000} \\
&= 2.25
\end{aligned}
$$

或者，根据公式（10-3），亦可得：

$$
\begin{aligned}
DOL &= \frac{EBIT + F}{EBIT} \\
&= \frac{800\ 000 + 1\ 000\ 000}{800\ 000} \\
&= 2.25
\end{aligned}
$$

该公司2017年经营杠杆系数的经济含义是，2018年（即预测期）该公司的销售收入每提高1%，则其息税前收益将提高2.25%，即息税前收益的增长率是销售收入增长率的2.25倍；如果下一年销售收入增长100%，则息税前收益将增长225%。同样，如果2018年的销售收入下降，则销售收入每下降1%，其息税前收益将下降2.25%，息税前收益下降的速度也是销售收入下降速度的2.25倍。这就是经营杠杆效应。

可见，息税前收益变化幅度对销售收入变化幅度的放大效应越大，企业的经营杠杆系数越大，息税前收益对销售收入也就越敏感，企业的经营风险也越高。需要指出的是，经营杠杆反映的经营风险只是潜在的风险，这种风险只有在销售收入发生变动的情况下才会产生作用。

二、财务杠杆及其测度

如上所述，经营杠杆效应的产生是由于企业固定成本的存在，而财务杠杆（Financial Leverage）是由于固定财务成本主要是负债利息和优先股股息而产生的。由于固定利息的存在，当企业的营业利润增加时，则分摊的单位固定财务费用就会相应降低，从而为普通股股东带来更多的收益；反之，当企业的营业利润减少时，则分摊的单位固定财务成本就会相应增加，从而损害普通股股东的收益。

这种由于固定财务费用的存在使得普通股每股收益变动幅度大于息税前收益变动幅度的效应，就是财务杠杆效应，它是企业融资决策的直接结果。财务杠杆效应通常使用财务杠杆系数或财务杠杆度（Degree of Financial Leverage，DFL）来测度，用公式表示为：

$$
DFL = \frac{\dfrac{\Delta EPS}{EPS}}{\dfrac{\Delta EBIT}{EBIT}} \qquad (10-4)
$$

式中，DFL 为财务杠杆系数；

EPS 为基期每股收益；

ΔEPS 为每股收益变化量；

$EBIT$ 为基期息税前收益；

$\Delta EBIT$ 为息税前收益变化量。

在日常使用中，通常将公式（10－4）简化为：

$$DFL=\frac{Q(P-V)-F}{Q(P-V)-F-I-\dfrac{D_P}{1-T}} \tag{10-5}$$

或：

$$DFL=\frac{EBIT}{EBIT-I-\dfrac{D_P}{1-T}} \tag{10-6}$$

式中，P 为产品的单位销售价格；

V 为单位变动成本；

Q 为销售量；

F 为企业的固定成本（不包括固定的利息支出）；

I 为固定的利息支出；

D_P 为优先股股息；

T 为所得税税率。

如果企业不存在优先股融资，即不存在优先股股息 D_P，则公式（10－5）、（10－6）分别为：

$$DFL=\frac{Q(P-V)-F}{Q(P-V)-F-I} \tag{10-7}$$

$$DFL=\frac{EBIT}{EBIT-I} \tag{10-8}$$

【例 10－2】 表 10－2 是某公司基期 2017 年、预测期 2018 年的相关财务数据信息。公司当前 2017 年的销售量是 1 000 件，销售单价为 3 000 元，变动成本率为 0.4，每件产品的单位变动成本是 1 200 元，固定经营成本为 1 000 000 元，固定利息支出为 500 000 元，无优先股融资。预测期 2018 年的销售增长率为 10%，销售单价和单位变动成本维持不变。此外，该公司发行普通股 1 000 000 股，所得税税率为 25%。要求计算该公司 2017 年的财务杠杆系数，并说明含义。

表 10－2　　某公司 2017—2018 年相关财务信息

项目名称	基期 2017 年数据	预测期 2018 年数据
销售量（件）	1 000	1 100
单价（元）	3 000	3 000
单位变动成本（元）	1 200	1 200
销售收入（元）	3 000 000	3 300 000

续前表

项目名称	基期 2017 年数据	预测期 2018 年数据
总变动成本（元）	1 200 000	1 320 000
边际贡献（元）	1 800 000	1 980 000
固定成本（元）	1 000 000	1 000 000
息税前收益（元）	800 000	980 000
固定利息支出（元）	500 000	500 000
税前利润（元）	300 000	480 000
净利润（元）	225 000	360 000
每股收益（元）	0.225	0.36

解：根据公式（10－4），可以求得 A 公司 2017 年的财务杠杆系数为：

$$DFL=\frac{\frac{\Delta EPS}{EPS}}{\frac{\Delta EBIT}{EBIT}}$$

$$=\frac{\frac{0.36-0.225}{0.225}}{\frac{980\ 000-800\ 000}{8\ 000\ 000}}$$

$$=2.67$$

或者，根据公式（10－7），即得：

$$DOL=\frac{Q(P-V)-F}{Q(P-V)-F-I}$$

$$=\frac{1\ 000\times(3\ 000-1\ 200)-1\ 000\ 000}{1\ 000\times(3\ 000-1\ 200)-1\ 000\ 000-500\ 000}$$

$$=2.67$$

或者，根据公式（10－8），得：

$$DOL=\frac{EBIT}{EBIT-I}$$

$$=\frac{800\ 000}{800\ 000-500\ 000}$$

$$=2.67$$

该公司 2017 年财务杠杆系数的经济含义是，与 2017 年相比，预测期 2018 年的息税前收益每提高 1%，则其每股收益将提高 2.67%，即每股收益的增长率是息税前收益的 2.67 倍。同样，如果 2018 年息税前收益发生下降，则息税前收益每下降 1%，其每股收益将下降 2.67%，即每股收益下降的速度也是息税前收益下降速度的 2.67 倍。这就是财务杠杆效应。

可以看出，每股收益的变化程度对息税前收益变化程度的放大效应越大，财务杠杆系数越大，即每股收益随息税前收益越敏感，每股收益随息税前收益变化而变化的幅度就越大，财务风险越高。同样，需要指出的是，财务杠杆反映的财务风险也只是潜在的风险，这种风险只有在息税前收益发生变动的情况下才会产生作用。

三、联合杠杆及其测度

联合杠杆（Combined/Total Leverage），也称为总杠杆，其实就是企业经营杠杆和财务杠杆共同作用的结果。联合杠杆的衡量一般采用联合杠杆系数或联合杠杆度（Degree of Combined Leverage，DCL）来表示。联合杠杆系数，是指每股收益变化率对其销售收入变化率的敏感程度，用公式表示即为：

$$DCL=\frac{\frac{\Delta EPS}{EPS}}{\frac{\Delta S}{S}} \tag{10-9}$$

式中，DCL 为联合杠杆系数；

EPS 为基期每股收益；

ΔEPS 为每股收益变化量；

S 为基期销售额；

ΔS 为销售额变化量。

在实际使用过程中，通常将公式（10－9）简化为：

$$DCL=\frac{Q(P-V)}{Q(P-V)-F-I-\frac{D_P}{1-T}} \tag{10-10}$$

或：

$$DCL=\frac{EBIT+F}{EBIT-I-\frac{D_P}{1-T}} \tag{10-11}$$

式中，P 为产品的单位销售价格；

V 为单位变动成本；

Q 为销售量；

F 为企业的固定成本（不包括固定的利息支出）；

I 为固定的利息支出；

D_P 为优先股股息；

T 为所得税税率。

如果企业不存在优先股，即不存在优先股股息 D_P，则公式（10－10）、（10－11）可以写为：

$$DCL = \frac{Q(P-V)}{Q(P-V)-F-I} \tag{10-12}$$

$$DCL = \frac{EBIT+F}{EBIT-I} \tag{10-13}$$

此外，基于联合杠杆的定义可知：

$$DCL = DOL \times DFL \tag{10-14}$$

【例 10-3】 表 10-3 是某公司基期 2017 年、预测期 2018 年的相关财务数据信息。公司基期 2017 年的销售量是 1 000 件，销售单价为 3 000 元，变动成本率为 0.4，每件产品的单位变动成本是 1 200 元，固定经营成本为 1 000 000 元，固定利息支出为 500 000 元，无优先股融资；预测期 2018 年的销售增长率为 10%，销售单价和单位变动成本维持不变。此外，该公司发行普通股 1 000 000 股，所得税税率为 25%。要求计算该公司 2018 年的联合杠杆系数，并说明含义。

表 10-3　　A 公司 2017—2018 年相关财务信息

项目名称	基期 2017 年数据	预测期 2018 年数据
销售量	1 000	1 100
单价	3 000	3 000
单位变动成本	1 200	1 200
销售收入	3 000 000	3 300 000
总变动成本	1 200 000	1 320 000
边际贡献	1 800 000	1 980 000
固定成本	1 000 000	1 000 000
息税前收益	800 000	980 000
固定利息支出	500 000	500 000
税前利润	300 000	480 000
净利润	225 000	360 000
每股收益	0.225	0.36

解：根据公式（10-9），可以求得该公司 2017 年的联合杠杆系数为：

$$\begin{aligned} DCL &= \frac{\dfrac{\Delta EPS}{EPS}}{\dfrac{\Delta S}{S}} \\ &= \frac{\dfrac{0.36-0.225}{0.225}}{\dfrac{3\,300\,000-3\,000\,000}{3\,000\,000}} \\ &= 6 \end{aligned}$$

或者，根据公式（10-12），可以求得 A 公司 2017 年的联合杠杆系数为：

$$DCL=\frac{Q(P-V)}{Q(P-V)-F-I}$$
$$=\frac{1\ 000\times(3\ 000-1\ 200)}{1\ 000\times(3\ 000-1\ 200)-1\ 000\ 000-500\ 000}$$
$$=6$$

或者，根据公式（10-13），可以求得 A 公司 2017 年的联合杠杆系数为：

$$DCL=\frac{EBIT+F}{EBIT-I}$$
$$=\frac{800\ 000+1\ 000\ 000}{800\ 000-500\ 000}$$
$$=6$$

另外，结合例 10-1 和例 10-2，$DCL=DOL\times DFL=6$。

该公司 2017 年的联合杠杆系数的经济含义是，与 2017 年相比，2018 年该公司的销售收入每提高 1%，则其每股收益（EPS）将提高 6%，即每股收益的增长率是销售收入的 6 倍。同样，如果 2018 年该公司的销售收入发生下降，则销售收入每下降 1%，其每股收益将下降 6%，每股收益下降的速度也是息税前收益下降速度的 6 倍。这就是联合杠杆效应。

与经营杠杆和财务杠杆不同的是，联合杠杆反映的是企业总体的风险水平。它带给企业的决策信息是，企业要结合所在行业等特定因素来决定其所采用的杠杆效应的程度，并通过经营杠杆和财务杠杆的合理搭配来寻求适合其特点的总杠杆效应。

第二节　资本结构理论

资本结构决策问题是现代财务理论的核心内容之一。资本结构（Capital Structure）是指企业各种长期资金的构成和比例关系，即长期债务资本和股权资本的结构关系。与 20 世纪 50 年代之前的早期资本结构理论相对应，50 年代产生的 MM 定理被认为开启了现代资本结构理论。本节将对现代资本结构理论进行简单介绍。

一、MM 定理

作为现代企业财务理论重要基石之一的现代资本结构理论，其思想主体形成于 20 世纪 50 年代，此后作为财务管理领域的一门独立课题而发展。现代资本结构的奠基之作当属莫迪利亚尼（Franco Modigliani）和米勒（Merton Miller）的 MM 定理。

1958 年，莫迪利亚尼和米勒的研究认为，在一个没有税收、激励、财务危机的理想世界里，企业资本结构和公司价值是无关的，即企业价值独立于资本结构之外。它意味着两个问题：一是企业价值和资本结构之间不具有相关性；二是投资决策独立于融资（资本结构）决策。1963 年，莫迪利亚尼和米勒进一步提出了存在公司所得税时的 MM 模型，并得出结论认为，公司增加负债会因利息的抵税作用而增加企业价值，负债越多公司节税价值越大，则公司价值也就越大。

MM 定理的意义不在于定理的结论及其应用，而在于由它引导出的一系列可直接在实际中应用的理论。正是在这个意义上，MM 定理为深化资本结构问题的研究提供了理论基石，奠定了现代资本结构研究的基础。自 MM 定理提出至今，资本结构理论在放松假设、提出疑问、提出新假设以及提出新的疑问的否定之否定中获得了迅速发展。

二、权衡理论

MM 定理只是单方面地考虑了负债给公司带来的抵税利益，没有考虑负债给企业可能带来的成本或者是损失，而权衡理论则兼顾了二者的影响。所谓权衡理论（Trade-off Theory），就是同时考虑了负债的抵税利益和负债的潜在风险，并将二者适当权衡的理论。企业负债融资因为固定的利息支付而获得了抵税的利益，而其可能带来的成本或者损失主要表现为财务拮据成本和代理成本两类。

财务拮据成本又称为破产成本（Bankruptcy Cost），是指企业没有足够的偿债能力、不能按时偿还到期债务而付出的代价。企业的财务拮据成本可以分为直接成本和间接成本。直接成本包括企业生产经营活动不能正常进行时存货和固定资产发生损坏或过时的资产损失，以及破产清算过程中需支付的会计师费用、律师费用等支出。间接成本包括企业在出现财务拮据时可能产生的诸如变卖长期资产、推迟机器设备维修等短期行为费用，以及高利率举债偿还到期债务和无法获得原材料供应的成本或损失等。

企业负债所产生的代理成本（Agency Cost）主要包括以下两个方面：一是债权人为保护自身利益所订立的保护性约束条款，而这些保护性约束条款会在一定程度上限制企业的经营，从而导致效率低下。二是为了确保以上的保护性约束条款的有效实施，直接发生的监督成本。

对于企业来说，无论是财务拮据成本还是代理成本，都会导致公司价值下降，是企业在享受负债抵税利益时必须承担的损失。因此，最优资本结构是，能够使负债的抵税边际利益等于财务拮据与代理的边际成本时的资本结构。这就是资本结构权衡理论。

三、资本结构理论的新进展

关于资本结构的研究历来都是理论界和实务界关注的焦点。20 个世纪 70 年代以后，信息不对称问题引起了学者们浓厚的兴趣，形成了由于信息经济学、博弈论、委托代理理论等信息不对称理论。这些研究方法和理论引入到资本结构理论中，使资本结构理论研究发生了一次质的飞跃，资本结构权衡问题转化为制度设计问题，从而形成了委托代理理论、信号传递理论和优序融资理论。

代理理论（Principal-agent Theory）认为，企业的资本结构会影响经理的工作水平和行为选择，从而影响企业未来的现金流入和市场价值。随着公司债权资本的增加，债权人的监督成本随之上升，债权人会要求更高的收益率。因此，企业均衡的资本结构是由股权代理成本和债权代理成本之间的平衡关系来决定的，最优的资本结构是使股权和债权融资的边际代理成本相等从而总代理成本最小。

信号传递理论（Signalling Theory）是建立在经理人与外部投资者之间信息不对称的

基础上的。当企业有好的内部消息时，经理人具有把这一正面消息传递给外部投资者的强烈愿望并试图影响外部投资者对公司价值的预期，从而提高公司的股价。由于破产概率与负债水平正相关，所以，既然经理人敢于采取较高的负债融资则说明企业还没有破产的可能，于是，高负债被外部投资者视为企业经营高质量的信号。

优序融资理论（Pecking-order Theory）认为，从成熟的证券市场来看，企业最优的融资模式顺序是，首先是内部融资，其次是债务融资，最后是发行新股。即优序融资理论的中心思想是，企业偏好内部融资，如果需要外部融资，则偏好债券融资。

以信息不对称为核心的资本结构理论经过 20 世纪 80 年代初期的迅猛发展后，已经把资本结构理论推到了一个前所未有的高度。然而，到了 20 世纪 80 年代中后期，由于市场环境和理论研究的原因，这种势头受到了遏制。现实中，20 世纪 80 年代，以美国为首的西方发达资本市场国家，发生了以并购和反并购为主要形式的企业大规模控制权争夺活动，而这种公司控制权争夺导致的资本结构变动，促使财务学家观察公司控制权市场和资本结构之间的联系，并取得了一系列的研究成果。于是，结合资本结构和公司控制权市场理论为一体的、以研究企业资本结构与公司控制权关系为核心内容的资本结构控制权理论成了资本结构最新的发展。

第三节　资本结构决策方法

如上所述，企业适当的负债，可以降低企业的资金成本，从而提高企业的价值。但是，如果企业过度地利用负债就会导致较大的财务风险。因此，企业应该考虑适度的负债从而获得最佳的资本结构，并提高公司价值。一般认为，最佳资本结构是指在一定条件下使企业加权平均资本成本最低，或企业价值最大的资本结构。现实中，确定企业最佳资本结构最为实用的方法主要有 EBIT-EPS 法、比较资本成本法和公司价值分析法。

一、EBIT-EPS 法

EBIT-EPS 法，又称每股收益无差别点法，是指能够使得企业每股收益达到最大的融资方式才是适合企业实际状况的，此时的资本结构才是最佳的资本结构。

EBIT-EPS 法是利用每股收益的无差别点进行的。所谓每股收益无差别点，是指每股收益不受融资方式影响的销售水平，可以通过下式计算得出：

$$EPS=\frac{(S-VC-F-I)(1-T)}{N}=\frac{(EBIT-I)(1-T)}{N}$$

式中，S 为销售额；

VC 为变动成本；

F 为固定成本；

I 为债务利息；

T 为所得税税率；

N 为流通在外的普通股股数。

在每股收益无差别点上，无论是采用负债融资，还是采用权益融资，每股收益都是相等的。若以 EPS_1 代表负债融资，EPS_2 代表权益融资，则有：

当 $EPS_1=EPS_2$ 时，即

$$\frac{(S_1-VC_1-F_1-I_1)(1-T)}{N_1}=\frac{(S_2-VC_2-F_2-I_2)(1-T)}{N_2}$$

在每股收益无差别点上，$S_1=S_2=S$，则：

$$\frac{(S-VC_1-F_1-I_1)(1-T)}{N_1}=\frac{(S-VC_2-F_2-I_2)(1-T)}{N_2}$$

能使上述等式成立的销售额 S 即为每股收益无差别点销售额。当销售额或息税前收益大于每股收益无差别点时，运用负债筹资可获得较高的每股收益；反之，当销售额或息税前收益小于每股收益无差别点时，运用权益筹资可获得较高的每股收益。

【例 10-4】 某公司原有资本 700 万元。其中，债务资本 200 万元，每年负担利息 24 万元；股权资本 500 万元，普通股 10 万股，每股面值 50 元。由于扩大业务，需追加筹资 300 万元，其筹资方式有两种：一是全部发行普通股，即增发 6 万股，每股面值 50 元。二是全部筹借长期债务。债务利率仍为 12%，即利息每年 36 万元。公司的变动成本率为 0.6，固定成本为 180 万元，所得税税率为 25%。比较选择上述两个方案。

将上述资料中的有关数据代入条件公式：

$$\frac{(S-0.6S-180-24)(1-25\%)}{10+6}=\frac{(S-0.6S-180-24-36)(1-25\%)}{10}$$

$S=750$(万元)

此时的每股收益额为：

$$\frac{(750-750\times 0.6-180-24)(1-25\%)}{16}=4.5(\text{元})$$

对上述每股收益进行无差别分析，可描绘如图 10-1 所示。

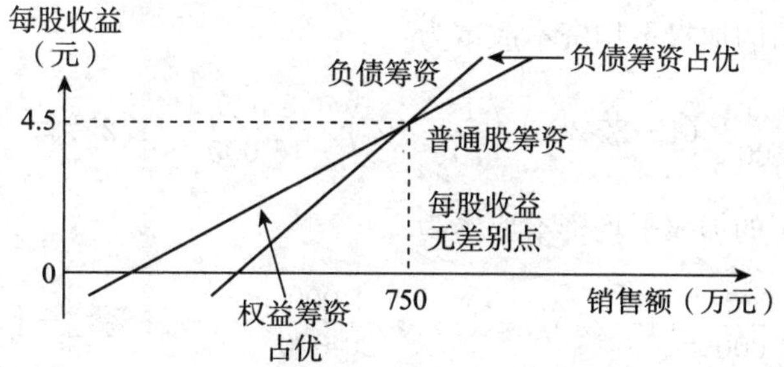

图 10-1　每股收益无差异分析图

从图 10-1 可以看出，当销售额高于 750 万元时，运用负债融资可获得较高的每股收益；当销售额低于 750 万元时，运用权益融资可获得较高的每股收益。

EBIT-EPS 法的局限在于其只考虑了资本结构对每股收益的影响，并假定每股收益最大时的资本结构是最优的，但该方法并没有把资本结构对风险的影响考虑进来。因此，这种方法一般用于资本规模不大、资本结构不太复杂的股份有限公司。

二、比较资本成本法

比较资本成本法的基本思路是，分别计算出各方案下企业的加权平均资本成本，然后选择加权平均资本成本最低的资本结构，即加权平均资本成本最低的资本结构即为最佳资本结构。

【例 10－5】 某公司原有的资本结构如表 10－4 所示。其中，债券和普通股各 8 000 万元，债务的利息率为 10%；普通股每股面值 1 元，发行价格为 10 元，目前价格也为 10 元，今年的期望股利为 1 元/股，预计以后每年股利增加 5%。该企业的所得税税率假定为 25%，假设发行的各种证券均无筹资费。

表 10－4　　　　某公司资本结构　　　　单位：万元

筹资方式	金额
债券	8 000
普通股	8 000
合计	16 000

该公司拟增资 4 000 万元以扩大生产经营规模，现有三种方案可供选择：

方案一：增发 4 000 万元的债券。因负债增加，投资者风险增大，债券利率增加至 12%才能发行，预计普通股股利不变，但由于风险加大，普通股市价降至 8 元/股。

方案二：发行债券 2 000 万元，年利率为 10%；再发行股票 200 万股，每股发行价为 10 元，预计普通股股利不变。

方案三：发行股票 400 万股，每股发行价为 10 元。

要求：分别计算其加权平均资本成本，并确定哪个方案最好。

解：各个方案的加权平均资本成本如下：

未增资前该公司的加权平均资本成本为：

$$10\%\times\frac{8\,000}{16\,000}\times(1-25\%)+\left(\frac{1}{10}+5\%\right)\times\frac{8\,000}{16\,000}=11.25\%$$

方案一下该公司的加权平均资本成本为：

$$\left[10\%\times\frac{8\,000}{20\,000}\times(1-25\%)+12\%\times\frac{4\,000}{20\,000}\times(1-25\%)\right]+\left(\frac{1}{8}+5\%\right)\times\frac{8\,000}{20\,000}$$
$$=11.8\%$$

方案二下该公司的加权平均资本成本为：

$$10\%\times\frac{10\,000}{20\,000}\times(1-25\%)+\left(\frac{1}{10}+5\%\right)\times\frac{10\,000}{20\,000}=11.25\%$$

方案三下该公司的加权平均资本成本为：

$$10\%\times\frac{8\ 000}{20\ 000}\times(1-25\%)+\left(\frac{1}{10}+5\%\right)\times\frac{12\ 000}{20\ 000}=13.5\%$$

从上述计算结果可见，拟增资的方案二的加权平均资本成本为 11.25%，为三个方案中的最低，所以应该选择方案二，此时，企业保持原来的资本结构。

选择资本成本最低的融资方案，这种方法通俗易懂，是确定资本结构的一种常用方法。该方法一般适用于资本规模较小、资本结构较为简单的非股份制企业。

三、公司价值分析法

公司价值分析法是在充分反映公司财务风险的前提下，以公司价值的大小为标准来选择最佳资本结构的方法。该方法充分考虑了公司的财务风险和资金成本等因素的影响，在进行资本结构决策时以公司价值最大化为标准，符合公司价值最大化的目标。

该方法的测算原理与测算过程都较为复杂，因此通常适用于资本规模较大的上市公司。关于公司价值的内容和测试基础与方法，目前主要有三种观点：

(1) 公司价值等于公司未来净收益按照一定折现率折现的现值。

(2) 公司价值是公司股票的现行市场价值，即公司价值等同于股东价值。

(3) 公司的价值等于公司债务和股票的现值。

本书采用第三种观点，即公司的市场总价值 V 等于其股票的总价值 S 加上债券的价值 B，用公式表示为：

$$V=S+B$$

假设公司的息税前收益是永续的，股东和债权人的投入及要求的回报不变，股票的市场价值则可表示为：

$$S=\frac{(EBIT-I)(1-T)}{K_S}$$

式中，I 为年利息额；

T 为公司所得税税率；

K_S 为权益资本成本，即股东要求的回报率。

采用资本资产定价模型计算股票的资本成本 K_S，即

$$K_S=R_S=R_F+\beta(R_M-R_F)$$

式中，R_F 为无风险报酬率；

β 为系统性风险系数；

R_M 为市场平均的风险报酬率。

而公司的资本成本，则应用加权平均资本成本 K_W 来表示，公式为：

$$\begin{aligned}\text{加权平均资本成本}=&\text{税前债务资本成本}\times\text{债务额占总资本的比重}\times\left(1-\text{所得税税率}\right)\\&+\text{权益资本成本}\times\text{股票额占总资本比重}\end{aligned}$$

$$K_W = K_b(\frac{B}{V})(1-T) + K_S(\frac{S}{V})$$

其中，K_b为税前的债务资本成本。

【例 10-6】 某公司年息前税前收益为 500 万元，资金全部由普通股权资本组成，股票账面价值 2 000 万元，所得税税率为 40%。该公司认为目前的资本结构不够合理，准备用发行债券购回部分股票的办法予以调整。经咨询调查，目前的债务利率和权益资本的成本情况如表 10-5 所示。

表 10-5　　不同债务规模对公司债务资本成本和权益资本成本的影响

债券的市场价值 B（百万元）	税前债务资本成本 K_b（%）	股票 β 值	无风险报酬率 R_F（%）	平均风险股票必要报酬率 R_M（%）	权益资本成本 K_S（%）
0	—	1.20	10	14	14.8
2	10	1.25	10	14	15.0
4	10	1.30	10	14	15.2
6	12	1.40	10	14	15.6
8	14	1.55	10	14	16.2
10	16	2.10	10	14	18.4

根据表 10-5 的资料，运用公式可计算出筹集不同规模债务时公司的价值和资本成本，如表 10-6 所示。

表 10-6　　公司市场价值和资本成本

债券市场价值 B（百万元）	股票市场价值 S（百万元）	公司市场价值 V（百万元）	税前债务资本成本 K_b（%）	权益资本成本 K_S（%）	加权平均资本成本 K_W（%）
0	20.27	20.27	—	14.8	14.80
2	19.20	21.20	10	15.0	14.15
4	18.16	22.16	10	15.2	13.54
6	16.46	22.46	12	15.6	13.36
8	14.37	22.37	14	16.2	13.41
10	11.09	21.09	16	18.4	14.23

从表 10-6 中可以看到，在没有债务的情况下，公司的总价值就是其原有股票的市场价值。当公司用债务资本部分地替换权益资本时，一开始公司总价值上升，加权平均资本成本下降；在债务达到 600 万元时，公司总价值最高，加权平均资本成本最低；债务超过 600 万元后，公司总价值下降，加权平均资本成本上升。因此，债务为 600 万元时的资本结构是该公司的最佳资本结构。

在现实的资本结构决策中，由于影响公司资本结构的因素很多，不能仅仅靠上述决策方法来决定公司资本决策。从定性的角度来看，企业的资本结构还受到公司成长性、商业风险、公司规模、可担保财产、盈利能力、公司的股利支付政策等因素的影响，从而使得公司最终确定的资本结构与上述决策方法得出的结果会有所不同。因此，现实中应充分研究各影响因素，根据财务目标，结合实际情况，最终确定适合公司的最佳的资本结构。

本章小结

本章介绍了企业的杠杆效应，并在此基础上阐述了相关的资本结构理论，最后提供了几种企业最优资本结构的决策方法。

1. 所谓企业的杠杆效应就是指企业通过其固定成本来增加获利的能力。企业的杠杆效应可以分为经营杠杆、财务杠杆和联合杠杆等，它们分别可用经营杠杆系数、财务杠杆系数和联合杠杆系数进行定量分析。需要说明的是，企业的这些杠杆效应在给企业放大收益的同时，也可能会为企业放大相应的风险。

2. 目前关于资本结构理论的成果有很多，大致分为两类，分别是早期资本结构理论和现代资本结构理论。在现代资本结构理论中，本章较为详细地介绍了 MM 定理、权衡理论，也阐述了资本结构理论的最新进展。

3. 在资本结构相关理论的基础上，结合具体企业选择最优资本结构的实践，本章最后阐述了最优资本结构决策的三种常用方法。这些方法分别是每股收益无差别点法、比较资本成本法和公司价值分析法。

练习思考题

1. 什么是企业的杠杆效应？
2. 企业的杠杆效应可以分为哪几种类型？每种类型的杠杆效应怎么进行衡量呢？
3. 经营杠杆系数的经济内涵是什么？
4. 财务杠杆系数的经济内涵是什么？
5. 联合杠杆系数的经济内涵是什么？
6. 企业资本结构理论包括哪些内容？
7. 企业资本结构决策方法有哪些？具体如何运用？
8. A、B 两家公司的有关财务资料见表 10－7，试比较两家公司的经营风险。

表 10－7　　A、B 两家公司相关财务资料表

公司名称	经济状况	概率	销售量（件）	单价（元）	销售额（元）	单位变动成本	变动成本总额（元）	边际贡献（元）	固定成本（元）	息税前收益（元）
A	好	0.2	120	10	1 200	6	720	480	200	280
	中	0.6	100	10	1 000	6	600	400	200	200
	差	0.2	80	10	800	6	480	320	200	120

续前表

公司名称	经济状况	概率	销售量（件）	单价（元）	销售额（元）	单位变动成本	变动成本总额（元）	边际贡献（元）	固定成本（元）	息税前收益（元）
B	好	0.2	120	10	1 200	4	480	720	400	320
	中	0.6	100	10	1 000	4	400	600	400	200
	差	0.2	80	10	800	4	320	480	400	80

9. A公司2016年的净利润为750万元，所得税税率为25%，估计下年的财务杠杆系数为2。该公司全年固定成本总额为1 500万元，公司年初发行了一种债券，数量为10万张，每张面值为1 000元，发行价格为1 100元，债券的票面利率为10%，发行费用占发行价格的2%。假设该公司没有其他的债务成本。要求：计算该公司2016年的经营杠杆系数。

10. B公司年销售额为1 000万元，变动成本率为60%，息税前收益为250万元，全部资本为500万元，负债比例为40%，负债平均利率为10%。要求如下：

（1）计算B公司的经营杠杆系数、财务杠杆系数和联合杠杆系数。

（2）如果预测期B公司的销售额将增长10%，计算息税前收益及每股收益的增长幅度。

11. C公司目前发行在外普通股100万股（每股1元），以平价发行利率5%的债券400万元。该公司计划为一个新的项目进行融资500万元，新项目投产后公司每年息税前收益增加到200万元。现有两个方案可供选择：按6%的利率平价发行债券（方案1）；按每股10元发行新股（方案2）。公司适用的所得税税率为25%。要求如下：

（1）分别计算两个方案的每股收益。

（2）计算两个方案每股收益无差别点的息税前收益。

（3）判断哪个方案最好（不考虑资本结构对风险的影响）。

阅读材料10-1　公司资本结构案例分析与研究

——以兰州重型装备股份有限公司为例

兰石重型转备股份有限公司（以下简称为兰石重装）是创建于20世纪50年代的企业，为我国石化装备制造行业中最早一批成立的企业，是中国石化装备制造业的先行者。地处丝绸之路黄金段核心区，其能源产业格局与周边各国高度契合互补，是“一带一路”建设的工业中坚力量。本文选取兰石重装2014—2016年财务数据进行财务基本分析和资本结构分析，发现公司经营管理存在的问题，向其管理层提供相关建议，帮助兰石重装应对当前多变的经济环境，增强和防范风险能力。

一、资本结构分析

资本结构是指企业全部资本的构成及比例关系。在企业的资本结构决策中，合理地利用债务筹资，科学地安排债务资本的比例，是企业筹资管理的一个核心问题，对企业具有重要意义。

（一）流动性分析

流动性分析是将兰石重装现有负债按流动性负债与非流动性负债占总负债的比例来分析公司的负债构成。分析可知，兰石重装近三年的流动性负债比率波动不大，均在90%以上，公司的流动性负债比率非常高。

（二）债务比率分析

本文中将负债分为借款与非借款。通过借款在每年融资中所占比例来分析兰石重装的债务类型。分析可知，2014—2016年公司借款融资占比逐年提高，其中2016年通过借款所筹集的资金几乎是总筹资的50%。由此可见，兰石重装对借款的依赖程度逐年提高，依赖水平较高。

（三）财务杠杆系数

财务杠杆系数是指企业税后利润的变动率相当于息税前利润变动率的倍数，它反映了财务杠杆的作用。兰石重装2014—2016年财务杠杆保持在1以下，在2015年达到最低值，为0.716 0。且三年财务杠杆系数相近，可见公司在2014—2016年财务风险波动不大，较稳定。

（四）股权构成现状分析

通过对兰石重装2014—2016年公司前五大股东持股比例分析可以发现，公司前五大股东除了兰州兰石集团有限公司之外，其他股东持股比例相对较小，从股权均衡制度分析，股东之间的制衡度比较低。说明兰石重装存在一股独大，控制权过于集中的问题，这样的股权结构会使公司一股独大，进而出现管理封闭的现象。

（五）总资本构成现状分析

对于公司的总资本构成分析采用产权比率这一指标进行分析。它是公司负债与所有者权益的比值，能够较好反映总资本构成。兰石重装的产权比率从2014—2015年出现急剧下降，2015—2016则保持了相对平稳。三年产权比率均大于100%，说明总资本中存在负债过多的问题。

二、存在问题

（一）负债规模过高

负债过多是兰石重装公司资本结构现存的问题，由上文的分析可知，兰石重装的盈利能力较弱，现金流量不足，导致公司负债融资需求大，从资产负债率的角度分析，兰石重装2014—2016年资产负债率虽然逐年有下降趋势，但是总体仍高于60%，说明在兰石重装的资产规模中负债规模过大，企业的资金来源中，来源于负债的资金较多，来源于所有者的资金较少，使得公司的财务风险相对较高，当资金链断裂时，企业无法及时偿债，从而会加大公司倒闭的风险。从产权比率的分析也可看出，三年产权比利率均大于100%，公司的负债水平较高。但是从整体趋势上看，负债占总资产比重有下降的趋势，对于兰石重装未来的发展提供有利条件。

（二）负债构成不合理

兰石重装过于依赖短期借款，且存在债务期限配置不合理的问题。

从上文的分析可知，借款占兰石重装融资来源的相当一大部分比重。其中，由于短期借款手续简单、借款条件相对较低、筹资效率较高，使得兰石重装借款总额中，短期借款占比较高，过于依赖短期借款。同时，公司流动性负债占比较大，三年均超过了90%。流动负债越高，代表了企业短期需要偿还的负债越多，企业的经营风险和资金压力越大，一旦企业资金供应不足，就可能出现企业破产倒闭的情况。

（三）股权结构不合理，存在一股独大现象

通过对兰石重装2014—2016年股东持股比例分析可得，公司第一大股东兰州兰石集团有限公司在2014—2016年的持股比例分别为57.70%、57.70%、53.22%，均在50%以上，从股权均衡制度分析，股东之间的制衡度比较低。说明兰石重装存在一股独大，控制权过于集中的问题。这样的股权结构会使公司一股独大，导致资源配置低下等诸多弊端。

资料来源：柏慧佳．公司资本结构案例分析与研究——以兰州重型装备股份有限公司为例．经贸实践，2016（24）．

阅读材料10-2　　企业最优资本结构研究

在市场竞争中，企业能否长远发展，取得良好的经营业绩，能否得到投资者、债权人的信任及支持，最终实现企业价值或者股东价值最大化，这都依赖于企业最优资本结构是否合理，资本结构是企业经营发展的重要保障。近年来国内外市场迅速发展，国内建立了现代企业制度，我国企业的资本结构随之发生质的变化，其中也出现了不少问题，如何优化企业资本结构是目前金融理论研究的主要课题。

一、资本结构理论的研究

（一）资本结构理论及现代资本结构理论

企业中各种资本构成及所占比例关系就是资本结构。在企业中，企业的长期资本、短期资本，以及企业全部资本构成就是广义的资本结构。平时所说的长期资本结构是狭义的资本结构。

公司的市场价值大小评估由利益冲突、财务风险、不同资金成本决定，而这些都来源于资本结构的不同。所以在企业加权平均资本最低的情况下，能让企业价值达到最大，并最大限度地调动利益和相关者积极性的资本结构就是最优资本结构。

传统资本结构理论、现代资本结构理论、新资本结构理论是资本结构理论经历的三个阶段。其中现代结构理论包含：代理成本说、信号模型、财务契约论、新优序融资理论四大流派。

（二）啄食理论

啄食理论也就是融资顺序理论，因为代理成本及破产风险的存在，投资者在知道企业需要股权融资时，会认为这是企业经营不善的端倪，从而影响了企业市场价值的评估。内部融资—债券融资—股权融资，这是企业融资的顺序。融资方式多种多样，但企业理性的决策者都会遵循融资顺序理论进行融资结构安排。

二、分析我国企业资本结构的现状

（一）我国企业的资本结构现状与股权融资偏向

从20世纪90年代后，我国债券发行规模年年下降，股票发行规模高涨，已低于股票市场发展速度。我国股权融资偏向的表现如下：上市公司在保持比较低的资产负债率同时渴望股权融资，上市公司想尽办法增发、配股，利用一切股权融资的机会，未上市公司全尽一切办法上市。而在西方发达国家企业，都遵行融资顺序理论，股权融资方式受冷。我国这种融资行为正好和西方发达国家相反。

（二）造成目前资本结构的原因

从以下两点分析造成我国企业资本结构偏好股权融资的原因。

1. 职业经理人对个人利益的追求是造成偏好股权融资的原因

追求个人利益的最大化是每个职业经理人的目标。货币收入、在职消费收入是经理人员的收入来源。企业利润、企业市场价值的最大化并不能实现我国经理人个人利益最大化。个人利益最大化在于在职消费利益。所以从三种融资方式上来看，选择无破产风险的股权融资是我国经理人最明智的选择。

2. 在我国股权融资收益高于股权融资成本

股权融资在得到更高的收益率时，承担着更大的投资风险，因此股权融资成本是高于债权融资成本的。但是从我国目前情况来看，公众没有正确的投资理念，股票上市额度制又让股票市场供不应求，股票市场在二级市场远远超过其价值。同时上市公司采取推迟分配或不分配使股权融资成本降低。所以在我国，股权融资成本远低于发达国家股权融资成本。

（三）目前资本结构影响了企业和证券市场的发展

公司的融资行为，因为配股融资成本过低，约束不严格受到了严重的影响。绝大部分公司进行融资只是为了低成本吸引投资，或者偿还公司债务，由此下去，恶性循环很大程度上限制了企业的资源优化配置功能。另外，企业只是单一地以配股为主进行融资，结构过于单一，容易出现约束机制，治理结构不健全，债权融资的激励机制，信息传递功能，破产控制机制的缺少都极大地影响上市公司对其他投资项目的决定，从而导致管理层不能做出正确的决定，影响公司整体发展。

三、从现代资本结构理论得到的启发

通过上面的分析，可以看出，在我国企业利润最大化和投资者投资收益最大化是冲突的。所以在我国企业利润最大化和投资者投资收益最大化是建立我国企业资本结构最优化的标准。股票的市场价值和债券的市场价值组成了企业的市场价值，作为企业结构好坏的评估标准，对股票市场价值和债券市场价值进行测量。

（一）资本结构的“标准参照值”

在西方财务教材里要求资本结构为1∶1，也就是企业的负债总额与权益资本是相等的。但在现实操作中，各行各业都结合行业实际情况，从企业经营特点、收支情况、信贷情况等多因素出发，研究一个资本结构的标准参照值，使企业在标准参照值允许的区间里，根据市场情况做出符合公司发展的调整。

（二）相对合理的资本结构

企业根据自身情况确定资本结构标准参照值时，结合多重相关因素进行定性分析，设置定量分析模型从而为企业找出相对合理的区间值。在企业筹资决策过程中，企业权益资本收益可以通过加大负债手段得到。企业想得到更多的收益，并且收益率要远远大于负债资金成本率，只需要企业期望权益资本大于期望收益率，这就是企业的财务杠杆原理。为了实现企业收益最大化，企业经营者要成功利用负债手段提高企业权益资本收益率。

（三）分析资本结构的相关因素

企业经营不善，无法达到预期的收益，企业的资本结构不合理，负债率过高都使企业的资金周转不灵，债务无法如期偿还甚至无力偿还，引起企业的信誉危机，雪上加霜。所以在分析资本结构的合理性时，一定要结合企业的实际情况、真实偿付能力，测算预期收益以及收益的标准离差率。

四、企业最优资本结构的建立应该考虑的问题

建立企业最优资本结构，让企业资本结构良性循环，在企业高效益和低风险的前提下，进行新的一轮资产组合，实现企业目标，需要从以下几个方面进行考虑：

(1) 分析企业目前所有行业、经营、财务等各方面风险，紧密结合企业以往情况，确定目前企业资本结构的标准值，结合市场情况，不断实践、修正、完善。了解企业目前的融资政策和策略，在保证总资本结构合理的情况下，选择最优结构。

(2) 优化资本结构的方法。从股权所有者多元化，经营者股权份额的加入，扩大债务融资比例等方面优化我国企业资本结构。

在我国目前股权资本内部，国有股比重最大，为了优化资本结构，必须使国有股比例降低，同时要加大其他股权所有者的投入，比如银行、企业法人、企业员工、社会人士、投资基金所等。机构投资者因为代表各个投资者利益，有专业知识和管理能力，又能对企业实行监督和激励，所以应加大机构投资者的持股比例。

企业的发展依靠企业领导者及企业员工。根据企业规模、企业长期发展规划，经营者只要能够完成企业经营目标，就应该给予企业经营者适当的股权和股票期权，这样有利于激励企业经营者，为实现企业目标更用心工作。

前面提到单一股权融资会带来恶性循环，因此要改变单一的融资现状，就要扩大和发展企业债务融资比例。实现最优资本结构的有效途径之一就是一定比例的企业债券。因为企业债券是面对社会公众发行，所以要求固定利息，并且按时还本付息的，这样也形成了对经理层的监督。

通过上面的分析，在企业的筹资决策过程中，结合市场竞争情况、经济周期分析、行业因素、预期投资收益等因素的影响，可以在资本结构的不断优化过程中慢慢达到合理化，降低企业综合资本成本，达到企业价值最大化的最优资本结构。为了实现我国企业资本结构最优化的目标，我们可以借鉴西方资本结构理论，在我国资本市场发展不足的情况下，认清资本结构，根据中国经济的实际情况，进一步完善和发展市场，让企业对融资偏向慢慢转移，使企业资本结构逐步合理和最优化。

资料来源：胡怡. 企业最优资本结构研究. 经营管理者，2017 (26).

第十一章

股利政策

佛山电器照明股份有限公司（佛山照明，000541.SZ）自1993年11月23日上市以来，一直保持长期的盈余且较小波动。公司管理层能够比较准确地预测未来盈利，采用了较为稳定的股利分配政策，连续18年采用高现金股利政策和转增股本，是我国上市公司中唯一一家现金分红超过股票融资的公司。据统计，佛山照明自上市以来累计发放现金股利超过20亿元，实现了公司对投资者的庄严承诺，即每年公司净利润的65%以现金方式回报给股东。佛山照明的流通股本自上市时的1 930万股猛增至61 606万股，增加了近31倍。

其实A股市场一直被认为是一个缺少投资回报的市场。分红比例是不是越高越好？一般而言，较高比例的分红说明公司的盈利能力比较强。但是，如果分红额高于净利润，说明大股东要把以前积存的公积金等分掉。因此，分红比例太高，特别是连续多年超过100%的比例分红，也不一定是好事。

有资本市场人士认为，上市公司公开承诺将公司未来的分红规划向投资者披露，投资者便可以根据自身理财规划来选择投资对象。特别是部分现金分红比例较高的公司尤其值得投资者关注。在分红制度的改革问题上，要以尊重股东自由选择权为前提。分不分红要以公司发展前景为依据。巴菲特认为，分红意味着公司已经没有更好的投资前景，成长性已走到尽头。但属于传统产业的蓝筹股要多分红。另外，分红对一些产业来说，也是规避经济周期风险的手段。钢铁企业以及房地产企业，市况好的时候不分红却扩大规模，结果碰到经济周期回落而被套，还不如早分红让股东得益。

本章内容提示

1. 股利及其类型。主要介绍股利的类型及发放程序，为后续章节的理解打下基础，便于比较股票股利与股票回购、分割与反分割的联系。
2. 股利政策。介绍了观点截然相反的两种股利理论，并结合现行的资本市场实际，讲解了三种基本的股利政策类型，以及现实中企业股利决策的影响因素。
3. 股票回购。股票回购本身不是股利分配行为，但其作用效果类似于股票股利，这里阐述股票回购及其方式、效应。

4. 股票分割与反分割。与股票回购类似，股票分割与反分割本身也不是股利分配行为，但也类似于股票股利，我们介绍并对比分析了股票分割与反分割及其效应。

第一节　股利及其类型

股利是股份公司对其股东的回报，主要包括现金股利、股票股利、财产股利和负债股利四种形式。在现代企业实践中，后两者极为少见，我们将重点介绍前两者。本节首先介绍现金股利。

一、股利概述

股利（Dividend），包括股息和红利，通常是股份公司在年终结算后将本年利润的一部分作为收益按股份比例分配给股东。

我国股利分配实行的是“纯利润”分配原则，即“无盈利不分配”原则。股利的分配来源于公司弥补亏损和提取公积金之后的盈余，而并非所有盈余。按照我国现行会计制度规定，企业当期实现的净利润，加上年初未分配利润为可供分配的利润总额。

我国《公司法》第 166 条规定：“公司分配当年税后利润时，应当提取利润的百分之十列入公司法定公积金。公司法定公积金累计额为公司注册资本的百分之五十以上的，可以不再提取。公司的法定公积金不足以弥补以前年度亏损的，在依照前款规定提取法定公积金之前，应当先用当年利润弥补亏损。公司从税后利润中提取法定公积金后，经股东会或者股东大会决议，还可以从税后利润中提取任意公积金。公司弥补亏损和提取公积金后所余税后利润，有限责任公司依照本法第 34 条的规定分配；股份有限公司按照股东持有的股份比例分配，但股份有限公司章程规定不按持股比例分配的除外。股东会、股东大会或者董事会违反前款规定，在公司弥补亏损和提取法定公积金之前向股东分配利润的，股东必须将违反规定分配的利润退还公司。公司持有的本公司股份不得分配利润。”

《公司法》第 34 条有关有限责任公司股利分配规定为：“股东按照实缴的出资比例分取红利；公司新增资本时，股东有权优先按照实缴的出资比例认缴出资。但是，全体股东约定不按照出资比例分取红利或者不按照出资比例优先认缴出资的除外。”

总结起来，我国股份有限公司股利分配的一般顺序是：

（1）弥补以前年度亏损。

（2）提取法定公积金。

（3）提取任意公积金。

（4）支付优先股股利。

（5）支付普通股股利。

二、股利支付方式

企业发展的历史进程中，股利的支付方式主要有现金股利、股票股利、财产股利及负债股利四种，其中，前两者是现代企业使用最多的方式。

（一）股利支付的基本方式

1. 现金股利

现金股利是上市公司分配股利时直接向股东分派现金的形式。这是当前我国和世界上大多数国家上市公司都采用的分配方式。

现金股利的最大优点是操作简单。但是公司确定股利分配政策时，通常要考虑许多影响因素。大比例分派现金股利会减少公司的现金流量，影响企业扩大再生产的资金使用，甚至影响公司的未来发展。分派现金股利过少会影响股东的近期利益，从而会影响公司股价。

2. 股票股利

股票股利是上市公司以公司股票代替现金向股东分配的一种形式。股票股利通常由资本公积转增资本或红利转增资本，属于无偿增资发行股票。由于所送红股是按股东所持股票的比例分配的，因此每位股东在公司中拥有的权益比例不会发生变化；同时，这种分红方式只是使公司账上的留存收益转化为股本，公司的资本结构也未受影响。

股票股利分配方式的优点在于不会因为分派股利增加公司的现金流出量，而且一些国家的股票股利还可以享受免税的优惠。但是这种分配方式由于增加了股本数量，会引起所有者权益构成的变化，对公司股票的每股收益及股价都会带来一定的影响。

3. 财产股利

财产股利是指上市公司用商品或其他资产来发放股利。例如，公司以其所拥有的其他企业的有价证券，如债券、股票作为股利支付给股东。

4. 负债股利

在某些特殊情况下，公司也可能把自己发行的债券、远期票据等作为股利来分派。这往往是由于已经宣告发放股利以后公司的财务状况突然因某些意想不到的原因而恶化，在营运资金严重不足的情况下为顾全信誉，只能以增加负债的方式来发放股利。

财产股利和负债股利实际上是现金股利的替代形式，这两种股利支付形式目前在我国公司实务中极少使用。

（二）现金股利与股票股利

现金股利，是指以现金形式分派给股东的股利，是股利分配中最常见的一种形式。股票股利是另一种常见的股利分配方式，它是指公司用增发新股的方式进行股利分配，不减少公司所持有的现金。现金股利和股票股利，构成了现代企业最常用的两种股利支付形式。

当然两者的区别也是明显的，主要有：

（1）适用条件不同。现金股利适用于现金流量充足的企业，当企业现金短缺或有比较好的投资机会时则更倾向于采用股票股利。

（2）股利性质差异。现金股利的发放使公司的流动资产和股东权益减少同等数额，是企业现金流的流出，是“真正”意义上的股利。股票股利只是把原来属于股东所有的留存收益转化为股东所有的资本，实质上是留存利润的凝固化、资本化。

（3）对公司财务的影响不同。发放股票股利可使股东分享公司的盈利而无须分配现金，使公司留存了大量的现金，便于公司进行再投资，有利于公司的长期发展。而发放现金股利将减少企业的现金流，直接影响企业内部资产的结构。可见，股票股利不会影响所有者权益，资产、负债等均不发生变化，而现金股利将引起所有者权益和公司资产的减少。

（4）对股东的影响不同。一般而言，当公司运营正常，发放少量股票股利不会引起股票市场价格的立即变化，至少其股价不会成比例下跌，这样就可以使股东得到股票价值相对上升的好处。另外，世界上大多数国家都规定，现金股利应计入个人所得税应纳税额，缴纳个人所得税，而股票股利不计入个人所得税应纳税额，不需缴纳个人所得税。

三、股利发放的程序

股份公司的股利分配方案，通常由公司股东会或股东大会审议批准，董事会宣布。我国《公司法》也做了如此规定。股份公司向股东支付现金股利，其程序依次有股利的宣告（分红公告）、登记、除息和支付等。

（1）股利宣告日，即公司董事会将股利支付方案予以公告的日期。

（2）股权登记日，即有权领取股利的股东资格登记截止日期，只有在此日期之前登记在册的股东才有权参与公司股利的分配。

（3）股利除息日，股权登记日下一个交易日即是除息日，有时也一并称为除权日或除息除权日。除权除息日买进的股票不再享有本次的股利分配权。如果在股权登记日拥有该股票，但在除权除息日或之后将该股票卖出，仍然享有本次的股利分配权。

（4）股利支付日，即是向股东发放股利的日期。

如中体产业（600158.SH）于2009年10月20日召开股东大会审议通过了2009年中期利润分配方案，并于2009年12月8日由董事会对外发布公告，宣告股利分配方案。中体产业实施2009年中期利润分配方案为：以公司2009年中期末总股本803 557 498股为基数，每10股派发现金红利0.65元（含税），共计52 231 237.37元。公司于2009年12月18日将股利支付给2009年12月14日登记在册的公司股东。

股利宣告日：2009年12月8日；

股权登记日：2009年12月14日；

除权除息日：2009年12月15日；

股利支付日：2009年12月18日。

第二节 股利政策决策

股利政策（Dividend Policy），是企业有关利润分配与否、分配形式等的策略。理论界存在股利无关论和股利相关论两种观点，国内外在股利政策方面也存在较大差异，本节将详细介绍这两种观点，并就现实中的股利政策选择做一详细介绍。

一、股利政策理论

在理论上，股利发放与否及形式对公司股票市场价格的影响是公司应该采取何种股利政策的主要标准。关于股利政策与股票市价是否相关，理论上存在着两种截然不同的观点，即股利无关论和股利相关论。

(一) 股利无关论

股利无关论认为股利的发放与股票市场价值无关，即公司的股利政策不会影响公司价值。这是莫迪利亚尼和米勒 1958 年 MM 定理的结论。

MM 定理认为，在一个没有税收、均衡的市场中，股东和公司再投资的收益必然是一致的。假设公司某年可供股东分配的利润总额为 200 万元。现在有两种股利分配政策：一是全部股利发放给股东；二是全部股利作为未分配利润用以公司再投资，并转入下一年一次性全部发放给股东。假设公司和股东的再投资收益率都是 10%。如表 11 - 1 所示，公司无论采用何种股利政策，都不会影响到股东和公司的价值。其实，可以想象得出，如果股东用获得的股利再去投资购买原公司增发的新股，在没有税收的均衡市场中，这无异于公司将盈利资本化。

表 11 - 1　　**股利政策的效果**　　单位：万元

	发放股利		不发放股利	
	当年	下一年	当年	下一年
公司价值	0	0	200	0
股东财富	200	220	0	220
合计	200	220	200	220

MM 定理认为，无论是公司还是股东，根本没有最佳股利政策的存在，公司的价值完全取决于投资决策的成败。虽然 MM 定理与实际情况相距甚远，但它为股利理论研究奠定了基础。

(二) 股利相关论

股利无关论的假设是完美的市场、完全确定的未来环境以及完全的理性人。显然，这些假设与实际的市场环境存在极大差异。因此，股利政策与公司价值并不是无关的，即股利与公司价值相关。这里，介绍几种有代表性的股利相关理论。

1. 税差理论

在许多国家，资本利得的所得税税率要低于利润所得税税率，所以，股东自然喜欢公司少支付股利而将较多的收益留存下来为公司再投资使用，以期提高股票价格，把股利转化为资本利得。可见，这种理论主张股利政策与公司价值息息相关，而且是低股利和推迟股利支付的政策，才有可能使公司价值最大化。

2. 代理成本理论

代理理论认为，股利的发放将减少由于控制权和所有权分离而产生的代理成本。通过高股利的发放减少了管理者可支配的自由现金流量，从而减少了管理者能够带给股东损失的道德风险。同时，股利的发放使得公司更多地依赖资本市场发行新股融资，这样就使得公司更频繁地受到来自资本市场的监管，从而减轻了代理冲突。因为代理成本的降低能增加股东的权益，所以上述两个方面使得高股利政策能增加股东财富和公司价值。

3. 信息传递理论

美国学者长期观察到，当公司提高股利发放时，公司股票价格通常都会跟着上涨；反之，当公司减少股利发放时，股票价格通常都会下跌。可见，股利政策向外部市场传递了公司未来经营管理的信息，这就是股利信息传递理论的现实依据。

信息不对称是现代公司治理的一个常态。由于经理人比股东更了解公司，所以，公司开始支付股利或提高股利分配表明，经理人自信其公司利润足以满足新项目投资与股利支付；尤其是股利增长策略，它表明了公司正常利润水平的不断增长。当然，不幸的是，在股利减少的情况下这个逻辑也适用，因为经理人只有在没有选择的条件下才会削减股利。

可见，现金股利的支付发挥了把信息从公司内部可靠地传递给外部投资者的作用。从这个角度来看，股利政策传达了企业经营管理的重要新信息。

4. 顾客效应理论

顾客效应，指的是投资者根据个人情况而对企业财务政策形成某种特殊偏好并自觉选择该证券进行投资的现象。顾客效应理论，是在 MM 定理的基础上发展起来的。虽然 MM 定理最初假定了分配股利和资本利得之间没有税收上的差别，并由此推导出股利无关论。但现实中存在一些不完美的因素，这些因素使得投资者在股利收入和资本利得之间产生了系统性偏好。所以，不论公司采取什么样的股利政策，总能吸引一部分投资者；但是，如果企业实施稳定的股利政策，则吸引并稳定了企业的投资群体，从而使其股票或公司价值维持在某一水平上。

二、股利政策的类型

股利政策，是股份公司确定股利及其相关事宜所采取的方针和策略，其核心是现金股利支付比率的确定。现实中，公司会有针对性地执行不同的股利政策。

（一）剩余股利政策

所谓剩余股利政策，是指企业优先考虑净现值大于零的项目，若有剩余才将其向投资者分配。当公司面临较好的投资机会时，为了降低资金成本，通常会采用剩余股利政策。这种政策的优点是能够充分利用企业内部积累，即利润再投资，满足投资机会的资金需要。但这种股利政策往往会导致股利支付的不稳定，不能取悦偏好稳定收入的股东，也难以树立公司良好的财务形象。

【例 11-1】 某公司 2017 年税后利润为 3 000 万元，盈余公积（包括法定盈余公积和任意盈余公积）的计提比例为 20%。根据公司的计划，2018 年公司需投资 2 000 万元，公司当前的资本结构为负债与权益资金比为 1∶3，在保持资本结构不变的情况下按照剩余股利政策确定 2017 年公司可分配的股利。

解：已知公司 2018 年的投资所需资金为 2 000 万元，企业的资本结构：1/4 为负债资金，3/4 为权益资金。

2017 年可供分配的利润为：3 000×(1－20%)＝2 400（万元）；

满足 2018 年投资所需的权益资金＝2 000×3/4＝1 500（万元），则公司 2017 年利润能够用于分配的数额为 2 400－1 500＝900（万元）。

（二）固定股利政策

固定股利政策是指公司在较长时期内，都将按期支付固定的股利数额，股利不会随经营状况的变化而变动，除非公司预期未来收益显著的、不可逆转的增长而提高股利发放额。采用这种政策的企业大多属于收益比较稳定或正处于成长期、信誉一般的公司。

这种策略主要的优点是：有利于公司树立良好的形象，有利于稳定股票价格，从而增强投资者对公司的信心。当然，这种策略的主要缺点是：股利支付与公司的盈利能力脱节，当盈利较低时仍要支付较高的股利，容易引起公司资金短缺，导致财务状况恶化。

（三）折中的股利政策

财务主管倾向于按照利润的某个最低，即什么情况下都可以维持的比例来支付股利。根据重要性排列，折中股利政策的目的有：

（1）避免因为支付股利而放弃 NPV 为正的项目。

（2）避免削减股利。

（3）避免产生增发新股的要求。

（4）维持目标资本结构比例。

（5）维持目标股利支付水平。

折中股利法可通过“正常股利（目标支付比率）和额外股利”的方法来降低股利的波动性。正常股利，最有可能是永久利润的相对较少部分，以便容易保持；当预计收益临时增加时，企业便发放额外股利。

这种股利政策的优点是灵活性较强，可给企业较大的弹性。由于平常的股利发放水平较低，故在企业净利润很少或需要将相当多的净利润留存下来用于再投资时，企业仍旧可以维持既定的股利发放水平，避免股价下跌的风险。而企业一旦拥有充裕的现金，就可以通过发放额外股利的方式，将其转移到股东手中，也有利于股价的提高。

三、现实的股利决策

现实中，企业在进行股利是否分配、分配形式与时间等决策时，要考虑企业的现实环境以及各种可能的约束条件。

（一）约束条件

1. 契约约束

公司在借入长期债务时，债务合同对公司发放现金股利通常都有一定的限制，公司的股利政策必须满足这类契约的约束。

2. 法律约束

为维护有关各方的利益，各国的法律对公司的利润分配顺序、资本充足性等方面均有所规范，公司的股利政策必须符合这些法律规范。

3. 现金约束

公司发放现金股利必须有足够的现金。如果公司没有足够的现金，则其发放现金股利的数额必然受到限制。

（二）公司的投资机会

如果公司的投资机会多，对资金的需求量大，则公司很可能会考虑少发放现金股利，将较多的利润用于投资和发展。相反，如果公司的投资机会少，资金需求量小，则公司有可能多发放现金股利。因此，公司在确定其股利政策时，需要对其未来的发展趋势和投资机会做出较好的分析与判断，以作为制定股利政策的依据之一。

（三）公司的财务状况

1. 资本结构

偿债能力是股份公司确定股利政策时要考虑的一个基本因素。股利分配是现金的支出，而大量的现金支出必然影响公司的偿债能力。因此，公司在确定股利分配数量时，一定要考虑现金股利分配对公司偿债能力的影响，保证在现金股利分配后公司仍能保持较强的偿债能力，以维护公司的信誉和借贷能力。

2. 股权结构

上市公司的股利政策实际上是不同利益主体之间进行博弈的一种结果，而股权结构是决定各博弈主体竞争实力的关键因素，其从质和量两个纬度共同作用决定了现实世界股利政策的差异。如果公司股东和管理人员较为看重原股东对公司的控制权，则该公司可能不大愿意发行新股，而是更多地利用公司的内部积累，这种公司的现金股利分配就会较低。

3. 股份有限公司应保持一个相对合理的资本成本

公司在确定股利政策时，应全面考虑各种筹资渠道资金来源的数量大小和成本高低，使股利政策与公司理想的资本结构、资本成本相一致。

（四）信息传递效应

股利分配是股份公司向外界传递的关于公司财务状况和未来前景的一条重要信息。公司在确定股利政策时，必须考虑外界对这一政策可能产生的反应。

在我国，由于没有把投资者的利益置于应有的位置上，大多数上市公司没有明晰的股利政策目标，因而在股利政策的制定和实施上缺乏长远打算，带有很大的盲目性和随意性。上市公司并没有制定一个既保证企业正常发展又能给予投资者稳定回报的股利政策。我国上市公司股利政策的随意性，从一个侧面凸显了中外上市公司在谋求可持续发展方面存在的差距。

第三节　股票回购

公司常常结合筹资及调整股票流动性的需要，采取诸如增资配股、股票分割、股票回购等方式，这些从财务意义上讲不属于股利分配，但其结果起到了与股利分配类似的效应。本节将详细说明股票回购的方式、优缺点以及股票回购的效应。

一、股票回购的方式

股票回购（Share Repurchase），是指上市公司购回本公司一定数额发行在外股票的行为。股票是上市公司所有权的证书，代表了投资者在公司中的投资及其衍生权益，因此，股票回购可以被理解为减少公司资本的行为。但是，上市公司真正直接为了“减资”而进行股票回购的情况还是比较少的，通常公司回购股票是为了调整资本结构和发挥财务杠杆的作用，改善资金运用效率，达到利润分配或反收购等目的。

下面结合各种股票回购的方式，探讨一下股票回购的现实操作及其优缺点。

（一）公开市场回购

公开市场回购，是指公司与普通投资者一样，在证券市场按照公开的股票当前市场价格购买自己发行的股票。从美国的实践来看，大多数股票回购的公司都采用公开市场的方式购回本公司的股票。

在这种回购方式下，公司不用支付比市价更高的价格就能回购股票，而且公开购买行为本身促成了对本公司股票的需求，有助于支撑公司的股价。但股票需求的提升有可能抬高公司股价，从而增加了回购成本，使得公司无法在短期内完成回购任务。

（二）现金要约回购

现金要约回购，是指公司以既定价格发出回购要约，平等地向全体股东提供出售所持股票的机会。现金要约回购，可以细分为固定价格要约回购和荷兰式拍卖回购。

固定价格要约回购，即公司在特定时间发出以固定价格购买既定数量股票的要约，股东可以自行决定以此价格出售股票或继续持有股票。当回购的股票数量不足时，企业可取消回购计划或延长要约的有效期；如果股东提供的股票超过要约数量，对超额的部分企业可自行决定是否予以回购。

荷兰式拍卖回购，起源于荷兰的花卉拍卖，是指公司明确提出期望回购的股票数量和回购价格范围，股东在设定的价格范围内提出其所能接受的最低出售价格和愿意出售的股票数量进行投标。公司汇总所有有效投标数量和价格，按照从低到高的顺序排列，根据计划回购数量确定最低回购价，支付给报价低于或等于该价格的股东。如果此类股东所提供的股票数量多于企业计划进行回购的数量，企业就可能按比例回购；如果提供的股票数量不足，企业可能取消此次回购，也可能以设定的价格购买股东提供的所有股票。

显然，这种方式通常能在短期内完成回购任务，对股东来说其出售股票的机会也是均等的。但是，现金要约回购的成本通常比公开市场回购的成本要高，而且其定价通常也较难。

（三）协议回购

协议回购，又称私下协议批量购买，是指公司私下与持有本公司股票的股东协商购回本公司股份。协议回购通常作为公开市场收购方式的补充而非替代，尤其适用于公司希望从一个或几个主要股东手中回购一定数量股票时采用。

协议回购比其他回购方式引起的市场关注度要低，保密性较好，尤其适用于防止敌意收购和巩固控制权的目的，但是协议回购不利于稳定或拉升股票价格。

（四）交换要约

在这种回购方式下，公司通过向股东发售债券或优先股作为交换购回股东所持本公司的股票，通常是现金回购的替代方案。

交换要约，由于不需动用现金进行回购，因此可以减轻公司的现金压力。但是，由于交换双方证券的流动性不同，公司向股东提供流动性较差的证券作为交换，比现金回购要支付更高的对价作为补偿，因此，成本相对较高。

（五）可转让出售权

这种方式，是指公司赋予股东在一定的期限内以特定价格向公司出售其所持股票的权利，该权利可以同所依附的股票相分离，并可以在市场上自由买卖和流通。

可转让出售权赋予了股东更长时间的选择权，满足了各类股东的不同要求，因此，通常能够以既定的价格完成回购任务，也因投股东所好而回购成本较高。

关于股票回购，我国《公司法》改变了以往的规定，允许四种情况可以进行股票回购：一是减少公司注册资本；二是与持有本公司股份的其他公司合并；三是将股份奖励给本公司职工；四是股东因对股东大会做出的公司合并、分立决议持异议，要求公司收购其股份。

二、股票回购的效应

股票回购是证券市场发展到一定阶段的产物，是上市公司财务管理中一个重要的领域。公司实施股票回购的目的是多方面的，股票回购对股票市场价格也有着复杂的影响。在成熟的证券市场上，股票回购的动机主要有以下几种：

（1）优化资本结构。股票回购使得市场上流通的股票数量减少，即股东权益减少，于是，股票回购提高了每股净收益，从而提升了股票的市场价格，正是从这个角度来看，股票回购有类似现金股利的作用。另外，股东的权益使得公司资本结构发生了变化，即股票回购减少了股权资本比重，使公司财务杠杆率提高。

（2）向市场传递信号。股票回购是公司向股东传递信号的一种方式。这种信号的方向似乎是模糊的，因为股票回购也许是管理当局认为其剩余资金没有更好的投资用途，也许是管理当局认为其公司股票价值被市场低估了。

（3）有利于股息避税。由于现金股利要按普通收入缴纳所得税而资本利得的所得税却较低，股东从股票回购中得到的现金只有在回购价格超出股东购买价格时才需纳税，并且是按照较低的资本利得税率缴纳，因此股票回购可以使大股东得以规避股利征税。

（4）阻止恶意收购。股票回购使得部分股东所持股份减少而导致企业控制权的相对转移，因此，它成了资本市场上反收购的重要武器。股票回购导致的股价上升和流通在外的股票数量减少，可以使恶意收购方要获得公司控制权变得更为困难。同时，股票回购使得公司流动资金减少，财务状况恶化，大大地减弱了公司作为被收购目标的吸引力。

第四节　股票分割与反分割

股票分割与反分割，是指股份公司将发行在外的股票数量“由一变多”或“由多变一”的行为。股票分割与反分割正好是一个操作方向相反的行为，都具有特定的作用。如前所述，尽管其本身并不是股利分配方式，但其财务效果类似于股利分配，所以，本节一并介绍。

一、股票分割

股票分割（Stock Split），又称“拆股”，是指股份公司将流通在外的股份由一股拆成多股的行为。例如，将原来一股股票拆换成两股股票。

（一）股票分割概述

股票分割时，发行在外的股票数增加，使得每股价值降低，每股收益下降；但是，一般情况下，公司价值、股东权益总额及其结构比例保持不变。因此，虽然股票分割不属于股利分配方式，但其所产生的效果与发放股票股利相近。

【例 11－2】 某公司原发行在外的普通股为 1 000 万股，每股面额为 10 元，若按 1 股换成 5 股的比例进行股票分割，分割前后的股东权益项目如表 11－2 所示。

表 11－2　　股票分割前后的股东权益　　单位：万元

	股票分割前	股票分割后
普通股	10 000 （面额 10 元，流通 1 000 万股）	10 000 （面额 2 元，发行 5 000 万股）
资本公积	3 000	3 000
盈余公积	40 000	40 000
未分配利润	120 000	120 000
股东权益合计	173 000	173 000

假定该公司 2017 年净利润为 9 600 万元，则股票分割前的每股净收益为 9.6 元，而股票分割后的每股净收益为 1.92 元，每股市价也会因此而下降，但是公司总市场价值一般保持不变，股东权益总额、权益各项目的金额及其比例也不会改变。

（二）股票分割的效应

对于公司而言，股票分割可以降低每股股票的交易价格。如果股票的市场价格过高，股票交易就会因每手交易所需的资金量太大而受到影响，特别是许多资金实力有限的小股东就更难入市交易，使得这类股票的流通性降低。因此，许多公司在其股价过高时分割股票以降低股票交易价格，提高股票的流通性；而且，大量中小股东的加入使得公司股权更为分散化，这样可以防止少数利益集团对公司的控制。

另外，股票分割在短期内不会给投资者带来太大的收益或亏损，即给投资者带来的不是现实的利益，而是给投资者带来了今后可能获得更多股息和更高收益的希望，是利好消息，因此，股票分割除权后对股票价格上涨有刺激作用。

二、股票反分割

股票反分割（Stock Reverse Split），也称为股票合并，是指股份公司用某一特定数额的新股按“以一换多”的比例交换一定数额股份的行为。例如，将原来两股股票交换成一股股票。

与股票分割相反，股票反分割时，发行在外的股票数减少，每股价值上升，每股收益也会上升。但是，一般情况下，公司价值、股东权益总额及其结构比例不会改变。

如果股票的市场价格过低，会有损公司形象，通过股票反分割能提高股票价格。另外，和股票分割相反，股票反分割向市场传递了公司处于财务困境的不利信号。国外的很多实证研究也表明，股票反分割宣布日前后股票市场价格有较大幅度的下跌。

总体来看，股票分割和反分割对公司资本结构都不会产生任何影响。股票分割或反分割和股票股利非常相似，都是在不改变股东权益的情况改变流通在外的股票数量。所不同的是，股票股利虽不会引起股东权益总额的改变，但股东权益构成项目的金额及其结构发生了变化，而股票分割或反分割后，股东权益总额及其各项目金额与比例都不会发生任何变化。

本章小结

本章我们介绍了企业的股利政策，包括股利及其类型、股利政策、股票回购、股票分割与反分割等。

1. 股利是股份有限公司对其股东的回报，主要包括现金股利、股票股利、财产股利和负债股利四种形式。股利的发放程序一般包括宣告日、登记日、除息日、支付日四个阶段。

2. 股利政策主要有股利无关论和股利相关论两种相反观点的理论。股利无关论认为股利的发放与否和股价无关，股利政策不影响企业价值。而股利相关论正好观点相反。现行的股利政策主要有剩余股利政策、固定股利政策和折中的股利政策。股利政策不是一个孤立的决策，应当融入公司整体战略决策中，因此股利政策的选择应当着眼于公司的长远发展，权衡各利益相关者利益进行全局规划，并充分考虑公司自身情况。

3. 股票回购的具体形式包括公开市场回购、现金要约回购、协议回购、交换要约、可转让出售权等。股票回购具有优化公司资本结构和强化财务杠杆等作用。

4. 股票分割可以降低单位股票交易价格，向股票市场和广大投资者传递公司业绩好、利润高和增长潜力大的信息，从而大大提高投资者对公司的信心。与此相反，股票反分割会提高单位股票价格，但会给市场留下公司处于财务困境的不利印象。

练习思考题

1. 作为投资者，你更愿意投资于下列哪种公司的股票：

(1) 剩余股利政策。

(2) 固定股利政策。

(3) 折中的股利政策。

请解释你的答案，并说明这些股利政策对你的必要投资回报率有何影响。同时，如果你是一个学生，或者是一个50岁的高收入专业人士，或者是一个退休工人，那你的选择会有何变化？

2. 其他情况不变，下列变化对公司的股利支付率有何影响？请说说你的理由。

(1) 个人所得税税率上升。

(2) 利率上升。

(3) 公司利润增加。

(4) 公司投资机会减少。

(5) 公司股利支出可以免税。

3. 某公司正在考虑4个投资项目，有关信息如表11-3所示。公司资本成本为14%，融资结构为：债务40%，普通股权益资本60%，可用于再投资的内部资金总额为70万美元。

表11-3　　四个投资项目财务信息

项目	投资规模（美元）	内部收益率
A	275 000	17.5%
B	325 000	15.72%
C	550 000	14.25%
D	400 000	11.65%

请问应选择哪项投资？根据剩余股利政策，还剩多少可用于支付现金股利？

4. 某公司预测未来5年净收益如表11-4所示。公司现有100万股外部流通股，如果制定了下面这些政策，每年每股现金股利应为多少？

(1) 50%的固定股利支付率。

(2) 以5年净收益平均值的50%作为每年的股利支付额。

(3) 每年每股0.5美元加上年中额外股利，额外股利为净收益超过1 500 000美元部分的50%。

表 11-4　　某公司未来5年净收益

年份	1	2	3	4	5
净收益（美元）	1 400 000	2 000 000	1 860 000	900 000	2 800 000

5. 假设你拥有某公司0.001%的普通股，该公司共有1亿股普通股，股票当前市价为20元，公司准备按1∶2实施股票分割，则：

(1) 股票分割后，你的财务状况有无变化（假设股价成比例下降）？

(2) 公司财务主管认为股价只会下降40%，如果是这样，你的净收益将是多少？

6. Phillips公司计划支付现金股利800万美元，公司现有400万股外部流通股，每股净收益为4美元，除权日后股票价格为40美元。如果公司管理层决定用股票回购代替现金股利，计算：

(1) 回购价格应为多少？

(2) 应回购多少股？

(3) 如果回购价格低于或高于（1）中的价格会怎么样？

(4) 如果你拥有1 000股，你愿意选择现金股利还是股票回购？

阅读材料 11-1　　西藏药业股利政策比较分析

摘要：股利分配政策不论是对于投资者还是对于公司本身都有很大的影响，一直是关注度很高的指标。因此，通过对我国医药行业、西藏上市公司、西藏药业股利分配情况的对比分析，归纳总结其特点，并提出一些可行的建议，以期有所促益。

1. 股利政策相关研究概况

1961年，经济学家Modigliani和财务学家Miller在他们的合著《股利政策、增长和股票价值》中第一次公开提出了经典的“股利无关论”。即股利分配政策与股价、股东收益无关。换句话说，公司价值取决于盈利能力，而盈利能力由投资决策所决定。虽然该理论成立的前提非常苛刻，但有学者在放松其假设条件并与现实资本市场相结合后，进行了改善，使其理论更贴近实际。税差理论修改了股利无关论中的税收不存在的假设，探究税收与股利政策的联系；信号理论放宽了信息完全对称的假设；代理成本理论认为社会分工的出现导致代理成本，并且代理成本是普遍存在的。虽然后续理论研究很多，但仍然没有一个公认的成熟的理论。

2. 股利政策分析

2.1 我国医药行业上市公司股利政策分析

我国证券市场通过多年发展，制度规范获得了一定程度的完善，但与西方证券市场相比还有很多不规范、不成熟的地方，不论是对于法律法规还是对于投资者保护都还存有一定的距离，上市公司股利政策制定执行过程中往往主观随意，医药行业上市公司也无法幸免。

2.2 股利支付偏好分析

制定股利政策之前，必须先考察市场情况和企业实际。

我国医药行业上市公司在2004年到2008年5年间，选择发放与选择不发放股利的比例比较接近，约4∶6；而在2009年到2013年的5年间，选择发放的公司所占比例有了很大提升，选择发放股利成为主流，维持在70%以上，出现了一个阶段性的变化趋势，这可能与我国于2009年实施新的医疗改革政策有很大关系。

2.3 股利支付形式分析

我国股利支付的形式主要包括：股票股利、现金股利、负债股利、财产股利。

公司董事会或者股东大会在宣布发放股利后就必须考虑采取什么股利支付形式。在我国实践中，存在着现金股利，送股，转增，现金股利与送股，现金股利与转增，现金股利、送股与转增等形式，其中现金股利是主要的支付形式。

从图11-1中我们可以看出，单纯送股支付方式在我国医药行业上市公司几乎是不存在的，常见形式为现金股利与现金股利+转增，转增、现金股利+送股、现金股利+送股+转增使用率在3%左右，从2004年到2015年采取现金股利+转增和现金股利+送股支付形式的上市公司数目逐渐增加，这种变化可能是因为我国开启了新一轮医疗制度改革，加上税制的改革，为医药行业带来新的发展机遇。

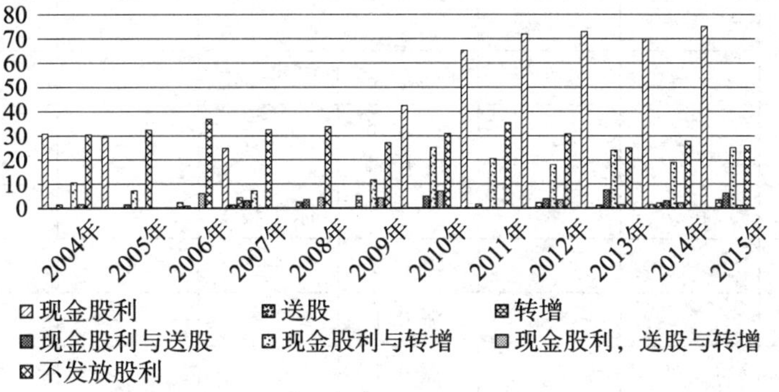

图11-1　2004—2015年医药行业上市公司股利支付方式统计表

2.4 股利支付特点

(1) 我国医药行业上市公司股利选择不分配现象普遍。医药行业上市公司中不分配公司占有比例较大，可能是因为使用留存收益的资金成本更低，而医药行业需要投入很大的成本。

(2) 现金股利是最主要的股利分配形式。可能是医药上市公司为了维护股权结构稳定，保持公司控制权的考虑。

(3) 分配主观随意。分不分配股利，以什么形式分配股利，缺乏统一的标准，主要由药业上市公司管理层主观选择，存在很多不规范、不合理的部分，这可能与我国的证券市场成长时间短、药业上市公司管理能力不成熟有关。

3. 西藏上市公司的股利分配政策分析

3.1 西藏上市公司股利分配统计

西藏的上市公司到目前为止共十三家，在此选择了上市较早的八家上市公司来研究其股利分配状况，如表11-5所示。

表 11-5　　　　西藏上市公司股利分配统计

年份	梅花生物	西藏旅游	西藏城投	西藏发展	西藏矿业	西藏药业	西藏珠峰	西藏天路
1995	减 2.10 元	—	—	—	—	—	—	—
1996	减 1.40 元	—	送 1.6	—	—	—	—	—
1997	—	送 2 转 4	转 4	—	—	—	—	—
1998	—	—	—	送 1 转 6	派 1.24 元 送 5 转 4	—	—	—
1999	—	—	—	送 1.874 08 转 2.81 111	—	—	—	—
2000	—	—	送 2 派 1.00 元	减 0.40 元	派 0.20 元	派 2.00 元	派 0.30 元	派 0.50 元
2001	—	—	转 1	—	减 0.15 元	派 0.30 元	派 0.50 元	派 1.00 元 转 8
2002	—	—	转 4	派 0.30 元	—	—	—	派 1.50 元
2003	—	—	—	—	—	—	—	派 1.50 元
2004	—	—	—	—	—	—	—	—
2005	—	—	—	—	—	—	—	—
2006	派 0.10 元	—	—	送 0.46 转 4.54	—	—	—	派 1.00 元
2007	—	转 5	—	—	派 1 转 1	—	—	转 10
2008	—	—	—	派 0.2	—	—	—	—
2009	—	—	—	派 0.1	—	—	—	转 2
2010	—	—	—	派 0.1	—	—	—	—
2011	派 5.00 元 转 16.86 元	—	派 0.35	派 0.2	派 1 转 5	—	—	—
2012	派 1	派 0.25	派 0.13	派 0.1	—	派 0.7	—	—
2013	派 1	—	派 0.2	派 0.5	派 0.2	派 0.6	—	—
2014	派 1	—	派 0.1	派 0.1	—	派 0.5	—	派 0.5
2015	派 1	—	派 0.1	派 0.5	—	派 1.9	—	派 0.5

西藏上市公司股利分配受行业和区域影响。

3.1.1 股利政策多变

稳定连贯的股利政策有利于维护良好的公司形象，吸引潜在的投资者，但是西藏上市公司在是否分配以及如何分配上都复杂多变，时断时续。

3.1.2 不分配现象严重

比如，西藏珠峰公司从 2002 年至 2015 年 14 年没有分配过股利。

3.1.3 股利派现有阶段性

2000 年以前，八家公司很少分配现金股利，2000 年以后，证监会强制性要求上市公司再筹资必须分红派现，于是纷纷改变了股利政策。

3.1.4 分配以现金股利为主，且股利偏低

现金股利分配 47 次，股票股利分配 15 次，股利分配的主要形式是现金股利，但现金股利分配的数额偏低，最大每股派 0.21 元，最小仅每股 0.01 元，可以说回报率较低。而股票股利的分配却相反，在全部的 15 次股票股利的分配中，2011 年梅花生物每 10 股达到 16.86 元。

3.2 西藏药业股利政策解析

西藏药业公司股利分配也有一些自身的特点：

(1) 存在透支派利现象。2000 年和 2004 年，西藏药业现金流量为负值（见表 11-6），依然派现，这是一种比较危险的做法，很有可能会导致企业用于日常经营业务的流动资金不足，陷入财务困境。

表 11-6　西藏药业派现年度部分财务数据统计表　单位：元

年份	现金流量	净利润	每股收益	每股派现	股利支付率
1999				未分	
2000	−97 962 970.94	10 200 000	—	0.2	—
2001	30 239 474.11	18 300 000	—	0.05	—
2012	33 581 424.02	30 530 000	0.21	0.07	33.33%
2013	247 842 232.98	27 150 000	0.19	0.06	31.58%
2014	−154 538 523.98	20 980 000	0.14	0.05	35.71%
2015	52 086 403.55	91 640 000	0.63	0.19	30.16%

(2) 股利支付率比较稳定，但股利支付率较高。2012 年到 2015 年股利支付率维持在 33%左右，实行高分配比例股利政策，不利于公司内部积累，可能出现资金短缺情况。造成这些问题的原因主要有三点：

1）西藏药业公司信贷依赖性强，持续盈利能力弱。目前西藏资本市场发展滞后，筹资渠道较少，企业筹资难度大、成本高，而留存收益使用方便、成本较低，所以会有采用剩余股利政策的倾向，将留存收益首先用于内部积累，改善公司财务状况。

2）西藏药业公司管理能力不足。西藏药业公司成立时间短，股利政策更多考虑股权结构稳定，对外部市场反应不灵敏，管理层市场形象意识不强，对于小股东利益缺乏足够重视。

3）证券市场不成熟。我国证券市场起步晚，证券监管部门监管意识、监管方法还比较落后，尤其是对于公司股利政策方面没有统一的标准规范，这也是西藏药业股利政策成因之一。

3.3 相关建议

股利分配政策不论是对于投资者还是对于公司本身都有很大的影响，因此科学合理的股利政策十分必要。

3.3.1 健全上市公司股利制度规范

2001 年以前，我国上市公司所采取的股利政策与公司经营实际脱节严重，信息反映能力较低，加剧了投资者尤其是中小投资者与企业管理者的信息不对称。2001 年发布强制性分红规定以后，才有了一些实质性变化，但是仍然需要完善，这就要求进一步健全上

市公司股利制度规范，约束上市公司行为，保护股东尤其是小股东利益，为我国证券市场发展提质增速。

3.3.2 加强上市公司自身发展

股利政策的制定与实施是以公司自身发展实际为基础的，连续稳定的股利政策离不开公司良好稳定的发展，这就要求上市公司建立起科学的公司治理结构，改善提升公司治理能力，致力于培养核心竞争力，不断提高自身盈利能力，争取较好的经营业绩，维护良好的市场形象。

资料来源：杜东山. 西藏药业股利政策比较分析. 现代商贸工业，2017 (24).

阅读材料 11－2　美国公司热衷回购股票的难言之隐

资本市场的很多业务一旦问世，便有了自己的生命，各种利益集团会借体附魂，再要斩除便十分困难。上市公司回购股票就是如此。在美国，这早已成为一项大业务，成全了许多个人和机构，要想通过立法或监管加以限制已是难乎其难。

美国上市公司回购股票风头很盛。仅 2013 年一年，美国上市公司便斥资 5 000 多亿美元，用于回购本公司股票，耗费远多于用于研究和开发的资金。过去 12 个月中，苹果公司斥资 329 亿美元回购自家股票，金融行业的 Wells Fargo 和高盛也分别斥资 75 亿美元和 64 亿美元回购自家股票。独步高科技业近四十年的 IT 界巨擘微软也斥资 73 亿美元回购自身股票。

从表面上看，公司回购股票的结果称得上皆大欢喜：公司股价上涨，售出股票的股东得以在较高的价位出售股票；公司股票行情看涨，继续持有股票的股东也有理由乐观，今后可望获得更大的利润。而美国时下的投资机会不多，上市公司的闲钱无处可投，转而回购本公司股票似也适得其所。

遗憾的是，皆大欢喜表象的背后却有不少难以为人所道的隐情。

其实，美国大公司回购股票首先是出于公司高管的需要。美国公司高管持有股票期权，而行使期权的条件通常是公司股票达到一定的价位，而公司回购股票正可拉高股票价位。2008 年之后，回购股票最多的上市公司，业绩要高出其他公司 20%左右。美国上市公司首席执行官任期较短，很多人不免急功近利。往轻的方面说，公司回购股票有利益的驱动，往重的方面说就是在操纵市场。

有些美国公司还通过发行债券融资，以获得的资金来回购股票。比如 2013 年，苹果发行债券，融资 170 亿美元，用于回购自家股票。这就是在进行杠杆交易了。而杠杆交易存在巨大风险：如果股价持续下跌，公司就会出现亏损。2013 年普林斯顿大学所出的《银行家的新书》就提出了这样的结论：银行资产中股本资金所占的比例过低；过于追求股本的回报而没有充分考虑习惯风险；银行家的收入过高，但却使得其所在的金融机构以及整个经济缺乏稳定性。

公司回购股票，还存在如何正确对待新老股东的问题。公司当前股东在高价位出售股东，可以获利，但继续持有股票或未来购入股票的股东，利益就有可能受损，因为多数情况下公司回购股票时拉高的股价是虚高，未来股价还会回落。换言之，当前投资者与未来投资者之间存在着矛盾。对此，史迪文·L. 斯瓦兹（Steven L. Schwarcz）教授专门发明了一个新名词叫“时差性冲突”（Temporal Conflict），以描述当前股东与未来股东之间的关系。英国《经济学人》杂志甚至鼓吹，公司高管理应向全体股东负责。

上市公司回购股票在许多国家都曾经受到严格限制。1982 年，美国首先放宽了对公司回购股票的限制，日本和德国也先后于 1994 年和 1998 年分别放宽了对公司回购股票的限制。我国《公司法》虽未完全禁止公司回购本公司股票，但有严格限制，可以说在原则上限制了上市公司回购自家股票。

那么美国为什么不限制上市公司回购股票？实在是公司回购股票已经积重难返。公司回购股票已成为一项大业务，成全了许多个人和机构。不是连苹果、微软和 Wells Fargo 这样的巨型品牌公司也委身其中吗？要想通过立法或监管限制公司回购股票已是难乎其难。以苹果、微软和 Wells Fargo 这样巨型公司的实力，在美国朝野有很大的影响力，金钱所至，愿意效劳者十分踊跃，坚决捍卫公司回购股票的做法。

美国股市发展较为成熟，但就公司回购股票而言，美国的相关法规似乎也乏善可陈。

资料来源：朱伟一. 美国公司热衷回购股票的难言之隐. 中国证券报，2014-10-10.

第四部分

短期财务

第十二章

营运资本

OPM（Other People's Money）战略是指企业充分利用做大规模的优势，增强与供应商的讨价还价能力，将占用在存货和应收账款的资金及其资金成本转嫁给供应商的营运资本管理战略。该战略在现代企业运营中作为一种创新的盈利模式指导着企业的财务管理。与传统的营运资本管理理念不同，OPM战略的衡量指标是现金循环周期。现金循环周期越短，说明企业在营运资本管理中应付账款的周转天数越长，占有供应商资金能力越强，或者说明企业管理应收账款和存货的能力越强，企业的现金流运作效率就会越高。

海尔电器集团有限公司（海尔电器，01169. HK）是世界白色家电的第一品牌，是中国最具价值的领导品牌。海尔电器集团通过JIT系统实现快速高效采购物流，统一采购，使采购成本降低，减少库存积压，资金周转速度快，结合OPM战略的高风险、低成本特点，成功实现全球供应的系统链条，保证了海尔电器的工作效率。海尔电器还经营了网络实体销售供货点，可以做到零库存、零距离，增强核心竞争力。海尔电器集团一直在进行企业流程再造，组织企业的生产经营活动，完成整条产业链的合理链接，实现全球化高质量经营战略。

OPM战略在降低企业成本的同时也带来了较高的财务风险，现阶段有些企业采用一些恶意OPM战略，这种战略会带来很高的利润空间，但是也隐含了种种隐患，可能会给企业财务带来危机。因此，企业应该合理地运用OPM战略，发掘优势，减缓压力，提高企业的盈利能力，增强企业的竞争力。

本章内容提示

1. 营运资本概述。主要介绍了营运资本的内容、特点，并介绍了现金周期与经营周期及其关系，明确了营运资本管理的基本原则和提高营运资本管理效率的方法。
2. 融资组合及其管理。主要介绍企业融资组合及其基本策略，即保守型、冒险型和折中型三类策略。
3. 流动资产规模管理。介绍了流动资产投资的两类成本，以及流动资产投资的基本策略类型。

第一节　营运资本概述

营运资本管理是对企业流动资产、流动负债及其组合的管理。据调查，公司财务经理有60%的时间都用于营运资本管理。因此，营运资本管理是企业财务管理不可忽视的重要组成部分。

一、营运资本及其特点

营运资本（Working Capital），又称营运资金，是指企业生产经营活动中在流动资产上占用的资金。从会计的角度看，营运资本是指流动资产与流动负债的净额。

营运资本有广义和狭义之分。广义的营运资本即总营运资本，是指一个企业投放在流动资产上的资金；狭义的营运资本，即净营运资本，是指流动资产减流动负债后的余额。因此，营运资本管理既包括流动资产的管理，也包括流动负债的管理。

（一）流动资产

流动资产（Current Asset），是指可以在一年内或超过一年的一个营业周期内变现的资产。流动资产具有占用时间短、周转快、易变现等特点，因此，企业拥有较多的流动资产可在一定程度上降低财务风险。

流动资产在资产负债表上主要包括现金、短期投资、应收账款、预付账款、存货等项目，其中存货又包括原材料、半成品、产成品等。

（二）流动负债

流动负债（Current Liability），是指需要在一年或者超过一年的一个营业周期内偿还的债务。流动负债，又称短期融资，具有成本低、偿还期限短等特点，必须认真进行管理，否则，将使企业承受较大的现金流压力和风险。

在资产负债表中，流动负债主要包括短期借款、应付票据、应付账款、应付工资、应付税金、预收账款等项目。

在形态上，营运资本主要包括流动资产和流动负债，因此，营运资本一般具有以下特点：

（1）周转具有短期性。营运资本相对于固定资本等长期资金而言比较容易变现，因此能随时满足临时性资金的需求。而且，商业信用、短期银行借款等流动负债也随时能应付临时性资金需求。

（2）数量具有波动性。营运资本是企业日常业务所产生的短期负债和短期资产，容易受内外条件的影响，数量波动往往很大。因此，财务人员应有效地预测和控制这种波动。

（3）来源具有多样性。净营运资本的需求既可以通过长期筹资方式解决，也可通过短期筹资方式解决。而短期筹资本身又包括短期银行借款、商业信用等多种方式。

二、经营周期与现金周期

营运资本管理涉及公司的短期经营活动和财务活动，这些活动产生了现金流入和流出的不同形态。经营周期与现金周期，是衡量营运资本管理中流动资产、流动负债形态、期间的重要方面。

（一）经营周期

经营周期是指从购买原材料承担起付款义务开始，到收回因赊销商品或提供劳务而产生的应收账款的整个期间。经营周期描述的是一件原材料如何经过各流动资产账户的，其时间长短是决定公司流动资产需要量的重要因素。经营周期的计算公式如下所示：

经营周期＝存货周转天数＋应收账款周转天数＝存货周转期＋应收账款周转期

其中，存货周转天数或存货周转期，是原材料等存货到达公司并记录在公司账户上开始，到产成品等存货实现销售从而记录应收账款的这段时间，或者说，是存货从产生到“消亡”的这段时间。应收账款周转天数或应收账款周转期，是公司应收账款产生到应收账款“消亡”或回收的这段时间。当然，企业的生产过程是连续不间断的，不论是存货、应收账款还是应付账款，都不可能“消亡”，这里只是就平均意义而言特指某批资产或负债的形态转换。其计算方法及过程，可以参加前述章节。

由上式可见，存货周转天数与应收账款周转天数加总得到的经营周期，还可以理解为存货转化为现金需要的时间。一般情况下，经营周期短，说明资金周转速度快；经营周期长，说明资金周转速度慢。

（二）现金周期

现金周期是企业在经营中付出现金到收到现金所需要的时间，也就是说，现金周期是一笔存货从实际支付现金开始，到收到产品销售款为止所经过的期间。可见，现金周期决定了企业资金的使用效率，其公式可表达为：

现金周期＝经营周期－应付账款周转天数＝经营周期－应付账款周转期

其中，应付账款周转天数或应付账款周转期，是指应付账款产生到应付账款“消亡”或支付的这段时间。

现金周期的长短将关系到资金冻结时间的长短，影响资金成本及营运资金效益。现金周期越短，意味着企业越推迟付款，或越早收到销售款。可见，现金周期越短意味着企业的资金运转效率越高，资金成本越低。所以，企业应根据实际情况，加速现金流的周转，降低现金周期，从而提高现金利用效率和企业效益。

从上述两个公式，可以看出经营周期、现金周期等的关系，如图 12－1 所示。

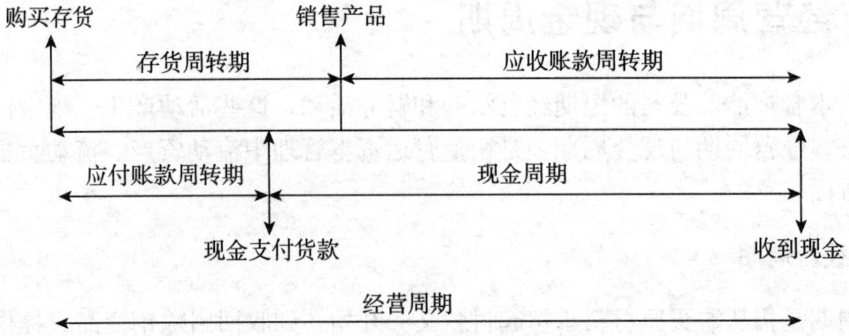

图 12-1　现金周期与经营周期的关系

三、营运资本管理概述

营运资本管理影响了公司的期望收益与风险，最终对公司价值产生影响。因此，有效地管理企业的营运资本，必须坚持以下两项基本的原则：

（1）减少和避免风险。流动负债，是企业一年内要偿还的本金和利息。如果企业现金流量不足，或者资产难以变现，将会直接影响到企业当期债务的偿还，甚至导致企业破产。因此，最大限度地减少或避免营运资本风险是企业营运资本管理的重要任务和原则。

（2）合理确定比例关系。企业财务人员应认真分析生产经营状况，合理确定营运资本需求量，在保证生产经营需要的前提下，企业应节约使用营运资本。企业应正确处理营运需求和资本使用、流动资产与流动负债之间的比例关系，在提高公司短期偿债能力的同时，确保公司的资本成本不至过高，以有效使用资金。

企业加强营运资本管理，提高营运资本管理效率，还应该注意以下几点：

（1）加强现金流管理。片面追求销售业绩，可能会扩大企业的信用销售，累积的应收账款势必会造成现金流管理效率低下。因此，财务部门应加强对赊销和预购业务的控制，制定相应的应收账款、预付货款控制制度，加强对应收账款的管理，及时收回应收账款，减少风险，从而提高企业资金使用效率。

（2）加强成本费用控制。在任何时候，企业都要做好对内部成本、费用的控制，并做好预算，加强管理力度，减少不必要的支出，以扩大利润空间，增加企业价值。

（3）强化预算的作用。财务管理应站在企业全局的角度，构建科学的预测体系，进行科学预算，包括对采购、费用、销售以及现金的预算。这些预算使企业能预测风险，及时得到资金的各种信息，并督促企业采取措施，防范风险，提高效益。

第二节　融资组合及其管理

一个企业的资金需求可以通过短期资金和长期资金来筹集。短期资金就是企业的流动负债，长期资金包括长期负债和所有者权益。融资组合是指短期资金与长期资金构成的企业整个资金来源。融资组合管理主要是指短期资金和长期资金的结构关系。企业的融资组合管理是营运资本管理的重要内容。

一、融资组合管理

影响企业融资组合的因素很多，包括宏观经济环境与政策、行业特征以及企业自身经营管理情况等等。这里，选择其中几个方面论述如下。

（一）风险与成本

通常，短期融资的到期日短，企业面临的现金流压力短期内很大。另外，短期债务在融资成本方面不确定性大，因为，金融市场上的短期资金的利率具有较大的不稳定性，有时甚至在短期内出现较大的波动。

（二）经营规模

企业经营规模对融资组合也有重要的影响。通常，很多大企业采用发行债券的方式到金融市场上去筹集长期资金，因而利用流动负债相对较少。

（三）行业特征与地位

不同行业的经营特征不同，企业的融资组合管理也有较大的差异。而且，一个企业流动负债的持有规模，如应付账款和应付票据的水平，在某种意义上主要取决于该企业的行业地位。

二、融资组合管理策略

企业的融资组合管理，一般有以下三种类型的策略。

（一）保守型策略

保守的融资组合管理策略，是指企业长期资金不仅用来满足长期投资和固定资产的需要，而且还以长期资金来满足流动资产投资的部分需求，如图 12 - 2 所示。这种财务策略的显著特点是，短期负债融资水平低。

长期资金的融资成本相对短期资金而言比较高，所以保守型策略会造成企业融资成本偏高，从而使得企业利润减少。当然，这种策略的好处是，短期内企业无须偿还债务的本金和利息，不会对企业近期现金流造成太大的压力，为企业资金提供了较大空间的回旋余地，因此也被称为弹性的策略。可见，这种策略多为一些较为保守的财务人员选用。

（二）冒险型策略

冒险型融资组合管理策略，是指企业用短期资金来满足部分长期资产的资金需求，如图 12 - 3 所示。这种财务策略，和保守型策略正好相反，其短期负债水平较高。

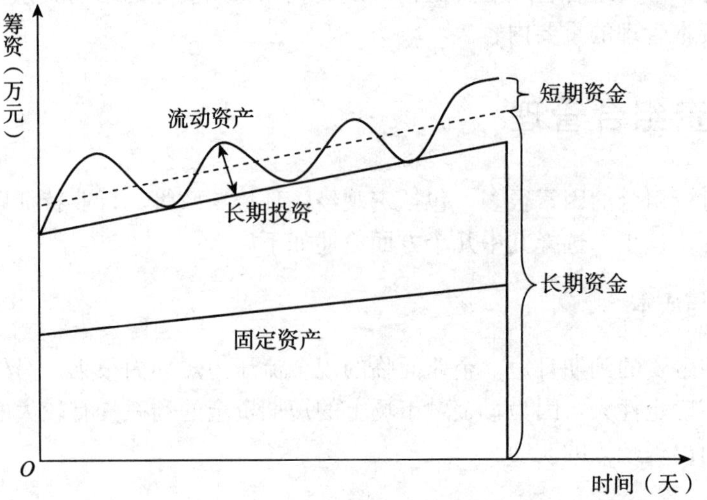

图 12－2　保守型策略

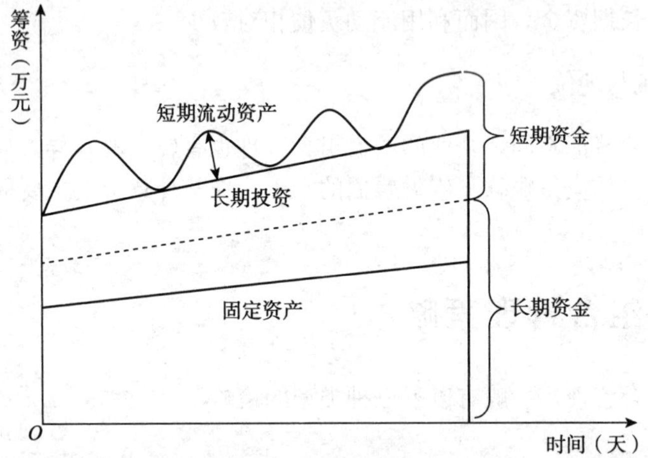

图 12－3　冒险型策略

可见，这种融资组合管理策略的资金成本较低，能减少当期的本息支出。但是，这种策略会造成近期内企业现金流量的压力过大，如果不能按时还本付息，企业可能面临财务危机以至破产的风险。所以，喜欢冒险的财务人员会使用这种类型的财务策略。

（三）折中型策略

折中型融资组合管理策略，是指短期资金满足流动资产的需求，而用长期资金解决长期资产和固定资产的需求，从而使资金运用的金额与期间和资金来源的金额与期限能相互匹配，如图 12－4 所示。

这种财务策略，实现了资金来源与资金运用在时间、金额两个方面的匹配，不仅降低了企业的资金成本，而且为企业资金来源提供了保障，降低了现金流的压力。但是现实中很难实现这种匹配，因此，折中型融资组合管理策略是一种理想状态。

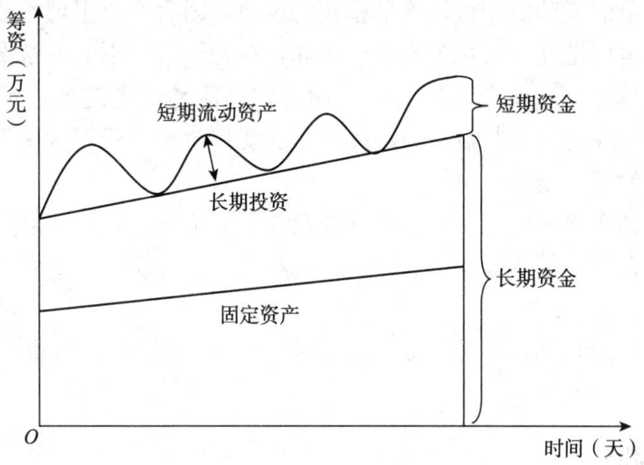

图 12－4　折中型策略

第三节　流动资产规模管理

流动资产规模管理，即流动资产的投资规模管理，是指企业流动资产的持有水平及其与非流动资产的结构关系管理。根据资产性质和存在形态的不同，资产可以分为流动资产与非流动资产，其中流动资产包括现金及现金等价物、短期投资、应收款项及存货等；非流动资产包括固定资产、长期投资及无形资产等。流动资产规模管理直接优化了资产结构，是企业营运资本管理的重要内容。

一、流动资产的持有成本

流动资产的持有成本，又称为维持成本，是指企业在经营过程中，不能立刻用于生产经营而使企业蒙受的损失或要支付各项费用。

流动资产的持有成本主要包括存货资金的占用成本、储备成本、材料物资损耗、折旧成本、利息成本、机会成本等。一般来讲，企业持有的各种流动资产量越大，可能发生的持有成本则越大。如企业持有较大数量的原材料，企业会因此而增加保管、保险以及仓储、人工等成本。

然而，企业并不能因为要发生持有成本而不持有一定数量的流动资产，否则企业也会因为储备不足而发生短缺成本，即企业因为持有流动资产不足而不能及时投入生产，而丧失良好的生产和销售机会。如，企业原材料存货不足，当市场出现大量产品需求时，而企业无力大量投入生产，便会错失良机，企业也会因此而影响销售并有损企业信誉。

二、流动资产投资策略

流动资产的投资规模受到很多因素的影响。其中，流动性风险和销售规模是两个重要的因素。

通常，持有大量的流动资产可以降低企业的风险，因为企业出现不能及时清偿债务的情况时，流动资产可以迅速地转化为现金。因此，在融资组合不变的情况下，较多地投资于流动资产，可以减少企业现金流压力。然而，如果流动资产过多，不仅过多地占压资金，而且还会降低企业的投资收益率。因此，企业要权衡流动资产投资的风险和收益，选择最适合企业营运的资产组合。

另外，企业的销售规模决定了企业库存数量。一般情况下，销售规模较大的企业，原材料和产成品的库存都要求比较充分。因此，流动资产持有规模一定程度上取决于企业的营业收入规模。

按照融资组合管理相同的逻辑，流动资产持有规模的投资策略也可以分为以下两种类型。

（一）保守型策略

企业流动资产按其功能可以分成两大部分，即正常需要量及保险需求量。前者是指为满足正常生产经营需要而占用的流动资产，后者指为应付意外情况发生在正常生产经营需要量以外而储备的流动资产。企业在安排流动资产数量时，在正常生产经营需要量的基础上，保有更多的保险储备量，以降低企业的风险，这种策略即属于保守型策略。

保守型策略的特点是，企业持有大量的现金、短期有价证券、存货和应收账款。因此，保守型策略的资产流动性强，短期内还本付息较有保障；同时，生产和销售中断的可能性小，信用政策较为宽松。但是，这种保守型策略下，企业的投资收益率一般较低。可见，不愿冒险、偏好流动与安全的财务人员比较喜欢这种策略。

（二）冒险型策略

企业在安排流动资产数量时，只安排正常生产经营需要量而不安排或只安排很少的保险储备量，以便提高企业的投资收益率，即属于冒险型策略。和保守型策略相反，冒险型策略的流动资产持有水平很低，流动性风险大，但企业的投资收益率较高。敢于冒险的财务人员一般都采用这种策略。

本章小结

本章主要介绍了营运资本的概念、特点，企业融资组合及企业资产组合。

1. 营运资本有广义和狭义之分。广义的营运资本是指一个企业投放在流动资产上的资金；狭义的营运资本是指流动资产减流动负债后的余额。因此，营运资本管理既包括流动资产的管理，也包括流动负债的管理。同时，营运资本具有周转短期性、数量波动性、来源多样性等特点。因此，企业应根据营运资本的特点，遵循营运资本管理的规律，改善和提高营运资本管理效率。

2. 企业融资组合是通过短期资金和长期资金的配比来实现的。一般而言，企业融资组合策略可分为保守型、冒险型和折中型三种融资组合策略。企业应充分考虑自身经营特点，做出最优的融资组合决策。

3. 流动资产规模管理，即流动资产的投资规模管理，是指企业流动资产的持有水平及其与非流动资产的结构关系管理。流动资产的投资规模受很多因素的影响。按照融资组合管理相同的逻辑，流动资产持有规模的投资策略可分为保守型策略及冒险型策略。

练习思考题

1. 营运资本管理包括哪些内容？其特点有哪些？
2. 什么是企业的融资组合策略？其影响因素有哪些？具体包括哪几种策略？
3. 什么是企业的资产组合策略？其影响因素有哪些？具体包括哪几种策略？
4. 某公司目前的资产组合、融资组合如表 12－1 所示。其目前的年销售量为 2 000 件，销售收入为 200 000 元，实现净利润 20 000 元。现根据市场预测，每年可销售 2 400 件，销售收入为 240 000 元，实现净利润为 24 000 元。但要生产 2 400 件产品必须追加 10 000元固定资产。该公司现在决定，在资产总额不变的情况下，减少流动资产投资 10 000元，相应增加固定资产投资 10 000 元。假设融资组合不变，试分析不同的资产组合对企业风险和报酬的影响。

表 12－1　某公司筹资与资产组合

资产组合	融资组合
流动资产 40 000	流动负债 20 000
固定资产 60 000	长期资金 80 000
合计 100 000	合计 100 000

阅读材料 12－1　沃尔玛存货管理问题研究

存货在企业的生产经营中具有重要作用，连接了企业的生产与销售，必要的存货保证了企业持续的生产经营，但存货也占用了公司极大比例的流动资金，存货管理的好坏影响了公司资产运作效率的高低，因此企业必须重视自身的存货管理。

虽然整批购买存货物资会在价格上有一些优势，但存货过多会造成存货成本的增加，这对于一些企业来说是不利的，而存货过少也会造成企业生产销售的中断，影响企业计划进度，且少量购买存货物资提高了购买价格。企业应该根据自身情况进一步改善存货管理，以加快企业的存货周转速率与总资产周转率，提升经济效益。沃尔玛拥有很好的存货管理模式，如果企业没有能力去开发创新，则可以去借鉴学习，通过学习沃尔玛的存货管理经验，提高自己的经营效率。

一、沃尔玛简介

沃尔玛作为全球著名的零售企业，在 2015 年《财富》排行榜中独占鳌头。沃尔玛于 1962 年由山姆·沃尔顿在美国成立，成立仅仅半个多世纪就在《财富》榜上取得如此之成就，可见其发展实力巨大。沃尔玛在 1996 年进入中国，截至 2016 年 7 月 31 日，沃尔玛在全国 19 个省、2 个自治区、4 个直辖市的 169 个城市开设了 400 多家商场、8 家干仓配送中心和 11 家鲜食配送中心，拥有 10 万多名员工和 7 000 多家供应商。沃尔玛促进了国内就业，不断吸引国内优秀的管理和技术等方面的人才，这些人在沃尔玛工作通常很久，很少出现对工作不满等而辞职的情况，他们对于自己的工作都非常熟悉，工作经验通过长时间的积累不断丰富。

二、沃尔玛的存货成本管理模式

沃尔玛的存货管理模式是典型的适时存货管理模式。适时存货管理模式又叫 JIT 存货管理模式，与以前所说的库存管理有很大的不同。这种存货管理的货物购买与送存就是为了满足顾客的需要，顾客想要什么类型的商品，就送达相应类型的商品，也不会过多地购买商品，更不会少买，对于商品的质量更是严格把关，不会出现质量瑕疵问题。在如今商品质量参差不齐的情况下，只有高质量的产品才会使顾客满意。这种模式在时间上也非常准时，顾客只要说出准确的时间，必定会在那个时间内准时送到顾客所说的地方。在客人最需要商品的时候，能在保品质、保数量的情况下完美送到该到的地方，这样的存货管理才是最节省与最有效率的。

沃尔玛 JIT 存货管理模式的应用与其优秀的营销策略、高效的配送体系、良好的供应商关系以及先进的存货信息管理有很大的关系。

（一）优秀的营销策略

成本领先是沃尔玛的竞争战略，沃尔玛有如今的成就，大部分是因为这个战略的完美实施。许多人在超市购物时最关注的是商品价格，沃尔玛以这个为出发点，在各个阶段减少货物的成本，将商品价格降到非常低的程度，保证出售的商品具有价格优势，实现低价销售，扩大了零售业的市场和口碑，在行业中增强了自己的竞争优势。沃尔玛明确了成本领先的战略，不断在实践中检验并改进各个阶段所暴露出来的缺陷，尽可能降低成本，以达到成本领先战略的完美实施。现在，只要一想到沃尔玛，顾客首先想到的就是“天天低价”，理所当然冲着其非常低价的商品而去。

（二）高效的配送体系

沃尔玛在配送方面是无人能比的，这需要大量的人才与资金，还要有良好的外部政策因素，这就是沃尔玛建立的私人卫星通信系统和全球最大的运输车队，能做到对存货全面详细的了解。当各地分店的存货减少时，可以通过卫星系统迅速地向总店反映，由总店统一汇总后统一购买。通过整批的购买使沃尔玛在购买中具有价格优势，减少了商品的采购成本。由于购买的数量经过了详细汇总，并且通过自己的运输车队使总店购买的存货迅速分配到各个地方的分店中，在及时进货的同时不会造成购买的存货过多而堆积，减少了商品的进货成本。现在，沃尔玛的运输车队有 6 000 多辆卡车。

（三）重视与供应商的合作

沃尔玛在供应商的选择方面只选择对自己有利的，不设置门槛，不管对方是否有名气，只要对方的报价合理，质量有优势即可合作。沃尔玛在与对方的合作中，两者都实现共赢，建立良好的供需关系。沃尔玛与供应商一起制订商品的生产计划和供货周期，可按需按量订购所需的商品，还把本公司销售库存的具体信息提供给合作伙伴，由合作伙伴来管理本公司的库存，供应商可根据这些信息来合理安排供货，因此供应商的供货及时并且稳定，减少了沃尔玛的存货成本，防止产生货物堆积，从而加大了货物的销售流动。因为供应商对沃尔玛的存货十分了解，所以在供应商方面，它的生产会有一个明确的计划，这使供应商不会浪费太多的人力物力去过多地生产。降低了产品的库存，就不会造成货物的超量生产，影响资金的使用。目前，沃尔玛在我国已经连续三年成为供应商心中最佳的生意合作伙伴，这说明沃尔玛的这种方式受到了广大供应商的欢迎。

（四）先进的信息管理

现在的世界是科技的时代，信息技术不断影响着我们的生活，对于公司也是如此。沃尔玛拥有先进的信息技术支持，为了保持自己在零售业信息技术的优势，每年都对公司的信息技术进行很大投资，使信息技术不断提高。沃尔玛总部通过电脑可以了解每个商店中各种货物的销售情况，总部通过这些数据，可以知道各个地方的人群对每种商品的偏好程度，以制订合适的货物购买计划，满足不同地方的需要。当超市的货物短缺时，就会收到电脑发出来的通知，总部可以很快地安排货物的运送，并通过最近的分销中心向超市提供各种商品。通过这些先进的信息技术，沃尔玛大大缩短了进货的时间，也可以合理安排每个超市所必需的商品，不会造成超市胡乱采购使有些商品卖不出去，从而减少了库存成本，加大了资金的合理利用。

三、沃尔玛存货成本分析

从表 12-2 可以看出，沃尔玛的资产总额每年都在小幅度的增长，由 2011 年的 1 934.06亿美元到 2012 年的 2 031.05 亿美元，增长了 5%；到 2013 年，资产总额为 2 047.51亿美元；2014 年和 2015 年小幅度下降，分别为 2 037.06 亿美元和 1 995.81 亿美元，这说明沃尔玛的发展趋势良好，目前没有出现大的变故，公司处于不断提升中。对于零售产业，特别是像沃尔玛这种世界零售商而言，存货在流动资产中占据了很大的比例，由表 12-2 可以看出，随着人们经济越来越好，百姓购买力的提高，沃尔玛销售的增加使得其购买的存货也逐年增加。沃尔玛在 2011 年至 2015 年中，存货分别为 407.14 亿美元、438.03 亿美元、448.58 亿美元、451.41 亿美元和 446.69 亿美元，存货占流动资产的比率分别为 74.06%、73.08%、73.32%、71.38%和 73.82%。沃尔玛的存货占了流动资产非常大的比例，每年都在 70%以上，说明沃尔玛把很多的资金都用于存货，然后通过商品的销售把存货再次转化为资金，通过两者的快速转化，更快地获得利润。

表 12-2　　2011 年至 2015 年沃尔玛资产负债表　　单位：百万美元

项目	2011 年	2012 年	2013 年	2014 年	2015 年
现金及现金等价物	6 550.00	7 781.00	7 281.00	9 135.00	8 705.00
应收账款及票据	5 937.00	6 768.00	6 677.00	6 778.00	5 624.00
预付款项、按金及其他应收款	7 622.00	8 356.00	1 909.00	2 224.00	1 441.00
存货	40 714.00	43 803.00	44 858.00	45 141.00	44 469.00
流动资产其他项目	890.00	—	460.00	—	—

续前表

项目	2011 年	2012 年	2013 年	2014 年	2015 年
流动资产总计	54 975.00	59 940.00	61 185.00	63 278.00	60 239.00
物流、厂房及设备	110 938.00	58 886.00	112 318.00	111 416.00	116 516.00
商誉及无形资产	20 651.00	20 497.00	19 510.00	18 102.00	16 695.00
非流动资产其他项目	7 142.00	63 782.00	11 738.00	10 910.00	6 131.00
非流动资产总计	138 731.00	143 165.00	143 566.00	140 428.00	139 342.00
资产总额	193 406.00	203 105.00	204 751.00	203 706.00	199 581.00

数据来源：东方财富网，经整理汇编而成（下表同）。

从表 12－3 可以看出，沃尔玛从 2011 年到 2015 年，营业收入分别为 4 465.09 亿美元、4 686.51亿美元、4 762.94 亿美元、4 856.51 亿美元和 4 821.30 亿美元，其营业额逐年上升，但 2015 年有小幅度下降。随着经济的复苏，人们购买力的提升，沃尔玛的收入也逐年增加，不断扩大市场规模，尤其是在中国二、三线城市不断开分店，占领市场，提高市场占有率，雄霸零售商巨头的宝座，继续稳居世界五百强。

表 12－3　　2011 年至 2015 年沃尔玛利润表　　单位：百万美元

项目	2011 年	2012 年	2013 年	2014 年	2015 年
营业收入	446 509.00	468 651.00	476 294.00	485 651.00	482 130.00
毛利	111 516.00	116 354.00	118 225.00	120 565.00	121 146.00
销售成本	335 127.00	352 297.00	358 069.00	359 729.00	360 984.00
税前利润	24 332.00	25 662.00	24 656.00	24 799.00	21 638.00
净利润	15 699.00	16 999.00	16 022.00	16 363.00	14 308.00

从表 12－4 可以看出，沃尔玛从 2011 年至 2015 年间，资产周转率分别为 2.31、2.31、2.33、2.38 和 2.42，沃尔玛的资产周转率相对于行业平均值来说很高，且一直在提升，说明沃尔玛经营效率十分高，有很强的获利能力。2011 年至 2015 年间，流动资产周转率分别为 8.13、7.82、7.78、7.68 和 8.00，流动资产周转率一直保持在 7 以上，这得益于存货的有效管理和利用。沃尔玛存货占据了资产的很大一部分，因为存货的有效管理，减少了资产的周转天数，使资金能更快地得到利用并回收，加速了资金的利用速度，从而减少了营运资金。

表 12－4　　2011 年至 2015 年沃尔玛资产周转率与流动资产周转率　　单位：次

项目	2011 年	2012 年	2013 年	2014 年	2015 年
资产周转率	2.31	2.31	2.33	2.38	2.42
流动资产周转率	8.13	7.82	7.78	7.68	8.00

从表 12－5 可以看出，沃尔玛在 2011 年至 2015 年间，其存货周转率一直都很稳定，分别为 10.98、10.70、10.62、10.76 和 10.84，沃尔玛的存货周转率一直保持在 10 以上，

说明沃尔玛的存货一年内可周转10次以上，这是很高的周转次数，这也说明了沃尔玛存货的快速周转销售，使得沃尔玛在存货资金方面占用很低，不会造成货物堆积，减少了存货管理中的其他成本。像沃尔玛这种存货占据很大比例的零售商，存货的快速周转使得资金能更快地在存货与现金之间转化，提高了资金的使用，加快了沃尔玛的盈利。

表12-5　　2011年至2015年沃尔玛存货周转率

项目	2011年	2012年	2013年	2014年	2015年
存货周转率（次）	10.98	10.70	10.62	10.67	10.84
存货周转天数	45.23	44.31	43.76	42.01	41.07

随着经济全球化的发展和世界经济的复苏，我国吸引了许多外商投资，经济得到了快速发展，也面临着机遇和挑战。我国企业应该抓住这个机遇，通过学习沃尔玛成功的存货管理经验来改善自身的不足，增强竞争能力。在目前的经济发展条件下，我国企业属于上升阶段，希望能紧紧抓住“一带一路”的机遇，学会成本控制，对公司资源进行有效的利用，提升我国企业的竞争力，以拥有更广阔的未来，打造出百年企业。

资料来源：廖东声，梁本光．沃尔玛存货成本管理问题研究．会计之友，2017（22）．

阅读材料12-2　　零营运资金管理

摘要：零营运资金管理是一种重要的管理理念，其基本原理是减少在流动资产上的投资，将更多的资金投入到长期资产上；同时尽可能多地利用流动负债筹资，降低企业资金成本，越来越多的企业采用零营运资金管理的方法，本文通过探讨这种方法在我国企业中的运用，发现实施过程中存在的缺陷并提出相应的解决对策。

一、零营运资金管理的概念及基本原理

狭义的营运资金也称净营运资本，是指流动资产与流动负债的差额。本文讨论零营运资金管理将以狭义概念为出发点。零营运资金管理的目的是使营运资金占企业总营业额的比重趋于最小，为达到该目的企业将减少在流动资产上的投资，并将大量剩余的资金投入到长期资产上；同时通过银行短期借款和商业信用来进行流动资产的融资，进而降低企业的资金成本。

零营运资金管理并不要求营运资金真的为零，其基本原理就是企业在满足对流动资产基本需求的前提下，尽可能低地降低在流动资产上的投资额，并通过短期负债来满足营运资金的需求。它是一种风险性决策方法，减少对流动资产的投资，并将资金投入长期资产上，并且通过短期负债进行流动资产融资，这样可以增加企业的收益；但同时也会增加企业的风险。所以，这是一种高收益、高风险的决策方法。具体表现如下所述。

（一）收益性较强

从收益性分析，可以从以下两个方面增加收益：

(1) 从流动资产方面，一般而言，长期资产的收益性高于流动资产，根据零营运资金管理的基本原理，企业应尽可能将大量资金投资到收益较高的长期资产；并且同时加强对流动资产的管理，减少持有的货币资金和有价证券。减少存货可使成本下降，减少应收账款可降低坏账损失和收账费用。

(2) 从流动负债方面，短期负债对债权人来说偿还的日期短、风险小，所以要求的利率就低，而债权人的利率就是债务人的成本，故短期负债的资金成本往往小于长期负债的资金成本。因此，也可以增加企业的收益。

(二) 财务风险较大

从风险性分析，也从以下两个方面来考虑：

(1) 从流动资产方面，流动资产相比固定资产具有易于变现的特点，当企业发生紧急情况时，就可以将流动资产变现。但是，一般而言，企业一般不出售固定资产，且固定资产金额大，有些具有专用性，也不易出售，所以固定资产的变现能力低。根据零营运资金管理的基本原理，企业持有的流动资产少，持有的固定资产多，所以承担的风险大。

(2) 从流动负债方面，短期负债的到期日近，企业偿还资金的压力较大。如果公司遇到意外情况，无法在规定的时间内偿还借款，公司就会遇到财务风险，而且利息也会产生波动，无法预测未来利息成本。企业在实施零营运资金管理时，要对流动资产投资进行有效的控制，使短期负债得到有效利用，受到一些因素的影响，公司在债务到期时可能无法偿还借款。

二、零营运资金管理在企业中运用的风险

根据零营运资金管理的基本原理，其在企业中的运用将使企业面临较大的风险。

(一) 丧失信用客户的风险

企业在使用零营运资金管理方法时，为了减少流动资金的占用，控制应收账款，将采取现金销售的方法代替信用销售或者减少信用期。客户从原来的拥有较长的信用期到信用期减少或者没有信用期，这将影响客户的资金状况，客户可能选择其他的供应商，这将直接导致企业的销售额减少。因此，企业在控制应收账款时，存在丧失信用客户的风险。

(二) 存货供应不足的风险

为了减少流动资金占用，同样需要减少存货的库存量。企业持有存货主要是为了加工、出售以及减少生产风险和物价上涨损失。企业在实施零营运资金管理方法时，会尽可能减少存货的持有量，这将可能导致企业的原材料供应不足，无法进行生产；企业的订单无法及时完成，丧失客户；物价上涨，原材料成本上升等风险。

(三) 与供应商之间的营运资金冲突

企业在实施零营运资金管理方法时，将尽可能地使用短期负债进行筹资，这里的短期负债也包括与供应商之间的商业信用。企业将尽可能地延期支付应付账款，这可能导致企业失去信誉，与供应商之间的关系恶化。

三、零营运资金管理的对策

企业实施零营运资金管理具有一定的价值，同时也会使企业面临各种风险。因此，企业在实施零营运资金管理时，应从以下几个方面加强管理，从而发挥出零营运资金管理的

最大价值。

（一）改善生产企业的生产条件，缩短生产时间

企业的生产条件决定企业的生产效率，陈旧的设备以及落后的生产技术都会延长生产时间，使企业的原材料在生产过程中停留更长的时间，减慢资金的周转，增加了生产过程中资金的占用。因此，企业为了加快资金周转，减少生产过程中的资金占用，在条件允许的情况下，应该考虑购买先进的生产设备，并且对生产工人进行定期培训，改进生产技术，从而加速资金周转。同时，也要注意对生产的各个环节加强管理，注意控制在产品、产成品的数量，加快成本核算，保持半成品仓库的正常运转，减少生产过程的停滞时间。

（二）建立适时生产系统，实现零库存

根据零营运资金管理的基本原理，企业尽可能地减少在流动资产上的投资额，而存货是流动资产的重要组成部分，所以应尽可能地减少存货数量，因此企业可以建立适时生产系统。在传统的生产系统下，产品的生产周期由加工时间、运送时间、存储时间、材料整理、等待时间、检验时间组成，通常先采购原材料将其存储至仓库，然后由生产部门的人领取进行第一道工序的生产，并将加工的半成品转入半成品仓库，接着进行第二道工序的生产。如此由前往后，直至加工成产成品，通过检验转入产成品仓库，等待销售。在这个过程中，增加了等待、运送、校验等时间，并产生了大量的原材料、产成品，从而导致了存货投资、存储、运送、毁损等大量浪费。适时生产系统也称无存货管理，其认为产品生产周期由增值时间和非增值时间组成，增值时间可以增加产品价值，非增值时间不可以增加产品价值，因此，应尽可能地消除非增值时间，减少浪费，增加产品价值。适时生产系统的核心思想是减少企业存货，减少生产过程中的浪费，消除非增值时间，降低成本，增加企业利润，提升企业竞争力。

（三）制定灵活的信用政策，减少应收账款的规模和账期

零营运资金管理要求企业尽可能地减少应收账款的资金占用，使应收账款尽快地收回，缩短应收账款的账期。企业在赊销的时候，由于客户不立即支付货款，这样会形成应收账款。信用销售是现代企业常用的销售手段，如果用现金销售取代信用销售，这种策略将可能丧失一部分使用信用销售的客户。因此，企业应该制定适合本企业发展的信用标准和信用条件，并且合理利用现金折扣，尽可能地缩短信用期限，减少应收账款的资金占用。

（四）充分利用短期借款，延长资金占用时间

零营运资金管理主要集中在流动资产和流动负债两方面。前面几点主要阐述了流动资产。大部分企业流动负债的主要来源是短期借款，短期借款能满足企业季节性和临时性的资金需要，并且具有较好的弹性，可以随企业的资金需要安排借款，手续简便。但是，短期借款还款期限短，限制较多，有些银行会要求企业把流动比率、负债比率维持在一定的范围之内。企业应该根据自身的实际情况，选择是否通过短期借款进行融资。

（五）合理利用商业信用

商业信用是企业之间的一种直接信用关系，产生于商品交易中，主要包括赊购商品和预收货款两种形式。商业信用具有很多优点，比如使用方便、成本低、限制少。但是同时也存在一些缺点，商业信用的期限一般较短，尤其是应付账款，如果在规定的时间内没有按时支付，则可能导致与供应商之间的关系恶化，导致公司的信用地位和信用等级下降，并可能存在更换供应商的危险。另外，有些供应商提供现金折扣，如果公司享受现金折扣，则付款时间更短；而若不享受现金折扣，则公司会付出较高的资金成本。所以，企业应该权衡各种利弊，在条件允许的情况下，尽可能推迟支付时间，从而获得更长的资金占用期。

此外，由于企业的应付职工薪酬一般定期支付，还有各种税费一般也是按周、月或季来计算，因此，这些应计款项一般会周期性地显示在资产负债表上。但是，这些项目的实际发放时间与计提时间或缴纳时间往往是不一致的。因此，企业可以合理利用这之间的时间差，使企业获得短期内资金融通的机会，且一般不需要付出任何资金使用成本。应付职工薪酬实际支付日期可以由企业结合实际情况来确定，有一定的调节余地。当然，企业也应避免过分延迟发放工资，这会引起职工对企业的不满。因此，企业应在各期期初，根据企业的实际情况进行合理安排，充分利用好这笔资金。

资料来源：唐红英，付婷．浅议零营运资金管理．市场研究，2017（10）．

第十三章

流动负债管理

2017年2月上海锦和经营管理股份有限公司（以下简称上海锦和）披露了IPO招股说明书。公司拟公开发行不超过7 000万股，募集资金约10.1亿元，其中项目的投资金额分别为35 890万元、13 120万元和8 990万元，剩余约4.3亿元将用于偿还银行贷款及补充流动资金。

通过研读该公司招股说明书发现，在综合报告期内三年半的时间里，上海锦和流动负债长期以来都在高位盘旋，短期偿债能力似乎正面临危机，而营业收入过分依赖单个项目为公司风险抵御能力画上了大大的问号。由单个新项目带来的增长有限，则要靠项目数量不断增多来支撑公司营业收入的增长。以扩充项目数量来增加营收，需要不停地增加负债以扩张更多的项目。

相对于上海锦和营业收入及利润持续平稳地增长，公司债务增长率显得更加迅猛，大部分负债均为周期较短的流动性负债。2013年，流动性负债比率更是高达99.4%，虽然后来缓慢下降，但是一直在84%及以上盘旋。与此相对的是公司流动性资产不足，流动比率及速动比率持续下滑，在2016年降至近年来的新低，分别为0.19和0.11，流动负债问题令人担忧。如果资金周转安排不合理，或无法及时持续获取银行授信，在经济形势、市场需求等不利变化导致营业收入下降的情况下，公司的短期偿债能力将面临巨大挑战。

加强短期负债管理，对于提高企业的整体竞争力具有重要作用和意义。本章将重点讲述流动负债、银行信用及商业信用的相关内容，使大家对流动负债的管理有更加深入的理解。

本章内容提示

1. 流动负债概述。明确了流动负债的划分，以及基本的特点。
2. 商业信用。主要介绍商业信用的形式、特点，并结合应收账款讲述了商业信用的融资成本。
3. 银行信用。结合当前我国银行流动贷款的实际情况，介绍银行信用的基本形式、特点，并明确了银行信用的融资成本。

第一节　流动负债概述

流动负债又称短期融资，是指需要在一年或者超过一年的一个营业周期内偿还的债务，具有数额小、偿还期短的特点。流动负债包括短期借款、应付票据、应付账款、应付职工薪酬、应交税费、预收账款等。加强流动负债的管理，对于减少企业的投资风险，降低融资成本，提高企业的竞争力具有重要的意义。

一、流动负债的分类

按照不同的标准，流动负债有不同的分类。对于不同性质或分类的流动负债，其本身的特点以及管理的特点都应有所不同。

（一）按照流动负债的来源和性质为标准划分

（1）融资活动形成的流动负债。在企业融资活动过程中，企业在市场进行融资，形成了流动负债，主要包括企业用来维持正常生产经营活动所需的各种借款等。

（2）营业活动形成的流动负债。企业的日常运营产生的流动负债，主要包括应付账款、应付票据、预收账款、应付职工薪酬、应交税费等。

（3）收益分配形成的流动负债。企业日常的运营必然会获得收益，在收益分配的过程中也会产生流动负债，如必须支付给投资者的应付股利等。

（二）按照负债应付金额的肯定程度划分

（1）应付金额确定的流动负债。主要包括短期借款、应付账款、应付票据、预收账款、应付职工薪酬、其他应付款等。

（2）应付金额视经营情况而定的流动负债。主要包括应交所得税、应付股利等。

（3）应付金额需要合理估计的流动负债。主要包括预提费用、实行售后服务所产生的产品质量担保债务等。

（4）或有负债。主要包括未决诉讼、应收票据贴现、信用担保等。这种负债的存在与否、金额、受款人、偿付日期主要取决于有关的未来事件是否发生，因而具有较大的不确定性。

二、流动负债的特点

流动负债，因为期限比较短，一般具有以下几个特点。

（一）偿还期短

流动负债的偿还期限有三种安排，即债权人提出要求债务人随时偿还，或一年内，或一个营业周期内，因而，流动负债的偿还期短。

（二）数额较小

与长期负债不同，流动负债中各单项负债项目的数额相对较小。

（三）融资多为满足资金周转

流动负债的偿还期较短，企业举借流动负债的目的主要是为满足周转经营资金。

（四）一般由企业的流动资金来偿付

一般情况下，流动负债由其流动资金来进行偿付，这样企业不仅实现了资金来源与资金运用在期限、金额上的匹配，而且降低了资金成本。

第二节　商业信用

商业信用（Commercial Credit），是商品交易中延期付款或延期交货所形成的借贷关系，是企业之间的一种直接信用关系。由于商业信用在社会信用体系中的基础性作用，它在一定程度上影响着其他信用形式的发展。商业信用对于加强企业之间的经济联系，加速资金的循环与周转，促进社会再生产的顺利进行都发挥着重要的作用。

一、商业信用的形式

商业信用产生的根本原因在于，在商品经济条件下，在产业资本循环过程中，各个企业相互依赖，但它们在生产时间和流通时间上往往存在着不一致，从而使商品运动和货币运动在时间上和空间上脱节。而通过企业之间相互提供商业信用，则可满足企业对资本的需要，从而保证整个社会再生产得以顺利进行。利用商业信用融资，主要有以下几种形式。

（一）应付账款（赊购商品）

应付账款即赊购商品，是一种最典型、最常见的商业信用形式。在这种形式下，买卖双方发生商品交易，买方收到商品后不立即支付现金，可延期到一定时间以后付款。这种关系的建立需要买方的信用维持。对于卖方来说，可利用这种方式处理库存、刺激销售；对于买方来说，延期付款等于从卖方获得资金购进商品，以满足短期资本的需要。

这种形式的融资可有三种信用选择：一是享用现金折扣，从而在现金折扣期内付款；二是不享有现金折扣，而在信用期内付款；三是超过信用期的逾期付款，即拖欠。如“2/10，n/30”的信用销售条件，表示如果企业在 10 天内付款，则可获得 2%的现金折扣；如果企业在 10 天后、30 天内付款，企业则不获得现金折扣；如果企业超过 30 天后付款，则为超过信用期的逾期付款。

（二）应付票据

应付票据，是购销双方按照购销合同进行商品交易，延期付款而签发的、反映债权债务关系的一种商业信用凭证。根据承兑人的不同，应付票据分为商业承兑汇票和银行承兑汇票两种，支付期一般为1～6个月，最长不超过9个月。应付票据可以带息，也可以不带息。

采用应付票据结算方式，收款人需要资金时，可持未到期的商业承兑汇票或银行承兑汇票向银行申请贴现。贴现的期限从其贴现之日起到汇票到期日为止。贴现银行实际支付的贴现金额是票面金额扣除贴现息后的余额。

（三）预收账款

预收账款，是指卖方按照合同或协议的规定，在交付商品之前向买方预收部分或全部货款的信用方式，是另一种典型的商业信用形式。通常买方对紧俏商品乐意采用这种结算方式办理货款结算。对于卖方来说，预收账款相当于向买方借用资金后用货物抵偿。预收账款一般用于生产周期长、资本需要大的货物的销售。

企业在生产经营活动中往往还形成一些应付费用，如应付水电费、应付职工薪酬等，这些项目发生收益在前，支付在后，支付期晚于发生期，为企业形成一种“自然性筹资”。

二、商业信用的特点

商业信用的主体是工商企业，客体主要是商品，因此，它是一种实物信用。而且，商业信用与实物资本、产业资本的变动是一致的，即商业信用的数量和规模与工业生产、商品流通的数量、规模是相适应的，在动态上趋于一致。

（一）优点

1. 商业信用融资较为便利

商业信用的使用权由买方自行掌握，买方何时需要、需要多少融资等，在限定的额度内由其自行决定。对于企业而言，由于商业信用与商品买卖同时进行，商业信用属于一种自然性融资，无须非常正规的安排，也无须另外办理正式筹资手续，因此商业信用非常方便。

2. 商业信用融资的成本较低

如果没有现金折扣，或者企业不放弃现金折扣，以及使用不带息应付票据和采用预收货款，则企业采用商业信用筹资没有实际成本。同时，大多数商业信用都是向买方免费提供，因此与其他融资方式相比，成本较低。

3. 商业信用融资的限制条件少

与其他融资方式相比，商业信用融资条件宽松，无须担保或抵押，选择余地较大，条件比较优越。

(二) 缺点

1. 商业信用融资的期限较短

采用商业信用筹集资金,期限一般都很短,如果企业要取得现金折扣,期限则更短。

2. 商业信用的融资数额较小

受企业规模和商品数量的影响,采用商业信用筹资一般只能筹集小额资金,而不能筹集大量的资金。

3. 商业信用融资的方向受限

商业信用一般是由卖方提供给买方,受商品流转方向的限制,因而具有方向上的局限性。

三、商业信用的融资成本

商业信用的融资成本是指企业通过商业信用的方式进行融资,每使用1元的资金所付出的经济代价,其计算公式为:

$$商业信用的融资成本=\frac{商业信用融资的经济代价}{商业信用融资实际用到的资金\times 年限}\times 100\%$$

计算公式中:

(1)"商业信用融资的经济代价"包括企业运用商业信用融资的利息、手续费等费用。

(2)"商业信用融资实际用到的资金"是指由于企业的商业信用融资活动而给企业增加的可用资金。

(3)"年限"是指企业商业信用融资所用的时间,由于商业信用融资属于短期融资,故公式中的"年限"一定为小于1或等于1的数。

以上公式所计算出的商业信用的融资成本是企业的税前资金成本,而非税后资金成本。

显然,商业信用的融资成本是企业是否选择商业信用的关键因素。不同商业信用的融资成本计算具有相似性,下文以应付账款为例介绍商业信用的融资成本。

【例13-1】 假定某企业按照"2/10,*n*/30"的条件购进一批商品,商品价款为10万元。如果该企业放弃这笔折扣,即在第30天内付款,付款总额为10万元,那么企业此次融资的成本是多少?

解:分析可见,对于上述信用销售条件,如果希望获得2%的折扣,则企业肯定是在第10日付款;如果放弃折扣,则企业可能会选择第30日付款。对于企业而言,在该融资的过程中:

(1) 商业信用融资的经济代价为2 000元,即100 000×2%=2 000(元)。

(2) 商业信用融资实际用到的资金为98 000元,即100 000-2 000=98 000(元)。

(3) 假设一年按360天算,融资年限为20/360=0.056(年)。

则企业的商业信用融资成本为:

融资成本=2 000÷(98 000×0.056)×100%=36.73%,即该企业获得此次融资的成本为36.73%。

综合本例题，可以得到放弃现金折扣的成本，或者说享受现金折扣的收益为：

放弃现金折扣成本＝享受现金折扣的收益

＝[折扣率/(1－折扣率)]×[360/(信用期－折扣期)]

分析例题可见，企业放弃折扣的成本是很大的，或者说企业推迟付款的代价是很大的。因为，一般而言，银行贷款的年利率是不会达到36.73%的。所以，即使企业现金流量不足，企业也完全可以向银行借款，然后用银行借款在第10日支付应付账款。

第三节　银行信用

银行信用（Bank Credit），是指银行以吸收的存款等货币资金，以贷款方式对企业提供资金的一种信用形式。由于这种借贷关系是出于银行或其他金融机构对借款人的信任，因此称为“银行信用”。在信用体系中，银行信用是连接国家信用和企业信用、个人信用的桥梁。

一、银行信用的形式

银行发放贷款的资金来源主要有三个渠道，即自有资本、吸收存款以及发行证券融资。银行向客户的贷款，其形式也多种多样。在不同的国家以及同一国家的不同时期，都有不同的形式和安排。在我国，企业的银行信用一般有三种形式，即信用借款、担保借款和票据贴现。这里需要指出的是，银行信用不都是短期借款，也可以是长于一年的中长期借款。

（一）信用借款

信用借款又称为无担保借款，是指没有保证人或没有财产作抵押，仅凭借款人的信用而取得的借款。信用借款一般由贷款人给予借款人一定的信用额度或双方签订周转信贷协议。因此，这种借款又分为以下两类。

1. 信用额度借款

它是商业银行与企业之间商定的在未来一段时间内银行能向企业提供贷款的最高限额。借用额度一般是在银行对企业信用状况详细调查后确定的。信用额度借款包括以下两个方面：一是信用额度的有效期限，一般一年建立一次，当然更短期的也有；二是信用额度的数量，即银行能贷款给企业的最高限额，如果信用额度是3 000万元，企业已借入未归还的为2 000万元，则企业最多还能借1 000万元。

2. 周转信用借款

周转信用借款是一种特殊的信用额度借款。在此借款协议下，企业和银行之间也要协商确定贷款的最高限额，在最高限额内，企业可以借款、还款、再借款、再还款，不停地周转使用。如果周转信用借款额度为1 000万元，承诺费用率为0.5%，贷款企业一年内使用600万元，余额则为400万元，企业则需向银行支付协议费2万元，即400万元×0.5%，这是企业在该年内享有周转信贷协议的代价。

可见，周转信用借款与信用额度借款的区别也是显而易见的。首先，持续时间不同。周转信用借款的有效期可能超过一年，而后者一般为一年。其次，法律约束力不同。周转信用借款的周转信贷协议具有法律约束力，而后者一般不具有法律约束力。最后，费用支付不同。企业采用周转信用借款，除支付利息外，还要支付周转信贷协议的承诺费用，而后者一般无须支付该项费用。

（二）担保借款

担保借款是指有一定的保证人作保证或利用一定的财产作抵押或质押而取得的借款。担保借款又分为以下三类。

1. 保证借款

保证借款，是按照《中华人民共和国担保法》规定的保证方式以第三人承诺在借款人不能偿还借款时，按约定承担一般保证责任或连带责任而取得的借款。

2. 抵押借款

抵押借款，是按照《中华人民共和国担保法》规定的抵押方式以借款人或第三人的财产作为抵押物而取得的借款。银行接受抵押品后，将根据抵押品面值决定贷款金额，一般为抵押品面值的30%～90%。

3. 质押借款

质押借款，是按照《中华人民共和国担保法》规定的质押方式以借款人或第三人的动产或权利作为质押物而取得的借款。

（三）票据贴现借款

票据贴现是商业票据的持有人把未到期的商业票据转让给银行，贴付一定利息以取得银行资金的一种信贷行为。银行在贴现商业票据时，所付金额低于票面金额，其差额为贴现息。贴现息与票面金额的比率为贴现率。贴现息和贴现率，类似于一般银行贷款的利息和利率。

二、银行信用的特点

银行信用的直接债权人是银行等金融机构，债务人是从事商品生产或流通的工商企业和个人。当然，银行等金融机构在筹集资金时又作为债务人承担经济责任。银行等金融机构作为投资和融资的中介，可以把分散的社会闲置资金集中起来进行借贷，克服了商业信用受制于产业资本规模的局限。所以，银行信用这种间接信用具有很多优点，同时也存在一些缺点。

（一）优点

1. 银行信用授信额度可大可小

银行信用可以把各方面闲置资金、未投入使用的积累资金及小额货币收入集中成巨额可用资金。银行信用由于其货币形式和巨额规模，可适应任何方式和规模资金要求，为企业提供充足的资金。

2. 银行信用可随时为企业提供借款

对于季节性和临时性的资金需求，采用银行信用进行借款尤为方便，规模大、信誉好的企业更可以以比较低的利率借入资金。

3. 银行信用具有较好的弹性

企业可根据自身的需求，在资金需求增加时借入，在资金需求减少时还款。因此，银行信用具有较好的弹性。

4. 银行信用打破了商业信用的局限性

银行信用是货币信用，打破了商业信用实物形态的局限性。

（二）缺点

1. 银行信用融资成本较高

企业采用银行信用进行短期融资的成本较高，这不仅不能与商业信用相比，还高于短期融资券。而抵押借款因需要支付管理和服务费用，故成本更高。

2. 银行信用限制条件较多

企业在向银行进行融资时，银行要对企业的经营和财务状况进行充分的调查后才决定是否贷款。一般情况下，银行会要求企业把流动比率、负债比率等维持在一定的范围内，有些银行甚至还要求拥有企业一定的控制权，这些都会对企业融资构成限制。

三、银行信用的融资成本

银行信用的融资成本是指企业通过银行信用的方式进行融资，每使用 1 元的资金所付出的经济代价或费用，其计算公式为：

$$\text{银行信用的融资成本}=\frac{\text{银行信用融资的经济代价}}{\text{银行信用融资实际用到的资金}\times\text{年限}}\times 100\%$$

该计算公式中：

（1）“银行信用融资的经济代价”包括利息、手续费等一切由于融资而支付的费用。

（2）“银行信用融资实际用到的资金”是指企业由银行信用而增加的可用资金。

（3）“年限”是指企业银行信用融资所用的时间。如果银行信用是短期融资，则公式中的“年限”一定为小于 1 或等于 1 的数。

当然，该公式所计算出的融资成本是企业的税前资金成本，而非税后资金成本。

银行信用作为企业有效的短期融资方式之一，在企业融资过程中发挥着越来越重要的作用。而银行信用的融资成本，是企业选择银行信用融资的关键因素。不同的银行信用方式的融资成本计算具有相似性，这里以周转信用借款为例介绍银行信用的融资成本。

【例 13-2】 某企业与一家银行签订了一笔周转信贷协议。在该协定下，该企业可以按 5%的利率借到 100 万元的贷款，但企业必须为正式的周转贷款限额中未使用的部分支付 0.6%的承担费。如果该企业在此协议下全年平均借款为 60 万元，那么企业的融资成本是多少？

解：对企业而言，在该融资过程中：

银行信用融资的经济代价＝60×5％＋40×0.6％＝3.24（万元）；

银行信用融资实际用到的资金为60万元；

融资年限＝12÷12＝1（年）。

将以上分析代入银行信用的融资成本计算公式，可得：

融资成本＝3.24÷(60×1)×100％＝5.4％，即企业获得此次融资的成本为5.4％。

本章小结

本章主要介绍流动负债的概念及特点、商业信用及银行信用两种流动负债的形式及成本。

流动负债又称短期融资，是指需要在一年或者超过一年的一个营业周期内偿还的债务，其具有数额小、偿还期短的特点。按照不同的分类方法，流动负债又可以进一步进行细分。

商业信用具体可划分为应付账款（赊购商品）、应付票据及预收账款三种形式。商业信用具有融资较为便利、成本较低、限制条件少等优点，同时具有融资数额较小、期限较短及利率波动较大等缺点。由于商业信用在调节企业之间的资金余缺、提高资金使用效率等方面发挥着重要作用，企业必须正确地计算商业信用的融资成本。

银行信用具体可划分为信用借款、担保借款及票据贴现借款三种形式。银行信用具有时间和规模的弹性大等优点，又具有融资成本较高、限制条件较多等缺点。由于银行信用在信用体系中的重要地位，其融资成本的计算就非常重要，也是企业融资决策的重要依据。

练习思考题

1. 什么是流动负债？其特点主要有哪些？

2. 我国当前银行信用的形式主要有哪些？

3. 简述商业信用的融资成本及其计算公式。

4. 某公司的一个供应商提供的信用条件为（3/30，n/60），请问公司第60天付款的资金成本是多少？

5. 天成物业公司需要增加营运资金500万元。有以下两种融资方案可供选择（假定一年有360天）：

（1）放弃现金折扣（3/20，n/90），并在最后到期日付款。

（2）按10％的年利率向银行借款600万元，这一方案需要保持12％的补偿性余额，假设天成物业公司在银行里没有存款。

那么天成物业公司应该选择哪一个方案？

6. 某公司需要增加营运资本440万元，有以下三种融资方案可供选择（假定一年360天）：

（1）放弃现金折扣（3/10，n/30）并在最后到期日付款。

（2）按 15%的利率从银行借款 500 万元，这一方案需要保持 12%的补偿性余额。

（3）发行半年期 470 万元的商业票据，净值为 440 万元。

请比较哪一种方案最优。

阅读材料 13-1　新力金融流动负债 2 倍于流动资产

A 股唯一一家类金融企业安徽新力金融股份有限公司（新力金融，600318.SH）前路颇为坎坷。

近日，新力金融发布的证监会安徽监管局行政处罚事先告知书显示，公司存在虚增营业收入和利润、未按规定关联交易及重大诉讼事项等违法违规行为，将受到顶格处罚，与此事相关的 7 名董监高人员也将同时受到相应处罚。

回溯公告发现，2015 年，通过购买资产、受让股份、二级市场增持等系列措施，安徽省供销合作社联合社旗下的新力投资集团上位，成为新力金融的控股股东，公司主营业务也转型为类金融业务。不过，类借壳的系列交易过程中，交易标的连续两年业绩未达标，受监管层立案调查影响，去年下半年启动收购海科融通布局第三方支付业务至今悬而未决。

如今的新力金融，不仅要面对投资者索赔，其自身的财务风险也很突出。半年报显示，上半年，新力金融净利润 0.40 亿元，同比腰斩。而流动负债高达 15.48 亿元，是同期流动资产 7.07 亿元的 2.19 倍。

历经 5 个月的立案调查，新力金融的违法违规行为浮出水面。2017 年 9 月初，新力金融发布公告显示，经证监会安徽证监局查明，新力金融存在四大违法行为，即年报虚增营业收入和利润、未披露关联交易及重大诉讼事项、重大资产购买报告书披露不准确。

具体表现为，2015 年年报中，新力金融将东方金河债权资产质量按照正常类计提 0.5%，实际上该笔债权在借款人已逾期支付利息和偿还本金，还款能力出现明显问题时，应按次级类计提减值 20%，少计提 3 022.50 万元，虚增当年利润 3 022.50 万元。此外，新力金融将控股子公司德润租赁当期收到淮南荣胜支付的属于上年度的利息 2 232.33 万元、2015 年 1—4 月利息 1 320 万元合计 3 552.33 万元计入当期收入，虚增当期营业收入和利润 3 552.33 万元。上述两项，共虚增当期营业收入 3 662.33 万元，占当期营业收入的 2.59%，虚增利润 6 574.83 万元，占当期利润总额的 23.66%。

2015 年、2016 年，新力金融控股股东新力投资集团通过向第三方提供资金，购买新力金融控股子公司德善小贷、德信担保、德润租赁、德众金融相关债权后，再由新力投资全资子公司安徽德森资产管理有限公司和安徽德明资产管理有限公司以原价或略高于原价的价格购回，相关债权转让交易金额合计 8.1 亿元。这一巨额关联交易没有披露。

成功实现上市的新力金融，近年来走得并不顺利。2016 年 10 月份，新力金融试图延伸产业链，通过收购海科融通布局第三方支付业务。因为公司被证监会立案调查，收购工作中途暂停。而关于收购海科融通本身，市场也存在质疑。海科融通属于“二度嫁人”。2015 年，永大集团也曾计划收购海科融通。对比新力金融和永大集团披露的收购预案发现，二者披露的财务数据存在较大差异。此次新力金融收购价为 23.79 亿元，较永大集团的29.69亿元低了5.9亿元。但是，业绩承诺大幅缩水。永大集团收购时的业绩承诺为扣非后净利润不低于2亿元、2.6亿元和3.4亿元，而新力金融的为2016—2019年扣除净利润不低于1亿元、1.95亿元、2.7亿元和3.35亿元，分别少了1亿元、0.65亿元和0.7亿元。

半年报显示，新力金融上半年营业收入3.14亿元，同比下降25.86%，净利润0.40亿元，同比下降50.35%。财报还显示，短期负债猛增。上半年，其账面资金为3.40亿元，较年初减少0.53亿元，其他应收款1.33亿元，较年初减少4.71亿元，流动资产7.07亿元，较年初缩水了5.88亿元，占比45.41%。当期，流动负债15.48亿元，是流动资产的2.19倍。衡量公司短期资产变现能力的指标流动比率、速动比率，新力金融的分别为0.46倍、0.46倍，表明短期变现能力较弱。

此外，因为虚增营收和利润等信用违法行为，新力金融将面临投资者索赔。

资料来源：沈右荣．新力金融流动负债2倍于流动资产．长江商报，2017-09-14.

阅读材料13-2　　万科OPM战略成败与启示

当今企业间的竞争，不是产品之间的竞争，而是商业模式之间的竞争（彼得·德鲁克）。商业模式决定了企业价值的实现方式，它既是企业发展的依据，也是企业的根本，对于资金需求量大的房地产企业来说更是如此。在市场条件不断变化的情况之下，房地产企业需要适时调整其商业模式，以更低的成本获得更多的资金。

一、万科商业模式与OPM战略

自1990年至2015年，万科公司之所以能从一个不为人知的贸易企业到如今房地产行业的龙头企业，以惊人的速度发展壮大，一个很重要的原因是万科能够针对外部环境的变化，及时对其商业模式做出相应的调整，从而最大限度降低外部环境变化给企业造成的不利影响。

在很长一段时间里，商业银行贷款和发行债券是万科资金的主要来源，但是2005年的"国五条"、2010年的"国十条"以及其他相关规定都给房地产企业的融资带来了前所未有的困难。商业银行融资审核力度加大、融资成本增加，债券发行限制增多、难度加大，这些都使得万科的融资渠道受到影响，造成融资金额减少、融资成本增加。然而，通过图13-1可以看出，2010年万科的资产负债率发生转折。在这之前，其资产负债率一直较为平稳，2010年之后，万科的资产负债率迅速升高且一直居高不下。

万科是如何使其资产负债率在一年之内有如此大幅度的变化？分析发现，万科在经营过程中的结算方式主要是预收、应付和预付，其近几年的预收账款和应付账款额远远大于预付账款额，导致企业总体负债额增加，因而资产负债率增高。

万科采取的这种战略一般被称为OPM战略。毫无疑问，万科采用OPM战略取得了较好的成效。高负债率使得其有较高的财务杠杆，可以提高资产收益率，财务杠杆所带来的风险也很好地被分散了，因为占负债总额很大比例的预收账款虽然以负债项目列示，但一般不需要还款，会在以后的会计期间内转化为企业收入，减少了还款压力。

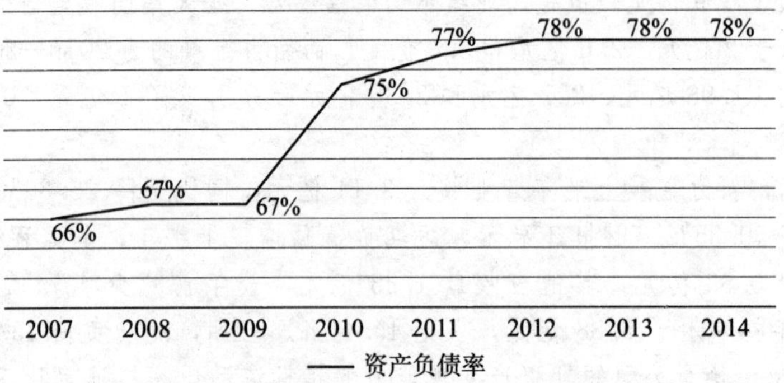

图 13－1　2007—2014 年万科资产负债率

二、万科 OPM 模式的分析

（一）万科 OPM 模式取得的成效

1. 获得充足的资金

万科在发展过程中实行规模化战略，而企业规模的扩大必然需要大量资金。以前房地产企业资金主要来源是银行贷款和发行债券，这两种融资方式有诸多限制，融资金额十分有限。现在，万科的预收账款、应付工程款金额远大于预付账款金额，两者之间的差额为企业所能运用的资金。这样一来，除银行存款和应付债券之外，万科又有了一笔资金可以用于企业发展。通过图 13－1 看到万科的资产负债率从 2010 年开始迅速上升并一直居高不下，其增加的负债主要源自无息债务，如表 13－1 所示。

表 13－1　　2010—2014 年万科负债组成情况　　单位：亿元

	2010 年	2011 年	2012 年	2013 年	2014 年
主要债务总额	1 468	1 963	2 350	2 783	3 112
付息债务总计	607	659	715	767	690
无息债务合计	861	1 304	1 635	2 016	2 422
无息债务占比	59%	66%	70%	72%	78%

2. 降低融资成本，增加企业利润

银行贷款和应付债券还存在融资成本较高的问题，会使企业有较大的财务压力以及承受较高的风险。现在，万科充分发挥 OPM 战略的优势，负债中有很大一部分是无息负债，无息负债与有息负债相比，其存在的风险大大降低，而且没有利息费用，使得企业利润增多。除此之外，由于财务杠杆的作用，万科的这些无息负债使得普通股每股利润变动幅度大于息税前利润变动幅度，对于股东来说无疑是有益的，更能吸引投资者。

3. 增加了企业现金流

经营活动的现金流量是企业现金的主要来源，能真实反映企业的经营成果。2011—

2014 年万科经营活动的现金流量不断增加，尤其在 2014 年，经营活动现金流量净额高达 417.25 亿元，比 2013 年增加 2 068.80%，说明万科创造现金的能力和可持续经营能力较强。

4. 规避了财务风险

资产负债率高达 75%，并且趋势是继续升高，这对于企业来说极其危险。过高的资产负债率使企业承受巨大的财务风险，但万科依然可以很好地经营。万科刨除无息负债之后的资产负债率仍然在企业的可控范围之内，且无息负债不需要企业偿还利息，分散了由负债过高带来的风险，减轻了企业财务压力。

（二）万科 OPM 模式存在的风险

OPM 战略既降低了万科的融资成本，也给万科带来了新的发展契机，但 OPM 模式也不是无可挑剔的。它的缺点可以用“牵一发而动全身”来形容。因为这一模式涉及万科价值链的各个环节，且各环节依存度大，一旦某个环节出现问题，会导致资金链断裂，给企业带来严重的债务危机。因此，OPM 模式虽然能给企业带来诸多好处，但是企业融资还是要坚持多元化道路，不能过度依赖 OPM 模式。

三、万科 OPM 模式的启示

（一）有息债务与无息债务相结合

房地产企业在发展过程中不断扩大规模，这必然需要大量的资金。如果单单依靠有息负债，即使可以筹得所需资金，也会使企业承受很大的财务压力以及面临巨大的经营风险。房地产企业的经营特点使其存在大量预收账款、应付账款，为企业提供了无息负债。无息负债在为企业提供资金的同时，所带来的财务压力和经营风险远低于有息负债。房地产企业应利用无息负债这一特点，减少企业风险。

（二）维护与上游供应商的关系

万科在发展过程中与世界范围内许多一流的供应商建立了良好的合作关系，因而可以先从上游供应商处取得设备、原材料等，延长这些资产所需资金的占用时间。

（三）合理利用自身品牌优势

OPM 模式的运用有一定条件。万科运用 OPM 模式的优势在于它是房地产行业的标杆企业，在业界拥有良好的声誉，品牌自身有良好的信用。如果企业拥有这些条件也应该合理运用，从而适度降低融资成本，提升企业利润。

资料来源：张继德，尉建梅. 万科 OPM 战略成效与启示. 财务与会计，2016（16）.

第十四章

流动资产管理

在20世纪90年代初期，戴尔公司发现存货管理的价值和重要性，并认识到库存流通的价值。“从这次经验里学到，库存流通不仅是制胜的策略，更是必要的措施，它有助于抵抗原料的快速贬值，而且现金需求少，风险较低”，戴尔公司总裁迈克尔·戴尔（Michael Dell）说。2004年6月，海尔集团CEO张瑞敏在一次讲话中说，其对政府工作报告中的“流转有力”体会更为深刻，也是此意，但戴尔对这个问题的认识比张瑞敏早了10多年。

戴尔公司认为，库存流动速度的重要性远大于库存量的大小。戴尔公司追求的不是准时制生产中的“零库存”，而是强调加快库存的流转速度。目前，在PC制造行业，原材料的价格大约每星期下降1%，通过加速库存流动速度，相比竞争对手而言，可以有效地降低物料成本，反映到产品底价上，就意味着戴尔公司拥有了更大的竞争空间。事实上，在PC行业，物料成本在运营收入中的比重高达80%左右，物料成本下降10%，其效果远远大于劳动生产率的提高。

为了控制库存，在技术上，戴尔公司将现有的资源规划和软件应用于其分布在全球各地的所有生产设施中，在此基础上，戴尔公司对每一家工厂的每一条生产线每隔两个小时就做出安排，戴尔公司只向工厂提供足够两小时使用的物料。这就加快了戴尔公司各家工厂的运行周期，并且减少了库房空间，在节省下的空间内，戴尔公司代之以更多的生产线。

追求低成本战略的戴尔公司，堪称个人电脑业的传奇。可见，有效的库存及营运资本管理不仅降低了戴尔公司的资金负担，而且赋予其超强的财务弹性与收益能力。因此，本章将重点对流动资产中的现金、应收账款和存货进行讨论分析，使读者对流动资产的管理有个更加深入的理解与把握。

本章内容提示

1. 现金管理。主要讲述持有现金的动机，现金管理的内容及目的，现金预算的概念、作用及步骤。

2. 应收账款管理。主要介绍应收账款的功能及成本，重点介绍应收账款政策的制定，包括信用标准、信用策略、信用条件及综合信用策略。
3. 存货管理。主要介绍存货的类型、功能及成本，并重点介绍 EOQ 及 ABC 管理法。

第一节　现金管理

流动资产（Current Asset），与固定资产相对应，是指企业可以在一年内或超过一年的一个营业周期内变现或运用完毕的资产，具有占用时间短、周转快、易变现等特点，是企业资产的重要组成部分。加强流动资产的管理，对于保持企业资产结构的流动性、保证企业生产经营活动的顺利进行具有重要的意义。

一、现金概述

现金（Cash Flow），是指可以立即投入流通的交换媒介。它具有普遍的可接受性，可以立即用来购买商品、货物、劳务或偿还债务，是企业中流动性最强的资产。为了满足日常营运的需要，企业必须在任何时刻都持有适量的现金。

一般而言，资产的流动性越强，其收益性越差。现金也一样，企业持有现金的收益能力很微弱，而且持有现金的机会成本很大。那么，企业为什么还要持有现金呢？理论研究认为，企业持有现金的动机主要有三种，即交易性动机、预防性动机以及投机性动机。

（1）交易性动机。交易性动机是指满足日常交易的现金支付需要，如用于购买材料、支付工资、缴纳税款等。企业每天的现金流入与流出并不完全等额。企业必须维持适当的现金余额，才能使正常的业务经营活动正常开展。

（2）预防性动机。预防性动机是指持有现金以便应付意外事件。企业有时会出现意料不到的开支，现金流量的不确定性越大，预防性现金的持有数额也就越大。例如，地震、水灾等自然灾害以及生产事故等。预防性动机所需求的现金多少主要取决于现金收支预测的可靠程度、企业临时借款能力以及企业的风险承受能力。

（3）投机性动机。投机性动机是指企业持有现金以便从事投机活动。比如，遇到廉价原材料或其他资产供应机会，便可用现金大量购入；在适当时机购入价格有利的股票和其他有价证券等。持有相当数量的现金，为企业的投机性动机提供了方便。

现金管理的目的，是在保证企业生产经营所需现金的同时，节约使用资金，并从暂时闲置的现金中获得最多的收入。现金持有过多，会降低企业的收益；现金持有太少，又可能会出现资金短缺，影响生产经营活动。现金管理力求做到既保证对现金的需求，以降低风险，又不致使企业有过多的闲置资金，以增加收益。

二、现金预算

现金预算（Cash Budget），也称现金收支预算或现金收支计划，是指企业用于预测现金流出、流入的时点与数量，并预测现金余缺，以便做好资金投资或融资的安排。现金预算是企业预测未来时期内的现金收支状况，并进行现金平衡的计划，是企业财务管理的重要工具。现金预算表明企业可用的超额现金流量，并为企业制定盈利性投资计划、为优化现金资源配置提供帮助。

一般而言，现金预算可以按照三个步骤来进行。首先，确定现金收入。现金收入包括营业现金收入和其他现金收入两部分。营业现金收入主要指产品销售收入，其数字可从销售计划中获得，销售计划是编制企业其他计划的基础；其他现金收入通常包括设备租赁收入、投资收入等。其次，计划现金支出。现金支出主要有材料采购支出、工资支出和其他支出，其他现金支出又包括固定资产投资支出、偿还债务本金和利息支出、所得税支出、股利支出或上缴利润等。最后，编制现金预算表。编制现金预算表，即以现金收入减去现金支出并确定投资和融资需求的报表。现金余额是现金收入合计与现金支出合计的差额。差额为正，说明收入大于支出，现金有多余，可用于偿还借款或用于投资；差额为负，说明支出大于收入，现金不足，需要向外界取得新的融资。

【例 14－1】 根据历史资料和本年度经营计划，某企业预期 2018 年各季度的销售收入为 5 700 万元、6 600 万元、6 600 万元、9 000 万元。企业的期初应收账款余额为 3 000 万元，应收账款周转期为 30 天。每季度第一天以商业信用方式从供应商处采购当季所需原材料，应付账款周转期为 45 天。薪酬、税收和其他开支为销售额的 25%，利息和股利为每季度 500 万元，资本性支出仅安排在第二季度，为 3 500 万元。现金账户期初额为 500 万元，现金账户最低要求为 200 万元。

解：根据上述资料，该企业的现金流入和流出，如表 14－1 和表 14－2 所示。

表 14－1　　现金预算——季度现金流入预算表　　单位：百万元

时期	Q_1	Q_2	Q_3	Q_4
期初应收款（＝1/3 上季度销售额）	30	19	22	22
销售额（已知）	57	66	66	90
现金回收总额（＝期初应收款＋2/3 上季度销售额）	68	63	66	82
期末应收账款余额（＝1/3 销售额）	19	22	22	30

表 14－2　　现金预算——季度现金流出预算表　　单位：百万元

时期	Q_1	Q_2	Q_3	Q_4
应付账款（＝50%的销售额）	28.50	33.0	33.0	45.0
薪酬，税收和其他费用（＝25%的销售额）	14.25	16.5	16.5	22.5
资本开支（计划）	0	35.0	0	0
支付长期融资（利息和股利）	5.00	5.00	5.00	5.00
现金支出总额	47.75	89.5	54.5	72.5

根据表 14－1 和表 14－2，得到的净现金流量表如表 14－3 所示。

表 14-3　　现金预算——净现金流量和现金账户　　单位：百万元

时期	Q_1	Q_2	Q_3	Q_4
回收的现金总额	68.00	63.00	66.00	82.00
现金支出总额	47.75	89.50	54.50	72.50
净现金流量	20.25	(26.50)	11.50	9.5
现金账户期初额	5.00	25.25	(1.25)	10.25
净现金流量	20.25	(26.50)	11.50	9.50
现金账户期末额	25.25	(1.25)	10.25	19.75
现金账户要求的最低余额	−2.00	−2.00	−2.00	−2.00
累计盈余（赤字）	23.25	(3.25)	8.25	17.75

分析可见，企业第二季度大量现金赤字是因为收款的延迟和计划的资本支出引起的。因此，企业需要在第二季度进行短期融资，以弥补第二季度资金的赤字；之所以举借短期的债务，是因为第三季度即可实现现金的净流入，并可以还清第二季度的借款。这里需要强调的是，企业实际的现金流入渠道很多，不仅仅是这里提到的产品销售和融资，还会包括诸如企业出售资产等；另外，所有的数据都是基于预测得到的，所以，实际的销售与现金流可能更好也可能更差。

现金预算可以预测未来企业对到期债务的直接偿付能力，可以直接揭示出企业现金短缺的金额与时期，使财务管理部门能够在现金短缺来临之前做好筹资安排，从而避免了债务到期时的风险。

从企业全面预算的角度看，现金预算是以销售预算、生产预算、直接材料预算等各项经营预算为基础的，但是，现金预算是财务管理的重中之重。在企业发展日趋成熟、组织规模日趋增大、结构日趋复杂的大型企业管理中，由于现金流量与企业的生存与发展息息相关，所以，企业越来越需要关注现金流量的相关信息。实践证明，企业对现金流量的管理与控制已成为财务管理的关键。

第二节　应收账款管理

应收账款（Accounts Receivable），是因对外信用销售产品、提供劳务及其他原因，向购货单位或接受劳务的单位及其他单位应收取但尚未实际收取的款项，包括应收销售款、应收票据等，是企业流动资产的一个重要项目。随着市场经济的发展，企业之间授信的增多，应收账款数额也明显增多，已成为流动资产管理的一个日益重要的问题。

一、信用销售

企业提供赊销，不仅不能及时收回现金，而且还占用和挤压了资金。另外，应收账款及其累积，可能加大企业呆账、坏账等风险。那么，企业还为什么要进行赊销呢？企业赊销的作用主要有两个，一是增加销售，二是改善库存。

（1）增加销售。在竞争激烈的市场环境下，赊销是促进销售的一种重要方式。进行赊销的企业不仅向顾客销售产品，而且在有限的时间内向顾客提供了资金。虽然赊销仅仅是影响销售量的因素之一，但在银根紧缩、市场疲软、资金匮乏等情况下，赊销的促销作用十分明显，是吸引更多顾客，占领市场、打败竞争对手的有效方式之一。

（2）改善存货。企业持有存货，则需要管理费、仓储费等支出。因此，无论是季节性生产还是非季节性生产，当产成品存货较多时，一般都可采用较为优惠的信用条件进行赊销，把存货转化为应收账款，减少产成品存货，节约各种支出。

和其他流动资产一样，应收账款的持有也面临着很多成本，主要有：

（1）机会成本。机会成本是指因资金被应收账款占用而丧失的其他收入。因为企业资金如果不投放于应收账款，便可用于其他投资并获得收益。

（2）管理成本。管理成本是指对应收账款进行日常管理而耗费的开支，主要包括顾客信用调查费用、账簿记录与管理费用、收款费用等。

（3）坏账成本。坏账成本是指应收账款无法收回而给企业带来的损失。坏账成本一般与应收账款数量同方向变动，即应收账款越多，坏账成本也越多。因此，为规避发生坏账成本给企业生产经营活动稳定性带来的不利影响，企业应合理提取坏账准备。

二、应收账款政策

应收账款政策又称为信用政策。采用应收账款进行信用销售的效果，依赖于企业的信用政策。另外，企业要管理好应收账款，必须制定合理的信用政策。一个企业的信用政策主要包括信用标准、信用条件、收账策略及综合信用策略等方面。

（一）信用标准

它是企业授信所必须具备的最低条件，通常以预期的坏账损失率来表示。对信用标准进行定性分析的目的在于制定或选择信用标准。影响信用标准的基本因素包括：第一，同行业竞争对手的情况。第二，企业承担风险的能力。第三，客户的资信程度等。

其中，对客户的资信能力的评估，可以建立相应的评估指标体系，首先要确定资信评估要评价哪些内容，即资信评估的要素。为了确定资信评估的要素，我们应先分析一下有哪些因素会对资信状况产生影响以及产生什么影响。信用要素对我们进行信用分析和资信评估十分有用，它将指导我们按照什么内容进行信用分析，根据哪些方面进行资信评估。

早在1910年，美国银行家威廉·波士特（William Post）在《发展信用中的4C要素》一书中首先提出构成企业信用的四项要素，即品格（Character）、能力（Capacity）、资本（Capital）、担保品（Collateral），引起各方关注。后来，银行家爱德华·基（Edward Gee）主张加上企业环境（Condition of Business），改称“5C信用要素”。其中担保品和环境为外部因素，品格、能力、资本为内部因素。

后来又在这五“C”外，又增加了Coverage Insurance（保险）一项。“保险”一词有广义、狭义之分。狭义的保险只表示保险公司提供的传统保险业务，而广义的保险含义则广泛得多。凡是涉及债权保障方面的作业方式和业务，都统称为“保险”。比如信用保险、保理、信用证等众多具有保障作用的业务都是“保险”业务。保险的重要性是在近代，尤其是现代商业活动中逐渐体现出来的。同“担保品”性质一样，保险也是通过减少授信者的潜在风险，达到获取信用的目的。但保险是通过第三方“保证”取得信用，而“担保品”一般却只是自己提供，所以，保险比担保品的运用更加广泛。随着社会商业服务业的成熟，为客户提供“保证”服务的机构和品种越来越多，很多信誉良好的企业已经可以通过“纯信誉”借助服务机构的保险获取授信者的信用，而不用自己提供“担保品”以获得信用。因此，“保险”比“担保品”更能体现现代经济贸易发展的特点。

（二）信用条件

它是指企业接受客户信用订单时所提出的付款要求，主要包括信用期限、折扣期限及现金折扣等。信用期限，是企业允许客户从购货到支付货款的时间间隔；折扣期限，是企业为客户规定的可享受现金折扣的付款时间；现金折扣是指在规定的时间内客户提前偿付货款可按销售收入的一定比率享受的折扣。例如，账单中的“2/10，n/30”就是一项信用条件，它规定如果在销售发票开出后 10 天内付款，可享受 2%的现金折扣；如果不想取得折扣，这笔货款必须 30 天付清。这里的 30 天为信用期限，10 天为折扣期限，2%为现金折扣。下面，以例 14－2 来说明信用条件选择。

【例 14－2】 假设某企业采用信用条件前的销售额为 100 000 元，全部销售额的平均坏账损失率为 6%，利润率为 20%，现该企业要调整信用条件，可供选择 A、B 两种方案，如表 14－4 所示。

表 14－4　　某企业可供选择的信用条件

	信用条件 A	信用条件 B
信用条件	45 天内付清，无现金折扣	2/10，n/30
信用条件变化的影响	S_α增加销售额 20 000 元 B_α全部销售额的平均坏账损失率为 8% D_α需付现金折扣的销售额占总销售额的百分比为 0% C_α平均收现期为 60 天	S_β增加销售额 30 000 元 B_β全部销售额的平均坏账损失率为 4% D_β需付现金折扣的销售额占总销售额的百分比为 50% C_β平均收现期为 30 天

根据表 14－4 提供的资料，分别测算两种信用条件对销售利润和各种成本的影响，如表 14－5 所示。由表 14－5 可以看出，选用 B 方案带来的收益比较多，故应采用 B 方案。

表 14－5　　信用方案的对比与选择项目

	A 方案	B 方案
信用条件变化对销售利润的影响	$P_a=20\ 000\times20\%=4\ 000$	$P_b=30\ 000\times20\%=6\ 000$
信用条件变化对应收账款机会成本的影响	$I_a=[(60-45)\div360\times100\ 000+60\div360\times20\ 000]\times15\%=1\ 125$	$I_b=[(30-45)\div360\times100\ 000+60\div360\times30\ 000]\times15\%=-250$

续前表

	A方案	B方案
现金折扣成本的变化情况	$D_{ma}=0$	$D_{mb}=(100\ 000+30\ 000)\times 50\%\times 2\%=1\ 300$
信用条件变化对坏账损失的影响	$K_a=20\ 000\times 8\%+(8\%-6\%)\times 100\ 000=3\ 600$	$K_b=30\ 000\times 4\%+(4\%-6\%)\times 100\ 000=-800$
信用政策变化带来的净利润	$P_{ma}=4\ 000-1\ 125-3\ 600-0=725$	$P_{mb}=6\ 000-(-250)-1\ 300-(-800)=5\ 750$

（三）收账政策

它是指当客户违反信用条件，拖欠甚至拒付账款时企业所采取的收账策略与措施，主要包括收账程序、收账方式等。企业制定收账政策时，要注意把握宽严程度，针对不同的客户采取相应的措施，以尽量确保在不丧失客户的情况下收回账款，减少收款费用和坏账损失。

（四）综合信用策略

如果要制定最优的信用政策，应把信用标准、信用条件及收账政策紧密结合起来，考虑三者的综合变化对销售额、应收账款机会成本、坏账成本等的影响。综合决策的计算相当复杂，计算中的几个变量都是预测的，有相当大的不确定性。因此，信用政策的制定并不能仅仅依靠数量来分析，在很大程度上要由管理者的经验来决断决定。制定综合信用政策时应考虑的基本模式如表 14－6 所示。

表 14－6　综合信用政策基本模式表

信用标准（预计坏账率%）	信用条件	收账政策
0～1	宽信用条件（90 天付款）	宽松而消极的收账政策
1～5	一般信用条件（60 天付款）	一般收账政策
5～20	严信用条件（30 天付款）	严格而积极的收账政策
20 以上	不赊销	——

三、应收账款日常管理

信用销售实现后，企业应做好应收账款的日常控制，对客户进行追踪分析，认真分析应收账款的账龄。与此同时，要进一步完善收账政策，当顾客违反信用条件时，积极做好收账工作。

（一）实施应收账款的追踪分析

企业收款之前，应对该项应收账款的运行进行追踪分析。企业要对赊购者的信用品质、偿付能力进行深入调查，分析客户现金的持有量与调剂能力能否满足应收账款兑现的需要，并将那些金额大、信用品质差的客户列为考察的重点，以防患于未然。

（二）认真分析应收账款的账龄

一般而言，客户逾期拖欠账款时间越长，账款催收的难度越大，成为坏账的可能性也就越大。企业必须要做好应收账款的账龄分析，密切注意应收账款的回收进度和出现的变化，把过期债权款项纳入工作重点，研究调整新的信用政策，努力提高应收账款的收现效率。

（三）进一步完善收账政策

当账款为客户拖欠或拒付时，企业首先应分析现有的信用标准及信用审批制度是否存在纰漏，然后重新对违约客户的资信等级进行调查、评价和调整。对于信用品质恶劣的客户应当从信用名单中剔除，对其所拖欠的款项可先通过信函、电话或者派员前往等方式进行催收，态度可以逐渐强硬，并提出警告。当这些措施无效时，则可以申请仲裁或法院诉讼来解决。

第三节　存货管理

存货（Inventory），是指企业在日常生产经营过程中为生产或销售而储备的物资，包括各类材料、包装物、低值易耗品、在产品、半成品、产成品等。存货占流动资产的比重较大，一般为40%～60%。存货利用程度的好坏，对企业财务状况的影响极大。因此，加强存货的规划与控制，使存货保持在合理水平上，成为企业财务管理的一项重要内容。

一、存货管理概述

存货的种类繁多，对于制造型企业而言，按照经济用途分类，存货可分为以下六种类型：

（1）原材料，指用于生产的原料及主要材料、辅助材料、燃料等。原材料可能是基础产品，如钢铁场生产钢铁用的铁矿石，也可能是精密的设备，如生产计算机用的软驱。

（2）在产品，指企业还没有完成全部生产过程，或虽已完成全部生产过程，但尚未验收入库，不能作为对外销售的产品。这部分存货占多大比重很大程度上取决于生产过程的长度。

（3）自制半成品，指已经过一定生产过程并已检验合格交付半成品仓库，但尚未制造成为商品产品，仍需继续加工的中间产品。

（4）产成品，指已经完成全部生产过程并已验收入库，可以作为商品对外销售的产品。

（5）低值易耗品，指单位价值在规定的限额标准以下，或使用期限不满一年，不能列为固定资产的各种劳动资料。如工具、管理用具、劳动保护用品等。

（6）包装物，指为包装企业产品并随同产品出售或出租、出借给购货单位使用的各种包装容器和用品。如桶、箱、瓶、坛、袋等。

原材料、在成品与产成品构成了企业存货的主要部分。不同类型的存货的流动性不同。例如，已经商品化或相对标准化的原材料较易变现，即流动性强。存储必要的原材料和在产品，可能保证生产的正常进行；储备必要的产成品，有利于销售，也维持均衡生产，降低产品成本；维持各种存货的最低储备，可防止意外事件造成的损失。

二、EOQ 模型

经济订货批量（Economic Order Quantity，EOQ）是指能够使一定时期购、存库存商品的相关总成本最低的每批订货数量。它是固定订货批量模型的一种，可以用来确定企业一次订货的数量，是确立最优存货水平最著名的方法之一。当企业按照经济订货批量来订货时，可实现订货成本和储存成本之和最小化。

企业因为保持正常的生产经营活动而储备存货所发生的各项有关支出称为存货成本。存货的有关成本包括以下几种：

（1）采购成本。主要由存货的进价和进货费用构成，一般与采购的数量成正比。为降低采购成本，企业应研究材料的供应情况，货比三家，价比三家，争取采购质量好、价格低的材料物资。

（2）订货成本。即每次订购材料、产品而发生的成本。订货成本中有一部分与订货次数无关，如采购机构的基本开支等，称为订货的固定成本；另一部分与订货次数有关，如差旅费、邮资等费用，称为订货的变动成本。

订货成本及其固定成本、变动成本分别用 TC_a、F_1、K 表示，而存货年需求量与每次进货量分别用 D、Q 表示。则订货成本用公式表示如下：

$$TC_a = F_1 + D/Q \times K$$

（3）储存成本。即企业为持有存货而发生的费用，常用 TC_c 表示。按照与储存量的关系划分，储存成本可分为变动储存成本和固定储存成本两类。其中，固定储存成本与存货储存数额的多少没有直接联系，常用 F_2 表示；变动储存成本则与存货储存量成正比变动，单位成本用 K_c 表示。因此，储存成本用公式表示如下：

$$TC_c = F_2 + Q/2 \times K_c$$

（4）缺货成本。即因存货不足而给企业造成的停产损失、延误发货损失等成本。

经济订货批量的基本模型需要设定一些假设条件，具体如下：

（1）企业能够及时补充存货，即需要订货时立即能获得存货。

（2）企业能够实现集中到货，而不是货品陆续入库。

（3）企业不允许缺货，这是因为良好的存货管理本来就不应该出现缺货成本，即存货缺货成本为零。

（4）企业存货需要量稳定，并能够预测，即年需求量为常数。

（5）企业存货单价不变，不考虑现金折扣，即单价为常数。

（6）企业现金充足，不会因现金短缺而影响进货。

(7) 企业所需存货市场供应充足，不会因买不到需要的存货而影响其他。

总之，EOQ 模型表达了与存货成本和采购成本有关的优选问题的重要性。

根据上述假设，经济订货批量模型的基本思想如图 14-1 所示。随着存货量的上升，存货持有成本增加而再订货成本下降，即当企业持有少量存货时再订货成本较高，而当企业持有大量存货时持有成本较高。而当持有成本与再订货成本两条曲线恰好相交时，持有存货的总成本达到最低，即图 14-1 的 Q^* 点。

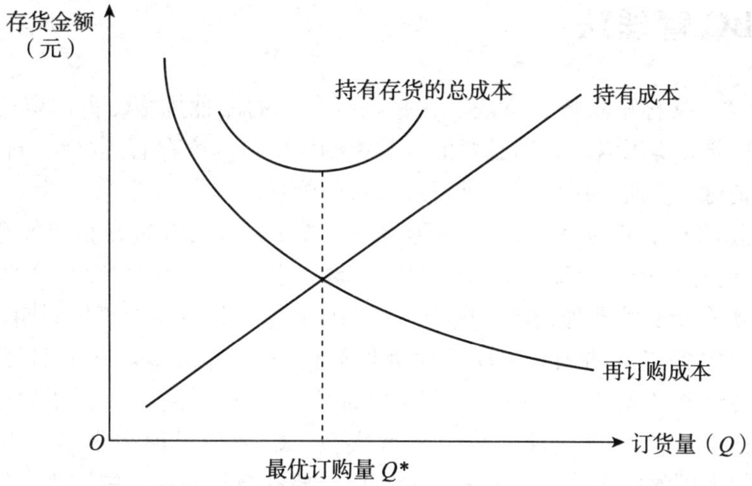

图 14-1　经济订货批量模型

根据上述假设与陈述，存货总成本的公式可以简化为：

$$TC = F_1 + F_2 + D/Q \times K + D \times U + Q/2 \times K_c$$

其中，F_1表示订货成本；

F_2表示储存固定成本；

D 表示存货年需求量；

Q 表示每次订货量；

K 表示每次订货的成本；

U 表示单价；

K_c表示单位持有成本。

当 F_1、D、U、F_2、K_c为常量时，TC 的大小取决于Q。为了求出 TC 的极小值，对其进行求导演算，可得出下列公式：

$$Q^* = \sqrt{\frac{2KD}{K_c}}$$

该公式称为经济订货批量基本模型，求出每次订货的批量，即可使 TC 达到最小值。

【例 14-3】 某服装企业是一家生产女装的中小企业，其每年耗用某种布料 6 400 千克，该材料的单位成本为 30 元，单位存储成本为 8 元，一次订货成本为 100 元，那么，该服装企业的每次最优订货批量是多少？

根据题目条件，假设其符合经济订货批量法基本模型的使用前提，则基本模型计算如下：

$$Q^* = \sqrt{\frac{2KD}{K_c}} = \sqrt{\frac{2 \times 6400 \times 100}{8}} = 400(\text{千克})$$

即该企业每次的最优订货批量为 400 千克。

三、ABC 管理法

ABC 管理法，又称帕累托分析法，它是根据备件的品种规格、占用资金和各类备件库存时间、价格差异等因素，采用必要的分类原则而实行的库存管理办法。使用该库存管理方法的目的是对存货所占用的资金进行最有效的管理。

ABC 管理法将存货分为 A、B、C 三种类型。其中，A 类存货在企业的全部存货中种类少，占全部种类的 10%～15%，但占用的资金数额大，一般占用存货全部资金的 80%左右。对于 A 类存货必须严加控制，确定适当的储备量，尽量缩短订货周期，增加采购次数，以加速存货储备资金的周转。B 类存货种类比 A 类存货多，占全部种类的 20%～30%，占用的资金比 A 类少，一般占用存货全部资金的 15%左右。对 B 类存货的储备可适当控制，可适当延长订货周期、减少采购次数。C 类存货种类很多，占全部种类的 60%～65%，但占用的资金很少，一般仅占存货全部资金的 5%左右。对于 C 类存货，根据维修需要，储备量可大一些，订货周期可长一些。

在实际的应用中，如果运用 ABC 管理法进行库存管理，则其一般步骤是：

第一，收集各个品目商品的年销售量、商品单价等数据。

第二，对原始数据进行整理，并按要求进行计算诸如销售额、品目数、累计品目数、累计品目百分数、累计销售额、累计销售额百分数等。

第三，做 ABC 分类表。在总品目数不太多的情况下，可以用大排队的方法将全部品目逐个列表。按销售额的大小，由高到低对所有品目排序；将必要的原始数据和经过统计汇总的数据，如销售量、销售额、销售额百分数填入，并计算累计品目数、累计品目百分数、累计销售额、累计销售额百分数。将累计销售额为 60%～80%的前若干品目定为 A 类，将销售额为 20%～30%左右的若干品目定为 B 类，将其余的品目定为 C 类。在总品目数太多的情况下，可以先分类然后再对类别进行列表排序。

第四，以累计品目百分数为横坐标，累计销售额百分数为纵坐标，根据 ABC 分析表中的相关数据，绘制 ABC 分析图。如图 14－2 所示。

第五，根据 ABC 分析的结果，对 ABC 三类商品采取不同的库存管理策略。

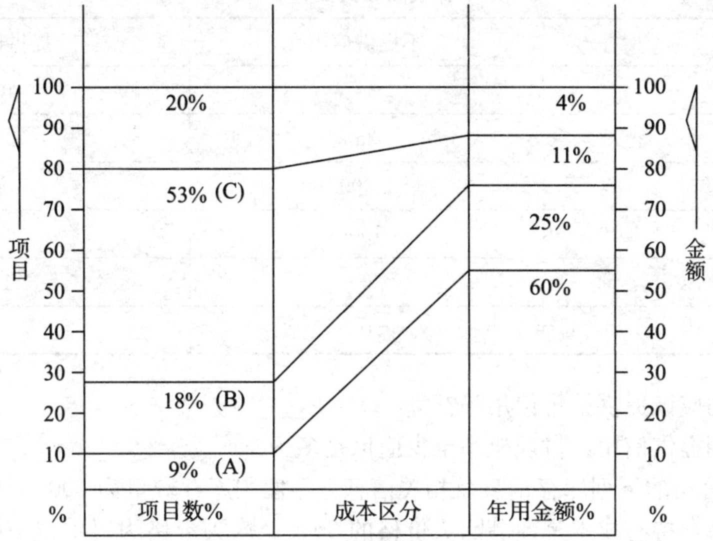

图 14－2　ABC 法库存管理分析图

本章小结

本章主要介绍了流动资产中的现金、应收账款及存货，并对其基本的管理方法进行了探讨。

1. 企业持有现金的动机主要交易、预防以及投机等。现金管理的主要内容包括编制现金收支计划、对日常的现金收支进行控制、确定最佳现金余额，现金预算是最好的管理形式之一。现金管理的目的是，在保证生产经营所需现金的同时，节约使用资金，并从暂时闲置的现金中获得尽可能多的收益。

2. 信用销售主要具有增加销售及改善存货等功能。信用销售的成本主要包括机会成本、管理成本及坏账成本三种。应收账款的信用政策制定包括信用标准、信用条件、收账策略及综合信用策略。在信用政策建立后，企业还应做好应收账款的日常控制。

3. 不同的存货，其收益性是不同的。存货主要有采购成本、订货成本、储存成本、缺货成本四种成本。经济订货批量是明确建立最优存货水平的有效方法，而 ABC 管理法是将存货分为 A、B、C 三种类型而进行分类管理的方法。

练习思考题

1. 持有现金的动机是什么？现金管理的内容有哪些？
2. 应收账款的功能及成本有哪些？
3. ABC 法对库存如何管理？
4. 某公司考虑是否提供信用销售，其资料如表 14－7 所示。

表 14-7　　某公司相关资料表

	不提供信用	提供信用
单位售价（元）	35	40
单位成本（元）	25	32
销售数量（件）	2 000	3 000
付款概率（%）	100	85
信用期限（天）	0	1
贴现率（%）	0	3

（1）该公司应该提供销售信用吗？

（2）若采用提供信用，付现概率至少应该是多少？

5. 已知某公司的下列库存信息及相关信息：年使用库存数量为 300 000 单位（假定一年有 50 周）；库存持有成本是商品购买价格的 30%；购买价格为每单位 10 元；订货成本为每单位 50 元；公司希望的安全库存量为 1 000 单位。要求：

（1）计算最优经济订货量水平。

（2）计算每年的订货次数。

（3）计算库存水平为多少时应补充订货。

阅读材料 14-1　　上市公司应收账款规模分析

随着近年来 IPO 发行速度的提升，A 股上市公司的数量激增。截至 2017 年 5 月中旬，共有 3 323 家公司，突破 3 000 家的关口。从历史数据来看，1993 年年底，A 股上市公司数量首次突破 100 家；2000 年 9 月 19 日，A 股上市公司数量突破 1 000 家；到 2010 年 9 月 15 日，A 股上市公司突破 2 000 家。IPO 的提速，使得国内 A 股上市公司的数量持续增长，应收账款的总额也持续增长。

上市公司应收账款总规模

截至 2017 年第一季度上市公司应收账款存量规模达 3.87 万亿元，是 2010 年年底的 1.26 万亿的三倍多。2017 年一季度上市公司应收账款比 2016 年四季度的增加 0.202 万亿元。从图 14-3 可以看出，2010 年至今，上市公司应收账款存量呈持续上升的节奏，逐年递增。但从上市公司的应收账款增长速度来看呈递减的趋势，2011 年曾高达 31.7%的增长速度，主要是因为 2011 年持续加息和上调存款准备金率，上市公司的产品销售过程中回款情况受到影响，赊销行为增多使得应收账款存量大幅度上升。近年来上市公司的增长速度有所放缓，2016 年四季度上市公司应收账款增长 16.9%，2017 年一季度比上一财报周期上升 5.4%。

图 14－3　2010—2017 年一季度上市公司应收账款规模

上市公司应收账款行业分布

根据证监会最新行业分类来看，共分为金融业、建筑业、科学研究和技术服务业、交通运输仓储和邮政业、卫生和社会工作、租赁和商务服务、水利环境和公共设施管理业、制造业、文化体育和娱乐业、信息传输和信息技术服务业、采矿业、电力热力燃气和水的生产供应业、农林牧渔业、批发和零售业、房地产业、住宿和餐饮业、居民服务和其他服务业、教育等 19 个行业大类。

如图 14－4 所示，从 2017 年一季度上市公司应收账款的行业数据来看，制造业的上市公司应收账款达 1.95 万亿元，占一季度上市公司应收账款总额的 50.42%，其次是建筑业的应收账款余额达 0.855 万亿元，占一季度上市公司应收账款总额的 22.06%。还有采矿业、批发与零售业、信息传输、软件和信息技术服务业、电子、热力、燃气及水的生产和供应业、交通运输、仓储和邮政业上市公司应收账款均在 1 000 亿元以上。

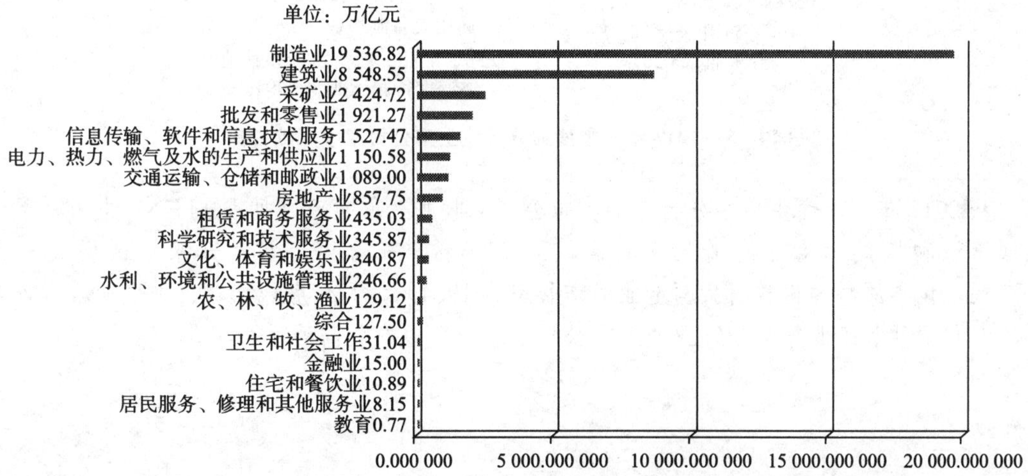

图 14－4　2017 年一季度上市公司应收账款

主要细分行业的上市公司应收账款趋势

从上市公司的细分行业来看，2017 年一季度上市公司的应收账款主要来自土木工程建筑业、计算机通信和其他电子设备制造业、电气机械和器材制造业、汽车制造业、专用设备制造业、通用设备制造业等行业。

其中土木工程建筑业的比例最高，达 19.84%，共有 63 家上市公司，其中应收账款存量较大的企业有中国中铁、中国铁建、中国建筑、中国中冶、中国电建、中国交建及隧道股份等大型中字头上市企业。在土木工程建筑业中其应收账款主要来源于各类工程欠款、各类保证金，已完工未结算工程款、坏账准备等，受该行业的资金回笼周期长和国内外经济下行的压力影响，土木工程建筑行业的应收账款管理变得非常重要。

据公开信息显示，中国建筑下属中建财务公司，开展集团内的应收账款保理业务和资产证券化业务，主动进行应收账款的有效管理。

计算机通信和其他电子设备制造业上市公司应收账款的比例也高达 8.43%，共有 294 家上市公司。同时从图 14-5 也可以看出，电气机械和器材制造业的占比也高达 6.87%，汽车制造业达 6.31%。

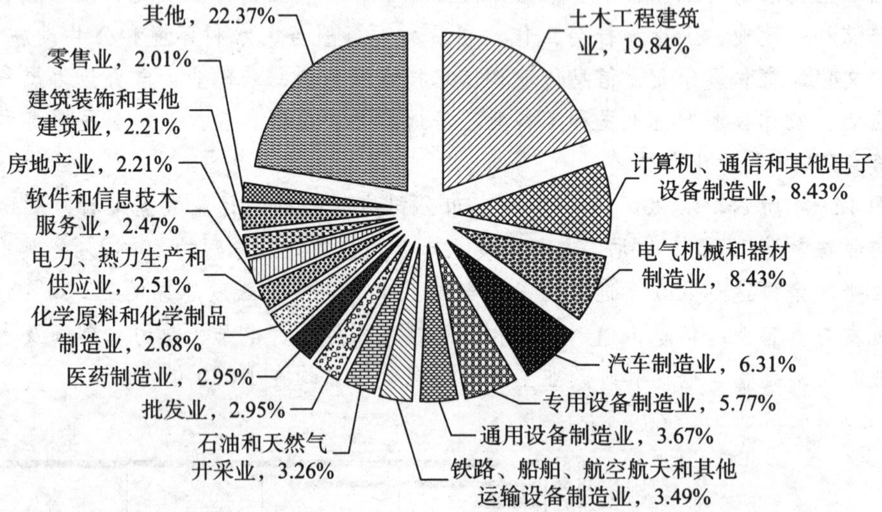

图 14-5　2017 年一季度细分行业上市公司应收账款占比

从 2017 年一季度主要细分行业的上市公司应收账款增长率（见表 14-8）来看，黑色金属冶炼和压延加工业的增长率较高，达 26.5%，石油和天然气开采业的增长率达 19.1%，化学原料和化学制品制造业的增长率达 19.4%，另外房地产业、批发业、有色金属冶炼和压延加工业等细分行业的上市公司应收账款也有较高的增长率。

表 14-8　　2017 年一季度细分行业上市公司应收账款增长率

行业细分	2016 应收账款	2017Q1	
		应收账款	增长率
黑色金属冶炼和压延加工业	359.89	455.16	26.50%
化学原料和化学制品制造业	869.78	1 038.41	19.40
石油和天然气开采业	1 061.72	1 264.35	19.10%
房地产业	727.25	857.75	17.90%
批发业	981.73	1 142.71	16.40%
有色金属冶炼和压延加工业	525.83	611.65	16.30%
零售业	689.86	778.56	12.90%
电力、热力生产和供应业	863.97	974.11	12.70%
煤炭开采和洗选业	636.39	717.41	12.70%
医药制造业	1 019.93	1 141.57	11.90%
汽车制造业	2 262.52	2 445.91	8.10%
橡胶和塑料制品业	413.56	446.7	8.00%
电气机械和器材制造业	2 467.33	2 662.74	7.90%
软件和信息技术服务业	889.18	955.27	7.40%
铁路、船舶、航空航天和其他运输设备制造业	1 278.79	1 350.44	5.60%
通用设备制造业	1 363.3	1 420.98	4.20%
专用设备制造业	2 150.16	2 235.52	4.00%
计算机、通信和其他电子设备制造业	3 194.02	3 267.86	2.30%
非金属矿物制品业	644.79	658.37	2.1%
土木工程建筑业	7 869.81	7 688.38	-2.30%
水上运输业	682.23	656	-3.80%
建筑装饰和其他建筑业	914.15	856	-6.40%

由于上市公司应收账款由企业赊销而形成的，赊销虽然能扩大销售量，给企业带来更多的利润，但同时也存在着一部分货款不能收回的风险。疲弱的经济环境之下，企业下游市场增长乏力同时面临成本费用压力，上市公司的盈利空间遭到挤压。

因而从上市公司的细分行业应收账款来看，我国的上市公司也面临着需要积极进行应收账款管理的工作，控制应收账款的规模和流动速度，缩短应收账款的账期，有效提高应收账款的周转率。

资料来源：搜狐财经. 上市公司应收账款规模分析，2017-07-18.

阅读材料 14-2　家乐福存货管理的启示

目前，在我国制造业的物料管理中，尚存在着许多有待解决的问题。但同时大型流通零售企业在近年的发展中都形成了很好的物流经验，特别是沃尔玛、家乐福等国际零售企业在发展中形成了良好的存货控制、仓储管理、信息管理的系统。这些经验为我国制造业物料管理提供了良好的借鉴。物料管理分为需求估算、购料订货、仓储作业以及账务处理四个阶段，这里就从上述这四个阶段出发，结合零售业家乐福的做法进行具体地阐述。

一、需求估算阶段

第一个环节是计划环节（Plan）。预先周全的计划，可以防止各种可能的缺失，也可以使人力、设备、资金、时机等各项资源得到有效充分的运用，又可以规避各类可能的大风险。制定一个良好的库存计划可以减少公司不良库存的产生，又能最大效率地保证生产的顺利进行。

（一）家乐福的库存计划模式

在库存商品的管理模式上，家乐福实行品类管理（Category Management），优化商品结构。一个商品进入之后，会有 POS 机实时收集库存、销售等数据进行统一的汇总和分析，根据汇总分析的结果对库存的商品进行分类。然后，根据不同的商品分类拟订相应适合的库存计划模式，对于各类型的不同商品，根据分类制定不同的订货公式的参数。根据安全库存量的方法，当可得到的仓库存储水平下降到确定的安全库存量或以下的时候，该系统就会启动自动订货程序。

（二）从家乐福获得的启示

1. 运用 ABC 法对物料分类管理

运用 ABC 分类法对所有物料进行分类。家乐福根据流量大、移动快速，流量适中以及流量低、转移速度慢三种情况把物料分为 A、B 和 C 三类。这就有助于管理部门为每一个分类的品种确立集中的存货战略。

2. 根据品类管理制订不同的库存计划模式

大致而言，存货的管理模式有 7 种模式：A/R 法（订单直接展开法）、复仓法、安全存量法、定时定购法、定量定购法、MRP 法（用料需求规划法）以及看板法（Just-In-Time）。在同一个企业中，同时可以存在两种甚至以上的库存计划模式，这取决于物料的类型和企业的管理制度。现假设一家制造企业的物料已经按照 ABC 分类的概念并结合自身的情况进行了品种分类，分别为 A 类物料，B 类物料和 C 类物料。A 类的特征：流量大、移动快速，在企业物料中最为重要；管理方式：采取严密的管理方式和预测准确的库存计划，即使预测的成本较高，也要尽可能使无效库存数为零；管理模式：采用 MRP 方式。B 类的特征：流量始终的物料，仅次于 A 类的重要物料品种；管理方式：采用管理中度的管理方式，原则上容许少量风险的无效库存的存在；管理模式：采取安全存量管理模式。C 类的特征：流量低或转移缓慢，相对重要性也较低；管理方式：采用宽松的管制即可，简化仓储出库、入库手续；管理模式：复仓法。

二、购料订货阶段

计划层面（Plan）的下一个层面即为实施层面，也就是购料订货阶段。在选用合理的存货管理模式后，就根据需求估算的结果来实施订货的动作。以确保购入的货物能够按时、按量的到达，保证以后生产或销售的顺利进行。

（一）家乐福的购料订货模式

在家乐福有一个特有的部门 OP（Order Pool），也就是订货部门，是整个家乐福的物流系统核心，控制了整个企业的物流运转。在家乐福，采购与订货是分开的。由专门的采购部门选择供应商，议定合约和订购价格。OP 则负责对仓库库存量的控制；生成正常订单与临时订单，保证所有的订单发送给供应商；同时进行库存异动的分析。作为一个核心控制部门，它的控制动作将它的资料联系到其他各个部门。对于仓储部门，它控制实际的和系统中所显示的库存量，并控制存货的异动情况；对于财务部门，它提供相关的入账资料和信息；对于各个营业部门，它提供存量信息给各个部门，提醒各部门根据销售情况及时更改订货参数，或增加临时订量。

（二）从家乐福获得的启示

1. 在公司内部形成一个控制中心

在公司内部形成一个类似 OP 的专门的控制部门，以它为中心，成射线状对企业其他各个部门形成控制，对财务提供资料，同时对各个营运部门形成互动的联系，可以形容为“牵一发而动全身”。在制造企业的内部，我们同样需要一个得力的控制中心的存在。

2. 明确各个部门的职责

在订货这个流程中，如果各个部门的职责没有分清的话，订货的效率会显然降低，或者说订货出错的概率会增加。在制造业中，我们需要让采购、仓库、财务、生产各个部门的职责明白清晰，物料管理的效率才能够提高。

3. 优化进货流程

比较家乐福的订货流程，可以拟出制造业的一个进货流程。第一，电脑根据订货公式，计算自动订单；第二，由业务员人工审核确认后，由计算机输出，发给供应商；第三，供应商凭借计算机订单及订单号送货；第四，收货员下载订单到收货终端，持收货终端验收商品。未订货商品无法收货（严格控制未订货商品）；第五，上传终端数据至电脑系统，生成电脑验收单（超出订货数量商品，作为赠品验收或退还供应商）；第六，将电脑验收单加盖收货章后交给供应商作为结算凭证；第七，进行业务每日查验“超期未到货订单汇总表”，确保供应商准时送货。通过上述流程，可以达到优化进货流程的目的。

三、仓储作业阶段

（一）家乐福的仓储作业

家乐福的做法是将仓库、财务、OP、营业部门的功能和供应商的数据整合在一起。从统一的视角来考虑订货、收货、销售过程中的各种影响因素。因此，看家乐福仓储作业的管理就必须结合它的 OP、财务、营业部门来看，这是一个严密的有机体。仓库在每日的收货、发货之外会根据每日存货异动，将存量资料的数据传输给 OP 部门，OP 则根据累计和新传输的资料生成各类分析报表。同时，家乐福已逐步将周期盘点（Cycle Count）

代替传统一年两次的“实地盘点”。在实行了周期盘点后，家乐福发现，最大的功效是节省一定的人力、物力、财力，没有必要在两次实地盘点的时候大规模的兴师动众了；同时，盘点的效率得到了提高。

（二）从家乐福所获得的启示

1. 加强仓库的控制作用

根据“战略储存”的观念，仓库在单纯的存储功能以外还有更重要的管理控制的功能。第一，加强成品管理，有效维护库存各物料的品质与数量。第二，强化料账管理，依据永续盘存的会计理念进行登账管理。第三，要及时提供库存资讯情报，要具备稽核功能、统计功能，以料、账和盘点的数据为基准，制定出有关资讯报表。第四，注重呆废料管理。通过制定呆废料分析表，利用检查及分析等手段使仓库中的呆废料突显出来，并及早活用，最大限度地减少损失。

2. 推行周期盘点

家乐福利用周期盘点（Cycle Count）代替一年两次实地盘点的做法在一定程度上也是值得制造业企业学习的。“周期盘点”以一个月或几星期为一个周期，根据品类管理对物料的分类，同样也对所储存的物料进行盘点周期的分类。每一次盘点若干个储位或料项，根据盘点的结果进行调整，并生成周期盘点的相关报表。采用“周期盘点”可以达到缩短盘点周期、及早发现“人”的问题以及仓储中存在的问题。但周期盘点的实施需要企业财务、采购、仓库各个部门有更强的控制能力和相互间联系反应的能力。

四、账务管理阶段

账务管理是物料管理循环的最后一个环节，但同时也是下一个循环的开始。包含两部分的内容：一部分是指仓储管理人员的收发料账；另一部分则是财务部门的材料账，对于这两类账的日常登记、定期的检查汇总，称之为物料的账务管理。账务管理最主要的目标是保证料、账准确，真实反映库存物料的情况。

（一）家乐福的账务管理

家乐福的做法是从整体的角度出发，考虑仓库、财务、采购各个部门的职责和功能，减少不必要的流程，最大限度地提高效率和减少工作周期。在家乐福，账务管理的基本结构包括三个部分：一是库存管制，由仓管制定；二是异动管理，由 OP 部门负责入库、出库，物料增减情况的登录；三是库存资包括库存量查询在内，OP 部门提供有关管理需求的账面报表，财务提供有关财务需求的报表。

（二）从家乐福所获得的启示

1. 利用计算机构建财务的结算流程

流程管理无处不在，无处不需。上面提到的进货流程是商品进出结算流程中的一环。同理，管理系统应具有一个完善的结算流程，即生成订单、依照订单验收商品并制验收单、依照验收单生成日期并电脑计算出应结算日期、供应商交结算对账单、财务录入供应商结算单并在电脑系统中完成自动对账、在结算日计算机做结算并有财务开支票。在物料管理中账务阶段的最后就要以计算机作为流程管制的要点，环环相扣，让计算机真正成为管理过程的控制工具，从而保证料账管理的有效。

2. 财务人员参加周期盘点

周期盘点可以是仓库人员自动自发的，但这样的话，周期盘点就完全成为一个部门的内部作业了。在家乐福，盘点的计划由OP部门制订和控制，由财务部门组织，与仓管部门共同负责实施的，每一次的周盘都与大盘一样，必须有财务人员的到场。由财务人员来组织参加周期盘点，一方面可以监督周期盘点的正确实施，维持盘点结果的准确性；另一方面也可以在部门与部门之间形成相互牵制、相互监督的关系。

资料来源：赵琪，张卓，金晓锋，钮煜璇．制造业的物料管理研究——家乐福存货管理的启示．现代管理科学，2005（4）．

附录

附表 1　复利终值系数表

期数	1%	2%	3%	4%	5%	6%	7%	8%	9%	10%	11%	12%	13%	14%	15%
1	1.010 0	1.020 0	1.030 0	1.040 0	1.050 0	1.060 0	1.070 0	1.080 0	1.090 0	1.100 0	1.110 0	1.120 0	1.130 0	1.140 0	1.150 0
2	1.020 1	1.040 4	1.060 9	1.081 6	1.102 5	1.123 6	1.144 9	1.166 4	1.188 1	1.210 0	1.232 1	1.254 4	1.276 9	1.299 6	1.322 5
3	1.030 3	1.061 2	1.092 7	1.124 9	1.157 6	1.191 0	1.225 0	1.259 7	1.295 0	1.331 0	1.367 6	1.404 9	1.442 9	1.481 5	1.520 9
4	1.040 6	1.082 4	1.125 5	1.169 9	1.215 5	1.262 5	1.310 8	1.360 5	1.411 6	1.464 1	1.518 1	1.573 5	1.630 5	1.689 0	1.749 0
5	1.051 0	1.104 1	1.159 3	1.216 7	1.276 3	1.338 2	1.402 6	1.469 3	1.538 6	1.610 5	1.685 1	1.762 3	1.842 4	1.925 4	2.011 4
6	1.061 5	1.126 2	1.194 1	1.265 3	1.340 1	1.418 5	1.500 7	1.586 9	1.677 1	1.771 6	1.870 4	1.973 8	2.082 0	2.195 0	2.313 1
7	1.072 1	1.148 7	1.229 9	1.315 9	1.407 1	1.503 6	1.605 8	1.713 8	1.828 0	1.948 7	2.076 2	2.210 7	2.352 6	2.502 3	2.660 0
8	1.082 9	1.171 7	1.266 8	1.368 6	1.477 5	1.593 8	1.718 2	1.850 9	1.992 6	2.143 6	2.304 5	2.476 0	2.658 4	2.852 6	3.059 0
9	1.093 7	1.195 1	1.304 8	1.423 3	1.551 3	1.689 5	1.838 5	1.999 0	2.171 9	2.357 9	2.558 0	2.773 1	3.004 0	3.251 9	3.517 9
10	1.104 6	1.219 0	1.343 9	1.480 2	1.628 9	1.790 8	1.967 2	2.158 9	2.367 4	2.593 7	2.839 4	3.105 8	3.394 6	3.707 2	4.045 6
11	1.115 7	1.243 4	1.384 2	1.539 5	1.710 3	1.898 3	2.104 9	2.331 6	2.580 4	2.853 1	3.151 8	3.478 6	3.835 9	4.226 2	4.652 4
12	1.126 8	1.268 2	1.425 8	1.601 0	1.795 9	2.012 2	2.252 2	2.518 2	2.812 7	3.138 4	3.498 5	3.896 0	4.334 5	4.817 9	5.350 3
13	1.138 1	1.293 6	1.468 5	1.665 1	1.885 6	2.132 9	2.409 8	2.719 6	3.065 8	3.452 3	3.883 3	4.363 5	4.898 0	5.492 4	6.152 8
14	1.149 5	1.319 5	1.512 6	1.731 7	1.979 9	2.260 9	2.578 5	2.937 2	3.341 7	3.797 5	4.310 4	4.887 1	5.534 8	6.261 3	7.075 7
15	1.161 0	1.345 9	1.558 0	1.800 9	2.078 9	2.396 6	2.759 0	3.172 2	3.642 5	4.177 2	4.784 6	5.473 6	6.254 3	7.137 9	8.137 1
16	1.172 6	1.372 8	1.604 7	1.873 0	2.182 9	2.540 4	2.952 2	3.425 9	3.970 3	4.595 0	5.310 9	6.130 4	7.067 3	8.137 2	9.357 6
17	1.184 3	1.400 2	1.652 8	1.947 9	2.292 0	2.692 8	3.158 8	3.700 0	4.327 6	5.054 5	5.895 1	6.866 0	7.986 1	9.276 5	10.761 3
18	1.196 1	1.428 2	1.702 4	2.025 8	2.406 6	2.854 3	3.379 9	3.996 0	4.717 1	5.559 9	6.543 6	7.690 0	9.024 3	10.575 2	12.375 5
19	1.208 1	1.456 8	1.753 5	2.106 8	2.527 0	3.025 6	3.616 5	4.315 7	5.141 7	6.115 9	7.263 3	8.612 8	10.197 4	12.055 7	14.231 8
20	1.220 2	1.485 9	1.806 1	2.191 1	2.653 3	3.207 1	3.869 7	4.661 0	5.604 4	6.727 5	8.062 3	9.646 3	11.523 1	13.743 5	16.366 5
21	1.232 4	1.515 7	1.860 3	2.278 8	2.786 0	3.399 6	4.140 6	5.033 8	6.108 8	7.400 2	8.949 2	10.803 8	13.021 1	15.667 6	18.821 5